国家社会科学基金青年项目

SHANGANNING BIANQU XIANGCUN
MINZHU ZHENGZHI JIANSHE YANJIU

陕甘宁边区乡村民主政治建设研究

杨梦丹／著

人民出版社

目 录
CONTENTS

导　　论

　　抗战时期中国共产党在陕甘宁边区乡村实行的民主政治建设,使党在乡村社会实现了较高的控制程度,奠定了中国共产党深厚的群众根基,创造了延安时期以"陕甘宁边区为典范"的辉煌时期,而这一时期正是中国共产党由弱变强,飞速发展并最终赢得胜利的关键时期。总结这一时期我们党在陕甘宁边区乡村进行民主政治建设的伟大实践的宝贵政治遗产,是我们学界义不容辞的责任。

　　由于陕甘宁边区对于中国人民的革命事业具有极其重要的地位,对中国革命的进程产生了深远影响,中外学者对陕甘宁边区的历史和各方面的建设已经积累了丰富的研究成果,但是相比之下,与边区乡村民主政治建设直接相关的研究还显得比较薄弱。大体而言,这些研究成果多集中于政权建设,而对政权建设以外的民主政治建设考察者少;对边区一级民主政治建设的研究较多,自县以下的分量渐轻,乡村情况最为薄弱。这既不利于全面系统地梳理陕甘宁边区民主政治建设的全部面貌,也不利于总结陕甘宁边区民主政治建设的历史经验和启示。有鉴于此,本书试图以陕甘宁边区乡村民主政治建设为研究对象,慎重依赖丰富而可靠史料,尽最大努力走进历史的"现场",以陕甘宁边区乡村民主建设运作层面为关注重点,揭示共产党与乡村社会的互动关系,以期将陕甘宁边区的民主政治建设的研究进一步推向深入。

一、研究现状与研究意义

　　20 世纪 80 年代中期以来,党史学界对陕甘宁边区民主政治有关问题的研究,取得了丰硕的成果,而这一时期,之所以能取得丰硕的成果,与许多学界前辈在陕甘宁边区的资料整理出版方面作出的很大贡献有着极大的关系。目前整理与出版的与该课题相关的资料(包括内部资料)主要有:陕西省档案馆、陕西省社会科学院合编的《陕甘宁边区政府文件选编》(档案出版社,1981—1986 年陆续出版)是一部大型综合性的资料,共14 辑,主要收录了从 1937 年 9 月至 1950 年 1 月以陕甘宁边区政府名义形成的重要文电,所选的材料大部分来源于省档案馆馆藏的陕甘宁边区政府档案,为研究陕甘宁边区的政治、经济、文化、教育和社会等方面提供了翔实而可靠的史料。1989 年至 1994 年,中央档案馆陕西省档案馆组织编辑的一部边区党的系统大型资料,包括《中共陕甘宁边区党委文件汇集》(1937 年至 1940 年)、《中共中央西北局文件汇集》(1941 年至1945 年),该资料包括的内容非常丰富,除了党务之外,还涉及边区的政治、经济等多个方面,其中绝大多数是从未公开的原件刊印,还有许多当时西北局的调查研究资料,对研究边区政治、经济十分珍贵。这两部大型综合资料是研究本课题主要原始资料来源。甘肃省社会科学院历史研究室主编的《陕甘宁革命根据地史料选辑》(甘肃人民出版社,1981—1985年陆续出版)也是一部综合性资料,该书资料主要源于《解放日报》、《抗日根据地政策条例汇集》、《陕甘宁边区重要政策法令汇编》、《陕甘宁边区财政经济条例》等,该资料为研究本课题提供了有益的补充。

边区档案、报刊资料、个人回忆和日记的整理与出版,直接推动了学术界对陕甘宁边区的研究,并取得了丰硕的成果。据不完全统计,近 30年来,共出版专门研究边区学术专著 50 余部,发表学术论文 300 余篇,涉及边区的政治、经济、军事、社会等各个领域。政治类的主要有:宋金寿、李忠全主编的《陕甘宁边区政权建设史》(陕西人民出版社,1990 年 12月),胡民新等编著的《陕甘宁边区民政工作史》(西北大学出版社,1995年 9 月),杨永华主编的《陕甘宁边区法制史稿》(宪法、政权组织法篇)(陕西人民出版社,1992 年),杨永华、方克勤的《陕甘宁边区法制史稿》

（诉讼狱政篇）（法律出版社，1987 年），肖周录的《延安时期边区人权保障史稿》，（西北大学出版社，1994 年），陕甘宁边区政权建设编写组组编的《陕甘宁边区的精兵简政》（求实出版社，1982 年），李智勇的《陕甘宁边区政权形态与社会发展（1937—1945）》（中国社会科学出版社，2001年），梁星亮、杨洪主编的《中国共产党延安时期政治社会文化史论》（人民出版社，2011 年），黄正林的《陕甘宁边区乡村的经济与社会》（人民出版社，2006 年），曾鹿平主编的《陕甘宁边区参议会建设》（陕西人民教育出版社，2000 年），朱鸿召的《延安曾经是天堂》（陕西人民出版社，2012年），张炜达的《历史与现实的选择 ——陕甘宁边区法制创新研究》（中国民主法制出版社，2011 年），王颖的《新民主主义革命时期选举制度研究》（中国社会科学出版社，2005 年）等。

概括起来，20 世纪 80 年代以来边区民主政治的研究主要取得了以下几个方面的成就。

（一）民主建政是抗战时期边区政权建设的主要内容，因此受到学者的关注。陈先初的《抗日战争中国共产党民主建政的历史考察》（《抗日战争研究》2002 年第 1 期）是研究民主建政的重要论文，文章认为，抗战时期中共对民主问题给予了极大重视，尤其在陕甘宁边区和各敌后根据地全面推行民选制度，在政权组织上实行"三三制"原则，建立为老百姓谋利益的"帮忙政府"，将民主政治推向一个新的高度。民主选举是边区民主建政的主要内容，宋金寿、李忠全主编的《陕甘宁边区政权建设史》中对边区三次选举的历史过程、特点、意义进行了详细的描述和论述。王颖的《新民主主义革命时期选举制度研究》第三章通过深描和客观分析，论述了抗日民主政权时期的选举制度的产生和发展过程中——选举制度与政治生态环境、选举制度与党的领导、选举制度与政权建设、选举制度与人民的政治参与的互动关系，从理论上总结了民主选举制度发展的一般规律。

（二）边区政权的性质、构成和特点的研究。关于边区政权的性质，学术界主流的观点认为边区是共产党领导的政权,谈不上"一国两制",国民党在边区所有实际问题上都无权插手,没有发言权。边区政府是苏维埃政府的继续和深入,是新中国的雏形。宋金寿、李忠全主编的《陕甘宁边区政权建设史》对边区政权建设做了全面研究。关于边区政权的构成,他们指出边区政权是由参议会、政府、法院三部分组成,参议会是边区的权力机关和立法机关;边区政府是边区最高行政机关;法院是边区的司法机关。边区的政权结构模式,既不同于西方资本主义的"三权分立",也不同于国民政府的"五权宪法",而是介于两者之间,时人称之为"两权半",即立法、行政的独立和司法的"半独立"。熊宇良对边区政权的形成、选举制度、施政纲领、参议会等问题进行了论述,李智勇对边区政权形态特点做了研究。

(三)"三三制"是边区政权组织的主要形式,是边区政治民主化的标志。王永祥文章论述了"三三制"提出的原因、意义,宋金寿论述了"三三制"提出的历史过程,陈昌保论述了边区政权的特色,认为在"三三制"政权中,"实行共产党统一的一元化领导制度不变"。陕甘宁边区参议会是中共民主制度的尝试,勒铭、曾鹿平比较全面论述了边区参议会制度创立的历史背景,三届参议会的历史进程,参议会与抗日民主政权,参议会与边区政府的关系,参议会的立法,参议会与"三三制"政权,参议会与"精兵简政"等问题,以及边区参议会的历史意义。

(四)法制建设是民主政治建设的主要组成部分,边区作为抗日模范根据地,在法制建设上也取得了很大的成绩。杨永华主编的《陕甘宁边区法制史稿》是一部全面反映边区法制建设的重要著作。韩松、肖周录从社会背景、指导思想和基本内容等方面对 1945 年边区颁布的《陕甘宁边区破产处理办法》做了研究,杨永华论述了边区人权法律产生的背景、人权的法律概念、总结了边区保障人权的历史经验。张炜达的《历史与现实的选择 ——陕甘宁边区法制创新研究》从边区宪政法制及创新、边区刑事法制及创新、边区土地立法及创新、边区诉讼法制及创新、婚姻家

庭立法及创新,以及边区法制创新的现实启示角度对边区法制创新的总
体发展情况进行了专门研究,对系统梳理马克思主义中国化法制实践经
验的总结具有重大的理论价值和实践意义。同时一些专家学者从一些专
题研究论文进行更为深入的研究,徐增满认为边区的法制主旨可以概括
为:实事求是的精神,依靠群众的法制路线,保障民主的法制原则,依据政
策的法制方针,求实创新的法制作风,反帝反封建的法制内容。

　　(五)边区乡村的民主建设研究。梁星亮、杨洪主编的《中国共产党
延安时期政治社会文化史论》对陕甘宁边区政权建设、边区法制建设、边
区社会建设,边区模范村建设和医疗建设、边区乡村文化建设运用大量的
原始资料,以全新的视角深化了边区史的研究。黄正林的《陕甘宁边区
乡村的经济与社会》对边区经济社会史展开了研究,涉及边区农村经济,
边区的乡村社会问题包括社会变迁、妇女问题、社会教育、社会风气等,为
研究边区民主政治提供了宏观视角。李里峰的《革命政党与乡村社
会》——抗战时期中国共产党的组织形态研究,以山东抗日根据地为中
心,以各级党内文件为基本资料,侧重探讨与党组织相关的各种实践问
题,将抗战时期中国共产党的组织形态形象地展示出来,令人信服地揭示
了共产党与乡村社会的互动关系,为研究陕甘宁边区的乡村社会提供了
新的视角。

　　从研究的总体情况看,陕甘宁边区民主政治建设研究成果较为丰硕,
并且学者们提出了一些很有见地、价值的观点,为本课题研究提供了必要
的宏观历史背景和学术背景。但是,从陕甘宁边区乡村民主政治建设的
角度看,第一,这些研究成果多集中于政权建设,并非民主政治建设。民
主政权建设是民主政治建设的重要内容,但不等同于民主政治建设,后者
应包括更为广泛的内容。第二,民主政治建设的研究,重点是边区一级,
自县以下的分量渐轻,乡村情况最为薄弱,既不利于全面系统地梳理陕甘
宁边区民主政治建设的全部面貌,也不利于总结陕甘宁边区民主政治建
设的历史经验和启示。第三,比较深入系统地研究本课题的专著或系列

成果还未见到,因此,边区乡村民主政治建设仍是一个很值得研究的新课题。

这一课题的研究成果具有极其重要的学术价值和应用价值。其学术价值在于,陕甘宁边区是全国民主运动的发源地,是全国抗日民主的模范区,"越下层越要民主,下面的基础打得广大而且结实,民主政治的力量和成绩才能出人测度地发展起来。""草根民主"是陕甘宁边区民主政治建设的基础,系统研究陕甘宁边区乡村民主政治建设,既是历史研究的需要,也是填补学术界尚无问津这一课题的需要。其应用价值在于,系统研究边区乡村民主政治建设,能使我们进一步认识陕甘宁边区的社会进步与发展;系统总结边区乡村民主政治建设的历史经验,对于今天建设社会主义新农村、推进基层民主政治建设也有重要的借鉴意义。

二、研究内容及其观点

本书以陕甘宁边区乡村民主政治建设为研究对象,以边区乡村党组织建设、乡村民主选举、乡村自治建设、乡村民主运动、乡村民主法治建设为线索谋篇布局,揭示它们对乡村民主政治建设所起的作用和地位,总结边区乡村民主政治建设的历史经验及其对现实的启示。

从边区乡村党组织的建设视角来看:

第一,乡村党组织发展与建设的复杂历史过程。陕甘宁边区乡村党组织的发展经历了土地革命时期的大发展,在此期间,为了适应恶劣革命环境达到迅速扩张势力的目的,导致了中共在发展新党员实际操作中无法达到马克思主义政党所要求的高标准、严要求,迫使中共面对广大农民的一些固有特性降低要求、简化程序,甚至采用拉夫手段来发展党员,其结果是,在党员数量迅速扩大的同时,党员的整体素质和革命意识却并不理想,尤其是随着革命形势由紧张转变为相对和平的时势下这一矛盾更为突出,即由于党组织参加者大多并不具备坚定的革命信仰,而是盲目加入或者出于生存需要而投身革命行列,当形势处于和平时期,他们的现实利益得不到满足时,就出现了党组织生活松散,党员对待工作疲沓的现象,体现出中共在发展党员时无法回避的革命理想与现实需要的矛盾。为了在坚持革命理想与满足现实需要之间保持必要的平衡,中国共产党勇于正视问题,不断发现问题、解决问题,采用现实策略与变通之道,不断与农民的素质低下、目光短浅、关注现实利益、缺乏革命理想作斗争,对大多数农民进行发动、教育和改造,同时重新吸纳符合新标准的党员增加党组织的新鲜血液,对不合格的党员通过审查登记,执行纪律、组织整顿与清洗逐出党外。正是通过对乡村党组织改造、相互适应,中共获得广泛的社会基础,逐步发展壮大并最终赢得胜利。

第二,乡村党群关系的复杂状态。抗战时期,中国共产党在陕甘宁边区的局部执政实践中,实行了"从群众中来,到群众中去"的群众路线和群众工作的领导方法,形成了党密切联系群众最好的时期,被人们誉为"血肉关系"和"鱼水关系",正是由于同人民群众有这样亲密的关系,使我们党能从人民群众当中汲取无限的力量,最终取得革命的胜利,这已是学界的共识。然而党群亲密关系并非天然形成,而是在复杂的历史动态中形成的。本课题从负担动员、春耕运动、互助合作运动中考察了乡村党群关系演变的历史发展复杂过程。一是负担动员中党群关系矛盾的暴露。在负担动员中,乡村党员既是动员活动的组织者又是动员对象,既要完成上级的任务,又要照顾自己和农民的利益,如果工作做不好,必然会引起党群关系的紧张。通过党内文件的考察反映出动员中确实存在着种种问题,如动员任务繁重,导致农民怨声载道,党员模范作用的错误倾向导致了党员不愿工作,包办命令的作风和存在的包庇、耍私情、贪污腐化、滥行动员的"党霸"现象,通过负担动员一一暴露出来,虽然党采取种种措施,但并未从根本上密切党群关系。二是春耕运动中党群关系的改善。1941 年边区进入了内外交困的艰难时期。这一时期,既是党群关系最紧张的时期,同时也为密切党群关系提供了契机,即为了战胜困难,边区开展大生产运动,乡村支部工作的重心也由原来的动员为主,变为以经济建设为中心,以农民的生活富裕为目的。而春耕运动作为生产运动的中心内容,基层党组织在春耕生产中通过走群众路线逐渐地改善了党群关系。三是劳动互助运动中党群关系的深入。党将农民通过互助合作的方式组织起来是为了实现富裕的目的,然而在实践中却存在农民自私自利的思想和行为以及农村党员干部的命令主义、官僚主义作风,使得互助运动形式主义严重。为解决互助运动中存在的问题,陕甘宁边区党组织结合整风运动,在农村党组织中开展反官僚主义作风的教育,在群众路线教育下,支部党员克服了干部生产与群众脱离的现象。值得注意的是,一大批能够带领农民组建互助组进行生产的党员劳动英雄与群众共同劳动,及时发现问题,解决问题,在群众中树立了威信,培养了群众观念,至此党与群众的"鱼水"关系逐渐形成。考察和探究陕甘宁边区乡村党群关系的历史演变,为我们当前开展党的群众路线教育实践活动,做好新时期党群工作提供了有益的启示:一是党的群众路线教育实践活动,不但要在党的上层组织实践,更重要的是在党的基层下功夫,若党的基层丢掉了群众路线的工作方法,就会存在党脱离群众的危险。二是群众路线教育是克服官僚主义、主观主义、形式主义的一剂良药,在工作中是否贯彻群众路线是衡量党是否为人民服务的根本标准,离开了这一标准,必然会导致党脱离群众。三是"一切的空话都是无用的,必须给人民以看得见的物质福利",使人民在发展的成果中,检验党实践群众路线的成效,否则,群众路线的教育实践必然是形式的,密切党群关系的任务是难以实现的。

第三,乡村党政关系的顺畅与否是基层党组织成熟与否的一个重要参考标准。抗战时期,党对实行民主政权制度的基本理念是,党以制度和政策的设计,通过非党的群众将自己的主张转化为政府行为,达到领导的目的。然而在革命战争环境中的这一设计理念是不可能在实践中有效实施的,尤其是在乡村中,这一理念随着形势的变化而不断变化。在抗战之初,从党内文献可以看出,在基层政权中,党政关系并不理想,最普遍的情形是动员工作中党政不分、以党代政,其结果是党的基层支部领导不力。

"三三制"原则提出之后,乡村党政关系处于错综复杂的状态。由于"三三制"主要是针对中上层政权的,乡村"可以酌量变通",因此"三三制"在乡一级基本符合党的设想,村一级基本不实行"三三制",而强调阶级成分和政治标准,以确保政权掌握在成分纯洁、维护群众利益的党员或进步分子手中。以白塬乡为案例来看,乡村的村政关系极其复杂,既有民主村,也有形式村,还有封建村,经过大生产运动和减租减息运动后,村政状况总体良好,党对基层政权的领导占据了比较牢固的支配地位。其次,乡参议会的地位、作用的变化,是反映乡村党政关系的一个重要参数。在"三三制"精神要求下,边区取消了抗战初期政府与参议会之间"议""行"并列,而实行"议行合一制"。这是乡村党政关系从体制上的重新调整。从实际的地位及作用来看,乡参议会只是名义上的最高权力机关,党才是最高和最后的仲裁者。"一元化"领导体制提出后,"三三制"的价值极其有限,有些地方已名存实亡,乡村党政关系的矛盾通过基层干部的不良作风表现出来。经过整风运动的思想教育,组织上的整顿等措施消除了基层干部的不良行为,党的作风得到了改善。

从边区乡村选举视角来看:

从1937年5月到1946年3月,陕甘宁边区先后进行了三次大规模的选举运动。这三次选举运动,一次比一次进步,一次比一次成功,堪称中国历史上民主选举的典范。然而陕甘宁边区乡村三次民主选举的历史背景和作用是复杂的,必须客观地尊重历史并予以考察,以期对当今的乡村民主选举提供有益的借鉴。通过对边区乡村第一次选举(1937年)宏观背景的探究,表明在抗战初期中国共产党进行选举的动因是多种因素促成的,有动员民众、取得抗战胜利的需要,有建立模范抗日民主政权、取得合法地位的需要,有壮大共产党力量的需要。在实践中,为在全国人民面前举起民主旗帜,党在陕甘宁边区乡村进行历史上从未有过的普遍、直接、平等、无记名的选举运动。面对边区农民对民主的冷漠和陌生,边区政府经过努力的宣传和有力的组织,使边区的乡村政治秩序发生了重大变化,使农民第一次体味到民主的"兴味"。然而由于边区是第一次选举,在阶级取向的倾向下和经验不足的情况下,这次选举存在种种缺陷,尤其是在"左"的倾向下,将抗日民主政权变为半苏维埃性质的工农和小资产阶级的联合政权。

边区的第二次选举(1941年)与第一次选举相比较,最大的不同点就是实行了"三三制"选举。其历史原因也是多样的,既有克服军事政治危机、团结人民共同抗日宏观背景原因,也有战胜经济困难、建立完备的抗日民主政权的内部原因。由于"三三制"是创举,又关系各阶级的利益,中共经过制定政策、组织保证、有效宣传,使结果基本符合党的设想,从而调节了各阶级各阶层的利益关系,团结了各阶级各阶层共同抗日,稳定了党的执政基础。

边区的第三次选举(1945年)与第一次第二次选举相比较,最大的不同点在于"自由选举、选举好人"。原因也是复杂的,既有在抗战即将胜利之时与国民党争夺前途命运斗争的宏观背景原因,也有提高农民政治民主素质,整顿基层党组织作风的内部原因。由于这次选举是在"好人里挑好人",出现了一些新的选举手段和做法,其成功的选举理念和实践在边区民主政治建设史上谱写了最精彩的篇章。

从边区乡村自治建设的视角来看:

在中国近代史上,有过一些乡村自治建设的实践。如北洋政府开展的"地方自治"运动,国民政府也开展过"乡村运动",并形成了梁漱溟为代表的乡村建设派,在山东地区开展了多年的实践研究,具有一定的进步意义。但由于阶级关系的本质,这些乡村建设实践最终以夭折而告终。陕甘宁边区乡村自治建设由于党组织的有力领导和组织,达到了较高的程度,究其原因,一是为了改变党政关系混乱的局面,建立了党支部、基层政权及乡村民众组织相结合的立体结构模式,通过划分党支部、乡政府与民众组织的职权关系,各司其职,互相协调,统一灵活,保证了乡村自治有序开展。二是面对边区乡村党政干部存在的种种不良状况,边区政府采取了一系列措施,培养了一大批优秀的乡村干部,使乡村自治取得极大的成绩得到了组织保障。三是为了在实践中激发群众参与政治的广泛积极性,边区政府通过建立乡政府委员会、民众组织以及识字组、黑板报、冬学等形式将群众组织起来,经过党的推动和群众的努力,达到了教化和改造群众自己的目的。

为了提高乡村自治的能力,边区通过开展模范乡村建设运动,使乡村社会各方面发生了深刻变化。1946年4月,边区政府在总结模范乡村经验的基础上,提出"乡村自治"的重大任务,不仅反映了中共民主执政的理念,而且为今天乡村民主政治建设产生了积极的影响。为了推广边区乡村自治中典型的实践经验,通过对绥德县吉镇区王家坪村的个案分析,可以看出乡村自治的动力机制是构建乡村坚强领导核心、给人民带来利益以及民主的集体力量的发挥。乡村自治的运作机制是党政关系的顺畅、人民自治权利的落实、法律的保障以及村民公约的内在约束机制。乡村的自治主体状况是广大村民是乡村自治的主体,改造过的边缘群体是乡村自治的重要参与者。总结这些实践经验为当今基层自治的有效开展提供了有益的借鉴。

从边区乡村民主运动视角来看:

边区乡村土地革命时期的政治社会生态环境是,封建势力在边区乡村占着主导地位,世俗传统迷信与封建神权迷信的交织影响,加上自然条件恶劣,经济发展落后,医疗条件缺乏等恶性循环的作用,使陕甘宁边区一带封建迷信甚为盛行。由此而产生的边缘群体数量众多,妇女社会地位低下。陕甘宁边区作为民主模范的"试验田",中国共产党通过以下路径选择改变了乡村的面貌,使边区成为"民主"的圣地。一是以反对封建剥削势力为核心内容的民主斗争。在中共乡村支部的领导下,广大农民结合减租减息运动、互助合作运动和乡村政权的改选运动,以社会公平的道德诉求为旗帜和地主展开了和平而激烈的民主斗争,为边区乡村民主政治的构建夯实了经济、政治、社会基础。二是以反对封建迷信为中心内容的民主教育运动。边区政府经过细致的调查研究,正视乡村封建迷信的历史成因,对于一切封建迷信的组织坚持根据抗日的需要和人民的需要,采用说服教育的方式或改造的方式使迷信组织在政治和经济上的斗争中被削弱,直到最终被取缔。三是以培育"新型公民"为目的的民主改造运动。边区政府通过开展劳模运动以及边缘化群体的改造运动,使得边区群众在价值观和行为实践中符合了新型公民的标准。四是以提高妇女社会地位为目的妇女解放运动。自古以来,中国妇女不仅地位低下,还受到各种各样体制的束缚,裹脚就是一个明显的例证。边区政府在对边区妇女的历史状况及现实状态做了比较翔实的调查之后,提出了解放边区妇女的号召,让妇女参选参政、主张婚姻自由、开展放足运动等等。而这些运动的有效开展,进一步促进了边区妇女参与到实现民族独立和革命实践当中来的积极性和主动性,使边区妇女的丰功伟绩载入史册。

从边区乡村民主法制建设视角来看:

乡村民主政权建设是民主建设的重要方面。边区政府通过建立乡村级政权,从根基上增强了民主政权的稳定性,奠定了党的群众基础和社会基础。然而通过对乡村政权的机构的设置和运行情况的考察,可以看出乡村政权的运行是动态复杂的。表现在乡政府的实际工作主要是乡长一人运作,乡政府委员会有名无实,乡参议会的地位和作用极其有限,村政权主要由行政村主任和村长负责,因此当出现乡长或行政村主任领导不力时,就极易发生乡或村的整个工作处于瘫痪状态。面对这样的困境,边区政府通过改革乡政府机构,增强乡政府职权,精简乡政府委员会,推广地方基层创造的新鲜经验,在村政权实行混合的"议行合一制",增强乡村民主政权中的人员配备以及培养优秀的干部队伍,使乡村政权成为代表人民利益为人民办事的政权组织。

边区的民主是以法制为准绳的民主,然而通过考察边区乡村法制建设,可以看出乡村法制实施状况也是复杂的。如在人权保护立法方面,制定了具有宪法作用的《施政纲领》,发布了保障人权财权的条例,在实践方面努力保障人民生存权利、政治权利、文化权利和实施社会保障,体现了党对于人权保障的广泛性、真实性。在土地立法方面,通过不断调整土地立法和减租减息政策的真正贯彻,重构了乡村权威格局和秩序。在婚姻家庭法制建设方面,制定了婚姻自由、男女平等的立法原则,面对婚姻自由在实践中的困境,边区采取符合民情的妥协措施,尽最大的努力保护男女双方的婚姻自由。在司法方面,乡一级没有设立真正意义上的司法机构,人民的内部矛盾主要是通过由乡长负责的人民仲裁委员会调解,至于根据法律制裁的审判,则转送县裁判员处理,人民调解制度确立后,人民与司法相结合,基层创造的"马锡五式的审判方式"在民间广为运用。说明在"调解为主,审判为辅"的司法实践中,法治的地位和作用在乡村是较为薄弱的。

总之,本课题通过对边区乡村民主政治建设的丰富实践和复杂面貌的深描和分析论述,探寻中国共产党发展壮大的历史规律,阐明了中国共产党面对各种各样的困难、挫折、问题错误时,勇于正视问题,具有善于解决、改正错误的能力,使得党与乡村社会形成了有效的互动,这正是中国共产党取得革命胜利的重要原因之一。

主要观点:第一,边区乡村民主政治建设是一项比较系统的社会工程。党组织是这个系统工程的核心,在党组织的建设中,经过党的组织整顿和学习教育,群众路线的贯彻,形成了亲密的党群关系,为乡村民主政治的良好局面开创起到了保障作用;民众组织是这个系统工程的基础,民众通过它来参与民主运动并显示其力量,增强了民众组织的民主素养,为乡村民主政治奠定了根基;民主选举是民主政权建设的一项基础工作,民众通过选举的实践和训练,改变了以往农民无政治权利的历史,使乡村民主"看得见"、"摸得着";民主政权是这个工程的载体,它的成功建设使乡村民主运动有效发展;民主运动和自治建设是开展这个工程的有效途径,它的开展使乡村的经济、政治、社会、文化形成了新的格局,推动了乡村民主运动的历史进程。法制建设是这个工程不可缺失的组成部分,它是乡村民主的法制保障,虽然在当时的历史条件下法制建设遇到了种种困难,效果不是很理想,但中国共产党为此所做的努力和付出的心血以及所体现出来的法治理念和精神为现今的法制建设提供了有益的经验和启示。忽视了这一点,将会使乡村民主政治建设失去光彩。第二,边区乡村民主政治建设是全方位的建设。其性质是新民主主义的,其建设是从个体到群体,从家庭到整个社会的全方位建设;从农民涣散的生活方式到紧凑,从政治冷漠到主动参与;从个性的压抑到个性的解放,特别是妇女的解放最为引人注目;从人格平等观念的确立到经济互助关系的形成,从文化上社会教育的开展到思想上国家民族观念的产生,开始从根本上打破阻碍中国社会发展的旧秩序,营造了一个适应中国农村走向现代化的新秩序。第三,边区乡村民主政治建设是党在边区具有的一种尝试,它在实践中积累的丰富经验和教训为今天的民主政治建设提供了借鉴。边区乡村民主政治建设的意义是重大的,影响也是深远的,其成就应该得到充分的肯定。但同时,我们还要看到它的局限性。由于客观原因,这种建设只能是一种开拓性的尝试,很多方面还不完善。

三、研究方法

一是文献研究法。慎重依赖丰富而可靠的史料,如各级党的文件、党的报刊、原始档案资料等,尽最大努力走进历史的"现场",在此基础上,客观地分析资料,使结论最大限度地符合历史的本原,同时运用史料时将其放在广阔的宏观背景中和历史的具体过程中去考察,采用"精"、"泛"结合的方法考究史料,对于有典型意义的史料给予更多的注意,尽可能重现历史鲜活的众相,寻找隐藏在史料背后的历史规律。

二是史与论相结合的方法。本书在充分研究"第一手"资料的基础上,以陕甘宁边区乡村民主政治建设为研究对象,真实地、全面地梳理和展现边区乡村民主政治建设的实践与结果,全方位研究边区乡村民主政治建设关注和解决的重大问题,厘清边区乡村民主政治建设的历史原貌,搞清楚陕甘宁边区乡村民主政治建设的历史本然。在此基础上,运用历史分析法、辩证分析法、逻辑分析法、典型案例法,搞清楚其所以然,努力做到史与论相结合。

三是历史与现实相结合的方法。本书以边区乡村党组织建设、乡村民主选举、乡村自治建设、乡村民主运动、乡村民主法治建设为线索谋篇布局,揭示它们对乡村民主政治建设所起的作用和地位,不仅厘清了边区乡村民主政治建设的历史轨迹,而且总结了陕甘宁边区乡村民主政治建设的历史经验,为改革和完善当代中国的基层民主政治建设提供有益的启示,尽力达到历史为现实服务的研究目的。

第一章 陕甘宁边区乡村党组织建设

边区乡村民主政治建设是一项比较系统的社会工程。党组织是这个系统工程的核心,在党组织的建设中,经过党组织的整顿和学习教育,群众路线的贯彻,形成了党群亲密的关系,为开创乡村民主政治的良好局面起到了保障作用。

陕甘宁边区党的最高领导机关是边区党委,边委之下,依据行政专员公署设分区党委,分区之下设县委、区委、支部。支部是党的最基层组织。和全国其他各根据地不同,陕甘宁边区党组织由于所处的环境不同,使得党的组织工作与其他根据地党组织有着不同的优势:一是陕甘宁边区党组织是全国党的组织中历史最长的,它曾经历了中国革命发展的三个时期——土地革命、抗日战争、解放战争。因此它有着一批经过长期锻炼的党的基层组织,在群众中有威信。二是共产党员能够以公开的身份活动与生活在民众中,同民众休戚相关地联系着,能够普遍地发展党与建立党组织,成为民众的宣传者、组织者和领导者。三是中国共产党在陕甘宁边区是执政党,有自己的政权、军队和群众团体,使得陕甘宁边区在中共中央的直接领导下形成全国党最坚强的组成部分,是其他根据地党组织建设的"模范"和"样板"。在这些优势和特点的背景下,需要我们认真探究在复杂历史过程中,搞清楚陕甘宁边区乡村党组织发展的脉络以及生态运行状况。边区乡村在土地革命时期,以贫穷、落后、文盲半文盲的农民占据人口多数的陕甘宁边区,基层党组织是如何将那些"生活散漫"、"自私自利"的农民吸纳到党组织内的? 在抗战初期,基层党组织是如何在乡村执行"大量发展党员"的指示,乡村党组织规模状况如何? 农民是出于什么动机加入党的? 基层党又是什么样的阶级构成? 在党组织经历前期大发展的阶段,基层的党组织存在许多遗留问题和新问题,如何处理这些问题,使基层党组织真正成为"战斗的堡垒",成为党必须谨慎面对的首要问题。其次,边区的政治动员在老区是党组织建立完善后展开的,在"新区"①,是同步展开。但无论何种情况,乡村党员既是动员活动的组织者又是动员对象,乡村党组织在繁重政治动员中党群关系是怎样的? 后来在大生产运动中又是如何改善党群关系的? 乡村的党政关系是如何演变的? 对于这些问题如何处理成为考验边区乡村党组织能否走向成熟的重要课题。而这些问题的成功解决,为开创乡村民主政治的良好局面奠定了基础,并起到了保障作用。

第一节 陕甘宁边区乡村党组织的基本状况

一、边区乡村党组织的发展规模

陕甘宁边区党是从土地革命和国内战争中建立起来的,在 1937 年 5 月边区党委成立时,已经有了相当数量的党员和相当普遍的组织,原陕北省各县、陕甘省各县、原陕甘宁省各县(未有支部数)、神府地区各县共有 423 个支部,党员 22749 名。到 1937 年 9 月,边区共有 585 个支部,32418 名党员。边区第一次党代表大会时,正是党从内战环境过渡到全国统一战线的关头,虽然支部范围较大,发展党员数量较多,但是党员的流动性很大,党的组织不健全,因此在第一次党代表大会上着重指出了巩固党的

---

① 新区,指在原国民党在统一战线区所占领的地区,1939 年底边区政府赶走国民党派驻边区境内各县的县长,1940 年 2 月,边区收复了这些地区,这些被收复的地区被称为"新区"。这些地区没有经过彻底的土地革命,是半殖民地半封建社会性质。

任务。1937 年 12 月中央指示边区党的组织任务,仍是严密与巩固党的组织,审查党员干部。然而抗战爆发后,中国共产党在敌后开辟了多块根据地,这使中共组织力量弱小的局限性显得越发突出,大力发展党员、扩大组织规模成为抗战初期党的建设中的根本任务。鉴于此,1938 年 3 月 15 日,中共中央作出《关于大量发展党员的决议》,决议提出:"目前党的组织力量,还远落在党的政治影响之后,甚至许多重要的地区尚无党的组织,或非常狭小,因此大量的十百倍的发展党员,成为党目前迫切与严重的任务。"为此,中央决定:"打破党内在发展党员中关门主义的倾向";"打破在统一战线中忽视党的发展,以为党的扩大无足轻重,甚至于取消党的发展的严重倾向";"大胆向着积极工人,雇农,城市中与乡村中革命的青年学生,知识分子,坚决勇敢的下级官兵开门,把发展党的注意力放在吸收抗战中新的积极分子与扩大党的无产阶级基础之上";"特别注意在战区在前线上大量的吸收新党员,建立强大的党的组织。在后方无党的组织的地区,当地党应有计划的与迅速的去重新建立与发展党的组织";"大量的发展党员,不是采用不经审查的拉夫式的办法,新党员的入党,必须经过支部一定党员的介绍与一定党部的审查";"为适合于大量发展党员的需要,新党员候补期暂时重新规定:工人雇农不要候补期,贫农、小手工工人一个月,革命学生,革命知识分子,小职员,中农,下级军官三个月,但在特殊情况下得伸缩之";"严防汉奸,托派分子,阴谋家,投机家混入党内,但不能因此妨害党的大量发展"。① 从这一决议的内容来看,主要的是就全国范围内而言的。由于陕甘宁边区是革命的老区,又有一定党的组织基础,中共中央关于大量发展党的决议下达后,陕甘宁边区各级党组织并没有像其他根据地那样提出自己的组织发展的具体数目计划,没有出现跃进式的发展,而是巩固与发展同时进行。根据笔者目前掌

---

① 中央档案馆:《中共中央文件选集》第 11 册,中共中央党校出版社 1991 年版,第 466—468 页。

据的资料,因没有 1937 年与 1938 年乡村发展党员的具体数目,只能根据边区内党员的总数来作为依据,但基本可以说明乡村党发展的整体情况,因为边区内党员的总数主要还是乡村党员占了绝大多数。根据 1939 年 10 月 31 日陕甘宁边区党委组织部关于两年来组织工作报告提纲表明:从 1937 年到 1939 年,总计有 50715 个党员(包括边区、警区、军队、机关学校),共发展了 18674 个党员,比过去增加了三分之一强,占原有党员 30%以上。另一个依据是根据党员的党龄亦能大概说明党员在抗战初期发展的情况,其统计的数据如表 1 所示。①

表 1　1939 年 10 月 27 日边委组织部制 党员党龄百分比统计表　　（%）

1927 年前	0.05
1927—1928	0.24
1929—1930	0.14
1931—1932	0.67
1933—1934	7.82
1935—1936	71.24
1937—1938	10.99
1939 年	8.85

以上数据说明 1935—1936 年是入党的高峰期,1937—1939 年党员增加缓慢。

此外根据 1945 年西北局组织部关于整顿农村支部工作问题材料所提供的数据来看:在全边区 35070 个乡市党员中,减过 6776 名不清楚的外,还有 28294 人,其中 1927 年入党的 330 人,占 1.17%;1928—1936 年入党的 12734 人,占 45.01%;在 1937 年以后入党的 15230 人,占 53.82%。这就是说内战时的党员要占 1/2。总体来说,农村的党员绝大

---

① 中央档案馆、陕西省档案馆:《中共中央西北局文件汇集》甲 1,1994 年西安印刷,第 330 页。

多数是 1938 年以前入党的。① 综合以上材料来看,党员的发展,主要集中于 1935—1937 年,在中央 1938 年下达大量发展党员的指示后,并没有出现发展党员的高潮。从边区党委下发的指示或文件来看,没有见到发展党员的指示,而是不断地强调整顿与洗刷。1938 年 1 月 6 日边区党委下发关于成立干部审查委员会的通知。从 1937 年到 1939 年党的组织经过了五六次审查,共洗刷了 3180 个阶级异己分子。由以上可以看出,陕甘宁边区在组织发展路线的执行方面并不总是与中央的规定保持同步,由于陕甘宁边区的特殊环境,在抗战初期遵循的是巩固与发展的组织路线。而在其他根据地由于党组织基础薄弱,为了打开党组织发展的局面,在抗战初期党组织路线基本上采取的是“大发展”的方针,由于环境复杂多变,在大量发展党员的过程中,追求数目字的拉夫式发展现象严重,导致许多不符合入党条件的人员进入党组织,这与中共对于组织的严密性、纯洁性的追求是不符合的,鉴于此,中共中央开始有意识地进行纠偏工作,把巩固而不是“发展”作为党组织发展的基本方向。1939 年 8 月 25 日,中共中央政治局通过了《关于巩固党的决定》。《决定》指出:“估计到党的组织现状与目前环境,党的发展一般地应当停止,而以整顿、紧缩、严密和巩固党的组织为今后一定时期的中心任务。”发展的原则“只求精不求多”。② 从《关于大量发展党员的决议》到《关于巩固党的决定》,二者发布的时间相隔不到一年半,内容却截然相反,表明党的组织发展路线随着局势变化而发展演变的情形。就陕甘宁边区而言,在经历了巩固发展阶段后,进入了巩固整顿阶段。在此阶段边区党一般已停止发展。边区由于处于相对的和平环境,商业资本和富农经济的发展,引起了党内党员成分变化,有相当数量的贫农上升为中农,少数的中农上升为富农。少数

---

① 中央档案馆、陕西省档案馆编:《中共中央西北局文件汇集》甲 6,1994 年西安印刷,第 219 页。

② 中央档案馆:《中共中央文件选集》第 12 册,中共中央党校出版社 1991 年版,第 155—156 页。

党员干部由于自己经济地位的改变,甚至在思想上发生蜕化,党内生长着一种资本主义思想,引起了党的警觉,1939 年边区党第二次代表大会曾着重指出在党内进行反资本主义思想与重新鉴定党员成分问题。在《关于巩固党的决定》下达后,在反对资本主义思想的倾向下,1940 年 4 月 10 日边区党委下达关于开除党员党籍问题的指示,1940 年 5 月 3 日边区党委组织部下达关于自首分子不能重新入党的通知,1940 年 8 月 1 日边区党委下发关于继续审查党的组织成分给各级党部的指示。在"巩固"与"整顿"的组织发展方针下,边区乡村党组织的发展出现了明显的减缓。边区党的第一次代表大会前,原有党员 32041 人,到 1941 年发展了 24577人,三年来洗刷了 4810 人,死亡 340 人,现有党员 49336 人。这些党员分布在边区保安部队中有 1527 人,边区各级机关中有 2200 人,此外都散布在边区内外群众中(边区外只占很少一部分)。① 到 1945 年,据西北局组织部统计,全边区有 35070 个乡市党员。从边区党的第一次代表大会前到 1945 年发展党员的情况看,"现在的党员,在老边区多是内战时候的,抗战时至 1940 年以后就没有什么发展,相反的,从此以后一般的只是减少,没有增加的(个别地方除外),例如延安和安塞两县,自 40 年以后,各减少了近一千多党员,再如靖边龙州区自 40 年以后的统计,共有 407 个党员,仅开除的就 117 个,死亡的 19 个,共减少 136 个,占党员总数的33.41%,而在同一时期(40—44 年)却只发展了 4 个,仅占党员总数的0.98%。"② 由此可知抗战后新发展党员主要的是在"新区","老区"基本处于停滞状态。

各地革命发展的先后不同,党员的分布情形也有很大的差别。根据1941 年的统计数字,延长县党员占群众百分比例已达 10%,陇东之曲子、

① 中央档案馆、陕西省档案馆:《中共陕甘宁边区党委文件汇集》甲 2,1994 年西安印刷,第 283 页。

② 中央档案馆、陕西省档案馆:《中共中央西北局文件汇集》甲 6,1994 年西安印刷,第 221 页。

华池、环县(都系指老区)党员占群众百分比仅为1%强一点,安定新区则不到1%,绥德党员与群众[百分比]亦不到1%。这是县与县间的情形,此外,在一县之内,区与区间、乡与乡间,以至一乡之内村与村间,也很不平衡。如延安模范乡共有22个自然村,其中有12个自然村没有党员。根据1944年的统计,这个问题依然存在。如陇东分区党员与占群众百分比为2.3%;三边分区党员占群众百分比为2.6%;而延属分区(革命老区)党员占群众百分比达4.26%,但在该分区内,还有20个乡没有支部。绥德分区与关中分区党员分布情况如表2所示。①

表2　绥德分区与关中分区党员分布情况

项目 \ 地区	绥德	关中	总计
有多少乡	322	125	447
有多少支部	314	124	438
有多少自然村	3399	1389	4788
有党员的自然村	2168	908	3071
无党员的自然村	1231	481	1712
有党员的自然村所占百分比	63.78%	65.37%	64.24%
无党员的自然村所占百分比	36.21%	34.63%	35.76%

这个统计表明绥德分区与关中分区没有党员的乡还有9个,没有党员的自然村还有1712个,占所有自然村的35.76%,即1/3以上。就全边区来讲,党员占人口的2.79%,虽然不是很少,但对于边区地广人稀的农村环境来说,党员的数量还显得不够,因此中央认为有必要再发展党员。同时从大生产运动、防奸运动涌现出了大批的劳动英雄、积极分子,他们都是农村中的活动分子、正派人,把他们吸收到党内来,一方面增加党的

① 参见中央档案馆、陕西省档案馆:《中共中央西北局文件汇集》甲6,1994年西安印刷,第221页。

新鲜血液,另一方面扩大党组织规模。自此,党的组织发展方针开始由
"巩固"向"发展"转变,党的组织规模开始扩大。

　　从以上可以看出,边区党的组织路线方针是符合陕甘宁边区乡村的
历史特点和现实的,由于边区是革命的老区,是中共中央的所在地,因此
陕甘宁边区乡村党员的发展从抗战以来主要的是执行"巩固的发展",而
没有出现"大发展"的高峰期。从党的政策来看,"发展"与"巩固"这两
个概念和对其相互关系的论述,频频出现在党的相关文献中,这反映了党
既要发展自己的队伍、扩大自己的影响,又必须保持党的严密性和纯洁性
的努力和困境,似乎发展与巩固之间的矛盾始终难以得到解决。但从中
共党员在基层乡村社会的普及程度与国民党相比,已经高于战前国民党。
据统计,1935 年国民党全体党员与全国人口的比例约为 1：300,将有名
无实的军队党员和海外党员排除在外,普通党员与人口比例为 1：990。①
1935 年已经是国民党在全国执政的第八年,而党员的人数占人口总数的
比例仍然低于共产党员占边区总人口的比例,这充分反映了共产党在边
区乡村社会的普及程度,这与国民党基层极度薄弱的状况形成鲜明的
对照。

二、入党的动机

　　在内战时期,陕甘宁边区许多地方发展党员时多采用突击、拉夫式集
体加入的方式,因此农民加入中共党组织的真实动机值得深入考察。从
留存下来琐碎的材料中证实:农民的入党动机是多元的、复杂的,既有个
人利益的考虑,也要受当时当地社会环境和形势变动的影响。

　　从延川县禹居区三乡支部情况来看,共有 135 名党员,多数党员对于
共产党、国共关系基本上是了解的,但有些党员就了解得很模糊,甚至错

---

　　①　参见王奇生:《党员、党权与党争——1924~1949 年中国国民党的组织形态》,上
海书店出版社 2003 年版,第 250 页。

误,其中莫名其妙和投机入党的就有 30 人,为了改善生活和被宣传入党的有 74 人,占大多数,而真正为了反对压迫或为了抗日入党的只有 28 人,还有 3 人是被迫入党的。①

根据延长一乡党支部 1941 年调查材料,为我们提供了该乡党员入党动机的基本情况。1935 年该乡在秘密宣传员的活动下,组织了支部,秘密发展党员。发展的对象:成分是无产阶级,积极工作(忠实勇敢,当时这样的人不多,虽知道红军好,但弄不清究竟,不敢加入,有的怕红军杀人)。发展方式是党员分工,个别发展。谈话内容主要是问"你说共产党好不好?"回答是"好"的。问他"愿意不? 愿意就参加"。后来在会上宣传员公开说:谁忠实,愿意加入都报名。当时只有一人报名,还是哥老会会员。当时参加动机是,他心里害怕,那时当连长。在斗争发动后,群众对党的认识较最初清楚,情绪很高,因此在这一时期大开门户发展了大量的党员,到 1941 年发展了 71 个党员,占人口总数的 4%。现将党员的入党日期、动机、方式,如下表所示。②

表3 延长一乡党支部入党日期、动机、方式统计表

女	男		性别
4	31	1935 年	
4	14	1936 年	
	6	1937 年	
5	3	1938 年	日期
1	2	1939 年春	
	1	1940 年	

① 中央党校延川实习团杨英杰等:《延川县禹居区三乡支部的特点、党员和干部》,《共产党人》1940 年第 4 期。
② 陕西省档案馆藏:《延长一乡党支部 1944 年调查材料》(1941 年),卷宗号:2-1-868。

续表

女	男		性别
	13	认为革命有好处能先知道事情	动机
	4	革命可以分土地	
3	7	反对压迫	
7	25	被宣传	
4	6	莫名其妙	
	1	认为参加组织好有进步	
	1	认为共产党待儿童好	
11	57	个别介绍	方式
3		大会介绍	
1	1	亲戚	关系介绍
13	56	工作关系	
备注		莫明其妙:即模糊地看见人家参加说好,他就跟着进来	

由以上材料可以看出,所有党员入党动机,真正为共产主义而奋斗的没有一个,大多数人都是基于现实利益考虑或是不明所以稀里糊涂参加党组织的。

在内战时期,由于局势动荡,部分农民由于受到新政权的保护,出于"感恩"而作出入党的决定。如曲子某乡党员,在土地革命时,政府分给他一头牛,后来政局变动,他曾被捕过,他的牛也被拉去了,等革命秩序恢复后,他又借政府的力量得到两头驴,因此他知道假若革命政权有变动,旁人还会欺侮他,所以他加入了党,对政府对党的态度很好。① 显然他们的入党动机既有党的政权带来的经济利益的好处,也受他们所处的环境局势变化的影响,经过局势的反复变化,使他们意识到只有共产党政权是

_____

① 苏民:《曲子某乡党员登记》,《解放日报》1943 年 3 月 4 日第 2 版。

代表保护他们利益的,没有共产党的政权,他们的一切将得不到保障。

当然,农民的入党动机中也不乏思想上的追求。有的党员谈到自己入党的动机时,表达“共产党是为了无产阶级作斗争,为了解放劳苦群众的痛苦”,但这样的认识程度只是极个别党员所能达到的。

由于加入党组织动机不纯,再加上发展方式上的粗疏随意,农民的文化水平相对较低,自然导致党员对党组织的认识极其模糊。他们对于“党”是什么,“党”应该怎样,党的政策怎样,很少过问。他们参加党的动机是“党爱穷人,党可以分土地”。参加党后,他们的这些希望满足后,他们满意党,对党忠诚,但他们对党的认识仍是“把穷人提拔起来,把富的剥削下去”。① 对于统一战线、“三三制”很模糊,很漠然。甚至有的认为“人总要有靠山,信菩萨的要靠佛,信基督要靠上帝,咱们信共产党,也是为了依靠”。②

有的党员对党的性质认识模糊,认为“‘共’是共同讨论,‘产’是产生起来,‘党’是名词,‘员’是共产党人,只有穷光蛋才可以加入共产党”。③

抗战后,发展党的方式较前谨慎,要经过考察教育才发展,特别是在“巩固”党的组织路线方针下,吸收党员要遵循严格的条件和手续。大生产运动发动后,入党的条件转化为“好劳动”、“能公道”和“能工作”,以此为标准,注重党员的质量,只有群众中的积极分子才能发展为党员,从而使一些怀着不良动机的人混进党内已不再容易。

在内战时期,中国共产党在乡村获得迅速的发展为以后党组织的建设及根据地的发展奠定了组织基础,若没有这一时期的大发展,中共组织的影响力将难以深入乡村,中共在边区生存和发展都是困难的,因此先发展再巩固是内战时期党组织发展的主要任务。但同时也存在诸多问题和弊端。由于发展方式存在突击发展,为完成任务而拉夫凑数,通过血缘、

① 蕴辉:《在农村里》,《解放日报》1942 年 4 月 5 日第 2 版。
② 企真:《记子长南区三乡党员登记》,《解放日报》1942 年 9 月 14 日第 2 版。
③ 中共中央主办:《共产党人》1940 年第 4 期,第 59—60 页。

亲缘、地缘等关系进行感情拉拢,甚至强迫、威胁等方式发展,入党时又没有进行必要的教育,加之手续极不严格,有的只要填一张表就行,发展对象未经认真考察,入党条件没有严格执行,一些入党动机不纯的各种形色的人混进党内,在很大程度上造成了组织松懈,凝聚力下降。从以上的材料可以看出,党员真正出于阶级觉悟和共产主义信仰而入党者比例甚低,为解决个人生计乃至莫名其妙入党者占了绝大多数。入党后,仍对党的认识模糊,对党的方针政策相当漠然。这一现象普遍存在的背后原因是共产党将自己的社会基础建立在农民为主的广大下层民众之中,尤其是以贫雇农为对象,而贫雇农在选择是否入党时必然受到以下几种因素的影响:首先是局势的影响。在政局动荡的形势下对于贫困的农民家庭而言,能够提供比较安全的社会环境,保护他们的基本利益是他们加入党的主要因素,而这一因素不仅对于贫雇农而言,即使是中农、富农,他们首先也要去考虑自己的出路,为自己寻找依靠,在革命高潮时,他们往往投机入党,为自己找依靠。其次,建立在以小农经济为主体的经济基础上。贫苦农民抵御意外风险的能力低下,趋利避害常常成为他们政治行为的首要考虑。经济贫困,决定了农民选择入党时往往首先考虑生存问题。"他们见着共产党为他们分得了土地,改善了生活,取消过去的压迫,因而入党。"[1]在这样的动机驱使下加入党后,一旦发现共产党不像自己想象的可以满足各种实际需要,并且还要交党费、开会、跑腿,为党工作,自然就会产生消极动摇情绪,甚至要求退出党组织。从边区各级党组织的报告中,反映出乡村普遍存在的所谓"四怕"现象,即怕误工,怕跑腿,怕惹人,怕当干部,不愿意离开家乡,以免影响个人和家庭的生活。在这一现实的背景下,党一方面通过党内教育提高他们的认识,另一方面是解决他们的困难,使他们安心工作。由此而论,共产党虽然在乡村达到了很高的普及程度和控制程度,但它却不是建立在信仰之上,而往往是他们的现

①　中共中央主办:《共产党人》1940 年第 4 期,第 54 页。

实需求得到满足的结果。

三、文化程度

边区的文化教育一直是一块荒地,一般的县份,百人中难找到两人识字的,有些县(如华池等)两百人中只有一个识字的,当然还不是贫寒子弟。[①] 边区文化教育水平低下,以及农民党员占人口绝大多数的情形,决定了边区乡村党组织的整体文化程度低下,如表 4 所示。[②]

表 4 1944 年全边区乡市党员的文化程度情况统计表

文化程度	数目	百分比	备考
文盲	23203	76.81%	
稍识字	4761	15.76%	
初小	1514	6.90%	
高小	569		4860 名不清的未计在内
初中	141		
高中	17	0.53%	
大学	5		
总计	30210	100%	

从表 4 中可以看出绝大多数党员属于文盲、半文盲或仅受过初等教育,受过高等教育者仅占 0.53%。虽然文化程度低下没有妨碍他们完成上级交给的任务,但是给对他们进行政治思想教育、阶级教育,马克思主义教育带来了负面影响。从党的总结报告中可以看到我们党认为党的质量不高的根本原因在于党内教育的薄弱,要提高党的质量需始终加强党内

---

① 中央档案馆、陕西省档案馆:《中共中央西北局文件汇集》甲 1,1994 年西安印刷,第 376 页。

② 中央档案馆、陕西省档案馆:《中共中央西北局文件汇集》甲 6,1994 年西安印刷,第 218 页。

教育。

四、阶级构成

谁是我们的敌人？谁是我们的朋友？这个问题是革命的首要问题。中国共产党是以马克思主义为指导，代表无产阶级的政党。工人阶级理所当然是中国共产党发展党员的基本对象。但由于中国特殊的国情决定了中国革命走农村包围城市的道路，因此农民成分一直占据着基层党组织最大比重。在土地革命时期，发展党员，只要对象成分好，愿意加入就可以，因此，贫雇农总体上在党内占优势。抗战爆发后，边区处于相对和平的环境，在农民负担减轻的同时，经过土地革命的地区，经济得到很大发展，乡村党的阶级成分发生了极大的变化，特别是大生产运动开展后，大批新富农出现，他们多是群众中的积极分子，被吸收进党内。因此革命前和革命后比较起来，党员的阶级成分起了很大的变化。

以土地分配彻底的地区来看，如安塞五区五乡支部的 35 个党员（新发展 8 个和外来 1 个不算），延安川口区三乡、河庄区四乡、丰富区一乡、柳林区四乡等支部和乌阳区二个小组，共计党员 230 人；赤水城区二乡 30 个党员，共计 342 人，革命前后的成分变化列表如下。①

表 5

时期	成分	工人	雇农	贫农	中农	富裕中农	富农	地主	小商人	总计
革命前	数目	12	47	223	46	3	8	3		342
革命前	百分比	3.51%	13.77%	65.2%	13.45%	1.88%	2.34%	0.88%		100%
革命后	数目	2	5	107	155	38	34		1	342
革命后	百分比	0.58%	1.46%	31.29%	45.32%	10.94%	9.94%		0.29%	100%

---

① 中央档案馆、陕西省档案馆：《中共中央西北局文件汇集》甲 6，1994 年西安印刷，第 211 页。

在土地分配不彻底的地区,如富县大号区三乡支部和靖边镇靖区二乡党员的成分统计如下表所示。

表6

时期 \ 成分		雇农	贫农	中农	富裕中农	富农	总计
革命前	数目	10	34	21	2	3	70
	百分比	14.29%	48.57%	30%	2.86%	4.29%	100%
革命后	数目		16	44	6	4	70
	百分比		22.86%	62.86%	8.59%	5.71%	100%

在未分配过土地的边区,如富县牛武区一乡支部在1940年才建立新政权,由于该乡土地肥沃,人口不多,革命后自由开荒,实行对半减租,只要有劳动力,经济很快开展起来,该乡支部23个党员在新政权建立前后的阶级成分变化如下:①

表7

时期 \ 成分		雇农	贫农	下中农	中农	富裕中农	富农	总计
40年前	数目	1	18	3			1	23
	百分比	4.35%	78.26%	13.04%			4.35%	100%
40至42年	数目		3	12	7	1		23
	百分比		13.04%	52.17%	30.43%	4.35%		100%
44年	数目		1	3	12	7		23
	百分比		4.35%	13.04%	52.17%	30.43%		100%

---

① 中央档案馆、陕西省档案馆:《中共中央西北局文件汇集》甲6,1994年西安印刷,第212页。

从上面的统计可以看到无论在老区或者新区,经济都发展很快,把三种地区党员阶级成分平均起来,如下表所示:

表 8

时期	成分	工人、雇农、贫农	中农、富裕、地主	总计
革命前	数目	345	90	435
	百分比	79.31%	20.69%	100%
革命后	数目	131	304	435
	百分比	30.11%	69.89%	100%

从上述数据可以看出,在革命前,工人、雇农,贫农三者总和占了总数的 4/5,而中农、富农、地主三者总和起来占不到总数的 1/5;而在革命后前者占不到总数的 1/5,后者却占了总数的 2/3 还多。[①] 这说明革命后地主的地位迅速下降,数量减少;雇农人数大量减少,经济地位有所上升;贫农的户数减少,成为中农,而中农阶层的迅速扩大是革命后乡村党员阶级结构发生的最大变化,这是与中共对各阶层的政策取向密切联系的。一方面是 1942 年以后边区进行彻底的减租减息政策,平衡利益关系,缓和地主与农民的阶级矛盾,中农作为党团结的最大群体在这种政策背景下处于有利地位。另一方面是在抗战期间,为了团结大多数,党的基本政策取向仍然有利于贫雇农,而不利于地主富农,结果,地主富农地位下降和贫雇农地位上升。而最根本的是大生产运动的开展,使贫雇农的经济上升,发展成为中农、富裕中农,中农取代了贫农,占据了优势,贫农的比例相应降低,中农和贫农成为乡村党组织的主体力量。这样的变化,与边区乡村社会阶级阶层分布的实际状况相同,从而使中共在乡村奠定了坚实

---

① 中央档案馆、陕西省档案馆:《中共中央西北局文件汇集》甲 6,1994 年西安印刷,第 214 页。

的政治基础。

五、性别

在陕甘宁边区土地革命时期,妇女摆脱了过去旧社会封建压迫,参加了革命工作,为革命作出了极大贡献。抗战时期她们慰劳伤兵,为战士做鞋袜、纺纱,锄草等,努力于抗战动员和建设工作,帮助党的政策推行,因此广大农村妇女在政治经济上获得了解放,为她们参与政治进而参加党的工作提供了有利条件。然而由于以下的原因,女性党员的比例低下和其他根据地的情形基本相似。一是边区的贫穷落后,导致了她们在社会在家庭的地位仍没有得到应有的提高,她们还遭受着旧势力旧观念的束缚。尤其是买卖婚姻在暗中还是相当普遍,男子找一个老婆,特别是家庭贫困的,是件不容易的事,丈夫们怕老婆闹离婚,就阻止老婆参加工作,这样,一些优秀的妇女和女党员被留在党外或者不能工作,不能过组织生活。二是在整顿支部中,由于男性党员认为"婆姨不顶事",开会不叫,甚至有人认为女党员全是扬名的,在党内不仅没好处,而且对党有害。由于对女党员认识错误,许多女党员被洗刷。这些原因导致了中共基层党员的性别比例呈现极不均衡的状态,女性党员人数远低于男性党员。

表9　1945陕甘宁边区乡村党员的性别统计表

地区		绥德分区乡市组织	关中分区乡市组织	延属分区乡市组织	陇东分区乡市组织
党员总数		9328	2277	15520	4431
男	数目	8846	2188	13662	4375
	百分比	94.8%	96.1%	88%	98.7%
女	数目	482	89	1858	56
	百分比	5.2%	3.9%	12%	1.3%

资料来源:四组数字来自《陕甘宁边区党员统计表》,参见中央档案馆、陕西省档案馆:《中共中央西北局文件汇集》甲6,1994年西安印刷,第28页。

上述数据表明：首先，男性党员比例占绝对优势，而女性党员所占比例平均起来仍很低，仅占 5.6%；其次，女性党员在各地区的分布是不平衡的，延属分区乡市女性党员的比例达到 12%，而陇东分区乡市女性党员则仅占 1.3%；再次，女性党员所占比例的大小与革命发展的程度相关，离中共权力中心近的地方，女性党员所占比例相对的高。女性党员所占比例甚低在各个根据地是普遍存在的情况，虽然在中共党组织报告中一再强调发展妇女，但从各地区的统计来看，妇女党员的比例仍很低。

第二节　陕甘宁边区乡村党支部建设

一、党支部组织结构的调整

一切工作在支部，一切工作在乡村，中共作为边区的执政党，对于乡村的支部的建设更是十分重视。抗战前，陕甘宁根据地乡村党支部一般由书记、组织、宣传干事、军事干事、锄奸干事、乡长、青年干事、工会干事、妇女干事九人组成。抗战初期，由支书、组织干事、宣传干事、连长五人组成，以行政村为单位，成立分支部，设支书一人，直接领导小组。1937 年 5 月边区党委颁布《特区党选举条例》，在支部党员干事的人事任免制度方面做了原则上的变动。苏维埃时期，支部领导机关的产生由上级指定，而《特区党选举条例》规定"支委会由党员大会选举之"，"支委的候选名单，可提出五人至十三人，选举三人至九人为委员"，"支委每三月改选一次"，"支委会每七日或十日召集一次"。① 在此决定下，一般的支部能按期改选，纠正了不少脱离群众的现象。但由于支部不能独立工作，常需要

---

① 中央档案馆、陕西省档案馆：《中共陕甘宁边区党委文件汇集》甲 1，1994 年西安印刷，第 1 页。

区委的帮助,因此在改选中,不乏出现不民主的现象,如区委代表出面时候太多,特别是介绍候选人应由提的人介绍,对候选人没有展开讨论,在选举中要私情也不是没有,也有对选举不关心的,还有不能正确运用选举权的,在会议上,不能很好地发动党员讲话。①

1938 年为了适应抗战的环境与党的工作,扩大的中共中央第六次全会对支部的组织作了明确的规定:支部委员会之下,不设各部,由各委员分掌组织、宣传、民运、统一战线,战争动员等工作,必要时设组织各种专门工作委员会。1939 年 6 月边区党委在关于改进支部工作的指示信中指出:支部是党的下层基本组织,是党的战斗堡垒,是教育党员的学校,是群众中的核心。党的一切策略路线、任务、决议、决定都是依靠支部在群众中执行的。所以支部工作在整个党的工作上有它特别重要的意义,特别是边区的支部是乡政府的领导者。过去边区支部工作有许多的优点,但也存在着一些严重的缺点。为此边委认为今后支部工作的改进,最主要的应使支部能有独立的工作能力,使支部生活能活跃起来,能真正成为领导群众的核心,能够切实注意和解决群众的日常问题,把所有群众围绕在支部的周围。为此,建立支部的经常会议生活、工作制度、改变支部的领导方式、工作方法及组织形式问题。(1)克服支部工作的被动性,应有经常的工作计划、具体分工及工作检查。(2)各种会议须按期召集,讨论本身各种具体工作,但会议不宜过多,现暂定支委会每十天召开一次,支干会半月一次,小组会七天一次,党员大会三月一次;每次小组会不超过一小时,其他会议至多不超过三小时。(3)把党、政府与群众工作应尽可能分开讨论,讨论后,工作应根据性质分别由各组织系统执行,以免包办代替及混乱等现象发生。(4)执行各种工作任务应尽量采取民主方式,召集群众公开讨论,坚决纠正强迫命令、摊派等方式,并要解决、防止处理问题的任何私人观念和偏见。(5)为了工作和领导上的便利,改变支部

---

① 参见曹记:《一个支部改选大会》,《解放日报》1943 年 1 月 23 日第 2 版。

的组织形式,规定太大的乡可以成立分支,分支由三人至五人组织(支书、宣传和组织各一人,或增加两委员)来改进乡村支部的工作。① 1939年8月,边区党委、边区政府联合下发《陕甘宁边区党委、边区政府关于乡村级党和政府及民众团体组织问题的决定(草案)》,《草案》对于支部的组织形式作出新的调整:"因支部范围较大,党员数量亦较多,支部委员会(支干会)通常由七人组织之,内分书记、组织、宣传、军事委员(自卫军连长)、政府委员(乡长)、民运委员(抗救会主任)等。为了处理日常工作的便利,可以成立支部委员会常委,通常由书记、组织委员、宣传委员三人组织之。不满五个党员的支部,只设支部书记或加一副书记。"②

1940年1月,边区党委根据边区第二次党代表大会的决定,对乡村中的党支部组织作出如下的规定:(一)支部委员会一般的规定七人或九人组织之,特殊情况者可以五人组织之,并决定支书脱离生产;分工:书记、组织干事、宣传干事、政府工作干事(即乡长)、军事干事(即连长)、锄奸干事、工运干事、青运干事、妇运干事(如无女党员时,由男党员兼任)。只有五个委员的,锄奸、工运、青运、妇运干事可由其他干事兼任;支部委员会内以三人至五人组织常委会,一般的以五人组织之(书记、组织干事、宣传干事、政府干事、军事干事)。如干事会仅只五人者,则以三人组织之(书记、政府工作干事、军事干事)。(二)支分部的组织:一般的以行政村成立支分部,但如只有三个以下的小组者,即不成立支分部;支分部委员会,一般的以三人组织之,必要时可增加至五人;分工:书记、军事干事(自卫军排长)、政府工作干事(行政村主任)。③ 然而,根据1944年4月西北局办公厅关于组织问题座谈会材料反映,在乡上起领导核心作用

---

① 中央档案馆、陕西省档案馆:《中共陕甘宁边区党委文件汇集》甲1,1994年西安印刷,第267页。

② 中央档案馆、陕西省档案馆:《中共陕甘宁边区党委文件汇集》甲1,1994年西安印刷,第297页。

③ 中央档案馆、陕西省档案馆:《中共陕甘宁边区党委文件汇集》甲2,1994年西安印刷,第8—9页。

的是支书,党员乡长及乡连长或乡文书或锄奸主任中最强者之一,若有特殊工作需要再增设一个到两个干事。小组一般仍按地区组织,但编在变、扎工队、唐将班子等生产组织内的党员,可临时组织在该队中开会。

1945年4月西北局组织部根据1944年调查三个乡的支部工作,以及各分区支部工作的情况的典型调查的材料,经过几次党务会议座谈研究和各分区、县负责同志的座谈研究,整理出关于整顿农村支部工作问题,印发给各地,以作整顿农村支部工作的参考。即支干会的组织一般以五人为合适,以支书和是党员的乡长(或副乡长)为支干外,再选择三个好的党员参加之。除支书外,其他各干事不必规定名义,分工以每人的实际情形决定。小组的划分以党员的人数、地区的情形,以便利工作为原则。以行政村为单位编小组,党的小组,容易取得一致意见,但在地区分散党员多的行政村,可酌情划分小组,在变、扎工队中的党员,有三人以上就可编临时小组。由此可以看出,乡支部结构经过不断调整,中共已较为成功地把党组织的根系深入乡村的最底层,为领导边区乡村政权提供了组织基础。

确保乡支书核心地位。事实证明,乡支书领导能力强,乡上的支部就健全,乡上的工作就做得好。反之亦然。问题是,乡支书要做好党的工作,就必须花费一定的时间和精力,而这样势必又会影响他们的生产和生活,如何让乡支书既能为党工作又不影响家庭生活,二者的矛盾成为必须解决的问题。而解决的办法就是乡支书到底脱离不脱离生产的问题。这一问题处理好了,就能使乡支书成为乡村支部的核心。我们党对于这一问题的解决是随着形势的变化而采取不同的政策。由于边区农村党员大多数是内战时期发展的,存在着许多问题。抗战后,随着边区环境的变化,党员生活水平的提高,党内一部分人的资本主义思想和个人主义思想开始生长。这种新变化,引起了党的重视,因此边区第二次党代表大会上主要的提出了"从思想上、政治上、组织上来巩固党的任务",并依据全国抗战的形势,边区的环境,与边区党的组织过去两年半工作的经验,议决了八项重要任务:(1)动员全边区人民积极参加全国范围内反投降、反分裂、反倒退的斗争;(2)继续抗战动员,巩固人民自卫军;(3)加强锄奸保卫工作,肃清敌探奸细;(4)更加密切政府同民众的联系;(5)继续发展边区经济,更加改善人民生活;(6)提高人民的文化生活;(7)充实民众团体的经常工作,改善乡村群众团体的组织形式;(8)更加巩固我们的党。由此可见,抗战的形势进入相持阶段后,党面临的任务更加艰巨,党议决的八项主要任务要切实执行,最终要靠乡村的支部来落实,支部书记作为支部的领导核心,其作用和地位凸显出来。基于以上原因,1940年边委决定乡支书脱离生产。然而现实情况证明支书脱离生产后,支部的工作并没有取得很大成绩,表现在:一是支书脱离生产后,形成以党代政,支部代替了行政工作,而不是领导行政,特别是不符合"三三制"政权下要求党对政权正确领导的精神;二是形成了脱离群众的现象,对群众的实际情况不能很好研究,一开会就是摊派动员,决定数目,甚至个别支书作威作福,使群众不敢说话,支部也不能及时反映群众意见;三是支部书记脱离生产后,支部的工作依靠支部书记一人,支部书记工作简单化,不能经常在支干会上民主讨论,形成一言堂、一把抓、老一套的工作方式方法,新的工作方法不能得以创造;四是由于边区的人力动员,使农村的劳动力减少,支书脱离生产,对农村的经济建设与劳动力减少有影响,进而加重群众的负担。① 基于以上原因,1942年1月19日西北局而作出了"支部书记不脱离生产"的决定,以密切党与群众的联系,提高党的威信,增强党对政府的领导,从而更加做好支部工作。然而1943年大生产运动开展后,生产成为衡量支部好坏的标准。在这一新的标准下,支书不脱离生产就存在很大问题:一是乡村工作最多的是支书,他们全年有三分之二或八个月时间为党工作,平均误生产最低限度在半年以上,使得生产搞不好,从而在

---

① 中央档案馆、陕西省档案馆:《中共陕甘宁边区党委文件汇集》甲2,1994年西安印刷,第11—12页。

群众中的威信降低。如赤水一个支部书记,他本是一个很好的支书,因为不脱离生产,他忙不过来,自己家的粪没有人家上得多,草没有人家锄得多,就好像是一个懒汉,在群众当中不好开口。① 二是影响家庭生活。如陇东的一个书记,由于他的老婆是由红军帮助自由得来的,没有出钱,在搞摩擦时,他带领的模范游击小组天天打仗,家里的老婆娃娃吃饭问题无法解决,他就害怕老婆闹离婚,因此他对组织要求:"只要我家里的老婆娃娃能够吃得上,叫我天天在边境上打仗都可以,我心里痛快得很,一点也不忧郁"。② 而像这样要求照顾家里生活的问题在各地区普遍存在。三是由于影响生产和家庭生活,使他们的情绪不好而影响工作效率,受到上级的批评,因此他们觉得是"三面"受气,而不愿当干部。

由于以上原因,西北局于1944年派干部到安塞,调查了三个乡的支部工作情况,对各分区支部工作进行典型调查,经过组织部几次部务会议的座谈研究和召开各分区、县分区负责同志的座谈研究,对于支书到底是否脱离生产作出决定:支书脱离生产。因为一是可以加强党务工作。二是又能培养干部。三是为了不加重群众负担,一切经费各分区自己解决,待遇与乡长相同;同时调整乡上的机构,如乡上不需要设文书,就可不设文书(若支书、乡长识字时),工作需要没有适当的人也不设,需要并有适当的才可建立。支书脱离生产后,根据农村的实际情形,支书可兼乡长或副主任乡长。因为乡长或副乡长由人民选举决定。若支书无行政名义,脱离生产做工作,百姓知道是党的支部书记也无何坏处,不会造成党与群众的脱离。

二、党组织的整顿

内战时期,中共基层党组织在陕甘宁根据地经历了大发展阶段,由于

---

① 中央档案馆、陕西省档案馆:《中共中央西北局文件汇集》乙,1994年西安印刷,第156页。

② 中央档案馆、陕西省档案馆:《中共中央西北局文件汇集》乙,1994年西安印刷,第186页。

发展党员工作中的缺点,使一部分怀着各种不良动机的阶级异己分子混进党内。抗战初期,陕甘宁作为中共中央所在地,边区党委一直很重视基层党组织的严密性和纯洁性,对党的组织不断进行整理与审查。1939年6月1日,边委在关于改进支部工作的指示信中要求"应切实的深入的审查支部的组织,审查对象不仅是一般的党员,干部亦同样需要审查,纠正任何敷衍塞责的现象,特别要注意成分问题,把真正的坏分子洗刷出去,但同时应防止轻易地调动和开除"。① 1939年8月25日,中共中央作出《关于巩固党的决定》,明确规定:"党的发展一般的应当停止,而以整理紧缩严密和巩固党的组织工作为今后一定时期的中心任务"。② 为巩固党组织,决定要求各地通过审查党员成分,从此中共党组织进入了巩固时期。根据边委组织部的材料表明,从1937年边区党的第一次代表大会到1939年10月,党的组织经过了五六次审查,共洗刷了3180个阶级异己分子。但由于审查的不普遍、不深入、不彻底的原因,党内仍存在着许多可疑的分子与阶级异己分子,甚或有个别支部被坏分子把持(哥老会支部,佛教会支部,自首分子支部,私人支部),③使党不能得到应有的巩固。为了提高党的质量,中共提出更进一步巩固党的组织的任务,普遍彻底审查党的组织成分,清洗存在党内的阶级异己分子。紧接着边区党的第二次代表大会,作出关于审查党组织成分的决议,该决议除了继续强调审查党员成分外,针对边区出现的党员阶级地位的变化而开始发生蜕化的党员和干部,要求在组织上分别采取谨慎妥当的处置。按照决议的要求在党代表大会之后的审查中又清洗了一些坏分子,但有的审查者本身有问题,姑息坏分子,使坏分子仍留在党内。1940年初,环县事变中有二百多

① 中央档案馆、陕西省档案馆:《中共陕甘宁边区党委文件汇集》甲1,1994年西安印刷,第268页。
② 中央档案馆:《中共中央文件选集》第12册,中共中央党校出版社1991年版,第155—158页。
③ 中央档案馆、陕西省档案馆:《中共陕甘宁边区党委文件汇集》甲1,1994年西安印刷,第340页。

个党员乡级干部参加叛变,靖边、陇东、关中等地区党的组织中发现两面派分子活动。此外由于资本主义思想在党内的影响,一些党员干部自私自利,贪污腐化,敲诈群众,违犯政府法令,受人贿赂,包庇豪绅地主,甚至被人收买利诱,逃跑叛变。这些情况又一次引起党的警觉,1940 年 5 月,边委组织部发出《边区党委组织部关于自首分子不能重新入党的通知》,《通知》要求为了巩固和严密党的组织,保证党的纯洁性,决定以后凡是自首分子,不论情节大小,均不得恢复党籍或重新入党。① 1940 年 8 月,边区党委又作出关于继续审查党的组织成分给各级党部的指示。指示要求:消灭党内资本主义思想行为,彻底的深入有计划的审查各级党的组织成分,重新登记并鉴定党员干部。② 由以上党的组织政策可以看出,从1939 年 10 月党的第二次代表大会到 1940 年 8 月相隔不到一年时间,对于党内的资本主义思想行为由"谨慎妥当的处置"到"消灭",说明党对党组织形势的严重估计。在这一严重估计下,一方面要求重点审查以下几种分子:①来历不明及混入党内可疑的分子。②参加过其他党派与封建迷信团体而情形不明的。③社会关系极其复杂,社会出身不好的分子(地主、士绅、商人、富农、土匪、兵痞、阴阳、巫神等)。④脱离过党的关系重新入党或恢复关系的及被敌人逮捕而情形不明的。⑤土地革命前阶级成分是雇、贫、中农,现在为富农、地主者。⑥经常打骂群众、敲诈群众、损害群众利益,受人贿赂,袒护豪绅地主及其他破坏党纪违犯政府法令者。⑦发财思想,生活腐化(烟、赌、嫖等)、贪污堕落的分子。对于审查出来有问题的党员干部的处理,必须清洗的:①内奸分子。②叛徒及自首分子。③参加过封建迷信团体未脱离关系的,以及以阴阳、神巫为生活的迷信分子。④混进党内的阶级异己分子(指本人是豪绅、地主、富农、商人

---

① 中央档案馆、陕西省档案馆:《中共陕甘宁边区党委文件汇集》甲 2,1994 年西安印刷,第 98 页。

② 中央档案馆、陕西省档案馆:《中共陕甘宁边区党委文件汇集》甲 2,1994 年西安印刷,第 146 页。

成分)与阶级成分变为富农、地主,在思想上蜕化的分子。⑤为图个人私利表现严重的贪污、腐化堕落的分子与敲诈群众,脱离群众,失去阶级立场,有意袒护豪绅、地主及破坏分子的。⑥太落后的分子(如常不列会,不缴纳党费,不做任何工作,经过教育不改的那些挂名的党员)。① 另一方面规定从 1941 年 2 月开始以审查党员为中心要求各级党部执行这一指示。同时要求在审查工作中避免采取突击的方式或造成一种大批清洗运动,或者麻木不仁轻视与不认真的态度。1941 年边区中央局组织部关于边区党的组织工作及今后任务报告提纲中,提出了"登记党员,更好的调节党的成分","对于在党员登记中审查发现过于落后,在群众中无信仰,影响坏而不能教育者,予以洗刷"。② 从边区各地区乡村党员登记的经验总结的材料来看,这次审查登记工作总体来说比较细致,是对每个党员的政治生命负责任的,是周密慎重的。就审查登记的程序来看,一般包括个别填表,小组、支干会讨论,区委审查,县委审批,清洗坏分子等步骤。由于各地区支部的情况不同,党员登记的方式也不尽相同。

以曲子某乡党员登记材料来看,首先是了解支部在各个时期的历史与现状,最后进行个别党员谈话。取得的经验是:一是在未与党员个别谈话前,了解党员在动员中的好坏例子及民间发生的好坏事情来征求党员意见从而了解党员是否公道。二是登记工作配合一种动员工作同时进行或分配最熟悉这一支部的同志,从而了解党员。如在登记党员同时,进行征粮动员,而了解到乡长王××在平常工作中和解决纠纷时都还公道,可在出粮时,却不太模范,这些事在平时不易知道的。三是了解党员的思想认识以及他对革命的态度,不仅应看党员家庭经济的原因,而且应该看党员本人历史上的原因及其他社会的原因。四是确定党员的阶级成分。由

---

① 中央档案馆、陕西省档案馆:《中共陕甘宁边区党委文件汇集》甲 2,1994 年西安印刷,第 149—150 页。

② 中央档案馆、陕西省档案馆:《中共陕甘宁边区党委文件汇集》甲 2,1994 年西安印刷,第 294 页。

于一般党员很怕把自己的成分定高了,总不愿把自己的土地资财真实说出,有的人甚至分牲口给别人养,租出土地等,隐瞒资财。加之原来如何确定成分没有精确的标准,因此出现一个人在同一时期的两张表上填了两种不同的成分。这次通过审查登记调查党员的经济情形,再定出几个典型的贫农、中农、富农,然后与其他家比较,从比较中使成分的确定更确实。五是登记党员也是整顿农村党、农村支部的工作,在工作中发现问题后以便改进支部工作。①

以延市党员登记总结来看,一是登记时先和本人谈,再和支部、小组的负责人谈,有时找别的同志谈,并询问党员的意见,做到对每个党员都能够真实全面的了解,个别登记完毕后,把登记的材料,提交给小组会和支干会讨论,支部对每个人作出初步结论,再交市委做最后结论。②

延安县登记党员的经验是:进行大量调查研究,调查方式一是背后调查,即避开本人,通过别的党员调查当事人的情况。这种调查好处是一人不愿讲的,从他人口中可以得知。譬如,有的党员,总不愿把自己的成分向党实说,把富农讲成中农,把中农说成贫农。特别是模范作用,很难从本人口里得到确实的材料,需从其他党员、群众的口里得到。同时注意到个别胸怀成见,说"坏话"的人。二是会议的调查。这种调查的好处是大家集中在一起,好的党员能起推动作用,引导那些不大说实话的人向党实说,提高党员对党的认识。大家一起谈,可以说明是非。坏处是有些农民党员"怕惹人"、"顾面子",不好意思当面直说。因此把这两种方法配合使用才能使调查精确公正。③

华池县党员登记的特点:一是制定适合当地党的特点和现状的登记表,节省人力、物力。采用"点滴方式的登记办法",区委同志分工负责,领导支部同志,以小组为单位,从一个一个党员登记起,把表册问话和证

---

① 参见苏民:《曲子某乡党员登记》,《解放日报》1943 年 3 月 4 日第 2 版。
② 参见石毅:《延市党员登记总结》,《解放日报》1942 年 6 月 21 日第 2 版。
③ 参见王国华:《登记党员的一些经验》,《解放日报》1942 年 7 月 19 日第 2 版。

明材料弄清后,再开小组会,一个一个进行讨论,按照党员的标准,一个一个详细研究;二是在小组会上,经过民主的讨论得出,最好本人在场。好处是避免把"支部对某同志的意见"变成个人对某同志的意见,可以使某些不正确的意见,经过讨论而正确,又可以把过去那种支书或填表人的意见,转变为民主的讨论。大家的意见,经过民主讨论,而使意见更加正确,具体深刻。①

惠庆祺根据各地区党员登记经验总结,提出了试验登记,即登记过程中,首先挑选一个乡,集中一些干部,进行试验登记,取得经验,作为指导别乡登记党员的参考,试验乡的挑选,要能代表分区、县或乡的基本情况。试验乡选好以后,找些最好的支干事和党员详细了解情况,进行审查漫谈,了解试验乡的情况,党的历史,干部能力等,了解情况以后,根据登记内容和该乡的特点,订出党员谈话的提纲。谈话提纲要具体实际,通俗明了,一问就"解得开",不要笼统提些大问题,弄得党员像"老虎吃天,没处下爪"。如模范作用,若问"你起不起模范作用?"就使党员不但"没处下爪",而且也很难为情。倒不如问他今年粮食打了多少,报了多少,缴了多少,缴在前还是后,向群众宣传过没有,群众有没有照你的办等。填表谈话以后,集体研究,把每个党员的情况弄清楚,再分头研究,研究好以后,再交支部正式讨论,提出谁去谁留,报告区委和县委批准,在调查过程中除了正面、侧面的调查方式外,还要运用与群众有密切联系的积极分子力量,因为群众对这些积极分子很信任,什么话都敢说,所以得到的材料会更实确。②

经过审查登记,各乡均洗刷了一批不合格的党员。延市洗刷下面三种党员。一是"发财党员",由于家庭经济条件发展而脱离了党。二是"街诱子"党员,入党是为了讨便宜,发洋财的。三是"老好党员",开会是

---

① 参见史文俊:《党员登记的几点经验》,《解放日报》1943 年 1 月 9 日第 2 版。
② 参见惠庆祺:《党员登记与实验乡》,《解放日报》1942 年 10 月 3 日第 2 版。

"误不起工"不来,交费是"穷"没钱,做工作是"没本事,解不下,说不来"。①

延安县洗刷下面几种党员,一是"二流子党员",他们利用担任工作的名义,不参加生产,抽烟、赌博、当阴阳巫神,在群众中影响极坏。二是"挂名党员",由于怕开会,怕担任工作,怕受训练,怕误工,怕惹人,不起作用的挂名党员。②

子长南区三乡洗刷了"投机分子",他们在革命前不是地主就是富农,有哥老会员,二流子,烟鬼,赌头,在革命高潮到来时,趁机混进党内,有的怀着政治野心,有的是保护自己,发点"洋财","痛快一下",入党后,为人不正派,群众十分痛恨。③

1945年根据西北局组织部的要求,又审查清洗农村党员中的不良分子:内奸分子;党棍和投机分子;叛徒分子;以迷信为职业,吃大烟、耍赌博者,"手足不牢",不好好生产的二流子,经教育仍不转变者。

由以上各地区农村党员审查登记的材料可以看出,这些地区审查清洗党组织工作,是比较谨慎的,审查登记的方式、过程是有计划有步骤的,没有采取突击的方式而造成大批清洗运动。清洗这些名声不好,在群众中威信很低的地痞流氓二流子或挂名党员,提高了党组织在农民中的地位,从而使党更加巩固,更具凝聚力,成为农村中的"战斗碉堡"。

诚然,对于党员的处理,谁去谁留,做出公正的结论,显然需要党组织的领导者具有较高的政治水平,懂得党的组织原则和阶级分析的观点。而在不具备这些条件的党组织,由于水平认识所限,往往在执行中会出现偏差。如延市登记中,因为某组党员八个月没有开会,就主张把全组一齐洗刷,后被市委拒绝。④ 又如在延安县过去对于开除了的党员采取不管

---

① 参见石毅:《延市党员登记总结》,《解放日报》1942年6月21日第2版。
② 参见王国华:《登记党员的一些经验》,《解放日报》1942年7月19日第2版。
③ 参见企真:《记子长南区三乡党员登记》,《解放日报》1942年9月14日第2版。
④ 参见石毅:《延市党员登记总结》,《解放日报》1942年6月21日第2版。

的办法,使他们觉得"开除了连个群众也不如",对于失掉了组织关系的党员采取"不处理"的办法,不了了之。[①] 这些做法显然偏离了我们党的组织原则,即洗刷党员一定要慎重,不应无原则地予以打击、消灭的纪律制裁。对于开除了的党员也要教育、帮助,使他知错,做一个好公民。但从总体情况来看,这次审查登记提高了党的质量,巩固了党,但同时也暴露了党存在的缺陷。

同组织审查清洗相联系的是党内阶级成分的调整,二者既是党组织整理中的重要内容,同时又相互联系,相互影响。如前文所述,贫雇农成分在根据地初期的党组织中占有较大优势,中农与地富相对来说要少得多。抗战后,中农成分在党内呈现明显增加的趋势,造成这种现象的原因主要有以下四个方面:一方面,边区相对稳定的社会环境带来了农村经济的恢复与发展,农民生活水平得到提高;二是抗战初期合理负担政策没收汉奸地主财产使得贫雇农的负担减轻;三是由于农村干部工作比较忙,常常"误工",村民都怕当,互相推诿,致使许多中农或富裕中农因为"家里过得好","误得起工",上面来人,还可以应酬招待请吃饭等,只要他们"还公平",就可以够资格,当选村长、村主任,从而被发展入党;四是由于中共减租政策的施行,使得一部分贫农党员因地主减租退租后,无利可图,出现以低价典当给他们土地,再加上家里有劳动力的,很快就可以从贫农上升为中农。

随着党内中农成分的增加,引起了中共的注意。从 1939 年 6 月 1 日边委在关于改进支部工作的指示信中、1939 年边委组织部关于两年来组织工作报告提纲中、边区党的第二次代表大会作出的关于审查党组织成分的决议中、1940 年 8 月边区党委作出关于继续审查党的组织成分给各级党部的指示中,以及 1941 年以来乡村党员审查登记的实际运行来看,所谓的组织整顿其实质就是调剂党员成分。以延长一乡党支部 1941 年

---

① 参见王国华:《登记党员的一些经验》,《解放日报》1942 年 7 月 19 日第 2 版。

调查材料来看,从 1939 年巩固党组织的决定以后,该乡党支部开始进行清理组织工作,他们每年填一张表,不好的党员被洗刷。全乡共有 71 个党员,被洗刷的党员有 9 人。中农为 3 人,富裕中农为 3 人,富农为 2 人,不详的为 1 人,其中女的为 5 人,男的为 4 人。清洗的原因:被告有汉奸嫌疑被捕、不守秘密、不缴党费、打游击、家庭关系复杂、二流子、吃洋烟、报粮不缴。以上 9 人除 1 人想恢复关系外,其余无所谓。失掉关系的有 10 人,中农为 7 人,富裕中农为 2 人,贫农为 1 人,以上 10 人中,除了 2 人表现较好,1 人愿意做工作,其余无所谓。① 根据上面的材料反映,洗刷的成分基本上是中农或富裕中农,并且都是表现最不好的,这也证明了我党通过调剂党内成分从而实现党组织整顿的意图。

三、党员教育

整顿农村党组织,提高党员质量,除了审查登记紧缩组织外,还强调加强党员政治思想与文化教育是整党的又一任务。内战时期,陕甘宁边区农村大部分地区由于环境复杂,时局动荡,导致大多数农民入党前未进行入党教育,因此支部对党员教育在抗战初期一直很薄弱,使得农村党员群体政治思想和工作能力都存在许多问题。如"在党员干部中存在着迷信、散漫、一团和气、偏见、贪污、男女关系马虎,不愿工作,经常调换等现象";②"有些党员干部常常失掉自己的阶级立场,甚至逃跑叛变"。③ 有不少的党员对党组织认识肤浅,无组织观念,不能经常地过组织生活,不按时缴纳党费,不能在群众中工作,参加会门及封建团体,甚至形成群众

---

① 参见陕西省档案馆藏:《延长一乡支部 1941 年调查资料》(1941 年),卷宗号:2-1-868。

② 中央档案馆、陕西省档案馆:《中共陕甘宁边区党委文件汇集》甲 1,1994 年西安印刷,第 226 页。

③ 中央档案馆、陕西省档案馆:《中共陕甘宁边区党委文件汇集》甲 1,1994 年西安印刷,第 346 页。

的尾巴,不能遵守政府法令,违犯群众利益的事情经常发生;①甚至有些党员,随着边区经济的发展,资本主义思想和个人主义思想开始在党内蔓延,"发财式"党员在农村中出现普遍的现象。加之边区位于文化极为落后的地区,农村党组织内的文盲、半文盲党员占绝大多数,他们基本上无法阅读党内文件及党的报纸,从而影响党的政策在乡村的贯彻。如甘泉二区区委上面来的指示照抄一遍,寄给乡支部,支书不识字,一接到指示就两眼一抹黑,党内没有识字的就放在箱子里,指示多了箱子也装满了,结果工作也没有做。② 这给抗战时期在一定程度上依赖文件领导的党组织增加了不少困难。为普遍提高农村党员的政治思想工作和工作能力,在农民党员中进行党的基本教育,特别是阶级教育、政治形势教育,成为整顿农村党的主要任务。为此边区党主要采取了三方面的措施:一是识字教育;二是支部的流动训练班;三是各种会议教育。

识字教育。从党组织的文件来看,在抗战初期,边区党主要强调的是支部要举办流动训练班和召开各类会议来进行教育党员,但是从实际的效果来看,这两种形式在开始时由于支部的忽视和不重视,大多流于形式或没有形成经常性的工作,从而并没有提高党员的思想认识水平。况且由于党员的文化程度低,离开训练班后,在政治上理论上很难有进步,因此1940年2月边区党委宣传部下发关于干部学习问题的通知,通知要求:不识字的或识字少的,每个党员每天至少应识字二个,干部每天至少应认三个字。各级党部必须经常和切实检查这一工作,如没有完成这一任务,其他工作不管做得多好,都不能算是好的党员,应受严厉批评;绝对不许以工作为借口,而忽视识字。在党内必须发动广泛的识字运动,造成热烈的识字空气,以消灭边区党内的文盲,提高边区党的文化水平。但从各地党部的书面报告以及对各地的党内识字工作检查的结果来看,除个

---

① 中央档案馆、陕西省档案馆:《中共陕甘宁边区党委文件汇集》甲1,1994年西安印刷,第347页。

② 《区委要具体帮助支部 少去书面指示信》,《解放日报》1945年1月13日第2版。

别少数地区的例外,识字组不过是一种形式的空架子。对于这一严重现象,1940 年 5 月 10 日边区党委组织部、宣传部联合下发关于消灭党内文盲问题的通知,重申识字的重要性,同时降低识字的标准,决定每个不识字或识字少的干部每天认两个字,党员每天认一个,鼓励识字,发扬识字模范例子,订立党员之间、小组之间竞赛条约。尽管上级组织一再要求加强党员的识字教育,并希望通过识字教育来提高党员的政治理论水平和工作能力,然而,经过一段时间的识字教育后,许多党员对学习逐渐放松,特别是大生产运动和减租减息运动开展后,党员的工作和生产任务繁重,再加上党员本身素质不高,学习愿望缺乏,主要依靠每个党员自觉进行日常学习,很难得到保证,从此后几年党组织的报告来看,这一任务显然远未完成。

支部流动训练班。支部流动训练班是一个临时性的组织,由于文化落后,一般农村支部没有能力进行自我教育,是由县委区委领导组织,抗战初曾经组织过流动训练班,但都流为形式。为此上级党组织要求把"形式的流动训练班变为有实际内容的流动训练班",注意教授方式方法改进等,神府县委根据实际情形总结出办支部流动训练班的具体经验:其一,组织形式一般由 2 人至 3 人组织,由县委区委同志参加,较强的支书或支干可酌量参加,选一人负责,其他人担任教员,这种组织,可以经常研讨经验,收到事半功倍之效;其二,训练前,在进行教育的支部里,先考察教育的对象,了解环境,询问党员的学习情形及对党的了解程度,工作经历等,然后再定期开学,讲课时,将活生生的实际材料与讲课的内容联系起来,使听课的人不会感觉枯燥无味;其三,参加人数以不超过 10 人,少则 5—7 个人即可,教学时间三至七天,以农闲时期多办班为宜,地点以方便宜集合适中为好;其四,教学内容以党的基本知识教育为主,如像"什么是阶级","什么是共产党","什么人才可以加入共产党","支部在村子里应做什么事情"等问题,加以教育理解,教材采用方言土语编写简明的课本,或者编印通俗的识字课本或把文化教育与政治教育统一于一种教材编写;其五,教育方式,因地不同,因人而异,采用"问答式"、"启发式"、"反面教学"。教员多用方言土语,用当地实际例子来解释问题,态度和蔼,有耐心,和气,在生活上与学生打成一片,在学生中树立威信。随时吸取学生的意见,讲课完以后,对学生进行一次简单的测验,并把成绩和表现告诉支部负责人,同时给支部布置以后在小组中如何组织进行教育,把流训班的教育和支部的教育工作结合起来,流训班完后,作一次检讨总结。① 这样的经验总结显得具体,实用,是基本符合边区农村支部情况的。

但是从其他各地区执行的情况来看,支部教育大打折扣,镇原庙渠区的五个农村支部中,党员的文化水平不算低,能看解放日报的占 5%,能看群众报和救亡报的占 30%,能读新文字报的占 12%,甚至一字不识的文盲只占 28.3%,该支部是在 1941 年建立的,在 1941 年前,根本没有进行过什么教育,有时也偶然开一两次会议,不是动员便是党员做模范,但为什么要做模范? 怎样做模范? 没人讲过,至于时事政治教育,更谈不上,提起学习,党员很头痛。上课只教育,不问也不详细解释,原则多,办法少,党员即使会背一些条文,可是做不了实际工作。② 延长一乡党支部流训练的方式是支干讲许多问题时事,巩固党的问题,模范作用,过党的生活等问题,讲完后,就问"记下了没",要记下了,才让回去。区上规定一月一次,而 1941 年因动员工作忙,只训练过三次。③ 1942 年 10 月 30日《解放日报》发表了《党员教育应有彻底的转变》的社论,该文对党员的教育作了总结,认为党员教育整体来说,各地党组织,对于党员教育工作的重视非常不够,党员教育的成绩一般是不能满意的。党员教育的主要缺点在于严重的教条主义毛病。教育的目的方法落入共产主义条文,结

---

① 参见风起:《办支部流训班的一些经验》,《解放日报》1943 年 2 月 26 日第 2 版。
② 柳可夫:《镇原庙渠区的党员教育》,《解放日报》1943 年 2 月 16 日第 2 版。
③ 参见陕西省档案馆藏:《延长一乡党支部 1941 年调查资料》(1941 年),卷宗号:2-1-868。

果党员对听课漠然,教材不能与实际问题相联系;教学方式枯燥无味的"训话"与"听训",因此要彻底改变党员教育,清算教条主义的毛病,实行学与用统一的原则,编制合乎各地区特殊教材,讲课的方式从漫谈和商讨中得出结论,把教学与做二者统一起来。然而要达到这一标准,是需要知识能力水平都要相对高的教员,对于区乡级一级来说,显然很难达到。尽管上级党组织一直很重视农村党员教育,但由于教材、教员的严重不足和经费缺乏,很难能达到党的预期。况且不同的地区由于情况不同,党员教育的实际效果往往也有很大差别,大生产运动开展后,支部的工作重心转移到生产上,支部的流动训练班基本处于停滞状态。

　　会议学习。按照党纲和党章中的相关规定,组织生活在党员教育中占据重要位置。1939年陕甘宁边区党委在关于改进支部工作的指示信中明确规定:"采取各种会议的教育,如召集支书联席会议,组长联席会议及活动分子会议等,经常检查工作中的经验教训,在经常工作中注意帮助他们,教育他们。"并规定支部会议制度,要求"支委会每十天召开一次,支干会半月一次,小组会七天一次,党员大会三月一次","小组会不超过一小时,其他会议至多不超过三小时"。① 但这种规定在边区农村支部中显然很难贯彻执行,普遍的现象是农村党员怕开会,嫌"耽误时间"。其原因一是支部的教育没有经常性,从支部会和小组会的内容来看,一般都很空洞,如甘泉的一乡支部干事,开小组会"光枯燥收党费,起模范作用,打先锋等,使大家没话说"。② 二是老一套的工作方式未有转变,延长一乡党支部一般的是:乡上支干到农村,召集小组会,传达意见,支干将要讲的一说,大家没意见,就散了。总之大多数的农村支部会议的内容没有事先准备,总是临时凑问题,东扯西拉,没有中心内容,结果时间花费不

---

① 中央档案馆、陕西省档案馆:《中共陕甘宁边区党委文件汇集》甲1,1994年西安印刷,第266页。

② 《区委要具体帮助支部 少去书面指示信》,《解放日报》1945年1月13日第2版。

少,致使不少党员认为开会是一种无趣的负担。① 这种农村党员"怕开会"的情形与内战时党员开会很积极的情形相反。土地革命时,在环境紧张时他们通过开会,可以早知道消息,而在土地革命后,环境相对平和,开会的内容多为动员工作,再加上开会的内容枯燥,缺乏生气,与实际生活无联系,使许多党员缺乏兴趣,视开会为畏途。三是因动员工作多,使得支部会、小组会不能按期召开。如永区五乡支书,半年来没有参加过一个小组会议,大部分时间忙于动员工作。四是支书对党员教育的忽视,中区一乡支书,认为党内教育学习是抽象工作,做与不做没有关系。城市区五乡支书,有八个党员思想很落后,似乎要到洗刷的地步,而支部从未给予具体帮助和教育。五是在提出"一揽子会"的工作方式后,在农村支部中产生了一个倾向,不分工作性质,不分经验,均以一揽子会的形式来解决问题,支部会议开得很少。②

与上述支部不能按期召开,怕开会的"沉闷"情况相反,部分支部却很"活跃",甚至是会议太多,尤其是大生产运动开展后,开会的内容多以生产建设为中心,如组织劳力、放农贷,搞妇纺、做农户计划等,与党员的生活联系起来,党员表现很活跃,但党内思想教育却放松了,出现了一些党员发财思想普遍增长,有些党员愿做买卖,搞生产,而不愿开会不愿当干部,甚至发生退党的现象,在这样的情形下,通过会议教育对党员质量的提高所能起的作用自然是有限的。

农村女党员的教育。农村女党员曾为革命与抗战作出了极大的贡献,但由于种种原因,女党员的教育很差,原因一是支部的流动训练班以行政村为单位举行,女党员多因家里的琐事牵累以及走不动路的原因,很多人不能参加;二是小组生活会多是男女混合编组,就是女党员多的村子也不单独划分小组,并且开会多在晚上,而这时间对于妇女恰恰不方便,

①　刘耀明:《关于改进农村支部工作》,《解放日报》1945 年 8 月 22 日第 2 版。
②　刘耀明:《关于改进农村支部工作》,《解放日报》1945 年 8 月 22 日第 2 版。

怕走夜路,怕家里阻碍,怕邻里说闲话,因此会议很少参加,出席了也不大发言,这样就很难受到支部的教育。抗战初期,她们利用妇女识字组的机会可以常接头,1941年后农村识字组工作停顿了,因此有些女党员对于党员与群众起码的界限不能区别,这样不仅降低了党的水平,也降低了党在妇女中的作用,影响到妇女工作不能很快的发展。1941年10月2日,《解放日报》发表了《乡村女党员教育》一文,该文提出了对乡村女党员教育的意见:一是纠正某些男同志对女党员不正当的态度,男同志和她们接触不可超越群众的习惯。二是每个自然村,有三个以上的女党员就可单独编组开会。在党的小组会上对她们进行通俗的教育,使她们在工作和学习中逐渐提高认识水平。三是女党员不够三个的村子仍可和男党员混合编组,支干会可以指定和女党员有社会关系不为家中和一般人所怀疑的男同志负责对女党员进行个别的教育。如有的支部利用女党员走亲戚(坐娘家)的机会指定她的丈夫或有威信的长辈进行个别教育。四是支部发动女党员参加半日校、冬学等识字小组,使她们通过识字掌握提高自己的武器,从上面可以看出,这些措施意见既可方便女党员过党的组织生活,又顾及社会道德风俗,从而发挥女党员进行乡村工作和妇女运动的作用。然而像这样的教育任务,绝不是一朝一夕所容易达到的,这既需要女党员家庭社会地位的进一步提高,也要靠上级党组织有力领导。虽然对女党员的教育引起了各级党的关注,但从以后的党组织报告中可以看到女党员的教育仍然比较差。

尽管如此,抗战时期中共对农村党员的教育不能说是没有成效的,虽然党员群体的马列主义理论水平一直不高,文化水准始终低下,与党的预期相差较远,但是经过中共不断的努力,农民党员以自己朴素的感性认识和阶级感情,能够认识共产党与国民党的区别,对党的政策有了基本认识,在减租减息、大生产运动等与党的命运息息相关的运动中成为群众的推动者与组织者,使党在根据地赢得了声望权威,党得以发展壮大。此外党组织通过审查登记组织整顿,基本上实现了将党员控制在党组织许可范围之内的目标,为党的建设积累了经验教训。

四、发展党员的新转换

如前文所述,陕甘宁边区乡村党员的发展,经历了内战时期的大发展,抗战初期巩固与发展,1938 年以后"巩固"的过程,直到大生产运动、减租减息、防奸运动开展后,1945 年党的组织发展方针开始了新的变化,由"巩固"转向"发展"党员。为什么会出现新的变化? 一是就全边区来讲,党员占人口总数的 2.79%,虽然不少,但对于边区地广人稀的农村环境来说,党员数量还是显得不够。并且党员的分布极不平衡。据 1944 年农村支部材料反映,绥德警备区有八千多党员,在农村中只占人口的 2.5%,有的地方一个还没有,绥德市民中只有 12 个,靠得住的只有 2 个。淳耀党员不到 2%。老区域几年来没有发展党员,定边、盐池主要是 1937—1938 年发展,1940 年以后发展数量减少,党员总的数目基本未变。延安县乌阳区 1940 年以前有 300 多个党员,此后没有发展党员,且原来的党员经过洗刷、失掉关系、搬走、调走、提拔等原因,1944 年只剩下一百七十多个。延属有 109 个行政村没有党员,1815 个自然村也没有党员。尤其是边境区边境乡,内战时期发展党员因失掉关系没有恢复,也没有再发展党员,有的地方一个党员也没有。例如陇东庆阳一个乡没有一个党员,镇原一个乡只有一两个党员。① 党员发展的滞后折射出党的组织发展方针存在的问题。若再不发展新的党员,党的力量会减弱;二是内战时期,以贫雇农为主的党员在紧张的环境下,乐意于土地革命,从而表现积极,但是土地革命后,在相对和平的环境下,随着经济的发展,贫雇农阶级成分的上升,他们虽对政权表示拥护,但疲于各种动员工作,从而对工作表现出疲沓、懈怠、怕麻烦,视工作为负担的现象。这种现象在乡村党员

①　参见《西北局办公厅关于组织问题座谈会材料》(1944 年),中央档案馆、陕西省档案馆:《中共中央西北局文件汇集》乙,1994 年西安印刷,第 149、155、160 页。

中表现极为普遍,而这种情况迫使乡村党组织需要吸收新的血液来改变党的现状。三是在抗日战争后,在以"巩固"为主的组织方针下,边区党委对党的作用与对党员干部质量估计不足,党员的发展基本停滞,特别是在 1943 年高干会的整党草案上,认为多数党员"在思想上自私自利",在成分上包含着投机、蜕化落后等不良分子,受封建残余思想的影响,对于他们的政治提高与思想的改进比较困难,因此有"50% 以上的不足党员的条件,10% 的落后与不良分子"。由此带来组织工作的消极、保守,在组织问题上不是发展党员而是"大量洗刷党员"。① 经过大生产运动、锄奸运动、减租运动后,改变了中共对基层党组织消极的估计,不但发现在这些运动中,绝大多数的党员是积极的,能够在群众中起模范作用,而且涌现出成批的劳动英雄和积极群众,为党的发展提供了新生的力量。为了改变党员发展滞后、党组织缺乏生机活力的局面,促使我们党适应形势的变化,调整政策,进行自我纠偏,对于发展新党员取得了一致的意见,这标志着党的组织发展方针由"巩固"开始转向"发展"。但是面对党员阶级成分的变化和形势的变化,发展党员的标准是什么? 发展的对象是谁? 如何发展? 这又需要我们党一切从实际出发,具体问题具体分析寻找发展党员新的转换。

（一）发展党员标准的转换

1.党员标准的确立

中国共产党是中国无产阶级先锋队。党的性质决定了先进性和纯洁性是党的本质特征,这一本质特征要求党员达到一定标准才够成为一个真正的共产党员,以区别与普通的群众。其标准为:"第一,终身为共产主义奋斗;第二,革命的利益高于一切;第三,遵守党的纪律,严守党的秘

---

① 参见《高岗在党务工作座谈会上关于组织工作的基本总结与今后方针的指示(摘要)》(1944 年),中央档案馆、陕西省档案馆:《中共中央西北局文件汇集》甲 5,1994 年西安印刷,第 172—173 页。

密;第四,百折不挠执行决议;第五,群众模范;第六,学习。"①显然,这六条标准是针对党员的普遍性原则,在普遍性原则指导下,基层党员标准须符合乡村的实际情况,因而具有一定的特殊性和灵活性,若要把以上六条标准硬搬到乡村,必然会犯教条主义和形式主义错误。1942年,中共西北局根据以上原则和乡村实际提出乡村党员的四项标准——"对人公道,对己模范,经常到会,缴纳党费"。②"对人公道"就是要对各种革命负担,各种事情,都能站在大公无私的立场上公平合理地处置。"对己模范"是响应党和政府的号召,在缴纳公粮、拥护军队、参加公益事业、学习识字乃至执行政策法令等方面,走在一般群众的前面。(参见《西北局组织部关于整党及整顿支部工作的指示、材料》)"经常到会",党员是党组织活动的积极推动者和参与者,无论按支部的要求还是出于"个人的政治觉悟",一般都要参加党的会议,党员参加会议既是权利,又是义务。"缴纳党费"是党员应尽的义务,是党员对党的物质帮助。按照边区党委组织部的规定"党员无特殊情形连续三个月不交纳党费者,即认为脱离组织"。③ 这四项标准制定的基本依据是,一是针对党的基层组织工作多流于形式。支部的党员一般的能够经常到会,为党工作,进行教育群众,遵守纪律。然而,由于中共在乡村大力发展党员时期存在的突击、拉夫现象,把部分没有达到入党标准的革命同路人、落后分子吸收到党的队伍,使党的组织形式软弱涣散,表现在"支部本身没有单独工作能力,半数的支部工作还是被动的,有些支部区上不来人便没有工作做;经常的计划、检查、报告、分工制度还不能很好的建立","不少的党员不能经常的过党的生活,缴纳党费"。④ 即使是在土地革命时期乐于工作的贫农党员,抗

---

① 陈云:《怎样做一个共产党员》,《解放日报》1942年4月12日第4版。
② 石毅:《延市党员登记总结》,《解放日报》1942年6月21日第2版。
③ 中央档案馆、陕西省档案馆:《中共陕甘宁边区党委文件汇集》甲2,1994年西安印刷,第187页。
④ 中央档案馆、陕西省档案馆:《中共陕甘宁边区党委文件汇集》甲1,1994年西安印刷,第347页。

战后随着自己生活的改善,而不愿去管别人,认为政治讲的问题太大,和他们的生活没有关系。如甘泉山狼头村贫农都参加过革命,以后也不断参加区乡工作,对工作表现积极,现在对政治的兴趣是,不愿干工作,"只愿自己受苦做买卖,在家里过光景",以"家里忙"、"顾不上"为由,很少参加村上的会。① 延长一乡党支部小组会,本来规定十天到半月开一次小组会,然因动员工作多也不按期。缴纳党费经常交不齐,乡指导员只有自己代交,代交后也不补交。② 另据张闻天在神府县直属乡八个自然村的调查,农村中的党员对于同生产无直接关系的各种事情,如"参加政府与党的工作,学习文化与政治"的兴趣与积极性,大大减弱;甚至发展到有的党员要求"退党"。直属乡所有党小组,均不能自动开会,必须支部书记亲自去,或专门委托村支部委员召集,才开得起来;但即便如此,党员还是到不齐,有的出门在外,有的称"忙"不来。在小组会上,照例是"上面"的人报告,并主持会议,大家听听表示同意(或者根本不听),就算完事,很少能展开讨论;小组会常常开得枯燥无味,或索性开不起来。③ 针对支部未建立合理的经常工作,党员不能经常过组织生活,甚至某些区乡干部落后于群众,作为党组织一分子的农民党员,不明白"群众"与"党员"有何区别,当然谈不上为党的事业奋斗,这样就使其从原来革命队伍的中心走向边缘,虽名为党员,而并非党组织中名副其实的一分子,因此将"经常到会"、"缴纳党费"确定为党员标准中的条件正是对于以上存在问题的纠偏。二是党的政治影响扩大,党的威信的提高,群众对党的测量取决于群众所信仰的先进队伍中每个党员的行动,因此做"群众模范"是党员基本的标准。在抗战初期,由于党政不分,支部未建立正规的工作制度,因此支部的主要工作以动员工作为主,加之动员任务重,若处理不好极易

---

① 参见蕴辉:《在农村里》,《解放日报》1942年4月5日第2版。

② 陕西省档案馆藏:《延长一乡党支部1941年调查资料》(1941年),卷宗号:2-1-868。

③ 参见《张闻天晋陕调查文集》,中共党史出版社1994年版,第84—85页。

引起基层党群关系的矛盾,从党的动员工作的总结可以看出,动员任务的完成,主要的是因为绝大多数的党员干部在执行各种任务中能在群众中起先锋模范作用,在群众中起了领导和推动作用。如赤水县第一区某乡的支部每次抗战动员和边区建设工作中,如运盐、征粮、春耕、扩大保安队等等,支部不但起了模范作用,而且还保证这些任务的胜利完成。去年征收公粮时,开了一个村民大会,叫大家报粮。会上没有人说话,任××(党员)打先锋,他首先把他应征的粮报够,其他群众也照他的样儿,都来报了。送粮时又是他先送,然后督促别人来送。这村的征粮工作,就是这样很快完成的。① 由此可以看出将"对己模范"作为衡量党员标准无疑是保证完成党的任务的主要因素。三是党员干部在解决家务、婚姻、债务、土地纠纷以及分配负担上能够公平地处置,群众就拥护,而耍私情、包庇,群众就不满。如赤水县第一区某乡乡长姚××同志在群众中的威信很高,他给人民办事情很公平,不要私情,并且方式灵活,多给群众解说,不伤人,因此,群众大小事都去找他。② 但由于农村中各种关系盘根错节,有少数干部党员,包庇、耍私情、看面子,甚至贪污腐化时有发生,以及支部在动员中出现的命令多于说服,强迫多于自愿,包办多于民主的现象,不但不利于党任务的完成,也不利于党群关系的和谐,因此"对人公道"成为党员的重要标准之一。

　2.党员标准存在的问题

　　抗战后,随着边区经济的发展,边区党员阶级成分开始出现明显的变化。即土地革命前的贫农上升为中农、中农上升为富农。面对这样的阶级变化,边区党委决定审查各级党的组织成分,重新登记、鉴定党员干部,并把它作为整党工作的重要一环。边区乡村各地从 1941 年到 1943 年进行了审查登记党员,从各地党员登记相关的资料来看,党员四个标准存在

① 杨志忠:《记赤水县一个乡村支部》,《解放日报》1942 年 10 月 18 日第 2 版。
② 杨志忠:《记赤水县一个乡村支部》,《解放日报》1942 年 10 月 18 日第 2 版。

着种种问题。

一是从边区各地方党员登记的结果来看,乡村支部做到这四个条件的党员都是少数,如下表所示。

表 10　部分地区符合党员标准登记结果统计表

地区		延安县川口区	固临县庆宝区	富县
支部		一乡	四乡	
登记党员总数		55	30	103
符合党员标准的	够四个条件的	8	1	23
	三个条件的	41	7	33
	二个条件的		11	17
	一个条件的	6	9	15
	完全不够条件的		2	15

资料来源:参见《西北局组织部关于整党及整顿支部工作的指示、材料》。①

二是由于边区各地社会生态的差异,这四个条件的运用需根据实际的情况来掌握。一般的支部历史较久的,工作往往较好;历史较短的,工作往往较差。在老区,党员已经习惯了"缴纳党费"和"经常到会",最要紧的是"对己模范"和"对人公道"两条。而一个党员只有前两条,没有后两条是不行的。新区的党组织才建立不久,党员没有习惯党的生活,甚至"缴纳党费"和"经常到会",还不能自觉自愿地做;"对己模范"和"对人公道",也不能完全领会其意思。要是用老区的标准来测量新区,则恐怕没有几个人可以留在党内,要是用新区的标准来测量老区,恐怕没有几个人需要洗刷,因此,对革命老区的党员要提出更高的要求,对革命新区的党员则适当降低要求。四项标准虽然是不变的,但运用起来,"必须按不同的地区而加以伸缩"。而这样的要求对于乡上的干部来说,显然是难

① 《西北局组织部关于整党及整顿支部工作的指示、材料》(1945 年 4 月 13 日—1945 年 11 月 25 日),陕西省档案馆藏,17-190。

以掌握的。

三是党员是否合乎四个条件，一方面固然要看党员自身的好坏，另一方面还与领导的好坏有很大关系。如陇东某区某乡的党员很久没有开会，几个月没有交党费，在整理自卫军时，党员也没有做模范。要是只从这看，许多党员都应洗刷了，但细查根底，则是领导上应负责。原来支书只顾家里的事情，支部里的事情没有好好做，很长时间支部会都没有召集。因此，考察一个党员是否合乎四个条件，先应看这个地方的领导是否负责任。

四是审查一个党员的好坏不能只看一时，要从历史上去看。比如说，一个党员的好，要看他是一时的好，还是一贯的好。如果他是一两次的表现能做模范，要找出原因。是因为以前不懂得，经过教育现在懂得了，还是因为党给了他帮助，出于感动变好了，还是他的觉悟提高了，这种种情形，都是不一样的。如果他的好是一贯的好，则对他的看法，自然又是不一样的。① 因此这四个条件要灵活运用，不能死用，就要具体了解地方的历史情况和每个党员的基本情况，只有这样才能对每个党员作出恰当的估计。显然要做到这样的要求需要大量的调查，具有一定的办法和技巧，如懂得党的标准的运用、农村中的人情世故、党员易于接受的调查方法，这些对于文化低下、独立工作能力差、习惯简单粗糙工作方式的乡村干部来说显然是很难完全达到的。

五是党员的标准对男、女党员的要求程度应有所区别。如交党费，由于女党员经济不独立，需要丈夫支持，当丈夫不支持时，她往往交不上党费，但不能说她不够这个条件。再如到会，因小组会常在晚上开，妇女党员常因家庭琐事和不方便很难按时到会。模范作用，对于她们只能要求好好生产过光景，对负担不讲怪话，能够帮助丈夫实报早出，在群众中的影响好就行。在主持公道上，因为她们出头露面的机会并不多，只要她们在妇女

————————
① 参见邹群峰：《登记党员的经验》，《解放日报》1942年9月30日第2版。

的纠纷中,说是了非,讲些公道话就已经不错了。若要按男党员标准要求,女党员很少有能达到条件而应被清除出党。如某县某区某乡,在登记党员中洗刷了21个党员,而女党员就占了18个;某县的一个乡,洗刷了9个党员,女党员占了8个,理由是她们不合乎四个标准。[①] 因此,这四条标准运用必须按不同的性别而区别对待。

由以上种种情况可以看出,以这四条标准来考察乡村党员其结果并不理想,在实践运行中还存在许多问题:如需要花费大量的时间调查,要有一定的技术调查手段,能根据不同地区、不同性别、不同的党员的个人历史表现等情况作出对党员的个人政治思想判断,这些要求对于乡村的干部来说显然是很难做到的。

3.党员标准的转换

为了破除教条主义与主观主义的束缚,检讨边区各项工作存在的问题,1942年10月19日至1943年1月14日,在中央直接领导下,西北局在延安召开陕甘宁边区高级干部会议,会议提出,从革命与战争的实际情况出发,以经济建设为中心,推进边区各项事业的发展。[②]

为贯彻高干会精神,支部建设的重点开始转向领导农业生产。随着生产运动逐步展开,乡村党员四项标准的局限性逐渐暴露出来。据吴堡县委组织部副部长韩文潮在任家沟进行党员登记时的调查,部分党员之所以不起作用、威信不高,最主要的原因"就是不务正业、生产不模范,不公道。由于生产不好,庄稼收成比别人差,生活不好,靠着'东挪西借'过光景,群众就瞧不起,因为自己不公道,不理直气壮,也就不能,也不敢主持公道,不能把群众团结在自己的周围,这样在群众中没有威信,自然也就不能起模范作用。就是对党十分忠诚、工作十分积极的党员,倘若整天忙于跑腿、开会,而不挤出时间去努力生产,把庄稼做好,威信也不会高,作用也不会大。

① 于申:《漫谈农村女党员》,《解放日报》1942年11月2日第2版。
② 参见《林伯渠文集》,华艺出版社1996年版,第316—318页。

相反生产努力,庄稼做得好,积极生产者,又是党的积极工作者,生活好些,他们每人都能团结五六个群众,能很好地实现党的政策与决定。同时,也能主动教育群众以及做些别的工作"。① 韩文潮由此指出,生产情况是测量农村党员进步与否的最重要标准。为此要求区委适应这一新的变化,注意原来党员标准条件下存在的问题,一是不顾环境和党员能力,随便分配工作,使党员整天忙碌不能参加生产。二是只求任务的完成,不求方式的改进,为了起模范作用,弄得党员太突出,引起群众的反感。三是农村中好的党员既是积极的党的工作者,又必须是生产中的积极分子。

随着生产运动的发展,领导生产应成为农村支部的首要职责。无数的事实证明,农村的支部能够做到"群众的核心,农村的堡垒",凭的是"对农民的生活十分关心,经常领导群众搞生产,改善生活,受到群众的爱戴"。但是过去相当长时间内我们的党员干部忽视了生产。究其原因:一是党员的眼睛不是向着群众,而是向着上级的任务,主要的是动员工作为主,对于生产不宣传、不组织、不解释、不研究,任其自流。二是抗战初期,党内存在着把资本主义思想与发展经济不恰当地联系起来的错误倾向,在"反对党内资本主义思想"的口号下,影响到农村支部对生产的领导。譬如,"支部只注意了干部、党员在动员工作中的模范,按时到会,交费,而没有注意到干部、党员在生产中的积极性。对于早起迟睡、终日辛勤耕作的党员,因为少了几次'到会',就说:'某某受苦好,但是常不到会','某人常不到会,还算什么党员'";甚至有支部要把那些常年在外驮运的长脚户党员开除出党,像这样努力耕作和驮运的党员不问其原因,不仅没有受到奖励,反而受到嘲笑,责备以至开除。与之相反,那些不事生产或不积极生产的党员,由于时间多,"开会能到",不开会也是东奔西跑,名义上工作"积极",但这种人生活要公家救济,在群众中没有好影

---

① 韩文潮:《测量农村党员的几个标志》,《解放日报》1943 年 1 月 4 日第 2 版。

响,甚至有些二流子的味道,实则影响了党在群众中的威信。①

为解决乡村党员标准出现的这些问题,1943 年西北局组织部制定乡村支部、党员调查提纲,就党员标准条件而言,着重调查:"所谓好的、中等、坏的党员标准现在是根据什么条件确定的? 将以什么标准才对? 对坏党员如何处理? 对中等的党员应采取什么办法来提高他们才更有效?"②

在进行广泛深入调查研究的基础上,1944 年 1 月 12 日西北局委员会向西北局组织部提出,否定原来的党员登记的四项标准,确定"努力生产,对敌斗争"为边区党员的新标准。③ 同年 4 月,西北局办公厅召开"关于边区农村支部组织及群众团体组织形式"等问题的座谈会,与会代表普遍认为,过去四项标准太抽象,是形式主义的东西,还是生产好、除奸及与反革命作斗争英勇这两个条件好。④ 据此,1945 年,西北局组织部对于农村支部发展新党员提出三个条件:好劳动,能公道,能工作。同时,对于已发展的党员,也提出了新的标准:热心工作,主张公道,积极生产,努力学习;或为革命斗争,遵守纪律,积极生产。⑤ 这四条标准中,判断党员是否"主张公道"、是否"积极生产",不单纯取决于上级的态度,更多地则要倾听群众的声音。从而使党内群众观念不断增强,群众路线日益影响干部党员的思想行为,成为党群利益结合的重要因素。从新的标准实行效果来看党员的表现到底如何,以西北局调查与研究各区十一个乡的资料分析,这十一个乡依据政治、思想、工作表现,分为好的(即具有热心工

① 参见赵志:《领导生产应成为农村支部的首要职责》,《解放日报》1943 年 1 月 25 日第 2 版。

② 中央档案馆、陕西省档案馆:《中共中央西北局文件汇集》甲 4,1994 年西安印刷,第 110 页。

③ 参见中央档案馆、陕西省档案馆:《中共中央西北局文件汇集》甲 5,1994 年西安印刷,第 4 页。

④ 中央档案馆、陕西省档案馆:《中共中央西北局文件汇集》乙,1994 年西安印刷,第 135—142 页。

⑤ 参见中央档案馆、陕西省档案馆:《中共中央西北局文件汇集》甲 6,1994 年西安印刷,第 225—226 页。

作,主张公道,积极生产,可以学习等条件),平常的(指在群众中无坏影响,能够做些工作者),坏的(指只起坏作用,系二流子等及包括不起作用亦不做坏事的党员在内)三个等次,详细情况分别如下表所示。①

表 11 好的支部(安塞五区五乡、淳耀白塬乡、靖边镇靖区二乡)

项目	好党员	平常党员	坏党员	总计
人数	48	39	19	106
百分比	45.27%强	36.79%	19.91%	100%

表 12 平常的支部(鄜县牛武区一乡,定边二区四乡、赤水三区四乡、安塞五区二乡)

项目	好党员	平常党员	坏党员	总计
人数	31	42	21	94
百分比	32.98%	44.68%	22.33%强	100%

表 13 差的支部(盐池城区二乡、淳耀六区四乡、延安柳林区二乡、安塞五区三乡等)

项目	好党员	平常党员	坏党员	总计
人数	28	59	35	122
百分比	22.95%	48.36%	28.69%	100%

若将上述三类支部的党员加以总和,则如下表所示:

表 14

项目	好党员	平常党员	坏党员	总计
人数	107	140	75	322
百分比	33.23%	43.47%	23.29%	100%

① 参见中央档案馆、陕西省档案馆:《中共中央西北局文件汇集》甲6,1994年西安印刷,第215—217页。

从上面几个统计中可以得出如下结论:两头小,中间大;特好的少,平常的多,坏的更少。1942年高干会后,绝大多数表现平常的经过整风、防奸运动,政治思想进步了。随着生产运动的开展,党员的经济生活改善,他们以"吃米不忘种谷人"的"感恩"心理对党更加热情而工作积极,由此把党的事业与党员的利益结合起来,既发展了党又使党在群众中的威信提高,使党组织起到了在群众中的核心作用,成为群众的推动者、领导者。

(二)发展党员对象的转换

1.什么人可以加入党

什么人有资格加入党的问题是党必须明确的首要问题。依照中共党章第二条对于什么人有资格可以加入党的规定是:"凡承认共产国际及本党党纲和党章,加入党的组织之一,在其中积极工作,服从共产国际和本党一切决议案且经常缴纳党费者,均得为本党党员。"中国共产党是无产阶级的先锋队,是由无产阶级中觉悟先进分子组成,党的性质和入党的条件决定了党必须注意党员的阶级成分,"首先是加强优秀的工人成分","其次应注意到贫苦的农民和知识分子成分","党应特别注意到女工与贫苦的革命小资产阶级妇女—农妇与小资产阶级成分"。① 总之,作为无产阶级政党,中国共产党将工人成分最为党的基础,同时对于在革命运动中训练出来的其他阶级出身分子,党并不拒绝将他们吸收到自己队伍中,但前提是他们放弃自己原有的非无产阶级思想,坚定共产主义立场,承认党纲党章,坚决反对不顾保持党成分的纯洁,不加强无产阶级的骨干,使党降为各阶级的"民族革命联盟"的观点和做法。由此可见,工人阶级必定是组织优先发展的对象。然而,在乡村缺乏大工业机器生产的条件下,党组织又该以哪些阶级成分的人作为优先发展对象? 1925年,毛泽东在分析中国无产阶级的特点时指出,在中国缺乏新式的资本主义农业时,"所谓农村无产阶级,是指长工、月工、零工等雇农而言"。"此

---

① 参见陈云:《怎样做一个共产党员》,《解放日报》1942年4月12日第4版。

种人在乡村中是最感困难者,在农民运动中和贫农处于同一要紧的地位"。① 此处,对"农村无产阶级"的界定,使得贫雇农由于成分好而成为乡村优先发展党员的对象。在抗战前期,上级党组织发展党员的条件具有显明的阶级倾向,工人、雇农、贫农始终被视为组织优先发展的对象。

贫雇农。在陕甘宁边区乡村,经济基础基本是小农经济,工业几乎是空白,更谈不上大工业机器生产,因此基层党组织是难以找到合适的工人成分作为发展对象,在工人成分不足的乡村现实环境下,农民在根据地占据优势地位,尤以贫雇农居多,因而贫雇农成为党组织优先发展的对象。贫雇农为什么能够成为党组织优先发展的对象? 一是因为中国革命实质上是农民革命,中共在农村根据地得以生存与发展,必须以动员农民、取得农民的支持为前提。从阶级分析观点来看,贫雇农因其生活贫困而被界定为"农村无产阶级",成为党组织吸纳的首要对象。二是因为土地革命时期,"打土豪,分土地"与贫雇农的利益密切相关,从中获益的贫雇农,出于浓厚的报恩思想,一旦有人宣传介绍要发展他们入党,他们往往以"共产党爱穷人"、"加入党有好处"等动机而入党,这两方面因素直接导致内战时期贫雇农党员在党内的迅速增加。据陕甘宁边区党委组织部1939 年 10 月统计,贫农、雇农成分分别占陕甘宁边区党员总数的66.68%和 12.92%。虽然党的组织发展上的阶级取向和土地革命使贫雇农获利较多,贫雇农党员的数量最多,但他们在开始发动阶段在党内的政治地位并不高。这是由于在土地革命未发动前,农村的政权主要被地富所把持,陕甘宁边区建立后,经过旧政权的改造和普选运动后,乡村政权开始向贫苦农民转移,但由于他们文化水平低、生活困难被人鄙视、工作能力不强等原因的制约使得贫雇农党员政治地位的上升需要较长时间。

中农成分。在抗战前期和初期,中农成分在党内所占的比例仅次于贫农,但数量却远远少于贫农。截至 1939 年 10 月,中农占陕甘宁边区党

---

① 《毛泽东选集》第一卷,人民出版社 1991 年版,第 8 页。

员总数的 14.9%。尽管中农党员人数较少,但由于他们具有一定的文化程度,活动有能力,有时间参与村政权,调和性大,在斗争中和运动中表现积极而往往在党内受到重视而担任领导工作。据延长一乡党支部 1941 年调查资料显示,该支部总共有 5 个负责人,在土地革命前有 3 人是中农,1 人为雇农,1 人为贫农,土地革命后,成分都是中农。①

地主富农。根据敌我友的划分,"地主阶级是革命的对象,而不是革命的动力";富农是"农村的资产阶级","一般不能把富农当做革命的动力"。② 因此,在土地革命战争时期上级党组织在确定发展对象时,一直将地主、富农成分排除在外。但由于在大发展阶段吸收新党员手续极不严格,使得一部分地主和富农往往趁着革命高潮而进入党内。抗战爆发后,为了建立抗日民主政权,恢复了地富的选举权和被选举权,一些有知识、有群众威信的地富担任政权工作。但在对阶级身份的重视程度甚于工作能力,对贫雇农成分的重视程度甚于其他成分的组织发展路线的倾向下,这两种成分在党内所占的比例是很微小的。1939 年 10 月的党员统计中,地主占陕甘宁边区党员总数的 0.04%;富农占陕甘宁边区党员总数的 1.15%。1940 年前后开始的"巩固"整党和反"顽"斗争,往往将地主、富农与"顽固分子"联系起来,使地富成分的党员受到不同程度的洗刷。同时,在抗战初期,绝大多数地区的合理负担政策,采取摊派的方式,地富常会成为主要的负担面。因此,多数的地主富农家庭,往往对"共产"心怀恐惧,对政权容易产生敌对、仇视的情绪,他们入党的机会相对低得多。

2.党员对象出现的新变化

抗战前后边区乡村发展党员对象的优先顺序依次为贫雇农、中农、地富及其他阶级,根据 1939 年 10 月边区党委组织部统计显示,党员群体的

① 参见陕西省档案馆藏:《延长一乡党支部 1941 年调查资料》(1941 年),卷宗号:2-1-868。
② 参见中共中央主办:《共产党人》1940 年第 5 期,第 7、11 页。

阶级构成中,贫雇农总体上在党内占绝对优势。然而随着革命后相对稳定与和平的环境的变化,以及农民生产的发展,使得边区农村党员对象发生了一些新的变化:一是革命后边区农村中的党员和群众一样,关心"从分得的土地取得过去的报酬",特别是 1939 年中共发出生产号召以后,更是符合了他们内心的要求。一方面促进了乡村经济进一步发展,另一方面一部分原来是贫雇农和中农党员经过勤劳工作,努力经营,经济上升为新富农。相关资料表明,边区党员的阶级成分发生了"极大的变动"。在延安市,1937 年,党员中的工人占 23.15%,贫农占 45.55%;到 1942 年,分别下降到 6.1%、29.5%。相反,中农却由 16.4%上升到 39%,富农由 0.75%上升到 3%,商人由 12.65%上升到 21.65%。过去占 68.7%的无产阶级和半无产阶级,现在却下降到 35.6%;过去占 19.05%的中农和中小商人,现在竟占了 60.65%。[1] 另以子长县南区三乡为例,52 名党员中,革命前有 14 名贫农,现在增加到 26 名,中农由 4 名增加到 20 名,富农由 2 名增加到 6 名。[2] 面对贫农上升为新中农、中农上升为新富农的阶级变化,使得党一直以来以优先发展贫雇农为对象的组织发展路线面临新的问题,即对党内新富农成分的党员政治地位如何界定问题。显然新富农的产生是边区经济发展的客观结果,但由于中共长期将阶级背景作为发展党员和考察党员的根本标准,由此使中共感觉到党员群体以及身份的变化对党的统治带来挑战和危险。因此,中共对于新富农不仅不支持,反而采取质疑和否定的态度,这种态度在当时边区党内各级干部中是相当普遍的。1939 年边区党的第二次代表大会对于新富农的政策是:新富农是资本主义的滋长,应在组织上"谨慎分别处理"。1940 年 6 月《新中华报》发表一篇题为《向党内资本主义思想作斗争》的文章,文章指出:"边区内部商业资本和富农经济的发展及其所引起的阶级关系的变化,反映

---

① 参见石毅:《延市党员登记总结》,《解放日报》1942 年 6 月 21 日第 2 版。

② 参见企真:《记子长南区三乡党员登记》,《解放日报》1942 年 9 月 14 日第 2 版。

到党内,开始发生着资本主义的思想,小部分党员和个别干部开始发生着
阶级地位的蜕化","这种资本主义思想与无产阶级的科学的共产主义思
想是毫不相容的,它是一种剥削者的思想,这些现象是使党脱离群众的现
象,它将破坏着党与群众的联系,它会使党的上下级工作不能密切联系,
使党的决议变成一纸空文。"1940 年 6 月 18 日《新中华报》又发表一篇
题为《防止贪污与反对资本主义思想》的文章,同样认为"许多过去雇农
贫农的现在变成了中农富农甚至商人,虽然革命信仰,对旧的剥削的仇恨
存在,然不自觉的因为经济地位的改变,影响到他们的思想与行动","资
本主义思想已见之于行为的,那即是异己分子,不能再在党内",因为"资
本主义思想,是与共产党员的资格不能并存的"。在上级党组织对新富
农的否定态度下,一般的在农村党员中提出反对资本主义思想,有些保守
思想,害怕发展不平衡,害怕富农经济的发展削弱党的工作。从相关的资
料来看,当时为什么党对新富农采取否定态度,主要的是以下两方面原
因:一是一部分新富农党员只顾自己生产,而对参加政府与党的工作,学
习文化,参加会议等兴趣与积极性大大减弱。特别在农忙时,"顾不上"、
"怕误工"是他们的普遍心理,不参加党的生活,由此可以看出这部分党
员确实存在只顾私不顾公的现象和行为,其后果必然会影响党的工作。
二是认为新富农的经济发展方向是滑向资本主义,而非新民主主义。据
张闻天在神府县直属乡八个自然村的调查,由于经济的发展,农民感觉到
土地缺乏,在边区政府 1941 年批准典地的政策支持下,租佃关系开始发
展,同农村阶级关系变化相联系的是,租佃情形与土地革命以前有根本区
别,革命前租出土地者为地主,而现在则以贫农、贫民为多;革命前租入土
地者以贫农为最多,而现在则以富裕中农、中农为多。显而易见租佃关系
是向着资本主义发展。[①] 其次表现在雇佣关系上。一般的雇长工最多者

① 参见中央档案馆、陕西省档案馆:《中共中央西北局文件汇集》甲 3,1994 年西安印
刷,第 396 页。

为富裕中农,雇短工的户数,富裕中农与中农雇的最多,贫农、雇农、贫民为生活所迫当长工。当短工的,贫农最多,其次为中农、贫民、雇农。中农打短工是为了劳动力有剩余,争取额外收入。贫农打短工是因为"饿得慌"。同时在农村出现一部分贫农和有一点土地的贫民,因为要照顾自己土地,不能远出当长工或打短工,在本村农忙能打短工时,又忙于耕种自己的土地,土地把他们束缚住了,他们既不能很好当雇工,又不能很好地务农。有的贫农在农忙时因为饿肚子,不能不荒着自己的地,出去给人家打短工的。这些贫农以及靠打短工生活的贫民,成为新的农村雇工。这些雇工的工资同革命前相比较下降了,如果计算粮价上涨的因素,则实际上工资跌得更厉害,因此雇工的生活程度同土地革命前相比较起来是差了。[①]　由此可以看出边区农村确实存在的一些资本主义剥削现象,这使代表无产阶级的马克思主义政党时刻保持警惕,从而把资本主义思想与发展经济不恰当地联系起来,影响到党组织对富农的态度,即新富农因其阶级成分在组织上受到限制,在政治权利上,中共强调把富农当成异己分子洗刷掉。边区以狭隘的阶级观念对待新富农的态度,客观上有碍于新富农继续搞好生产的积极性,不利于边区经济的发展,也不利于扩大党的影响。

3.党员对象新的转换

针对党员对象出现的新变化和存在的问题,1945 年,西北局组织部对于农村支部发展新党员对象确定为"生产中有创造性又能为公的劳动英雄"。劳动英雄为什么能够被确定为党的发展对象,究其原因:一是劳动英雄对边区乡村经济、政治、社会的变化起到了积极的历史作用;二是中共对劳动英雄"新富农"阶级身份认识的思想解放。

劳动英雄。面对农村新的阶级变化,对于"新富农",中共采取了两

---

①　参见中央档案馆、陕西省档案馆:《中共中央西北局文件汇集》甲 3,1994 年西安印刷,第 399—402 页。

种不同的态度倾向,一种是为了整党,对于党内的新富农采取否定态度;另一种是为了恢复和发展边区经济,以支持长期抗战,中共对于在生产中,因劳动致富非党的劳动英雄却采取鼓励态度,即对于党外的"新富农"给予很高的政治待遇,但由于劳动英雄"新富农"的阶级身份的限制,从而产生了经济发展与社会性质和革命方向的矛盾。这两种不同的态度和矛盾直到 1942 年大生产运动大规模开展后,劳动英雄被推上历史的舞台,迫使中共解放思想,突破对"新富农"阶级成分的狭隘认识,从而使"新富农"的代表劳动英雄成为党组织发展的新对象。

为了边区经济发展,1938 年 12 月边区政府建设厅曾举办过劳动英雄海选活动,奖励 19 位当选的劳动英雄。1939 年 4 月,边区政府颁布《陕甘宁边区群众生产运动奖励条例》,这些刺激了一部分群众的生产情绪,但未进行组织生产运动。1940 年随着国民党的经济政治军事封锁,边区的财政遇到极大的困难,为了克服困难,1942 年开始了大规模的群众运动式的大生产运动,在大生产运动中争创劳动英雄,表彰劳动英雄,宣传劳动英雄对边区经济的发展产生很大的效果,使党渡过严重的经济危机。然而为了应对经济危机鼓励非党的劳动英雄发展经济使党未来得及考虑经济发展所带来的社会性质和革命方向的认识判断问题。同时,虽然党给予劳动英雄的政治待遇很高,但对其政治地位并没有肯定,1944 年 4 月 14 日西北局办公厅关于组织问题座谈会上李景波曾指出:"过去整党草案上有几个地方讲到就是要限制、防止新富农,可是现在劳动英雄里面大部分是新富农,这些新富农在今天农村里是起作用的,假使把这些人限制了,那要改变人民的生活,因为现在大家生活都往上面提,将来找不到贫农,那怎么办? 所以阶级成分是一个问题"。① 因此劳动英雄的新富农性质需要党作出解答,以解决人们思想上和实践上的困惑。当时有

---

① 参见中央档案馆、陕西省档案馆编:《中共中央西北局文件汇集》乙,1994 年西安印刷,第 147 页。

人对劳动英雄的典型代表吴满有的"富农方向"提出了质疑：第一个问题是，所谓农民的方向取决于其经济性质，还是公民品质、劳动态度与经营技术。第二个问题是，如果农民的方向，基本上决定于其经济性质，那么能不能把富农的方向当做今年边区全体农民的方向。为此《解放日报》以编辑部的名义回复，吴满有的方向包含经济和政治两方面的含义，"吴满有是在新民主主义政权下一种新型的富农，他与旧式的富农，在本质上是有区别的，吴满有是从得到革命利益而发展起来的"，"他在经济上虽然是富农，但在政治上却是共产党员。"即他能够把自己的命运跟边区群众的命运，边区政府的命运，今天的民族抗战联系在一起，这不是普通的富农，"当我们把吴满有当做富农看待的时候，是有一种新的含义的"，即他是一个"革命的富农"、模范的公民。与此同时，也改变了原来对于富农党员的看法，认为民主革命阶段，边区资本主义经济的发展，使党的社会基础发生某些变化。在未分配土地的区域，觉悟的雇农、贫农是党的主要基础；在已分配土地的区域，勤劳的雇农、贫农上升为中农，这种中农就成为党的主要基础；一部分革命后成长起来的忠实于党与革命的富农，也是好党员。① 至此，以大生产运动为契机，为劳动英雄步入党的组织打开了大门，而这归功于党对于新富农地位的肯定，其意义正如有的学者所言：政治上实现了最大限度的民主，经济上有利于释放了最广大的生产力，思想上是一次成功的具有深远意义的思想解放。其堪与"三三制"相比。当年朱德认为对吴满有方向肯定的意义及其社会价值不下于 20 万石救国公粮，相当于 1941 年陕甘宁边区征收公粮的总数。②

在劳动英雄的政治地位得到肯定之后，劳动英雄对于农村的作用也被逐步地发掘。边区为了进一步鼓励民众努力生产，将从乡村中各条生产战线的取得成就的优异劳动者树立为典型并授予"劳动英雄"称号，

---

① 《关于吴满有的方向——覆赵长远同志的信》，《解放日报》1943 年 3 月 15 日第 2 版。
② 艾克思主编：《延安记者》，陕西人民教育出版社 1993 年版，第 476—477 页。

1943 年 11 月 26 日,边区第一次也是中国历史上第一次劳动英雄及模范工作者代表大会隆重召开,185 名劳动英雄及模范工作者出席大会。对于当选的劳动英雄,党政工作人员派代表到他们家里道贺,发动人民和政府机关欢送招待,他们的生产功绩不断在报纸上宣传,经过党的发掘、培养和造就,提高了他们在农村中的地位,使他们受到人民的信任和尊敬。曲子县的孙万福当选为劳动英雄后,群众有事情就找他,他也去政府替老百姓办事,"就像旧社会的绅士一样。"①

为了普及和提高劳动英雄的作用,高岗在西北局招待劳动英雄时号召"劳动英雄要成为团结和推动一个村一个乡群众生产的核心和旗帜"。② 边区政府要求"每个乡创造一个真正群众领袖的劳动英雄,每个劳动英雄创造一个模范村"。③ 对于创造模范乡的问题其实边区党委在 1937 年就提出,但由于大多数干部对这一问题的重要性认识不足,领导上处放任状态,使创造模范乡成为空洞的口号,一直到 1943 年前还没有创造成为一个真正的模范乡。直到大生产运动开展后,边区党委肯定劳动英雄的作用后,在边区党委和政府的号召和要求下,劳动英雄创造的模范的乡村不断涌现。延安县柳林区二乡吴家枣园在劳动英雄吴满有的领导下,组织变工、开荒、除草、秋收,造成全村开荒的热潮,没有荒一垧地,锄草的时候村里没有一个是闲的,所以 1943 年的开荒任务超出了原计划一倍,成为全边区开荒最多、增产粮食最多的第一个模范村。在吴满有的示范和作用下,更多的劳动英雄将个人的生产经济扩大到全村,使该村成为模范村。陈德发将安塞县四区三乡马家沟创造为安塞第二模范村,冯云鹏将赤水县一区四乡孟家湾创造成模范移民新村,郭维德将绥德县义

① 参见中央档案馆、陕西省档案馆:《中共中央西北局文件汇集》乙,1994 年西安印刷,第 175 页。

② 《解放日报》1943 年 12 月 11 日第 2 版。

③ 陕西省档案馆、陕西省社会科学院合编:《陕甘宁边区政府文件选编》第 7 辑,档案出版社 1987 年版,第 448 页。

合市西直沟村创造为调解模范村。由此可见,劳动英雄在乡村实际上成为各方面的领导者和模范。

他们的影响不仅仅是在生产的基础上,发挥带头作用、骨干作用与桥梁作用,而且已经深入乡村各个领域。1944 年西北局办公厅关于组织问题座谈会中一致肯定劳动英雄干部在农村的作用,并认为:"如果我们满足于现在劳动英雄的积极性,那是不够的,并不是要他们脱离生产,而是要积极教育他们,吸收他们入党,使用一个办法,使我们党在任何时候都与群众靠拢,如果坚固起来,我们永远不会脱离群众。"①在这次座谈会上,边区干部对劳动英雄作用与地位取得了一致的意见,边区党委决定将"生产中有创造性又能为公"的劳动英雄作为乡村支部发展党员的主要对象。

据此,1945 年,西北局组织部对于农村支部发展新党员对象确定为"生产中有创造性又能为公的劳动英雄"。即在公私关系上,以公为第一,他是为公家拼命地生产,为公家当劳动英雄。因劳动英雄有为名为利之分,有的劳动英雄只想搞好自己的生产,而不想大家都变好,以私为第一,这样的劳动英雄不能盲目使其入党。创造性就是他能够替老百姓解决问题,譬如"谁搞了水漫地,谁挖了井,在各方面有创造性的积极分子",而不是一般地发展劳动英雄。至此,以生产运动为契机,在"吴满有方向"推广后,随着"新富农"政治地位肯定,如陈得发、冯云鹏、石明德等贫农出身的劳动英雄比普通农民拥有更多的入党机会,成为边区新生的地方精英。通过贫农出身的英雄模范的示范,党组织对基层权力的领导大大加强。

青年学生。1945 年,西北局组织部对于农村支部发展新党员对象优先确定为劳动英雄,其次是青年学生。党对于青年学生的吸收一方面是适应革命形势调整组织发展路线的结果,另一方面也是为解决边区乡村党组织

---

① 陕西省档案馆、陕西省社会科学院合编:《陕甘宁边区政府文件选编》第 7 辑,档案出版社 1987 年版,第 175 页。

存在的一些问题以及边区乡村青年学生自身所具有的特点与优势的结果。

从 1921 年建党到大革命时期,由于革命斗争的激烈,阶级矛盾的激化,中共对于地富出身的青年知识分子一直采取轻视的态度。直到 1935 年底,随着日本侵华步伐的加快,民族矛盾的上升,阶级矛盾的下降,中国共产党适应形势的变化,开始淡化组织上的阶级色彩,转而提出了"一切愿意为着共产党的主张而奋斗,不问他们的阶级出身如何,都可以加入共产党","能否为党所提出的主张而坚决奋斗,是党吸收新党员的主要标准,社会成分是应该注意到的,但不是主要的标准"。① 这是中共组织发展路线的一个重要转折,第一次以政治表现而不是以阶级成分作为吸收和考察党员的主要标准。抗战爆发后,为了扩大党的影响,1938 年 3 月 15 日,中共中央作出的《关于大量发展党员的决议》中提出了"大胆向乡村中革命的青年学生知识分子开门",降低了知识分子入党的难度,简化了程序。然而经过短暂的组织发展,1939 年 8 月 25 日,中共中央通过《关于巩固党的决定》,开始了党的巩固时期,又重新强调阶级成分,组织整顿,然而唯独对知识分子作出新的评价,调整知识分子政策,将其作为大量吸收入党的对象。1939 年 12 月 1 日,中共中央作出了《关于大量吸收知识分子的决定》,强调知识分子的重要性,认为"没有知识分子的参加,革命的胜利是不可能的",批评许多地方和部门存在轻视知识分子、恐惧知识分子甚至排斥知识分子的心理和倾向。② 在中共中央《关于大量吸收知识分子的决定》下达后,1939 年 12 月 21 日,边区党委作出《陕甘宁边区党委关于吸收知识分子的指示》指示,指出:"凡是无党无派的真正为国家民族奋斗的,政治纯洁能吃苦耐劳,有共产主义的觉悟分子,我们应大胆地吸收他们入党"。然而如前文所述,边区的文化相当落后,知识分子是凤毛麟角,边区过去不仅没有高小,而且公立小学很少见。据

---

① 中央档案馆:《中共中央文件选集》第 9 册,中共中央党校出版社 1991 年版,第 607—624 页。

② 《毛泽东选集》第一卷,人民出版社 1967 年版,第 581—583 页。

统计:边区小学由 1935 年的 120 所至 1940 年秋增加到 1341 所,学生增至 43628 人。① 他们经过党的教育,对国家民族观念有了初步的认识,但是他们年龄小,不成熟,所以他们在群众中没有威信,而且由于文化的落后,一般人的思想意识表现出浓厚的高官厚禄的封建色彩,他们的思想受环境的影响,从而并不能达到政治纯洁、有共产主义觉悟的程度。② 1939年 12 月 27 日,边区党委组织部作出关于青年入党年龄及候补期问题的决定,要求 16 岁以下的青年,因为年龄小太幼稚,社会经验、政治认识及阶级觉悟等一切均未成熟,一般不介绍其入党。只吸收其加入党所领导的各青年团体,加强其政治教育,在思想上和工作上锻炼他们。16 岁到 18 岁的青年,合乎党员条件者,可介绍入党,但未满 18 岁的青年党员,一般都为候补党员。③ 由此可见,虽然在组织的巩固时期,对青年知识分子,青年学生的入党大门是开着的,但由于边区乡村的落后和青年知识分子学生的历史缺陷所限制,能够入党者是极少数的。况且在组织的整顿时期,由于边区党对乡村党的错误估计,使党的组织一直处于停滞状态,一直到 1943 年后,边区党委经过调查研究,重新注意到青年知识分子学生入党的问题。原因一是党的老化。据边区乡村 9 个支部的统计,青年党员不多,30 岁以上者占绝大多数,在老苏区及 1936 年左右发展成苏区的地方,如赤水三区四乡,淳耀六区四乡,新正二区一乡,华池白马区四乡,盐池城区二乡,定边二区四乡,靖边镇靖区二乡等 7 个支部的 195 个党员的统计数字为:20—30 岁者 48 人,占 24.62%弱;30—35 岁者 32 人,占 16.41%;36—40 岁者 51 人,占 26.15%;41—50 岁者 53 人,占 27.15%,50 岁以上者 11 人,占 5.64%。从以上数据可以看出,以 30 岁为

---

① 王云风主编:《徐特立在延安》,陕西人民教育出版社 1991 年版,第 14 页。
② 参见中央档案馆、陕西省档案馆:《中共陕甘宁边区党委文件汇集》甲 1,1994 年西安印刷,第 406 页。
③ 参见中央档案馆、陕西省档案馆:《中共陕甘宁边区党委文件汇集》甲 1,1994 年西安印刷,第 408 页。

界限,30 岁以上的老党员占了三分之二强,30 岁以下的青年党员仅占三分之一弱。而党的老化将使党缺乏活力,从而出现老党员疲沓现象。①二是青年知识分子学生的优势。由于他们有一定的文化程度,特别是具有能够读写的能力因而在中共党内扮演着仅次于工农地位的重要角色。正如有的学者认为,文件是中共上级对下级领导、下级对上级汇报所依赖的基本途径之一,党内组织生活的重要内容多数离不开起草文件、阅读文件、讨论文件。由于边区乡村党员文化水平低下,阅读文件都存在困难,对于讨论文件、起草文件更是达不到上级的要求。譬如,三边一个乡没有识字的,上面来的指示信没人识字,到处找人念,小学校也不多,整个三边有 27 处,有些支部书记都不识字,写信有的是按自己搞的记号代替。②从党的组织报告资料来看,往往存在由于下级不会写报告使上级不能及时了解下级的实际情况,从而影响党的政策的完善和制定。因此基层党组织急需发展一批能够读懂文件、有一定能力的青年知识分子学生入党来解决这一难题。同时 1935 年以来,这些青年无形中受到党的教育,对党有了初步的认识,思想上接受党,"见公家就谈问题,愿意当个公家人,见了什么新鲜事就想学",有些青年甚小但很愿入党,有的问:"我在共产党领导底下算不算共产党?"因此这些表现活跃,具有一定文化程度的青年成为发展对象的最佳人选。况且我们党一直强调在外来干部与本地干部的关系上,主张乡村干部本地化。来自农村的知识青年学生对本地情况比较熟悉,在农村有一定的群众基础,容易赢得农民的信任。为此边区党委决定将政治情绪高、活泼积极的青年分子,中等、高小学生发展到党内来,并且变更党员年龄之限制,将原来 16 岁以上降为 15 岁以上的青年适合党员条件,可介绍为候补党员。这些青年学生、知识分子不但是发展党员的对象,也是提拔干

---

① 参见中央档案馆、陕西省档案馆:《中共中央西北局文件汇集》甲 6,1994 年西安印刷,第 219 页。

② 参见中央档案馆、陕西省档案馆:《中共中央西北局文件汇集》乙,1994 年西安印刷,第 158 页。

部的对象。譬如,1943 年延川将完小的学生经过简单训练后,分配到乡、区、县担任支书一类与写字有关的工作。由此可见,青年知识分子入党为党增加了新鲜的血液,使党充满活力与生气,也可有效地解决乡村知识分子干部缺乏的问题,在一定的程度上消除了党内信息传达的障碍。

第三节　陕甘宁边区乡村的党群关系与群众路线

抗战时期,中国共产党在陕甘宁边区的局部执政实践中,实行了"从群众中来,到群众中去"的群众路线和群众工作的领导方法。形成了党密切联系群众最好的时期,被人们誉为"血肉关系"和"鱼水关系",正是由于同人民群众有这样亲密的关系,使我们党能从人民群众当中汲取无限的力量,最终取得革命的胜利。陕甘宁边区作为"建立和巩固模范的抗日根据地"的典范,在"建立和巩固模范的抗日根据地"的任务中,乡村支部作为党的基层组织,是乡村政权的核心,党的一切路线、任务、决议、决定,都是依靠支部在群众中执行,而支部与群众的关系如何,取决于基层党组织是否贯彻群众路线,进而影响到党的一切任务在乡村的实现。边区乡村的党群关系经历了由紧张到亲密的过程。

一、负担动员中党群关系矛盾的显现

陕甘宁边区作为抗日的总后方,承担重要的抗战动员的历史使命,乡村的支部是领导抗战动员的核心,所有重要动员的任务都落在支部身上。由于抗战动员使后方农民的利益受到一种损失,如果工作做不好,必然会引起党群关系紧张。在抗战初、中期,尤其是边区经济陷入最困难时期,在动员中曾出现党群关系不和谐的现象。

抗战时期,动员任务繁重,加重农民的负担。负担动员特别是征收救

国公粮是边区一项最主要的经常化的社会动员。1937 年 8 月 1 日,陕甘宁边区党委作出了《关于征收救国公粮的决定》,要求当年完成 15000 石救国公粮。10 月,边区政府颁布了《征收救国公粮条例》,这是边区颁布的第一个救国公粮条例。《条例》规定了救国公粮征收的标准以统一累进为原则,每人每年种植粮食收获量在 300 斤以下者免征;300—450 斤,征收 1%;451—750 斤,征收 2%;751—1050 斤,征收 3%;1051—1500 斤,征收 4%;1501 斤以上,征收 5%。对于出租土地依靠收租生活的地主,"每人所收租粮不满 300 斤者收 1%;300 斤以上者按照第 5 条之规定加倍征收,佃户按照第 5 条之规定,减半征收。"对于在征收过程中出现的舞弊行为或违反有关规定,《条例》作出了处罚规定:"一、隐瞒不报者,加倍征收;二、呈报不实以多报少者,其少报部分,加倍补征。三、不按照规定期限缴纳者,除令照缴外,令照应缴数量加征 30%"。[1] 从该条例可以看出,征收的范围扩大,各个阶层都需按照收获量的不同缴纳公粮,同时对于违反条例规定的,制定了严厉的处罚措施,从而使征收救国公粮的负担动员常态化、制度化。1937—1945 年,边区政府每年都征收救国公粮。1941 年是边区农民负担最重的一年,当年计划征收 20 万石,实际征收 20.1617 石,人均负担 14.8 升,占年收获量的 13.85%。而边区农民人均粮食拥有量仅为 1 石 1 斗 1 升。[2] 农民缴纳公粮后,部分群众生活难以维持温饱状况,再加局部地区严重灾害,粮食歉收,中共为了克服财政经济困难曾被迫下令,两次借粮,一次征购,个别地区如延安、鄜县,借粮有达八九次的,扰民太甚。征粮负担的沉重导致农民怨声载道,甚至铤而走险,以至于出现志丹县哄抢粮食事件。经调查,该事件发生的最主要的原因不是灾荒,而是因为过重的公粮收缴负担,导致基层干部群众对政府的

---

[1] 参见陕西省档案馆、陕西省社会科学院合编:《陕甘宁边区政府文件选编》第 1 辑,档案出版社 1986 年版,第 19—20 页。
[2] 参见陕西省档案馆、陕西省社会科学院合编:《陕甘宁边区政府文件选编》第 4 辑,档案出版社 1988 年版,第 154 页。

不满情绪。"政府今天财政正在困难关头,延市许多机关没粮吃,由公粮内抽出来救济,是困难的"。① 边区政府无力救济,把难题和矛盾推回到基层,部分基层干部也无力解决,只有和群众一起参与抢粮活动来缓解缺粮的燃眉之急。而有些农民不堪承受公粮负担,便陆续迁徙逃荒,离开边区。如 1941 年安塞县高桥区三乡三村,原有农户 84 家,人口 401 人,黄牛 81 头。1942 年春荒期间,因粮食征收过重,生产情绪不高,生活上也不安定的缘故,减少农户 4 家,减少人口 17 人,带走黄牛 15 头,其中耕牛 8 头。② 这些农民虽然没有以直接对抗方式来表达不满,而用逃避方式比直接对抗的危害性更大,一方面造成了劳动生产力的削弱;另一方面,由于他们在与外界的联系中,一部分落后的农民借机散布谣言,使党的政治影响受到一定程度损害。

　　参军负担是边区农民交粮负担之后的又一负担。抗战之初,为了避免过早减少边区的劳动力资源,边区政府扩军时,尽量先在与国民党统治区接近的地区求得兵员补充。然而随着边区总面积和人口增加,留守兵团合并于陕甘宁晋绥联防军后,这些地区不能满足边区抗战兵员补充之需,扩军范围扩大到边区范围之内。抗战时期,边区进行了三次规模较大的扩军运动。1937 年 11 月决定扩军 5000 人,1939 年 12 月扩兵 1710 人,1940 年 3 月份紧急扩兵 2690 人。扩兵动员任务是由地方党政组织来承担。由于扩军任务重,时间紧,地方党政组织面临极大的压力,多数的党组织,只是以能否完成上级交给的任务为要,从而使得有些地区无法精细地进行动员,使得动员工作为群众所厌烦,甚至于酿成一些不该发生的事件。此外,由于扩军动员中存在包办作风,动员教育不够深入,以及优待工作未及时解决等原因,致使战士私自回家或久假不归者为数不少。

　　① 参见陕西省档案馆、陕西省社会科学院合编:《陕甘宁边区政府文件选编》第 4 辑,档案出版社 1988 年版,第 58 页。
　　② 陕甘宁边区财政经济史编写组、陕西省档案馆:《抗日战争时期陕甘宁边区财政经济史料摘编》第 9 编,陕西人民出版社 1981 年版,第 49 页。

为巩固部队,充实抗日力量,1943年边区政府在开展"归队运动"中,颁布了《动员潜逃及逾假不归战士归队暂行办法》,其中规定凡参加八路军和边区保安部队警卫队后,私自回家或逾假未归者,一律动员归队。对携带武器潜逃者、组织1人以上潜逃者、潜逃2次以上仍拒绝归队者,因违法畏罪潜逃者,要依法制裁。归队运动由地方政府直接办理,各部队只将潜逃战士的姓名、年龄、住址等情况通知地方政府,由当地政府负责清查动员归队,各级政府对归队工作奉行得力者,酌予奖励,奉行不力、纵容包庇者,以包庇罪论处。由此可见归队动员任务最终还是由地方党政组织来承担,使得地方的党政组织面临着极大的压力。此外动员牲口、运盐、征草、慰劳等也必须经常由基层的党政组织来落实。由此可见,乡村的党政组织的负荷是沉重的,农民的负担也是沉重。在以完成上级任务为要的目标下,工作稍有疏忽,就必然会引起党群关系的紧张。

负担动员中党员模范作用的错误倾向。在各种负担工作中,由于基层党组织与党员模范作用,从而影响和带动群众完成对于上级交代的负担任务起到了极其重要的作用。若没有党员的模范带头作用,各项负担任务是很难完成的,然而模范作用一旦脱离实际,往往却引起群众的反感,在边区的负担动员中,党员的模范作用存在几种错误倾向:一是脱离群众的"模范"作用。如某村有个党员,虽工作积极,对党负责,但头脑简单,办法少,在村民大会上,当许多群众报粮不实时,他就如实地把各家的粮依实报出,引起全村公愤;也有些党员,在群众大会上,公开地和老子斗争,和儿子斗争,和丈夫斗争,和弟兄斗争,和亲属斗争,这种斗法,使家庭不和,引起群众厌恶;也有些党员,以为做模范,只是拼命多出公粮,弄得出了粮没吃的,要政府救济,引起群众反感。二是虚张声势的"模范"作用。如新平县三区某乡,党员某某应出一石三斗公粮,可是在群众大会上,则报出了一石八斗,后乡政府催他交公粮,他就向组织解释说:他以为党员的"模范作用"就是明多报,暗少出,所以就虚报。三是勉强的"模范作用"。如赤水一区四乡某同志,应出三斗公粮,村评议会决定了七斗,虽然家庭无粮,但因模范作用,到处借粮数斗,送交入仓。这种带有一些欺骗的方式,不是从群众的实际出发的工作方式,必然会引起党群矛盾,引起群众的厌恶。针对以上错误倾向,党要求农村的党支部要宣传教育党员起模范作用应注意公私兼顾,既要完成任务,但也要维持家庭生活。其次,党支部要告诉党员起模范作用的方式方法,且要研究党员的阶级变化、家庭情况、党员生活。根据党员的具体情况,来处理他们的模范作用问题。同时健全组织生活,发扬党内民主,小组会上应讨论解决党员的切身问题与工作中的困难,及时检讨改进党员在起模范作用中的偏向及缺点。此外,在公平合理的基础上,党员应能解释群众及家庭的怀疑,能实报自己的地亩收获,不应使党员太吃亏,应使党员与群众保持一定的公平,正确地发扬党员的模范作用。①

　　负担动员中包办命令的作风。抗战之初,边区负担动员具有明显的摊派性质,每年的负担动员是从边区逐渐分配到各县、区、乡,摊派的数目主要凭的是估计。在此情况下,乡村的干部产生包办命令作风就不可避免。以征粮动员为例,边区政府曾考虑到基层党政干部完成任务的困难,颁布了《征收救国公粮条例》,并且强调"发动群众自动缴纳,反对强迫命令","要对群众做到广泛、深入、细致的宣传解释工作"。但由于救国公粮是临时性质,带捐募性质,虽有《征收救国公粮条例》,但在征收的实际中,"一般都把条例放在脑后,……照条例就不能摊,能收多少是多少,摊就一般不能按条例,只是求完成或超过上级所分配的数字,至于农民更不知条例为何,不知道要缴多少才为及格。"②因此,在征收的方式上基层大多数采取摊派的形式,即不经过精确调查,就进行征收。这种形式能够保证在战时环境下迅速完成任务,然而实质就是摊派包办。根据相关材料,这种不民主的工作方式,在动员工作中是存在很多的。如在环县洪德区

①　参见《征粮中党员模范作用》,《解放日报》1942 年 12 月 25 日第 2 版。

②　《再论征收农业税》,《新中华报》1940 年 7 月 26 日第 4 版。

的公务员郭某,他在征收救国公粮的群众会议上讲:"今天开会要多少粮出多少粮,不出即'二鬼抽筋'"。在扩兵中,有的县把数目分配给各区,区又分配给乡,形成摊派,乡级人员为了"完成计划"和"大量超过",便采用指定方式,凡被指定的壮丁,不管其具体情况如何,就得一定应征。如环县环城区第四乡,对于优待外来的移民的命令不执行,硬要一个外来移民去参加军队,因其是独生子,他父亲不让其去,乡政府却派人抓了去。这种"捉"与"抓"的征兵方式,降低了党在群众中的威信。① 其次,发扬民主与运用民主的能力弱。在上级包办下级,下级依靠上级的情况下,乡级的党政干部缺乏自动工作的能力与自信心,当然不能正确地发扬与运用民主。以征收公粮为例,边区政府为了从组织上动员以求深入每个群众中去,规定自上而下开动员会,具体到乡村,"各乡分别召集乡代表会议、支部会议讨论动员工作,直至各乡代表主任及党小组召集村群众大会和党的小组会议,讨论进行征收公粮的实际办法。"② 从以上可以看出,规定负担数目要经过会议民主的确定,但在缺乏民主的习惯下,区乡干部不将会议工作作为真正征集民意的方式,而仍老一套地先由支部会议秘密"固定",然后开大会向群众宣传。因此会议不是作为讨论问题、解决问题的手段,而为老百姓厌烦,"人家秘密会早决定了,咱不说甚!"③ 这种不民主的作风造成了农民对民主认识是"参议会的工作就是帮助公家要东西"④,其次,征收公粮的具体办法要由基层干部来解决,从相关资料来看,一般的是乡政府接到征收救国公粮的任务后,就召开乡政委员及行政村主任的联席会议,讨论如何布置工作、如何分配各行政村的任务。这种分配不是平均摊派,而是估计各村的贫富不同而分配不同的定额。各行

---

① 参见《改变不民主的工作方式》,《新中华报》1940年9月15日第2版。
② 陕西省档案馆、陕西省社会科学院合编:《陕甘宁边区政府文件选编》第1辑,档案出版社1986年版,第94页。
③ 石毅:《怎样支部团结群众——覆一位乡村工作者的信》,《解放日报》1942年5月30日第2版。
④ 蕴辉:《在农村里》,《解放日报》1942年4月5日第2版。

政村主任回去以后,就召集各村农民会长讨论工作,同样地在各自然村中进行缜密的分配。各自然村一般用两种方式进行:一种是"自动报名",这就是说召集村民大会,由农民会长解释收救国公粮的意义,提出本村应出的数额,号召村民自动报名征纳。以后,到会的村民,就自动认出多少,以达到定额的完成。这种方法可以发扬群众的自动性与积极性,但是,常常又使那些起模范作用的贫农、中农及村中的积极分子多出,而富农时常躲在背后,让别人起模范作用,自己则不肯主动地多出甚至不肯出。因此,在大多数的情况下,自然村的公粮动员就采取另一种方式,这就是公平分配、合理负担的办法。按照这种办法,就是先由村民选择一些公正的估计人员与审核人员,估计后审核公布,然后再召开村民大会来讨论。村民对公布的分配数量有意见时,就在村民大会提出,经过大家讨论再行公决。这种估计是以每户的人口、牲畜、劳动力以及收获作根据的。经过公平的估计以及群众的讨论,可以真正做到"有钱出钱,钱多多出"的正当原则。① 从以上可以看出,基本上是根据群众的政治觉悟和自愿来征收,体现了基本的民主精神,但在实践中要真正做到公平合理,需要耐心解释,认真地调查核实,在一些基层干部简单粗糙的作风习惯下,往往出现不民主的现象,由干部摊派"说甚即甚,说多少即多少",使人民不敢说话。如有人向行政村干部诉说自己的负担太重了,"该干部瞪着眼睛叫道:'就是你捣乱,哪里找汉奸?汉奸就是你。'从此再也没有人提意见了。"②

负担动员中包庇、耍私情、贪污腐化、滥行动员的"党霸"。边区的贪官污吏和劣绅,在土地革命时期已打倒或被淘汰,边区的党政工作人员绝大多数忠心勤苦地为人民服务。但是由于边区处于相对和平的环境中,受外界周围环境的影响以及我们党是在革命运动中壮大起来的,"在革

---

① 参见左健之:《陕甘宁边区民主政治的特点及其在乡的具体实施》,《解放》1940年第104期。

② 蕴辉:《在农村里》,《解放日报》1942年4月5日第2版。

命已经爆发并扩大了的时候,谁都参加革命,有的只是狂热,有的是由于赶时髦,有的甚至由于钻营个人利益,这时做一个革命者,并不为难",这样就在革命的队伍中混杂一些目的不纯的分子。还有些人,由于不满旧社会对他的压迫,引起他参加革命,但他们并不想打倒压迫,只是想自己压迫别人,这样就产生一部分新的贪官污吏,对于人民,不以自己是人民"公仆"的态度来对待,而是以人民"公祖"的官僚态度来对付人民,使人民称他们为"土霸王"、"土皇帝"。① 这些脱离群众的倾向,表现在负担动员中,首先是"耍私情"。如在安定县西一区五乡支书、乡长每人应出一石五斗,但一粒未收。② 延安中区四乡党员费明锡是支部书记的弟弟,过去在其兄长的掩护下负担很轻,这次他不愿多交公粮,在党内和经过群众斗争,最后出了两石。南区五乡支部宣传干事耿海娃,自己企图不出,用大赡子向群众威胁,叫群众多欢迎,经群众抗议才出了两石,后被撤职。③ 延川的永盛区五乡、樊家川村一个难民,吃粮困难,却给此人摊公粮七升。该乡石瑶村一户人家,依靠买粮过生活,却给此人摊公粮三升,而该乡一个富户,因以前当过该乡的乡长,只征公粮一石八斗,据说这个富户与区级的某个工作人员有勾结,耍面子。④ 当然,一般干部能够代表农民的利益,在各种摊派问题上比较能够公平,但是要完全达到群众一致要求的"公平"(农民普遍的政治道德尺度),在已有贫富之分的小生产农业社会,实现完全的公平,只能是奋斗目标,某些村干部在摊派问题上常常不免有亲、疏、好、恶之分,人情私意之别,说明做到公平是不容易的。

---

① 陕西省档案馆、陕西省社会科学院合编:《陕甘宁边区政府文件选编》第 2 辑,档案出版社 1987 年版,第 399—401 页。
② 陕西省档案馆、陕西省社会科学院合编:《陕甘宁边区政府文件选编》第 2 辑,档案出版社 1987 年版,第 32—33 页。
③ 参见中央档案馆、陕西省档案馆编:《中共陕甘宁边区党委文件汇集》甲 1,1994 年西安印刷,第 74 页。
④ 陕西省档案馆、陕西省社会科学院合编:《陕甘宁边区政府文件选编》第 2 辑,档案出版社 1987 年版,第 35 页。

其次,滥行动员。抗战时期,发动民众负担动员来帮助政府和军队供给是必需的。然而,在个别的机关中却发生假借一点小事,甚至为本机关的方便而滥行动员的不良现象,为其私人驮东西,强征民财。如在环县甜水堡,有强拉居民毛驴两头、鹅数只等,而未经任何宣传解释及民众的同意。有的地区为"滥行动员"所苦,而发生富民将自己的驴骡全部卖掉的现象,这样富农没有驴骡,不能动员,中农、贫农却不能卖掉自己的牲口,动员工作的负担便全落在中农、贫农的肩上,富农却可以逃避自己对抗战应尽的责任。这些现象,实际上妨碍了正常动员。尤其是农忙时期,滥行动员,更为老百姓所埋怨和不满。针对这些不良现象,边区政府制定了《抗战时期临时动员办法》,其中要求:一是非紧张时期禁止随便动员。二是严禁私人滥行动员。因特别事件动员时,应给予足够之报酬。三是动员中具体规定每家每户一年中应担负动员任务。四是对民众土地,粮草和财物之动员征用,必须给予公平的报价。① 此《办法》在一定程度上禁止了一些党政人员滥行动员的行为,减轻了人们的负担,缓和了党群关系。

此外是贪污腐化。1942 年 4 月 13 日,陕甘宁边区政府命令查办安定南区六乡征粮征草中干部舞弊一事,经查该乡干部在 1941 年征粮中把救国公粮换大烟吃;有的干部与开小差的战士互相交易,干部包藏不报,而这个战士多出公粮干部吃了,而像这样类似的贪污公粮的事件时常会发生,尤其是在 1941—1942 年困难时期。

针对以上种种违反人民利益的现象,边区党通过教育引导、组织手段坚决洗刷为群众痛恨的"害群之马",或是通过法律的途径将罪大恶极、不可救药的坏分子交付法庭严办,大多数经过群众运动在群众中公开斗争,开除出党。

党组织脱离群众的现象,通过负担动员——显现出来,虽然党采取种种措施,但并未从根本上密切党群关系,究其根本原因就是基层党组织并

---

① 《反对滥行动员》,《新中华报》1940 年 8 月 27 日第 3 版。

未贯彻群众路线。如何从根本上密切党群关系,纠正部分党员干部脱离群众的现象,成为党必须认真解决的急迫问题。

二、春耕运动中党群关系的改善

党团结群众,是党一贯强调重视的问题。没有群众的支持,中共就无法生存和发展,对此中共有着清醒的认识。但由于一度繁重的负担动员曾造成了党群关系的紧张,为了做好党团结群众工作,基层党组织也曾在实践中摸索过,却走了许多的歧路。如有的地方曾提出过"同志用他们的情感分别团结亲戚朋友到自己周围",结果成为纯感情的私人或私人利益的小集团,失掉了政治上的团结,使群众组织无力。此后提出"到群众组织中去",结果一部分党员到群众组织仅起了模范作用,而有些党员加入群众团体仅仅等于一个会员。在巩固党的时期,农村支部进行了整党,但却是"关起门整顿",着重于整顿党的纯洁性,很少注意开展支部的群众工作,因此,从整体上看,党群关系并未因整党而密切起来。总之,由于农村工作中党政不分的机制和"动员工作就是党的全部工作"的观念下,基层党组织尽管对党如何密切联系群众进行了积极的探索,但由于偏离了群众路线,从而造成了一部分党员与普通的农民没有太多的差别,很少有"群众"的观念,造成了党与群众不和谐的现象。

1941 年边区进入了内外交困的艰难时期。这一时期,既是党群关系最紧张的时期,同时也为密切党群关系提供了契机,即为了战胜困难,边区开展大规模生产运动,乡村支部工作的重心也由原来的动员为主,变为以经济建设为中心,以农民的生活富裕为目的。而春耕运动作为生产运动的中心内容,基层党组织在春耕生产中通过走群众路线逐渐地改善了党群关系。

春荒是农村最艰难的时节,也是贫苦农民典卖土地,外出乞讨,甚至卖妻鬻子的高发期。陕甘宁边区地处黄土高原,气候条件极其恶劣,有"三年歉收,十年灾荒"之说,旱、雹、水、病、冻等灾害几乎连年发生,灾情几乎波及每一个县。仅 1940 年上半年边区遭受旱灾 11 个县,受灾人口558681 人;六、七月份,遭受雹灾 27 个区,三个联保,面积达 42200 亩,牲畜 449 头,受灾人口 35120 人。1940 年 7 月、8 月的水灾又给边区造成极大的损失,73 个区受灾,牲畜 1980 头,田禾 162091.5 亩,房屋 207 间,资财 19455 元,粮 238 石,树 2600 株,受灾人口 45307 人。① 1940 年边区灾情严重,加之频繁的负担动员,又加重了 1941 年的春荒。如 1941 年神府、三边、靖边一带连年苦旱,以致民众毫无余粮,政府虽已竭力施赈,但仍发现饿毙、逃荒、卖儿女。② 志丹、安塞个别区乡竟发生抢劫公粮或骚乱现象。有些地区的农户为了度过春荒而搬家,延安据说搬家八百多户,安塞五百多户,其他县份亦有。况且每到春荒时节,人们往往表现出生产情绪低落的现象,如许多地方赌风流行,游手好闲的二流子增多,党政人员也同流合污(安塞一个乡长赌博赚钱,不愿工作)。赌风流传祸害匪浅,对人民生活的改善有百害而无一利,特别对春耕运动为害甚大。③ 这些现象说明党政干部关心群众生活极其不够,党政干部与群众间有了相当的距离。那么如何帮助农民度过春荒关系着人民生命、边区社会秩序的稳定,更关系着党在人民心目中的地位。因此春耕生产是各地党组织领导和帮助农民度过春荒主要任务。从边区党的文件和政府文件以及党报的相关文献可以看出,1937—1945 年,边区党委和边区政府每年都要发布春耕生产的指示,并认真检查各地区的春耕生产情况,但是由于各种原因,春耕运动是在 1943 年大生产运动开展后取得成效的。

　　在春荒中,为了解决灾民贫民吃饭和穿衣困难,边区政府主要采取了放赈、以工代赈、发放农贷、开办义仓的帮扶措施。这些措施的实施尽管

---

　　①　陕西省档案馆、陕西省社会科学院合编:《陕甘宁边区政府文件选编》第 2 辑,档案出版社 1987 年版,第 567 页。

　　②　陕西省档案馆、陕西省社会科学院合编:《陕甘宁边区政府文件选编》第 2 辑,档案出版社 1987 年版,第 569 页。

　　③　中央档案馆、陕西省档案馆:《中共陕甘宁边区党委文件汇集》甲 1,1994 年西安印刷,第 127 页。

只是救急不救穷的办法,但客观上解决了一部分贫困农户的"饿肚"问题,从中受益的贫雇农怀着感激的心理基本上团结在党组织周围。然而若只是单纯地提供救济,农民未必会回赠同等的政治支持。原因一是每当春荒时节,许多农村都表现出生产热情低落、颓废悲观的情绪。政府的救济粮并不能保证每个贫难民都能得到帮助,得到帮助的就会感激,得不到帮助的就会怨愤,甚至因救济不公而滋生不安定因素。二是单纯的借粮救济,在春耕中,会有许多群众等待救济,不自求出路,反而形成他们"等"和"靠"的思想。从长远来看,不仅对度荒济困没有益处,反而助长部分人的懒惰心理,"一时热乎起来"的党群关系也不会维持长久。显然,在春耕运动中激发农民的生产积极性至关重要。1943 年大生产运动大规模开展后,生产成为支部的中心工作,在春耕运动中,党组织教育、发动、组织不愿生产的农民起来积极耕种、播种成为党团结群众的主要标准。延安县支部以生产的好坏作为支部工作好坏的主要标准:一是提高农民的生产热情,造成农村中的生产热潮,党员和干部中,肃清对生产漠不关心的现象。有个别农户由于缺粮以影响生产消极的,支部想办法帮助他们调剂粮食,提倡早种瓜菜,以解决一部分困难。二是制订全乡的生产计划。生产计划的制订不凭自己的主观思想,而是对全乡的情况加以精密的调查,以现有的情况和过去经验为基础,订出切实有用的计划,根据全乡的计划,再订村的计划,支部和党员严格检查督促每个农户计划的完成。三是党员做群众的模范,如河庄区二乡党员自动拿出细粮七斗五升帮助三户移难民开荒地六亩。四是改造二流子。支部通过发动全村人不许二流子吃闲饭,把全村的劳务负担都加在他们身上,等等,用半教育、半强迫的办法,经过群众斗争,将二流子携入生产中。① 1942 年 2 月 26 日,《解放日报》发表社论《春耕运动中党的支部工作》指出:一切妨碍春耕的事情应该不办事缓做,一切推动春耕运作的应该多做和快做。农村

---

① 王丕年:《支部怎样领导生产》,《解放日报》1943 年 2 月 8 日第 2 版。

中党的支部应该成为推动这一运动的核心,动员支部的一切积极分子热烈进行春耕,以身作则影响别人,纠正部分党员生产消极态度。分配每个党员对同住村的几家群众起经常推动作用。从个别宣传到全家动员,从炕上到窑洞里的闲谈,到实际上的帮助满足;动员各种组织内的党员都起推动作用,发挥各种组织最大的积极性,比如政府乡参议会负责的党员,应与非党人士共同努力,征求他们的意见,协同他们实现对春耕运动的具体领导。群众组织的负责党员应领导自己的会员相互勉励不甘落后,以勤劳为荣,以懒惰为耻,表扬劳动英雄,反对二流子与懒汉,造成广大群众的春耕热潮。赤水县的一个乡村干部在春耕工作中,自先作出生产计划贴在墙上,把自己地里的草锄光,并且帮助别人作生产计划,督促人们锄草。延安县牡丹区267名党员,有238名党员作了生产计划,给了群众很大推动。赤水县一个乡村支部在春耕时由于动员工作相当多,引起群众的不满,支部马上向政府提出意见,减少了动员工作,群众的困难很快就解决了。① 花池白马区四乡李占奎支部组织该乡群众备荒积极,修水地,打破了群众听天由命的思想;节约粮食,调剂种子,种小庄稼,使得该乡农民没有出现因灾荒而饿肚。②

随着春耕开荒的深入开展,乡村的支部经过宣传组织领导群众,调动了农民的生产积极性,边区农村对生产的悲观情绪有所好转,群众对支部领导春荒都有很好的反映,对党员表示很大的信任,人们的精神发生了很大的变化。在边区“没有看到一个游手闲荡的人,他们叫做二流子,在街上绝对没有看见过一个面带烟容而颓废的人”。③ 其次是支部党员在切实解决群众利益困难中,改造了自身,支部党员转变了他们旧的思想,建立了新的群众观念,由原来的“饿死是你自己家的事”认识到“农村里饿

---

① 杨志忠:《记赤水县一个乡村支部》,《解放日报》1942年10月18日第2版。
② 《李占奎支部怎样组织群众荒备》,《解放日报》1944年8月23日第2版。
③ 黄炎培:《延安归来》,国讯书店1945年版,第29页。

死了人,共产党员也是同样地要负责任的",①将人民的生活好坏作为工作的标准,赢得了群众的好感,改善了党群关系。最为重要的是经过中共基层党组织的帮助和组织后,支部在改变群众的劳动观点,突破困难,使农民的生活得到了相当保证,有饭吃,有衣穿,有被盖,农民感到了由贫困而温饱的生活幸福感,进一步密切村中的党群、干群关系。翻阅 1942 年以后改版的《解放日报》,关于人民幸福生活的报道比比皆是。比如:"华池群众生活改善,经济向上发展,土地牲畜增多,他们过着愉快温饱的日子"②,"本市各阶层人民生活蒸蒸日上,李兴海昔日讨饭今则食饱衣暖"③,"李乔有过去吃野菜,现在有土地又有牛羊"④,"张万库今年丰收,全家吃用一年绰绰有余"⑤。人民过上丰衣足食生活后,群众用信天游的形式发自内心地歌颂共产党,"水有源,树有根,麻雀儿还报奶娘的恩;共产党对咱这样好,叫咱八辈子忘不了。"⑥虽然农民所称的幸福生活只是一种清贫的温饱生活,但是谁能让农民免于饥寒,安宁温饱,他们就会感恩戴德,这就是春耕运动中贯彻群众路线的历史意义。

三、劳动互助运动中党群关系的深入

互助合作运动是大生产运动的重要内容,是中共中央为组织农民进行生产,调节劳动力资源,以支持长期抗战和实现农民富裕的目的而开展起来的。而互助合作运动如何开展? 1943 年 10 月 14 日,毛泽东在西北局高干会上作的《切实执行十大政策》的报告中特别指出:"合作社问题基本上是一个群众观点问题,要想到群众,有无群众观点是我们同国民党的根本区别,群众观点是共产党员革命的出发点与归宿。从群众中来,到

---

① 翟英:《支部团结群众的几点经验》,《解放日报》1942 年 6 月 15 日第 2 版。
② 《解放日报》1942 年 8 月 7 日第 2 版。
③ 《解放日报》1943 年 6 月 18 日第 2 版。
④ 《解放日报》1943 年 7 月 25 日第 2 版。
⑤ 《解放日报》1943 年 10 月 30 日第 2 版。
⑥ 寒枫:《农民谣》,《解放日报》1943 年 7 月 24 日第 2 版。

群众中去,想问题从群众出发就好办"。① 这说明群众路线是开展互助合作运动的根本要求和原则,在此原则指导下,边区政府利用陕北农村的原有的"变工"、"搭工"等劳动互助的形式,以延安县为典型经验,掀起了全边区农民推广劳动互助组的序幕,引起了农村社会变革。1944 年,边区全劳力和半劳力共计 472964 万人,参加变工、搭工的达 219928 万人,占劳动力总数的 46%,有些地区夏耘时节达到 80%。② 1945 年"据不完全统计,边区参加变工组织的劳动力,一个地区多至占全劳动力的 45%,少至占全劳动力的 28%,在锄草的时候,有些县份竟占了全劳动力的 80%"。③

将农民通过互助合作的方式组织起来,无论是从理论上还是从实践效果来看都存在诸多益处,一方面可以更好地调剂使用有限的人力和畜力,减少浪费,延长有效劳动时间,而且还能提高"效率",但在实际执行过程中却遇到不少困难。由于互助合作的基础是个体经济,由于人力畜力不同,劳动强弱不同,从而出现农民自私自利,"想讨便宜,不想吃亏"的现象。如力气大的不愿和力气小的变工,有的因为吃饭好坏问题而拆散,还有的因为谁先谁后变工,争执不下。其次,劳动互助的方式是群众运动式的,尽管上级强调在互助合作运动中要贯彻群众路线,要有群众观点,但在政治动员下,群众路线往往表现为群众运动的形式,必然会出现干部强迫命令,官僚主义的作风。在强迫命令下各地出现了很多有名无实的"变工队"。延安县政府附近的一个乡,为了应付政府,每天早晨起来喊几声:"上山生产去!"实际上并不变工。为欺骗上级,不少区乡干部虚报变工数字,1944 年庆阳市 417 个变工队中,有名无实的竟有 416 个;有些地方在上级强迫下成立变工队,效率比不变工的地方还低。原因是

---

① 《毛泽东文集》第三卷,人民出版社 1996 年版,第 70—71 页。

② 陕甘宁边区财政经济史编写组、陕西省档案馆:《抗日战争时期陕甘宁边区财政经济史料摘编》第 2 编,陕西人民出版社 1981 年版,第 420 页。

③ 《介绍陕甘宁边区组织集体劳动的经验》,《解放日报》1943 年 12 月 21 日第 2 版。

"有的弱牛与强牛变在一起,弱牛乏得拉稀不止;有的急待套牛揭地的人,被拉来变工开荒,让牛'闲'着;有的被拉至相距六七里远的庄子参加变工,叫苦连天;有的以装病,甚至破坏工具表示反抗"①。1945年吴家枣园已经进入4月,可是该村的互助组仍没有组织起来。于是区党委书记下乡加强领导,全村组织了4个变工组。但是这种强迫命令占很大程度的组织结合,没有取得成果。一部分新户甚至打算离开吴家枣园,到别的地方寻找谋生之路。② 新正雷庄乡南北嘴村,有个人不愿变工,乡村干部就要整他风,最后并决定他当变工组长,以作为处罚。③

为解决互助运动中存在的问题,陕甘宁边区结合整风运动,在农村党组织中开展反官僚主义作风的教育,中共在《解放日报》不断刊登组织互助的报道。一方面批评强迫农民参加互助运动的偏向,另一方面宣传典型模范事例鼓励党员发挥模范作用。在群众路线教育下,支部党员克服了干部生产与群众脱离的现象,干部和党员先组织起来,用实际行动团结和领导农民参加劳动互助。如延安县支部党员都参加集体互助劳动,每个小组组织一个搭工队,1942年春36名党员参加组织了20个搭工,结果开荒九百四十五垧。④ 1943年安塞县农村党员几乎百分之百地参加了变、搭工,并且由党员直接参加领导的变、搭工就占全县变、搭工总数的45.7%。淳耀县的白源乡支部在朱富荣的直接领导下,组织了班子12组,共计143人;搭工31组,146人,89犋牛,组织了127人参加了纺织。⑤因此,在党组织的推动下,许多干部党员大批参加互助组,当地农民参加

---

① 陕甘宁边区财政经济史编写组、陕西省档案馆:《抗日战争时期陕甘宁边区财政经济史料摘编》第2编,陕西人民出版社1981年版,第523—524页。

② 王建华:《乡村社会改造中"公民塑造"的路径研究——以陕甘宁边区发展劳动英雄与改造二流子为考察对象》,《江苏社会科学》2008年第4期,第170页。

③ 中央档案馆、陕西省档案馆:《中共中央西北局文件汇集》甲6,1994年西安印刷,第210页。

④ 王丕年:《支部怎样领导生产》,《解放日报》1943年2月8日第2版。

⑤ 中央档案馆、陕西省档案馆:《中共中央西北局文件汇集》甲6,1994年西安印刷,第209页。

互助运动的积极性有了明显的提高。另一方面,即使在没有党组织的带动下,在长期的大变工队中,组织支部,在比较短期的小变工队中,组织党的小组,不仅可以使变工队中有领导核心,而且经过党的组织,教育党员和农民群众,训练他们的集体生活,使他们体验集体力量的伟大,从而克服自私自利的心理和行为倾向,在党员中树立群众观念。①

在开展反对官僚主义作风教育后,许多农村支部能够替人民做事,想办法克服困难,根据群众的需要,发扬民主,不强迫命令,使不少互助组成立起来,而且得到巩固。如曲子土桥区六乡的支部书记贺永德主张"变工的话,公平合理,不偏谁,不向谁,有事大家商量"。群众自愿不强迫,发动党员积极参加变工起带头作用,由群众公选变工队的队长,结果是十六个劳动力,成立了常年的变工队,全村六头牛,一百二十头羊,由一个大人和两个娃娃变工,变工队里,互相帮助,互相调剂耕牛。② 白源乡支部领导变工采取下列方式:开一揽子会,召集积极分子参加,通过他们去工作;再通过积极分子去团结群众,推动工作,按照每个党员的特长和党员与群众的关系而分配每个党员的工作,取得了很大的成效。③ 事实证明,党员干部只要从群众的需要出发,走群众路线,对人民绝对负责,创造性地领导,给处于观望、犹豫之际的农民起了示范和带头作用,互助组才不致垮台。

值得注意的是,陕甘宁边区的互助运动,产生了一大批能够带领农民组建互助组进行生产的模范支书、模范党员、劳动英雄。因为他们多是能领导农民生产的、在村里有威信的能人,与当地农民联系更密切,通过他们在互助组中的积极活动,实现了基层党组织对劳动互助运动的领导,成

①　参见石毅:《农村支部与变工队》,《解放日报》1943 年 3 月 14 日第 2 版。

②　柳可夫:《两种方法 两种结果——贺永德和他的支部组织劳动力的经验》,《解放日报》1945 年 5 月 19 日第 2 版。

③　中央档案馆、陕西省档案馆:《中共中央西北局文件汇集》甲 6,1994 年西安印刷,第 209 页。

为团结群众、为群众服务、能够说服群众进行互助生产的核心。在他们带动下,边区的互助合作运动得到进一步的巩固和发展。同时,在互助运动中,党员劳动英雄将生产经验传授给群众,与群众共同劳动,及时发现问题,解决问题,帮助群众进行生产的过程中,容易形成与群众的亲密关系,"谁家有困难,只要说一声,大家都来帮忙。"①这有利于党员干部在互助组中树立威信,培养群众观念,至此党群的"鱼水关系"逐渐地形成。

考察和探究陕甘宁边区乡村党群关系的历史演变,为我们当前开展党的群众路线教育实践活动,做好新时期党群工作提供了有益的启示:一是党的群众路线教育实践活动,不但要在党的上层组织实践,更重要的是在党的基层需要下功夫,若党的基层丢掉了群众路线的工作方法,就存在党脱离群众的危险。二是群众路线教育是克服官僚主义、主观主义、形式主义的一剂良药,在工作中是否贯彻群众路线是衡量党是否为人民服务的根本标准,离开了这一标准,必然会导致党脱离群众。三是"一切的空话都是无用的,必须给人民以看得见的物质福利",使人民在发展的成果中,检验党实践群众路线的成效,否则,群众路线的教育实践必然是形式的,密切党群关系的任务是难以实现的。

第四节　陕甘宁边区乡村的党政关系

一、抗战初期的乡村党政关系

党以制度和政策的设计,通过非党的群众将自己的主张转化为政府行为,达到领导的目的,这是陕甘宁边区实行民主政权制度的基本理念。

---

①　柳可夫:《两种方法　两种结果——贺永德和他的支部组织劳动力的经验》,《解放日报》1945 年 5 月 19 日第 2 版。

这一理念具体地体现在乡村的党政关系中就是 1939 年 8 月 15 日颁布的《陕甘宁边区党委、边区政府关于乡村级党和政府及民众团体组织问题的决定(草案)》,该《草案》中规定了党领导的政权下的地方支部是乡村政权机关的领导者,党政军民工作都是支部所必须管理的工作。其具体的职能为"支部委员会应定期召集会议,计划与检讨党政军民的各种工作(包括党员群众的学习与教育问题),支部的决定应经过政府党团及民运委员会去讨论执行,不可包办或代替一切"。① 这表明,一是随着抗日民主政权的建立,中共对政、军、民的领导方式发生了重要转变,即由党内直接领导变为党外间接领导。虽然继续强调要确保乡党支部的领导地位,但乡政府独立性开始受到各级党组织的重视;二是在保证乡党支部的领导与乡政权独立性的双重要求下,党团在党政关系中发挥着重要桥梁作用。党团的基本任务是:"把党的政策、党的决定,依靠自己的努力,取得行政机关或民意机关的同意,把党的主张变为政府的主张,并使之见诸实行。"②党团的权限和领导关系规定如下:党团只接受同级党组织的领导,党组织通过党团对同级政府实施领导;党团对政府中的其他负责党员有指导之责,对于普通党员不发生关系;党团没有单独下命令指示的权力,其一切只有政府通过后才生效力;党团与政府支部同时并存而地位略高于支部,政府机关支部的任务,基本上与一般支部相同,而没有党团的权力和责任,它无权干预各种行政工作,只能在机关范围内从事宣传和统战工作。机关支部直属于由党委指定的部门管理,不属于党团指挥;但党团的决议凡涉及应动员全支部党员执行时,应通知支部,支部亦必须执行。同时支部与党团之间均有互相建议之权。这些规定从形式上看领导的方式是变党内领导为党外领导,直接领导为间接领导,从性质上看是变具体领导为原则领导,事务领导为政策领导。

---

① 中央档案馆、陕西省档案馆:《中共陕甘宁边区党委文件汇集》甲 1,1994 年西安印刷,第 298 页。

② 《邓小平文选》第一卷,人民出版社 1994 年版,第 16—19 页。

　　然而在基层政权中,党政关系的实施情形并不理想。首先是以直接领导为主,间接领导为辅的领导方式并未改变。抗日战争全面爆发后,陕甘宁边区的政权形式适应历史潮流,摒弃苏维埃工农民主政权时期的"议""行"合一,实行"一般的民主"、"普选的民主制",建立了边区、县、区、乡各级议会与政权"议""行"并立制,议员对选民负责,政府直接对议会负责,政府在议会的指挥监督下开展工作。然而这种美好的愿望并未实现,由于边区的革命历史状况以及在政权的开创时期,中共领导的主要特点仍是依靠组织优势,对政权实施直接领导为主,间接领导为辅。在乡级政权中,强调党员占据重要领导地位,以及党内一直存在着轻视政权作用的倾向,在领导政权时极易出现党政不分、以党代政的现象,一般的是"党、政府与群众工作不能根据性质分别由各组织系统执行,群众团体的党团,大部分是形式的,而且在实际上各群众团体的负责干部大部分系支部干事,各群众团体工作由支委会讨论,经过干事去执行"。[①] "乡政府的党团只是个形式,起不了什么作用。"[②]这说明在实践中党政关系仍为一体,从而造成了既不利于政权作用的发挥,也不利于党组织影响力的扩大。

　　其次,党的基层支部领导仍然不力。1939 年,边区党委对于支部工作作了这样的估计:"支部并没有单独工作能力,本身的经常工作、工作制度,会议生活还不能很好地建立起来,工作多是被动的;支部的领导方式与工作方式上,存在着工作计划的没有或不具体,没有检查、分工,大部分是形式的,以及报告不经常,许多工作一个会议经常突击,对党员的教育不够,对干部的培养非常忽视。"[③]由以上估计可以看出,虽然支部作为

　　① 中央档案馆、陕西省档案馆:《中共陕甘宁边区党委文件汇集》甲 1,1994 年西安印刷,第 267 页。
　　② 中央档案馆、陕西省档案馆:《中共中央西北局文件汇集》甲 6,1994 年西安印刷,第 230 页。
　　③ 中央档案馆、陕西省档案馆:《中共陕甘宁边区党委文件汇集》甲 1,1994 年西安印刷,第 266 页。

基层政权最高领导机构,但由于其本身缺乏工作能力以及职能的不明确,使得支部对基层民主政权的领导显得不够坚强。

最后,从实际运作层面来看,乡村的党政关系也存在不少问题。最普遍的情形是动员工作中党政不分、以党代政。由于战争环境遗留下来"一把抓"的领导作风由来已久,积习已深,这种党政不分表现在农村工作中,就是乡上开的会议,全是"一揽子会",又叫"干部会"。支部干事、政府委员、群众干部都有,像党团会又像政务会,也像支干会,会上什么都讨论,支部书记成了第二个乡长,公开包办了政府工作。党的干部以至活动着的党员,在每次动员工作中,都亲自出面,伸手向群众要东西,造成党群关系紧张。① 安塞五区的一些支部与政府的经常工作制度没有建立起来,在频繁的动员任务中,一方面存在"支书与乡长互相依赖,互相推诿,造成上面不来人,下面无事可做的现象"。另一方面,"支部主要工作同政府一样,干部奔忙于动员工作,看不出党政工作的区别"。②

二、"三三制"原则提出之后乡村党政关系的变化

针对抗日民主政权中几乎是清一色的共产党员,导致以党代政、党政不分的状况,1940 年以后,"三三制"成为各根据地抗日民主政权的基本组织原则,即"根据抗日民族统一战线政权的原则,在人员分配上,应规定为共产党员占三分之一,非党的左派进步分子占三分之一,不左不右的的中间派占三分之一"。③ 该组织原则的实施对乡政权的民主建设以及党政关系产生了很大的影响。

1."三三制"在乡村的实际运作情形

按照毛泽东的本意,"三三制"的原则主要是针对中、上层政权的,而

---

① 石毅:《怎样的支部团结群众——覆一位乡村工作者的信》,《解放日报》1942 年 5 月 30 日第 2 版。

② 田超:《安塞支部领导作风的转变》,《解放日报》1943 年 2 月 11 日第 2 版。

③ 《毛泽东选集》第二卷,人民出版社 1991 年版,第 742 页。

在基层政权尤其是村政权中,为"防止地主豪绅钻进政权机关",其成分
"可以酌量变通"。即在基层政权中,并不严格强调人员比例,但必须强
调阶级成分和政治标准,以确保政权掌握在成分纯洁、维护群众利益的党
员或进步分子手中。那么"三三制"在基层的实际情形到底如何? 从
1941 年、1942 年的乡选经验中,可以获得关于乡政权人员的分配规律:
(一)乡(市)参议会和乡(市)政府委员会中,共产党员和进步分子占三
分之二以上,中间阶层的开明分子占一部分;(二)乡长中共产党员占大
多数,其次为非党进步分子,中间分子真正公开并愿意接受党领导的人,
也可以充任乡长。从以上分配规律中可以看出乡选的结果基本符合党的
设想,但从相关的资料反映出实际状况并非如此,而是复杂多变的。以白
塬乡议员、乡政府委员的活动情形及其工作表现、党派关系和政治认识为
例,借此可看出在"三三制"在基层执行的真实情形,如下表所示。①

表 15 白塬乡议员的政治认识情形统计表

人数及百分比 分类 \ 年别	1941 年选的		1942 年选的		合计	
	人数	占比(%)	人数	占比(%)	人数	占比(%)
知道自己是议员的	7	50	6	42.9	13	46.45
认为过去是现在不是的	/	/	1	7.1+	1	3.6-
选后认为自己退伍了的	1	7.1+	3	21.4+	4	14.3-
没访问到的	5	35.7+	2	14.3-	7	2.5
死亡了的	1	7.1+	2	14.3-	3	10.7+
合计	14	100	14	100	24	100
备注	1941 年有候补议员二人,1942 年没有候补议员,本表议员纯以正式议员计					

以上数据反映出有多半议员认识模糊,和普通群众没有多大的区别,

---

① 陕西省档案馆藏:《民主与团结》(1944 年 10 月),卷宗号:2-1-801。

而类似的情况在其他地区也存在,如新正县二区五乡曾让一些普通群众充任参议员,"戴了参议员的帽子"。有的基层党组织由于对"三三制"理解偏差,出现一些极端的行为和现象,按"三三制"要求寻找非党进步人士和中间力量,"到处物色国民党员",提供鸦片给非党人士当选参议员。如合水县"聘请七个大烟鬼,引起群众不满"。对于这些"戴了参议员的帽子"而实质和普通群众无区别甚至是抽大烟的非党人士参加政权,虽有民主的形式,但其民主的实质到底如何可想而知。

表16　白塝乡议员情形统计表

数别 项别 年别	人数	资格来源				成分				党派				政治认识		
		正式	候补	选举	聘请	地主	富农	中农	贫农	共产党	国民党	哥老会	无党派	进步	中间	落后
1941	16	14	2	16	/	1	2	4	9	1	1	1	13	6	7	3
1942	14	14	1	12	2		1	3	10	1	/		13	8	4	2

表17　白塝乡政府委员的情形统计表

数别 项别 年别	人数	成分				党派			政治认识		
		正式	候补	选举	聘请	共产党	国民党	无党派	进步	中间	落后
1941	6	/	/	3	3	1	/	5	4	1	1
1942	7	/	/	4	3	1		6	4	/	3

从上表可以看出,乡政权多把持在中农和贫农手里,随着经济的发展,新兴的中农、贫农阶层在政治上占据领导与支柱的地位;从党派关系来看,无党派占了政权的优势;从政治认识来看,政治上中间势力占了政权中的最高比重,随着减租减息和大生产运动开展,人民对共产党有了正确认识,政治上的中间和落后势力在政权中急剧减少,而进步势力大大增强。在此可以看到,党对政权的领导由最初的不甚理想到逐渐巩固。

　　乡级政权的实际状况如此,村政权受多种因素的影响更是复杂多样。1941 年底,边区的村政权基本改选完毕,由于资料有限,改选的村政权的详细具体数目无法考证,但从政府工作报告所反映的情形以及党内零散的调查材料来看,边区乡村经过民选的比例很高,当然经过民选并不等于村政状况都良好。从资料的总体反映估计,将村政状况基本分类为:"民主村"村政经过民选,党员和进步分子占优势;"形式中间村"村政虽有改选的民主形式,实际政治情况杂乱。从乡村选举资料来看,有一类现象是比较普遍的,一是有些地方老百姓故意选坏人当干部,因能误起工、能管起饭、能抵抗上级,有时也选老好人。二是党员与贫农因害怕误工、惹人、管饭、分配负担时还要起模范作用而不愿当村长。由此可知,虽然经过选举的形式,然而村政实际由"坏人"、"老好人"所把持,村政状况并非良好;"封建村"则是"封建势力直接把持操纵"。"三三制"实行后,基层关门主义与主观主义的作风使"三三制"遇到障碍而受到上级的批评,于是又出现无原则地迁就地主士绅的倾向及思想生活上被地主阶级俘虏同化的现象,个别地主阶级分子利用"三三制"而抬头,压制群众,打击干部,以致发生干部消极、群众失望现象。① 可见在地主阶级把持政权的村子,党对村政的领导情况显然是很薄弱的。从白塬乡村级总体情况可以窥见村级党政关系的错综复杂,如下表所示。②

表 18　白塬乡村级选举情况表

时期		1940 年 10 月至 1944 年 8 月
职别	村主任	小村长
人数	7	18

---

①　参见中央档案馆、陕西省档案馆:《中共中央西北局文件汇集》甲 1,1994 年西安印刷,第 228 页。

②　陕西省档案馆藏:《民主与团结》(1944 年 10 月),卷宗号:2-1-801。

续表

时期		1940 年 10 月至 1944 年 8 月	
改选原因	不称职	2	4
	自行辞职	2	12
	另有任用	3	1
	死亡	—	1
备注	1.全乡划分三个行政村八个自然村 2.现任村主任及小村长不在内		

注:不称职是指不公平、吵骂群众,延误公事,违抗政府法令。自行辞职是指嫌公事麻烦,耽误自己生产时间,因而坚决不干而辞职。

　　由以上表中反映出白塬乡因自行辞职村长占改选总数的三分之二,由此估计为"形式中间村"占多数,村政状况不是很理想。但并不能一概而论,有的自然村却能积极运用民主。以白塬乡第三行政村一个自然村寺村为例,1940 年建立村政权到 1942 年 9 月,谭学长因为有能力,为群众办事,一直任村长,但因其孩子病死了,而不当村长了,群众另选一人接替,其经常与群众吵架,没能力,村民将其罢免,又选另一人当村长,此人不但没办法,还耍私情,村民又将其罢免,最后又把谭学长选出来,在他的领导下村子重新呈现出良好的景象。[①] 这表明该村村民能够合理运用民主,属于"民主型"的。

　　经过大生产运动和减租减息运动后,村级干部的政治认识和工作态度发生了很大的变化。从 1944 年白塬乡现任村级干部的政治认识和工作态度可以明显反映出来该乡已经基本属于"民主型",如下表所示。[②]

---

① 陕西省档案馆藏:《民主与团结》(1944 年 10 月),卷宗号:2-1-801。
② 陕西省档案馆藏:《民主与团结》(1944 年 10 月),卷宗号:2-1-801。

表19　白塬乡村级干部政治认识和工作态度情况表

人数	成分		党派		政治认识			工作表现		
	中农	贫农	共产党	无党派	进步	中间	落后	积极	平常	消极
11	5	6	5	6	8	2	1	8	2	1

由此可以看出,以白塬乡为例,很难将乡村党政关系定性为哪一类,而是处于复杂多变的状态。但从总体情况来看,由于边区的历史特点,"民主村"是占着优势,特别是1945年"三三制"选举后,村政权基本掌握在"好人"(能为人民利益着想,为人民公平办事的人)手里,党对基层政权的领导占据了比较牢固的支配地位。

2.明确党政职能,理顺党政关系

从实际运作层面来看,边区乡村党政关系最主要的问题是党政职能模糊,造成党政不分、以党代政。表现为支书和政府忙于动员工作,关心人民利益少;突击工作多,经常工作少;事务事情多,政务事情少。在"三三制"精神的要求下,乡村政权首先是建立了支部领导管理制度。具体要求是,一般的农村支部干事由五个人组成,分工为:书记、组织、宣传、军事干事、政府党团书记。支书工作:召集支部会议;领导传达政府党团日常工作;领导执行党的决定,检查各个干事的工作;负责传达上级的指示;策划支部的全体工作,向上级作工作报告;了解全乡情况;领导锄奸保卫工作。支书对支部工作起决定作用,负主要责任。① 支部的任务主要是:领导政府推行建设,以生产为主,其次文教;执行政策,团结群众;领导武装,保卫边区;教育党员,发展党员。② 其次,明确了乡政府的职能。边区政府成立后,1939年4月4日颁布过《陕甘宁边区政府组织条例》,1941

① 《支部干事的工作答景羲同志》,《解放日报》1942年12月22日第2版。
② 中央档案馆、陕西省档案馆:《中共中央西北局文件汇集》甲6,1994年西安印刷,第232页。

年制定了《陕甘宁边区政府组织条案草案修正案》,1942 年 1 月公布了
《陕甘宁边区各乡市政府组织条例》,但这些条例均未明确乡级政府的职
能。1943 年 10 月 5 日公布《修正陕甘宁边区乡(市)政府组织暂行条例
草案》后,才明确了乡政府的职能和任务。该《草案》规定乡(市)政府的
一般任务为:实行边区施政纲领、政府法令及上级政府之指示;发展生产
事业;发展文化、教育;爱护帮助军队,优待抗属,进行抗战动员;建立人民
自卫武装,维护革命秩序;举办公益事宜,调解民间纠纷;关于本乡土地人
口及其他社会情况之调查登记。乡级政府的职能明确,使乡政权在运行
过程中有了自身地位、作用的定位,纠正了过去职责不明,权限不清和业
务缺乏中心,分散精力的现象,有效地改变了乡政府不能独立发挥功能的
薄弱局面。

　　党政职能明确后,党对政权能够实现政策上的领导,政权独立工作能
力也得到提高。如安塞四区二乡的支部,能按区委会议布置的精神,在该
乡支部会议上缜密研究各行政村的公平分配,正确发扬民主,解决了党内
动员和优抗、优难问题。开会的次序是先由党团书记提出各行政村人口、
劳动力等情况的报告,然后各干事依问题发表具体意见,最后又由支书提
出征粮中几个政策问题。结果决定,头一天先召开党的活动分子会,在党
内动员将党员作用传达党的小组,然后召集群众会议,次日支书参加乡政
府党团,又具体研究乡政府和乡参议会的工作。第三日召开了参议会,在
参议会上,很多共产党的议员不仅自己提出了很多意见,而且能照顾非参
议员,要他们提出意见。乡长忠实执行支部的决定,好的意见采纳,对不
正确的意见进行批评。从这次征收公粮来看,各乡支部的领导作风在转
变以后,党的作用是加强了,而且已经看出它的实际效果。① 安塞县第七
区在 17 天内要完成 16 万元的公代金,区委和区政府是分头工作的。区
政府召集了一个乡长会议,区委则给各支部发出了指示,然后区委和区政

---

　　①　田超:《安塞支部领导作风的转变》,《解放日报》1943 年 2 月 11 日第 2 版。

府分头行动,政府按照自己的系统,在它的影响之下,三个不愿出代金的群众也交纳了,结果任务全部完成了。①

3.加强乡参议会的职权,实行议行合一制

乡参议会的地位、作用如何,是反映乡村党政关系的一个重要参数。抗战初期,政府与参议会之间是"议""行"并列,意味着参议会对政府行政机关具有"监督"的权力。1939年2月陕甘宁边区第一届参议会通过的《陕甘宁边区各级参议会组织条例》中规定了乡(市)参议会的主要职权:一、选举乡长及乡政府委员;二、监察及弹劾乡政府之人员;三、议决本乡之单行公约;四、议决乡长或乡政府委员会提交审议之事项;五、议决本乡人民及民众团体提交审议之事项;六、督促及检查乡政府执行乡议会决议之事项;七、决定本乡应兴应革事项。② 乡参议会由参议员选出常务议员3人,于参议会休会期间处理会内一切日常事务。③ 乡参议会的地位和作用界定为民意机关。从以上可以看出,乡参议会为乡的最高权力机关,具有议决乡重大问题的权力,监督政府的权力,然而在实践中由于在党政职能混乱、党政不分的体制下,乡参议会的地位和作用是很有限的。"三三制"实行后,要求用民主制度、民主作风,贯彻群众路线以团结广大群众,加强乡参议会的职权,不能再由支部代替包办。1941年11月,边区第二届参议会修正通过,1942年4月边区政府公布的《陕甘宁边区各级参议会组织条例》体现了上述思想,一是对乡参议会职权作了修正:一、议决并执行本乡市应兴应革事项;二、议决并执行上级政府交办事项;三、议决并宣布本乡市人民公约;四、议决乡市经费及收支事项;五、议决执行本乡市人民及民众团体提请事项;六、选举并罢免乡市长及乡市政府

---

① 《建立乡村党政工作的正确关系》,《解放日报》1942年9月17日第1版。
② 陕西省档案馆、陕西省社会科学院合编:《陕甘宁边区政府文件选编》第1辑,档案出版社1986年版,第158页。
③ 陕西省档案馆、陕西省社会科学院合编:《陕甘宁边区政府文件选编》第1辑,档案出版社1986年版,第157页。

委员;七、监察与弹劾乡市及村行政人员。① 将修正后的乡(市)参议会的职权与修正前的进行比较,可以看到这样几点不同:第一,"把议决并执行本乡市应兴应革事项"提到了首要位置,这说明乡市参议会应切实代表人民利益,做好关乎人民切身利益的事项。第二,增加了"议决乡市经费之收支事项"的内容,这表明乡参议会对乡政府的财政具有一定的监督决策权力,对于当时边区乡村物质条件艰苦的现实来说是非常重要的。第三,增加了"罢免乡长市长及乡市政府委员"的内容,赋予民意机关对乡村行政人员的罢免权,在一定的程度上对行政机关起着制约作用。第四,增加了"议决并执行上级政府交办事项"的内容,体现了民主集中制原则,参议会是最高权力机关,政府由参议会选举,参议会闭会期间,政府就是最高权力机关,因此乡市参议会不仅要对人民负责,还要对上级政府负责。二是取消了"议""行"并列,实行"议行合一制",休会期间不设常驻委员。这是乡村党政关系,从体制上的重新调整。该《条例》虽然从职权上对乡参议会赋予监察、弹劾、罢免的权力,但由于乡市参议会既是议决机关,又是执行机关,况且休会期间不设常驻委员,等于抛弃了民意机关对行政机关的监督机制。这与党提出"三三制"的精神初衷相比照,存在理想与现实之间的矛盾。这种矛盾随着党的一元化领导的加强和整风运动开展,以乡级党政关系一元化为开端,进而影响到边区政权体制的调整。整风运动中,对于边区二届参议会之后,曾有同志主张"二权论"或"二权半论"的政权思想,被批评为是"思想上的混乱,带来组织上的混乱"。1942年10月的西北局高干会议上,边区政府主席林伯渠批判了立法与行政并列的思想。认为参议会与政府"是民主集中制,而不是立法行政并立,不是参议会和政府之间的互相制约",在"三三制"政权中,党一定要领导,一定要在政治上占优势,无视民主内容,两权并立,实质上也

---

① 陕西省档案馆、陕西省社会科学院合编:《陕甘宁边区政府文件选编》第6辑,档案出版社1988年版,第31页。

是帮助地主向我们进攻。① 这与一年前当选为边区议长高岗的观点完全相对立。"为要保证实现施政纲领,还要保证各级参议会确实成为一个有力的机关而不是请客吃饭的摆设。它是超乎政府之上的机关,它有选举、罢免、复决之权。"②西北局高干会议关于陕甘宁边区参议会工作经验的总结中再次重申新民主主义的组织原则,是民主集中制,不是三权分立,也不是两权分立。参议会常设委员会驻会委员会对政府只有监督政府执行决议之权,不可把这种监督强调为制约作用。若过分强调常设委员会的权力与工作,便会发生两权并立现象。③ 至此,边区党政一元化逐渐地形成,虽然"一元化"的体制是符合当时历史条件的,但其负面作用随着历史的发展,民主理想大道与现实的张力必然暴露出来。

从实际运行来看,乡参议会除了开会选举外,几乎没有什么活动,乡参议员只在本村起议事的作用,对其所联系的居民负有管理之责。如1941年白塬乡普选后至1942年选举当中未曾开过议会,仅在1943年征粮召集过一次,但到会的议员仅有两人,议员没有什么工作,时间长了也就没有议员这回事了。④ 从实际的地位及作用来看,乡参议会只是名义上的最高权力机关,党才是最高和最后的仲裁者。

三、"一元化"领导体制下的乡村党政关系

1942年9月1日,为了适应抗战形势的需要,中共在组织上提出建立"一元化"领导和调整各组织关系的决定,即《九一决定》,该《决定》确立了党在政、军、民系统的最高领导地位。"一元化"领导确立后,乡村党政关系在议行合一体制下,党包办一切的作风并未因"三三制"的有效运

---

① 参见《林伯渠文集》,华艺出版社1996年版,第309、310页。
② 高岗:《关于五一施政纲领的解释》,《解放日报》1941年11月15日第2版。
③ 中央档案馆、陕西省档案馆:《中共中央西北局文件汇集》甲2,1994年西安印刷,第287页。
④ 陕西省档案馆藏:《民主与团结》(1944年10月),卷宗号:2-1-801。

行而根本改变。根据 1945 年西北局组织部的一份材料总结：支干会的同志以乡上干部的名义去进行活动；党员直接代替行政工作，如安塞五区五乡之宸向中不经过村长，直接召开村民大会检查生产；没有任何名义就去干涉行政工作，如淳耀六区四乡支部，党员都是直接去做催粮催草等政府工作，有些党员误工太多，他们就决定十个党员不负担各种义务劳动。①这种以党代政的方式，使党和政府日常正常的业务不能建立，参议会也失去了监督政府的权力，使得有的干部说："参议员不顶事，是聋子耳朵。"在边区民主完全依赖于党的领导与组织的体制下，使得"三三制"的价值极其有限，在有些地方"三三制"已是名存实亡。"去年（1943 年。——引者注）一年没谈起过，县参议会没开，常驻会也不开。精兵简政，县区干部重新配备一下，乡政府大部换成党员。去年工作繁忙，中心放在生产、防奸上去了，但认识上对'三三制'也起了变化，县以下干部完全忽视了它，以为这政策实际上已结束。"②正因为如此，乡参议会起的作用甚微。

当"一元化"的效率追求取代"两权分立"或"两权半"的权力制衡时，权力失去了制约，导致群众不满。这种"一元化"领导体制所暴露的问题在第二届参议会第二次大会的报告中反映出来。"人民对当地政府判决不服而上诉时，或对当地行政人员不满而越级控告时，有些地方政府的主管人员借口不合手续，或没有下级介绍信，加以阻抑。以至民情不能上达。"③这种党的官僚化，在第三届边区参议会政府工作报告中又一次被提出来。表现在：民主作风不足，命令群众，甚至爬到人民头上，官僚架子十足；工作中追求数量，忽视质量；习于粗枝大叶，疏于精雕细刻等；遵

①　中央档案馆、陕西省档案馆：《中共中央西北局文件汇集》甲 6，1994 年西安印刷，第 231—232 页。

②　陕西省档案馆、陕西省社会科学院合编：《陕甘宁边区政府文件选编》第 8 辑，档案出版社 1988 年版，第 115 页。

③　陕西省档案馆、陕西省社会科学院合编：《陕甘宁边区政府文件选编》第 8 辑，档案出版社 1987 年版，第 455 页。

守法令精神不足,不尊重法律,甚至有破坏法纪的情形,如任意捆绑或处罚老百姓,乱没收老百姓的东西;等等。① 这些倾向主要是在基层政权中体现出来。针对基层政权存在的这些倾向,要求在"公务人员中进行深切的奉公守法教育",组织上进行党的整顿,通过改选改造政权等措施来保证公务人员的行为,但没有制度约束的政治承诺和道德追求显然很难防止政权机能的腐败变质。

陕甘宁边区乡村的民主政权实践活动,是在特殊历史阶段所发生进行的,它既带有执政的特点,又是为革命目的服务的,因此,民主建设必须符合现实政治斗争的需要,实质是一种策略。在这一历史背景下党在边区的民主实践虽存在缺陷,与理想的民主大道有相当的距离,但其为破解历史周期率作了有益的尝试,其民主性受到了中外人士赞叹,它的意义是重大的,影响是深远的。

---

① 陕西省档案馆、陕西省社会科学院合编:《陕甘宁边区政府文件选编》第 10 辑,档案出版社 1990 年版,第 23 页。

第二章　陕甘宁边区乡村民主选举

民主选举是陕甘宁边区民主政治建设的主要内容。从 1937 年 5 月到 1946 年 3 月,陕甘宁边区先后进行了三次大规模的选举运动。这三次选举运动,一次比一次进步,一次比一次成功,堪称中国历史上民主选举的典范。本章拟就陕甘宁边区乡村三次民主选举的历史背景、过程、特点、意义及其历史局限性作进一步探讨,以期对当今的乡村民主选举有所启发。

第一节　陕甘宁边区 1937 年乡村选举

一、选举的历史背景

1.进行民众动员,取得抗战的胜利。1937 年抗战全面爆发造成了中国国内政治形势的变动,国共两党再度合作,携手走进抗日阵营。新的政治形势给国共两党提出了新的课题,就是如何解决进行抗战和争取抗战的胜利,其实质是民主问题。与国民党实行单纯依靠政府和军队片面的抗战路线不同,中国共产党清楚地认识到:"要取得抗战建国的胜利,最根本的就是要'唤起民众'","只有动员占全国人口百分之九十的工农大众,才能战胜帝国主义,才能战胜封建主义。"①以何种方式来动员民

---

① 《毛泽东选集》第二卷,人民出版社 1991 年版,第 565 页。

众,毛泽东鲜明指出:"对于抗日任务,民主也是新阶段中最本质的东西,为民主即是为抗日。抗日与民主互为条件,同抗日与和平、民主与和平互为条件一样。民主是抗日的保证。"①1937年7月23日,毛泽东发表《反对日本进攻的方针、办法和前途》一文,在全面阐述中共抗战主张的同时,强调指出:要使抗日战争成为真正的人民战争,就必须在战争的同时进行必要的政治经济改革,废止国民党的一党专政,给人民以充分的抗日民主自由。1937年8月22日至25日,中共中央召开的洛川会议制定了著名的《抗日救国十大纲领》,主张"召集真正人民代表的国民大会,通过真正的人民宪法,决定抗日救国方针,选举国防政府"等等。以上主张反映出中国共产党在理念上认定民主方式是动员全国民众参与抗战唯一有效的途径,是"保证抗战胜利的中心一环"。② 除此之外,"不能有第二个能够集中最大力量的方法"。③ 而其最直接的体现就是实行普选的彻底的民主选举制度,建立新政权。在边区,中共为了抗战,开展了形式多样的民众动员运动,在一定程度上调动了农民抗战的自觉性和积极性。但由于边区没有受到日军的直接蹂躏,尤其在没有进行土地革命的地区,乡村政权仍为土豪劣绅把持,广大农民处于十分悲惨的境地,没有任何政治经济权利,如果抗战只是为了维护这样的社会体系,不对旧政权予以革新,农民不会以主人翁的姿态投入抗战中。即使中共在一部分地区建立了一些抗日民众团体,但共产党并没有取得实际的控制,旧势力在乡村社会仍然具有重要的影响,乡村民众还在一定的程度上依附于旧势力,摇摆在中共和旧势力之间,对中共所宣传和执行的抗日政策还持怀疑态度,因此要巩固和稳定抗日的自觉性和积极性是有一定困难的。显然必须建立一种符合广大农民利益的新政权,以改善农民的社会地位。中共清醒地

---

① 《毛泽东选集》第二卷,人民出版社1991年版,第274页。
② 《毛泽东选集》第二卷,人民出版社1991年版,第256页。
③ 中央档案馆:《中共中央文件选集》第13册,中共中央党校出版社1991年版,第58页。

意识到这一点,认为政治改革的主要任务,就是通过普遍的民主选举,建立起农民自己选出并参与其中的新政权。这种新政权完全不同于国民党政权,而是全心全意为群众谋利益,由人民当家作主。在这样的新政权下,人民群众为了维护自己的利益,积极响应党的号召,抗日热情高涨,成为抗击日本侵略者的一支不可战胜的力量,所以中共认为1937年选举便是关键性的第一步,"因为这次民主选举运动是转变我们整个政府工作的中心一环",①进而实现以民主政治动员民众的目的。

2.建立模范抗日民主政权,取得合法的地位。国家的根本问题是政权问题。民主政治作为一种制度性设计,必须要落实到政权上,离开了政权,民主就没有实际意义。因此,边区实行民主选举的主要目的就是建立各级抗日民主政权。抗战爆发前夕,共产党为尽快促成国共合作,迅速完成抗战准备,就已正式宣布取消国共政权对立的局面,抛弃苏维埃单一的阶级政权形式,改为一般的抗日民主政权。为了适应政权形式的变化,边区于1937年4月就开始了选举的准备工作。1937年9月6日,中共在与国民党多次谈判的基础上,成立边区政府,边区改制正式实现。然而在边区的管辖内,存在着两类性质不同的地区,一类是完全苏维埃区,经过了土地革命,消灭了封建剥削制度,称为"老区",已由共产党取得实际的控制。另一类是统一战线区,国民党政权依然存在,绝大部分尚未进行土地革命,地主劣绅仍然有很大的势力,甚至左右着乡村社会的政治、经济权力,称为"新区"。这两类地区在边区的十几个县中是交叉存在的,呈现出复杂的现象,造成了一个县同时存在着两个县长(一个民主普选产生的县长,一个国民政府委派的县长)的怪现象。这种双重政权局面的存在,面临着许多问题,以至存在着尖锐的斗争。这种斗争表现在:唆使一些原来逃离苏维埃区的地主分子返回家乡,同在乡一些地主分子勾结在

---

① 西北五省区编纂领导小组、中央档案馆:《陕甘宁边区抗日民主根据地》(文献卷)上,中共党史资料出版社1990年版,第201页。

一起,进行复辟活动;指使民团等反动武装,袭扰民主区,欺压群众,捣毁地方政府机关,制造两个政权的对立;包庇、怂恿土匪、汉奸袭扰边区的民主区,破坏社会治安。面对这种状况,中共除了进行有理、有利、有节的必要斗争外,在统一战线的宗旨下,国共关系尚比较融洽的时候,不宜简单地以武力驱逐或改变政权人员,但是这些旧政权又非更替不可。如何实现更替?中共不能采取换汤不换药的做法,简单地自上而下地恢复旧政权,将之换上自己的人,这将和国民党的政权没有什么不同,对于中共来说,必须进行实质性的改变,才能适应抗战和自己的需要,所以采取民选的办法改换政权面貌,既可合法地选掉旧政权的人员,又可和平地实现取而代之。当然,这里的和平也是一场斗争,不过是和平的斗争而已。同时,选举也为新政权提供了合法性基础。在抗战的初期,虽然国民党承认了陕甘宁边区的合法地位,但仅仅是口头承认,随着以后中国共产党敌后根据地的扩大,边区和各敌后根据地的合法性如何解决?面对严峻的形势,共产党引进了现代政治的民主原则来解决这一难题。根据现代政治的基本原则,只有得到公民自愿认可的权力才是合法的正当的政治权力,表达同意的有效方式就是自由选举。在国民党的统治下,以乡村社会为主体的边区和各根据地原有的国民党政权实行保甲制,并非民主政权,由于得不到民众的认可,政权危机四伏,其合法性基本不存在,这就为边区及各根据地通过民主选举选掉旧政权提供了有利条件。因此,通过普选,产生一个能够代表全特区民众利益,由全特区民众自己选举出来的政府,赢得广大民众的高度认可和衷心拥护便成为中共迫切的任务。

3.共产党的生存和发展。中国共产党是一个在农民为主体的数亿人口大国领导革命斗争的政党,"指导伟大的革命,要有伟大的党,要有许多最好的干部"[1],否则就不能完成自己的历史使命。1935 年 10 月,中共经过二万五千里长征到达陕北时直接率领的红军队伍只剩下七千人,成

---

[1] 《毛泽东选集》第一卷,人民出版社 1991 年版,第 277 页。

了"皮包骨"。抗日战争前夕,全国绝大部分党组织遭受严重破坏,党员只剩下"不超过四万"人,军队"只有四万五千人"。① 这种状况根本不能适应开创党和革命事业新局面的要求。国共合作实现后,虽然给共产党留下生存和发展的空隙,但其生存环境并不乐观。首先,国民党根本就没有打算让共产党人拥有自己的政权。蒋介石只承认共产党合法的地位,但对于陕甘宁边区,蒋介石在与中共代表历次谈话中,虽屡次承认了边区政府的合法地位,但中共始终没有接到国民政府正式责成边区政府成立的命令,这就为以后国民党制造摩擦和取消边区留下了借口。其次,作为中共中央的所在地,抗日战争的总后方——陕甘宁边区,地处偏远,交通不便,沟壑纵横,经济发展水平相当落后,土地贫瘠,常年干旱,是我国有名的贫困地区之一。即使土地革命后,人民得到了经济上的翻身,小农经济得到发展,但也仍然是一种低水平的自然经济。在政治上,边区经过第一次大革命的洗礼,又经受了十年土地革命的锻炼,边区人民有了一定的政治觉悟,然而在边区从未进行过真正的民主选举,加之由于中国几千年来缺乏民主的传统,民族意识和国家意识非常淡薄,农民对民主感到陌生,"在部分的农民中间流行着一些落后保守,不相信自己的力量和不完全相信新政权力量的情绪。"②农民民主意识的淡薄,有碍于中共一切政策在乡村的贯彻。以上所述就是中共所处的社会政治生态环境。那么,在中共的内外生存困难的生态环境下,如何在边区真正站住脚,如何实现中共提出的"建立全中国强固的共产党"的战略任务,"自觉造就成万数的干部,要有几百个最好的群众领袖。……党依靠这些人对群众的坚强领导而达到打倒敌人之目的"?③ 这是共产党面临的一个重大的课题。解决这一课题的核心就是让人民当家作主,而其最直接的体现就是民主

---

① 《毛泽东文集》第三卷,人民出版社 1996 年版,第 139 页。

② 陕甘宁边区财政经济史编写组、陕西省档案馆:《抗日战争时期陕甘宁边区财政经济史料摘编》第 2 编,陕西人民出版社 1981 年版,第 304 页。

③ 《毛泽东选集》第一卷,人民出版社 1991 年版,第 277 页。

选举。也就是说,选举是中共党组织发现和培养积极分子的重要途径。在选举中,一些积极分子涌现出来,成为党组织培养的对象,这些积极分子或被吸收为党员或团结在党的周围,这样党组织也随着党的队伍不断壮大。况且中共培养起来的积极分子或党员大多都能当选,他们就成为乡村社会新的权威,中共的力量开始深入乡村社会,进而实现对乡村全方位的领导。在这样比较稳固的基础上,中共的方针、政策才不会像革命博物馆的古代文献一样,徒供人们参观游览而已,而是深入广大群众中去,且为群众在实践中所了解体验,变为强大的"物质"力量。与此同时,在这一时期中共党内存在一个不容忽视的有利因素为解决这一课题提供了有利条件,这就是中共与苏共的关系已经进入较为平等的阶段。来自苏联的指导和干预的阻碍作用逐渐失效,使得共产党在指导思想上摆脱了来自苏联的教条影响,在政治上、思想上已逐渐地成熟起来,能够独立自主解决一切问题。这为中国共产党成为民主的领导者、推动者和组织者扫除了思想上、组织上的障碍。

二、选举的历程

边区的选举于 1937 年 7 月乡级选举开始,为了不使选举流于形式,中共结合边区的实际,又学习西方的民主理念,制定了一套科学细致的选举程序,以"普遍"、"直接"、"平等"的民主原则贯彻到每一个乡村的选举中。

(1)成立选举委员会,举办选举训练班。边区的第一次民主选举是由西北办事处和边区政府主持的。1937 年 4 月决定成立选举起草委员会,并于 5 月 12 日,苏维埃行政会议通过了由该起草委员会制定的《陕甘宁边区选举条例》《陕甘宁边区行政组织纲要》,将其作为选举的根本依据,以保证选举的公正性和严肃性。5 月 23 日,西北办事处设立了"边区选举委员会",蔡树藩为主任,高朗亭为副主任,专门负责边区的民主选举事宜。之后,各地组织起选举委员会,同样,乡的选举也成立选举委员会,负责乡的民主选举事宜。如新正县马栏区二乡选举委员会由支部书记、乡长、妇女主任及两个群众组成。①

　　选举委员会成立后,选举准备工作随即开始。准备工作中最重要的是训练干部,将乡上的选举干部集中到区上学习选举的技术培训,训练的主要内容是学习《陕甘宁边区选举条例》和《选举委员会工作细则》,以及报刊上的选举知识,并且培训选举工作团如何宣传,如何登记选民等具体的事宜。7月15日开始了民主普选工作,在选举中,不论职业、文化程度、财产、资格及民族差异等在法律上一律平等。共产党提出自己的候选名单和施政纲领,其他阶级、党派、社团也提出自己的竞选名单参加竞选。这次选举,以20人为单位,选出1名乡代表,由乡代表会推选乡长,以50人为单位选举区议员,由区议会推选区长。居民每200人选举县议员1人,由县议会产生县长。居民每150人选举边区议员1人,由边区议员推选出边区政府主席、副主席。8月底,乡选普遍完成。

　　(2)宣传动员。边区人民世代生活在黄土高原的深山大沟里,长期与外界缺乏沟通,经济文化十分落后,人民的"顺民"、"草民"意识等传统落后文化思想根深蒂固。人民群众对选举感到陌生,不知为何物,有的把当选看成是政府"支差",或在选举中搞"提鳖"(以选举某人为对他的惩罚),或故意提傻子、不正派的人为候选人;登记选民时,许多民众避免登记,以为登记人口是抽壮丁当红军,也不许老婆登记(如延川乡);有些群众组织不敢报名,如哥老会(蟠龙乡只有两人登记,他们是哥老会的),延川乡的地主背地里怀疑"恐怕又要打土豪,分田地了";有些群众对于恢复地主、富农选举权和被选举权很难接受,因而引起了许多民众的恐慌。为了广泛地动员群众,"不让一人站在选举之外",对于广大群众的选举

---

①　陕西省档案馆藏:《新正县马栏区二乡民主政治调查》(1944年9月7日),卷宗号:2-1-801。

宣传、解释与教育工作,"是决定选举运动能否完成的一个基本条件。"①
为此,一方面,毛泽东、林伯渠、谢觉哉等人纷纷通过讲话、写文章等形式
围绕选举发表本党的主张,阐明选举的重要性,与苏维埃选举的不同点。
这些谈话、文章的发表对解决陕甘宁边区广大干部民众的思想困惑,激发
民众参与选举有很大的启发引导作用。与此同时,在实际操作中,针对边
区的"区"情、民情,采取了灵活多样的宣传动员方式。如在群众大会上
作报告,联系抗战形势、民众的迫切要求来阐明选举的意义和作用(如延
安县四区);通过组织宣传队、散发标语传单、办画报、编写抗日歌曲、动
员剧社下乡表演等手段动员民众参选(如延水县);宣传工作与群众困难
相联系,与群众的利益相联系,引起群众选举的兴趣(如江宜乡);有的还
采取一家一屋个别谈话讲故事的方式,在时间上采取白天对妇女,晚上对
男子(如延安东一区);有的还将小学生组成宣传队,在街道巷壁贴口号
标语,进行屋子会巷子会传达选举的重要性,"并唱着民主的歌曲,喊着
民主的口号,所以就发动该市妇女的认识与热烈性,她们很着重的大家相
互研究起来了,因此该市选举中的一切工作都很顺利的完成任务,没有发
生丝毫问题"。② 正因为采取有效灵活的宣传动员方式,边区的第一次选
举取得了巨大成功,边区人民表现了极大的参选热情。在选举各级议员
时,一般的地方有80%—90%的选民参加。其中安塞蟠龙除看家、在外、
有病的及个别小脚妇女外,差不多全数参加;只有少数地方到的较少,但
也都在半数以上。"总括来说,全边区的选民平均百分之七十以上是参
加了选举的。"③在边区经济文化极其落后和民主化程度非常低的条件
下,取得这样的成绩简直是个奇迹,而这一奇迹是与富有成效的宣传动员

① 西北五省区编纂领导小组、中央档案馆:《陕甘宁边区抗日民主根据地》(文献卷)
上,中共党史资料出版社1990年版,第202页。
② 《新中华报》1937年8月19日第3版。
③ 陕西省档案馆、陕西省社会科学院合编:《陕甘宁边区政府文件选编》第1辑,档
案出版社1986年版,134页。

密不可分的。

(3)进行选民登记,并张榜公布。在实际操作中,选举委员会的委员分工到各村偕同村代表登记,选民登记中有争议的是地主、豪绅的选举权和被选举权问题,"豪绅地主有选举权参加议会的问题,开始少数人带着怀疑态度,有的选民大会上个别同志死也不赞同地主有选举权,经过解释后就没有意见"。①乡级选举委员会严格按照选举条例的规定,在登记居民人口基础上,计算出代表和候补代表的名额。如延安西区第四乡"选委会成立后积极进行工作,在几天内将全乡人口登记完毕。计有652名,有选举权的有300多名,照人口计应选举正式代表33人,候补代表11人"②,"延安在此次选举运动中对于选民登记工作,首先感觉很大的困难,因为文化落后,乡村中识字的人太少,但是他们终于设法来克服了。在选委会中吸收大批小学校教员来帮助推动他们,来进行这一工作,所以迅速地完成了选民的登记"③,在这次选举中,继续使用了苏维埃选举中红白榜的做法,有选举权和被选举权的用红榜公布,被剥夺选举权和被选举权的用白榜公布,所不同的是,在苏维埃的民主制下,地主、富农可以列入红榜。

(4)由政府工作人员向选民作工作报告。政府向选民的报告的目的是增加透明度,选民对政府工作进行评审、评议以利于改进政府工作,这一项工作一直备受群众欢迎。例如安定在选举过程中发动群众对政府工作进行评议,结果收到了较多的批评意见,如:"救济工作不好,经常到政府请求救济者即救济得多,路远者则救济得少"④,还有对教育、春耕工作的批评。反之,延安北一区的工作报告,却又得到选民热烈称赞。

(5)提出候选人名单。乡级的候选人名单,分别由共产党支部、贫农

---

① 《新中华报》1937年7月26日第3版。
② 《新中华报》1937年7月13日第2版。
③ 《新中华报》1937年7月23日第3版。
④ 《新中华报》1937年7月29日第4版。

团、青年抗日救国会、妇女抗日救国会等提出。地主、富农及其他民主分子的候选人名单，一般由共产党支部提出，但群众大多不认可，所以能成为候选人的是少数。候选人名单提出后，不只是在各级议会里宣传，还要在群众中做广大宣传后，张榜公布，由村民讨论无疑义则确定下来。在边区，选民对于选举什么人，是非常关心和慎重的。林伯渠在陕甘宁边区第一次政府工作报告中曾说："当着候选名单公布后，每个乡村都热烈地参加讨论，有的评批某人对革命不积极，某人曾经反对过革命，某人曾经贪污过，某人曾经是流氓，某人曾吸食鸦片等。有的选民则公开涂掉其名字，有的则到处宣传某人的坏处等。又如安塞四区一个乡长因工作消极，蟠龙区一、三、五乡乡长不能代表群众利益等，均遭到反对为候选人。至于那些平日对抗战的工作努力的分子，在选举中都当选了。"①

（6）正式投票选举。由于边区地广人稀，文化落后，群众识字不多，最基本的方法是按自然村，召开选民大会进行集中投票外，还根据当时的实际情况，创造了许多新颖的选举方法，对有一定文化程度的选民采用"票选法"；识字不多的选民采用"画圈法"、"画杆法"、"画点法"；不识字的选民采用"投豆法"、"烧香点洞法"；对因病有事不能到会的选民采用"背箱法"。选举前由选举委员会讲解投票方法，注意事项，确定唱票人和监票人，然后投票，投票完毕，当场唱票，当选代表宣誓。形式多样的投票方式极大地激发了边区群众参选的热情，为选举成功奠定了基础。

（7）召开乡代表会，选举产生政府机关。乡政府是抗日民主政权的基础组织，是联系群众和上级民主政权的枢纽机关，所以乡政府由何人当权，是关系到乡选是否成功的关键，要由群众严格把关。例如："延安县中四乡在进行普选运动时，在两个村里，有个别群众提出一个地主当乡长，因他识字，当时该乡的群众都知道了，因为他表现不好，大家都不愿选

① 陕西省档案馆、陕西省社会科学院合编：《陕甘宁边区政府文件选编》第1辑，档案出版社1986年版，134页。

举他。大家主张要选能代表群众利益的人当乡长,不要以识字多少为原则,结果地主落了选。"①这个事例说明,经过乡选的群众已经在思想上有了民主的意识,他们知道要把乡长的职责托付给他们所信赖的人去履行。

(8)选举总结。由选举委员会和乡政府就整个选举工作做出总结,将选举经过、选举结果以及经验教训,上报上级选举委员会和政府,以便于督察指导。对其中好的经验加以推广,对不好的现象予以批评指正。

边区各乡级政府选举,从 7 月初陆续开始,到 8 月先后胜利结束,在中共的权力实际控制区建立了乡级抗日民主的政权,完成了苏维埃民主制到议会民主制的转变。

(9)新区的选举。1940 年 2 月,边区双重政权局面结束后,在新区乡村建立抗日民主政权就成为一项重要的政治任务。1940 年 3 月 6 日,由毛泽东起草,中共中央发布了名为《抗日根据地的政权问题》的指示,首次明确提出了"三三制"原则。"三三制"原则提出后,首先在陇东、绥德两个分区和富县等新区试行。1940 年 4 月 4 日,边区政府在《关于新区行政工作的决定》中明确提出新区建立统一战线政权时,"各级参议会与政府委员,必须包括各阶级抗日党派与无党派之分","无论任何一政党之党员所占议员或委员之总数不得超过三分之一"。② 按照中央"三三制"的原则,陇东、绥德两个分区和富县经过民主选举,分别建立了县乡两级的临时参议会和政府,许多有名望的绅士被选为参议员。1940 年 6 月 7 日,边区政府主席林伯渠、副主席高自立联名发出《关于新区建立统一战线模范政府致王维舟、朱开铨的复函》中就选举模范政权问题作了指示,要求首先做好选举的准备工作:就是说那里的民众团体——工会、农会、青救、妇联都已组织得相当好,不是空架子。抗战动员问题,民众自身利益问题的解决,都已经有相当的成绩,已经产生了一些积极分子,广

---

① 《新中华报》1937 年 7 月 23 日第 3 版。

② 《陕甘宁边区政府文件选编》第 2 辑,档案出版社 1987 年版,第 154 页。

大民众对选举已有相当的兴趣。其次,在正式选举乡级参议会以前,采取召开临时参议会的过渡办法。临时参议会的产生按照孙中山的国民会议组织法,由各抗日党派、民众团体选派或政府聘请,最后,正式选举产生参议会后,临时参议会即行撤销。在绥德、陇东两个分区试行"三三制",按"三三制"的标准容纳当地上层有名人物,组建了临时参议会和政府委员,其结果是减少了当地上层的疑虑,稳定了当地政权。1940年12月边区政府委员在总结这次试行"三三制"经验的基础上,经过讨论决定,为了在边区全面贯彻"三三制"政策,边区准备进行第二次普选运动。谢觉哉在《陕甘宁边区选举与议会制度》一文中这样评价:"绥德、陇东等地实行'三三制'因为最早,并且创造了有益经验,所以被称为新民主主义政权的实验区。"因此新区的选举属于"三三制"选举的前奏。

三、选举的特点

民主是一个政治范畴,也是一个历史的范畴,民主的实现程度总受到历史条件的制约。一定的民主总是同一定的历史条件相适应。陕甘宁边区1937年选举是在抗日这一特定的历史环境中进行的,环境、目的的不同,使得这次选举不同于以前的苏维埃选举而具有自己的鲜明特点。

第一,普遍。《1937年选举条例》第四条规定:"凡居住在边区区域的人民,在选举之日年满16岁的(后改为18岁),无男女、宗教、民族、财产、文化的区别,都有选举权和被选举权",[1]此次选举由工农民主改为一般民主,选举权范围扩大了。苏维埃是工农民主,剥夺了一切剥夺阶级的选举权和被选举权。1935年改为人民苏维埃后,还只允许小资产者有公民权,这种选举资格的规定不仅突破了土地革命时期工农兵、劳苦大众的选民范围,更冲破了国民党政府乃至当时西方民主制度对选民资格在财产、文化水平等方面的限制。著名的美国记者安娜·路易斯·斯特朗曾

---

① 《新中华报》1937年5月23日第3版。

这样说："这些人（参加选举的贫苦群众——笔者注）如果是在欧美制度下，他们就根本不能参加选举。在那里，选举之前要通过文化测验，这在西方人看来是理所当然的事。但如在亚洲进行这种测验，那就要剥夺五分之四人口的选举权，更糟的是，这种办法只能使上层阶级独享选举权。因此，我们西方人的办法，对中国农民说来，似乎是不民主，也不公正的。"① 说明真正能让人民享有当家作主权利的，只能是中国共产党。在边区，有些群众发牢骚道："现在普选，豪绅地主都有选举权，要他们来负责（政府），咱们爱党没有用了。"② 这从另一角度说明了此次选举体现出真正的民主性。

第二，直接。《1937年选举条例》第二条规定："本条例采取普遍的直接平等的无记名的选举制，保证实现彻底的民主"。③ 各级议会议员都由选民直接选举产生，议员对各该选区的选民负责。这与苏维埃的多层金字塔式选举不同。苏维埃时期，各级苏维埃是按级递选的，市乡代表会选出区苏维埃代表，区代表大会选出县苏维埃代表，县苏办公室维埃代表选出省苏维埃代表，省苏维埃代表选出全国苏维埃代表。由层级选举改为直接选举是必要的，"因为只有如此才适合各阶级联盟的民主制度，适合于各党各派及全体人民的要求。"④ 同时，实行直接选举，可以使参议会参议员和各选区选民的利害关系发生直接联系，选民不会随便选一个人，从而使议员不能不为选民谋福利。边区政权的直接选举，将人民建立政治社会所必需的那部分权利转让出来，把公共权力委托给政府代人民行使，形成了人民与政府之间权力委托与被委托的关系。由此，如果政府的行为违背了人们

---

① ［美］安娜·路易斯·斯特朗：《中国人征服中国》，北京出版社1984年版，第88页。

② 《新中华报》1937年8月13日第3版。

③ 左健之：《陕甘宁边区民主政治的特点及其在乡的具体实施》，《解放》第104期，1940年4月20日。

④ 《陕甘宁边区参议会》（资料选集），中共中央党校科研办公室（内部发行）1985年版，第50页。

当初建立它的目的,人民就可以通过再次选举收回曾给予它的权力。

第三,平等。在苏维埃时期,选举政策中规定不同阶级的选民享有的权利是不一样的,即使工农之间也是有区别的。工人 13 人选一代表,农民50 人才能选一代表。而 1937 年选举,则以居民人数的比例作为划分公民小组和选区的唯一依据,不分阶级、男女、民族,每个选民都有投票权且效力一样,这就改变了苏维埃工农票不平等的做法,体现了真正的平等。

第四,实行罢免制。在苏维埃时期就有"选举人无论何时皆有撤回被选举人及重新选举代表的权利"的规定。《陕甘宁边区议会及行政组织纲要》第十一条也明确规定:"选民对于所选代表认为不称职时,得随时撤回改选之。"①选民对选出代表拥有监督权和罢免权,这是资产阶级普选中也没有的。在边区,人民可以对他们的代表(参议员)和行政官员的进行监督、批评、罢免,而且还体现在日常的生活中。"要是哪个工作人员办事不好,不忠实于群众利益,那么不管他是谁,人民都有权批评他,甚至加以撤换"。平时,"农民也普遍的讨论关于政府工作的缺点,以及自身利益的许多问题。政府工作人员不是去压制他们,而是倾听他们的意见,来改正自己工作的缺点。老百姓常常这样说:'现在的人胆子大了,连乡长也可以批评起来,过去是不敢这样说的。'"②可见,赋予人民罢免权,能够保证各级政府的纯洁性,保证政府工作的有效性,保证政府工作的人民性。

第五,实行竞选制。《1937 年选举条例》第二十五条规定:"各政党及各职业团体提出候选人名单,进行竞选运动,在不妨害选举秩序下,选举委员会不加以任何阻止。"③但由于国共两党的合作尚未实现,又由于开

---

① 《新中华报》1937 年 5 月 23 日第 2 版。

② 左健之:《陕甘宁边区民主政治的特点及其在乡的具体实施》,《解放》第 104 期,1940 年 4 月 20 日。

③ 陕西省档案馆、陕西省社会科学院合编:《陕甘宁边区政府文件选编》第 3 辑,档案出版社 1987 年版,第 185 页。

展民主选举的是在老区,共产党是唯一政党,没有其他政党同共产党进行竞选,竞选也就失去了对象,所以党派之间的竞选并没有真正开展起来,但由于边区有各种职业团体和民众团体,它们同样可以提出候选人进行竞选。

四、选举的历史意义

1938 年 7 月 2 日,毛泽东告诉到延安访问的世界学联代表团:"边区是一个什么性质的地方呢? 一句话说完,是一个民主的抗日根据地。"① 他指出:在抗日民主制度下,"无论是哪一个职业的人,无论从事什么活动,都能发挥他们的天才,有什么才干都可以表现出来。"②可见边区的政权民主之广,民主之真,收获颇丰。

1.促进了抗战动员,巩固了抗战后方。1937 年选举促使民众对选举与抗战间的互动关系有了更深、更明确的了解,这对抗战动员有深刻的影响。在抗战紧迫的形势下,民主选举运动本身就是一种抗战动员工作,它们相互间的关系是决不能分开的。因此,可以把这次选举"看成是一个极大抗战动员运动,只有这样才能使特区成为全国抗战与民主的模范区域"③。1941 年,林伯渠在边区政府工作报告中指出:"抗战高于一切,一切服从抗战,抗战不胜利,大家当亡国奴,什么都没有,这个真理,边区人民是早懂得了的。"④经过这次选举运动,建立了地方民意机关,人民获得了民主自由的权利,他们不再固守"明哲保身"的传统信念,他们认识到抗战不仅是保卫国家的主权与独立,也是保卫他们的新生活,他们将抗日视为自己不可推卸的责任。他们不分男女老少,广泛地武装起来,不仅帮

---

① 《毛泽东文集》第二卷,人民出版社 1993 年版,第 129—130 页。
② 《毛泽东文集》第二卷,人民出版社 1993 年版,第 130 页。
③ 西北五省区编纂领导小组、中央档案馆:《陕甘宁边区抗日民主根据地》(文献卷)下,中共党史资料出版社 1990 年版,第 7 页。
④ 陕西省档案馆、陕西省社会科学院合编:《陕甘宁边区政府文件选编》第 3 辑,档案出版社 1987 年版,第 185 页。

助政府肃清土匪巩固后方,而且直接动员了青壮年英勇地去前方与日寇作战;他们不仅输送了巨大数目的战士到前线去,而且能够从后方把军需品送到山西的最前线;留守在家的人主动替抗日军队家属耕种全部土地,以实际的行动支援前线。据统计,在一年多的时间里,边区就有十分之一的人民上前线直接作战,上缴了15000石救国公粮,慰问前方毛袜、手套8万余双。[①] 边区人民为抗战动员,保卫边区作出的巨大贡献,不仅使边区得到进一步的巩固,而且保卫了大西北,支援了各敌后抗日根据地以及全国的抗战。

2.提高了政治参与的意识和能力,增强了民众对政府的信仰。1937年的选举,通过广泛的政治动员和政治参与,使边区人民实现从传统人到现代人的初步转变。正如有学者指出,在中国过去的历史条件下,"中国民众只能形成'顺民意识'或'暴民意识',而不能形成'公民意识'",但在边区通过普选,广泛地参与政治,民主民族意识、权利责任观念曾非常淡薄的广大民众,其公民意识有了很大的觉醒,政治参与的意识和能力也有了逐步的提高。如在安塞的一个乡里,有一个坏分子想当乡长,他在选举前大请许多贫农与中农吃酒,从中拉拢,可惜他白费了气力,选举的那天他只得到了三五张票,落选固不待言,在大会上大家还向他斗争。延川的一个乡里有一个坏分子,曾对一个工人说:谁选举他,他就给谁一块钱。在选举大会上,那位工人并没选他,而且把这件事情在大会上公布了。到会的选民一致决议,剥夺了这个心怀不轨、进行贿选的坏分子的选举权与被选举权。[②] 同时,人民在参加政权管理过程中,民众与政府的关系发生根本了变化。民众选举产生的政府人员,做事公道,大家便赞扬他,选出的人不公道,大家便"反映"他,批评他,斗争他,最后改造他。民众对政府有强烈的认同感,许多老百姓从此感到政府是自己的,政府的好坏和自

---

① 《新中华报》1938年10月10日第1版。

② 左健之:《陕甘宁边区民主政治的特点及其在乡的具体实施》,《解放》第104期,1940年4月20日。

身有切身的利害关系,不能像从前站在一旁看了。许多地方群众敢于和那些不尽职的乡长算账,敢于在大会上提出撤换自己所选出来的违法渎职的参议员和行政人员,敢于和乡村中的黑暗压迫作斗争,各阶层人民能运用自己的权利来保护自己的利益,这些变化,大大增强了民众对政府的信任,促进了边区内部的稳定,形成了共产党人与人民和谐的关系。

3.改造了乡村政权,重建了新的政治秩序。通过民主选举,乡村政权的性质得到根本上的改变。那种"新民主主义的头,封建势力的脚"的状况不再存在。一方面,由于边区党委的正确领导和政府的认真实施,通过一系列措施如要求党员候选人在选举中开展一些改善人民生活的活动以保证自己在选举中获胜,对选举中可能出现的压迫民主等现象制定选举法规,提前作出预防,加强民主教育,这样就保证了选举的正确方向,确保了中共领导下工农群众在基层政权的优势地位。如固临、延安、安定、曲子四县在第一届参议会选举中,乡级参议员贫农占 71.4%,中农占 17%,地主占 1%;①这样一来,就使得权力由地主士绅向工农群众嬗递,变动了农村的社会政治秩序,也改变了农村社会的民间价值观,过去为地主、士绅看不起的"泥腿子"现已成为政权的主人。另一方面,由于恢复地主、士绅的公民权,使其拥有选举权和被选举权,也就在最大范围内巩固和发展了抗日民族统一战线,维持了基层政权的稳定,拓展了共产党在乡村社会的社会基础,实现了政治秩序的更新。

五、历史的局限性

中国共产党在边区实行彻底的普选,建立了新民主主义政权,从而根本改变了边区的社会性质,这是非常了不起的。但由于现实的环境是艰苦的抗日,中国共产党还是一个革命党,边区的各级政权长期处在农村环

---

① 陕西省档案馆、陕西省社会科学院合编:《陕甘宁边区政府文件选编》第 1 辑,档案出版社 1986 年版,第 133 页。

境,在此环境中的选举无可避免地留下应付环境和革命的烙印。也就是说选举是作为民主的手段,而不是目的,所以民主的启蒙是不会充分的。同时应该指出:作为政治上层建筑的民主制度,是建立在一定物质基础上的。高度的民主必须以高度经济发展水平作基础,小农经济的汪洋大海只会无情地侵蚀民主之舟,这也从根本上决定了边区的民主不可能达到理想的高度。正是由于这样的历史条件限制,边区乡村的选举在许多方面还存在不足,如选举的结果是当选人员几乎是清一色的共产党员,党外人士几乎没有;有些地区农民马马虎虎选举,对选举并未重视;有些地区宣传动员不够,选举搞得冷冷清清;有些地区妇女参选率很低;有些地区没有及时提出施政纲领;有些地区的选举干部政治文化素质低,在选举过程中容易出错,引起群众的不满;有些地区主持选举工作的共产党人,在实际的选举操作中,无论是有意还是无意,往往会流露出想要控制选举的迹象,存在一些近乎操纵选举的嫌疑。而这次选举的局限性特别体现在存在限制选举的现象,由于中国共产党在十年内战时期对广大党员阶级观念的成功教育,因此广大党员群众的阶级观念根深蒂固,1937年的选举法虽然恢复了地主士绅的公民权,但要消除广大党员在十年内战期间养成的观念和行事习惯,并不可能一下子完全消除,所以在有些地方还是发生了限制选举的事情。有些共产党人还是看着"穷人的政权"比较顺眼,总是倾向于把所有的富人看作土豪劣绅,找借口剥夺他们的选举权和被选举权,例如:华池的一个地主在1941年选举时曾说:"三七年的选举,咱们没有选举权。"①这一点在党的政策方针中也有明显的体现。如郭洪涛在延安边区一级活动分子会议上的报告提纲《边区开始成为直接抗战地区的形势及党的任务与工作》中指出:"我们要做名义上是给了豪绅地主富农以选举权和被选举权,都有管理政治的权利,实际上他们是没有份

---

① 中央档案馆、陕西省档案馆:《中共中央西北局文件汇集》甲5,1994年西安印刷,第217页。

的。是我们人民大众的独享权利,当然不是从上边的命令去禁止,而是经过党的领导,经过群众力量去对付他们。虽然他们和我们在抗日方面是合作的,但是他们到底不是好家伙,要严密的注意他们,这次的选举拒绝他们当选是对的。"①而像这样的意思表达在中共的选举宣传大纲、选举社论中也可以看到。正因为中共过于强调工农的当选,把豪绅地主富农看作阶级敌人嫌疑分子,以至于稍有不慎,政策就会向"左"的方向倾斜,将抗日民主政权变为半苏维埃性质的工农和小资产阶级的联合政权。所以,后来中共在总结这次选举的经验教训基础上,根据政治生态环境的变化,提出了"三三制"政策,实行了第二次民主选举——"三三制"选举。

第二节　陕甘宁边区 1941 年乡村选举

一、选举的历史背景

1.克服军事政治危机,团结人民共同抗日。抗日战争进入相持阶段后,日本帝国主义的侵华方针发生了明显的变化,把战略的重点转移到敌后战场,对国民党采取政治诱降为主,军事打击为辅的策略,并大力扶持伪军和伪政权,以确保其占领区,达到"以华制华"的目的。由于日本政策的变化,中国国内曾一度一再发生严重的投降分裂和倒退的危机。而蒋介石随着中共在敌后战场力量的逐渐增强,其反共反人民面目也暴露了出来。1938 年 1 月国民党召开的五届五中全会上提出了"防共、限共、溶共、反共"的方针,秘密通过了《限制异党活动办法》,设立了专门的"防共委员会"。会后,又秘密地颁布了《共党问题处置办法》等防共、反共文

---

① 中央档案馆、陕西省档案馆:《中共中央西北局文件汇集》甲 1,1994 年西安印刷,第 57—58 页。

件。同时,提出要"取消"陕甘宁边区和各敌后抗日根据地,甚至实施"连保连坐法"来隔绝和割断人民群众同共产党和抗日根据地之间的联系。11月,国民党的五届六中全会,又决定由"政治限共"进到"军事限共"。这一时期,中共遇到了抗战以来最严重的政治军事危机:一是日本对抗日根据地实行"烧光、杀光、抢光"的"三光"政策,进行惨无人道的"扫荡",由于日军比当年"围剿"红军的国民党军更强,装备更好,而且手段更毒辣和无所顾忌,因此各根据地面临的局面比内战时期更加严峻;二是一大批国民党军政要员在所谓"曲线救国"的口号下,投降日本,他们率领的军队变成伪军后同日军配合起来包围和进攻边区以及各抗日根据地,在一些地区形成日军、伪军和国民党军队三个方面夹击人民军队的严峻局面;三是蒋介石集中更多的力量限制削弱和打击共产党以及人民抗日力量,调动二十多万大军对陕甘宁边区进行军事包围。根据地的基层政权承受了越来越大的压力,当然这种压力主要还是来自日军,虽然国共存在分裂的危机,但毕竟统一战线还没有破裂。然而在日军的"扫荡"区,中共主要采用的是游击战的战术,依托根据地,所以中共对根据地民众依赖性很强,换言之,共产党人只有动员起一场军民合一(实际上不分军民),具有充分的民众的创造性和积极性的战争,才足以应付现代化程度比自己高得多,又具有超强组织力和凶残本性的日军。显然,根据地初期建立的类似于半苏维埃的乡村政权,是难以适应这种需要的,晋察冀边区行政委员会在1939年1月关于村选举的指示信中说:"村政权之脆弱无力,不足以适应战斗环境担当战斗任务,在(民国)二十七年最末一次的粉碎敌人围攻中,暴露的最为明显。"①事实上,当日军进行大规模"扫荡"之时,大部分乡村政权都垮了。面对严峻的形势,为了战胜困难,巩固边区和各敌后抗日根据地,团结各阶级、阶层的人民,坚持抗战,克服投降分裂的倾

---

① 河北省社会科学院历史研究所、河北省档案馆编:《晋察冀抗日根据地史料选编》上册,河北人民出版社1983年版,第106页。

向,中共采取了许多基本政策,以克服面临的困难,把抗战引向胜利。"三三制"政权的提出就是其中之一,即:"在人员分配上,应规定为共产党员占三分之一,非党的左派分子占三分之一,不左不右的中间派占三分之一。"①为了全面贯彻"三三制"政策,边区作为模范的"试验区",第二次"三三制"民主选举也就随即在边区启动。

2.战胜经济困难,密切党群关系。边区地处自然灾害肆虐的黄土高原,地广人稀,生产力低下,因此,边区的经济形势一直十分严峻,最多时负担脱产人员 12 万,牲口 83666 匹。庞大的财政开支和落后的经济条件极不相称,边区财政常常入不敷出。抗战初期,国民党口头上承认了陕甘宁边区政府,给予一部分经费和军饷,还有海内外进步人士在财力物力上给予了大力帮助,因此,边区的财政开支还勉强过得去。抗战进入相持阶段后,国民党对边区进行军事包围的同时,对陕甘宁边区筑起了经济封锁的城墙,他们扬言"不让一粒粮、一尺布进入边区"。1940 年,国民党停发了八路军的军饷,海内外的捐款也难以在边区承兑,加之部队、机关、学校的非生产人员迅速增加,自然灾害泛滥,边区的财政出现了严重的危机,李富春 8 月 18 日向中央政治局会议报告:边区全年收入计 800 万元,而支出已达 2500 万元,经济非常困难。朱德所看到的情形是"几月来未发一文零用,各机关学校、军队几乎断炊"。② 连向来藐视困难的毛泽东都感慨地说:"我们曾经弄到几乎没有衣穿,没有油吃,没有纸,没有菜,战士没有鞋袜,工作人员几乎没有被盖。国民党用停发经费和经济封锁来对待我们,企图把我们困死,我们困难真是大极了。"③在顽固派的军事包围、蚕食政策和经济封锁下,边区的面积缩小、人口锐减。抗战初期,边区面积为 12.96 万平方公里,人口约 200 万。被封锁和侵吞之后,边区面积

① 《毛泽东选集》第二卷,人民出版社 1991 年版,第 742 页。
② 朱德致陈康白信,1940 年 10 月 21 日。转引自《朱德传》(修订本),中央文献出版社 2000 年版,第 639 页。
③ 《毛泽东选集》第三卷,人民出版社 1991 年版,第 892 页。

减少到 9.89 万平方公里,人口减少到约 150 万。① 在严峻经济形势的逼迫下,边区人民的公粮负担加重了。1938 年,征收公粮 1 万石;1939 年,征收公粮 5 万石;1940 年,征收公粮 9 万石;1941 年,征收公粮增加到 20 万石。这使广大群众深感负担过重,普遍出现不满情绪。1941 年,有人借"雷击事件"②而谩骂了毛泽东,后来毛泽东在党的七大作报告时反复提到,那时延安人民"怨声载道,天怒人怨",对我们的态度是"敬鬼神而远之",出现了党群关系比较紧张的状况。皖南事变后,边区政府为解决燃眉之急,确立了独立自主、统一领导、分散经营的财政原则,具体做法是:给各机关部队一部分生产资金,让其各自经营以解决经费困难。这一应急之策,对解决经济困难起到了一定的作用,但也发生了各单位只顾自己不管其他的混乱现象。如 1941 年林伯渠和高自立联合发出《陕甘宁边区政府关于志丹发生抢粮事件制止办法的批复》的文件中称:抢粮事件在志丹境内普遍的发生,确是非常严重的现象,除个别坏分子借机煽动外,还有我们下级干部参加领导,区级干部坐视不理,这不仅是灾荒问题,而且是政治问题。而类似这样的事件引起群众的恐慌和不满。更令群众不满的是有些地区的有些干部要私情,救济不公,贪污腐化;有些区乡干部在工作中惯于用命令式推动工作,不能广泛的倾听群众意见,甚至在群众中做解释工作者也很少,所以有些群众对党的政策不明其意,存在误解甚至反感,毁坏了党政在人民中的威信。在严峻的经济形势下如何克服困难,缓解党群矛盾,不仅是一个经济问题,而且是关系共产党人生死存亡的一个重大的政治问题。对于这一问题解决,中共除了采取一系列的经济措施(如开展大生产运动、减租减息、精兵简政等)外,还采用民主建设的方法

---

① 中央档案馆、陕西省档案馆:《中共中央西北局文件汇集》甲 5,1994 年西安印刷,第 458—459 页。

② 雷击事件,指 1941 年 5 月 31 日至 6 月 5 日在边区政府小礼堂开直属县市长会议研究经济工作及运盐等项工作。6 月 3 日下午突然雷鸣电闪将延川县代替县长来开会的三科长李彩云击死,有人借机咒骂雷公不长眼,为啥不击死毛泽东。这就是当时轰动延安的雷击事件。

来解决。因为"民主建设与经济建设,是相互密切关系的,两者缺一不可"。对此,中共有清醒的认识,如《谢觉哉在县长联席会议闭幕会上的讲话》中指出:"利用征粮工作中民主的经验来充分准备进行乡、县参议会的改造,利用民众爱戴边区和军队的热忱来开展生产运动等"①,"这次选举运动,必须用大力做好乡市一级,经济建设、抗战动员必须是乡市选举运动中讨论的中心问题。有了基本民主制,在这制度上人民来讨论许多保卫边区有益人民的许多基本问题,工作哪还有不好的理由。"②由此可以看出,边区的第二次选举也是为解决经济困难的问题而提出来的。

3.建立完备的抗日民主政权。1937 年的选举在中共的权力实际控制区建立起自乡至边区的抗日民主的政权,完成了苏维埃民主制到议会民主制的转变。边区第一届民选政府正式成立,标志着抗日根据地政权的建立。1940 年在"新区",大多地区只是成立了临时参议会或临时的政府委员会,初步地建立了抗日民主政权。因此无论是"老区"还是"新区"所建立的政权都并不是真正意义上的抗日民主政权。

边区完全苏维埃区(也称"老区")的政权情形:1937 年的选举产生的抗日民主政权不论是在政府机关,还是在民意机关中,共产党员所占的比例太大。如边区的第一届参议会的参议员,几乎是"清一色"的共产党员,非党的进步分子都很少,在政府委员会更是"清一色"的共产党员,在政府机关的各个部门中的情况也是一样。这种情况造成了共产党"包办代替"政权工作的现象,被误以为,共产党反对国民党搞"一党专政"却又在边区搞了共产党的"一党专制"。由共产党"包办代替"政权工作,也不利于发挥各阶级各阶层抗日的积极性。正如谢觉哉在《边区政权工作经验点滴》一文中指出:没有各阶层的人物当选,各阶层的意见反映,不仅

---

① 陕西省档案馆、陕西省社会科学院合编:《陕甘宁边区政府文件选编》第 3 辑,档案出版社 1987 年版,第 72 页。

② 陕西省档案馆、陕西省社会科学院合编:《陕甘宁边区政府文件选编》第 3 辑,档案出版社 1987 年版,第 74 页。

非党的,工农阶级以外的,感到他们仍是被统治者,而且当政的党也会因无监督无刺激,而不紧张起来,妨碍工作的进步。

在边区与国统区接壤的地区的政权情形:这些地区即使属于中共的管辖范围,但由于远离中共的权力中心,中共并未取得实际的控制,其政权并不稳定,主要存在两个问题,而这两个问题往往是互相交织在一起的。一是政治土匪对乡村政权的破坏。1939年,顽固派发动第一次反共高潮后,边区土匪再起。这些土匪或受包围边区的国民党军队的支持或受国民党政府的包庇和唆使,带有明显的政治色彩。因此,土匪攻击的主要目标是边区乡村政权机关,组织地区地方武装哗变,杀害干部和进步群众,抢劫财物,对政权破坏性更大。如安定、绥德、清涧、吴堡四县的自卫军在土匪张廷芝和豪绅地主的唆使下哗变,活动在距瓦窑堡市40里的龙居梁村一带,土匪"任意奸淫掳掠抢劫,无所不为"①。匪情日益严重,引起群众恐慌和不满。二是民众和基层干部对新政权的怀疑和不信任。1937年的选举,使中共建立了新的权力网络,特别是在县级以上的政权机关中,其主要权力机关大多由外地红军干部(即"外人")来担任。又由于当地的民众长期受到地方强人(土匪、民团等)"保境安民"的口号和抵制外部势力(包括官府)的影响,因此,在某种程度上,他们在心理上不可能如此快地接受"外人"的统治,即他们对"外人"表示出了怀疑和不信任。即使是已经加入共产党组织的乡村分子心里也不踏实,许多党员仍旧与哥老会和佛教有关联,怀疑政府和外来组织形式的权威,他们往往依靠当地的强人作为靠山,给自己留下一条后路。如环县1936年6月中共就建立了县、区、乡村政权,但就是这样一个具有三年多政权建设历史地方,1940年初发生了大规模叛变事件——"环县事变"。这一事变的发生,反映了抗战初期中共乡村政权在经过土地革命的老根据地也并不是

① 陕西省档案馆、陕西省社会科学院合编:《陕甘宁边区政府文件选编》第2辑,档案出版社1987年版,第466页。

十分稳定,边区的乡村政权还没有完全取得民众的信任和支持,其原因除了种种客观原因外,主要的还是主观原因,就是中共乡村政权的领导者,自身存在着弱点。许多乡长是不识字的农民积极分子,其世界观、经验和个人关系都建立在当地的社区之上,家庭观念浓厚,革命眼光短浅,甚至有的干部扮演"两面派"的角色。有些干部不识字,不能正确地执行党的政策;有些干部官僚主义、命令主义、脱离群众的工作方式相当严重。这些弱点正是政权不稳定的根本原因。

在未经过土地革命的地区(也称"新区")的政权情形:在这些地区,地主土地制度仍然存在,地主缙绅仍然有很大的势力,有些乡村,地主不仅在经济上有实力,而且乡村的政权依然执掌在他们手里,如绥德县辛店区的一个乡,其政权一直把持在地主手中。1940 年中共在绥德就公开建立了政权,但三个年头过去了,这个乡还没有中共党员和党组织,因此在 1943 年 7 月的乡选中,仍然选了一破落地主担任乡长。为什么不选举穷人当乡长? 当地的民众解释说:"穷人没知识,吃不倒财主,怕负担派不出去。"①由于穷人没有知识,在乡村也没有权威,只有将乡村权力让给地主。这就说明在"新区"中共并未实现对乡村政权的控制。

边区的社会阶级成分的状况又是怎样的情形? 在土地已分配的地区,地主阶级已不存在,只有地主分子,大半属于中间分子;新起来的商业资产阶级一般属于中间分子;知识分子中也有一部分中间分子;新起来的富农则一般属于进步势力。在土地未分配区域,地主阶级依然存在,有中间分子,也有反动分子;商业资产阶级中有中间分子也有反动分子;富农一般属于中间分子。什么是中间分子?"一般地说,就是开明绅士,亦即地主阶级的左翼。"②由此可见,在边区最大的阶级就是开明绅士,尤其在

---

① 中央档案馆、陕西省档案馆:《中共中央西北局文件汇集》(二)甲 4,1994 年西安印刷,第 187 页。

② 中央档案馆、陕西省档案馆:《中共中央西北局文件汇集》甲 5,1994 年西安印刷,第 229—230 页。

土地未分配区域,中间分子社会的基础及其数量是相当广泛的,他们是主要的乡村权威。因为乡绅"一般是具有经济资源、社会资本和文化知识的优势的社会群体,作为一种地方性权威,乡绅对该区民众具有整合和领导的权力"①,开明的绅士还往往是乡民日常纠纷的仲裁人,通常被认为是公正人士,因而在乡村有较高的威望,受到村民的尊重,这一现象在边区同样存在。在边区"老区"虽然经过 1937 年的选举,贫农已占据权力的主体,乡绅的功能在退化,但由于农民对乡绅的依赖和接受,是农民长期以来形成的理念和态度,不是一时可以改变的。况且在农村实际生活中有些事务不得不依赖和仰仗乡绅去处理,如订立契约文书、撰写各种节日对联、主持村庄的婚丧礼仪以及对一些礼节的诠释等,因此,士绅在乡村仍有很高的名望和地位。

由以上所述看来,无论是在"老区"还是"新区",从某种意义上来看,都还没有建立起完备的抗日民主政权。要建立完备的抗日民主政权,就必须对原有的政权进行改革,而中共提出的"三三制"政策正是改革政权的最好良方,特别是对于吸收开明绅士参与政权有着重要的意义,其中的奥妙就在于"中国是一个两头小,中间大的社会,无产阶级和大地主大资产阶级都占少数。最广大的人民是中间阶级。任何一个政党的政策,如果不照顾到中间阶级的利益,不尊重中间阶级的参政权利,要把中国的事情弄好是不可能的"②。而实现这一良方的目的的最好途径就是民主选举,即"三三制"选举。从边区的实际情况来看:在"老区",无论是政权稳定的地区还是不稳定的地区,要真正地实现党对抗日民主政权的领导,不是要以共产党员数量来实现,而是要以共产党员的质量来实现,同时吸收中间阶级和非党的进步分子参与政权,发挥他们的积极作用,扩大执政基础,巩固政权。在"新区",由于共产党的力量薄弱,通过

---

① 何里:《论抗日战争的整体性和社会性》,《抗日战争研究》1999 年第 4 期。
② 谢觉哉:《三三制的理论与实际》,《延安民主模式研究资料选编》,西北大学出版社 2004 年版,第 139 页。

"三三制"选举,选出新的社会精英,以加强党的力量,进而实现党的领导。同时让乡绅参与政权不但有利于发挥他们的才智,而且也有利于民众对政权的认同和服从,从而为中共在乡村政权中奠定稳定的政权基础。

二、选举的历程

（1）选举政策的颁布。边区的第二次民主选举运动是 1941 年的 2 月开始的。1940 年 3 月 6 日,中共中央颁布了《抗日根据地的政权问题》的指示,第一次提出了"三三制"政权原则。为了取得执行"三三制"的经验,陕甘宁边区于 1940 年先后在绥德、陇东（属于"新区"）两个分区试行"三三制",但由于选举的条件还不成熟,一般是经过聘请方式,但严格按"三三制"的标准容纳当地上层有名人物,组建了临时参议会和政府委员,其结果是减少了当地上层的疑虑,稳定了当地政权。在总结这次试行"三三制"经验的基础上,1940 年 12 月,边区政府委员会召开会议,经过讨论决定,为了在边区全面贯彻"三三制"政策,边区准备进行第二次普选运动。在选举运动正式开始以前,边区中央局于 1941 年 1 月 30 日发出了《关于彻底实行"三三制"的选举运动给各级党委的指示》,指示强调,"三三制"不仅在民意机关中要实行,在政府机关中也要实行,要"仔细的有步骤的大胆的选举非党进步人士到政府机关为行政人员"。同一天,边区政府向分区和各县发出了《为改选及选举各级参议会的指示信》,指示信强调,边区是民主的政府,"民主政治,选举第一";"未经过选举的地区,各级政府都是临时的,必须由老百姓选举,才能叫正式政府";"选举自由不得妨害,革命的目的是为老百姓求自由,选举是老百姓行使自由的头一桩事。"①并就选举手续、选举日期等有关问题作了明确的规

---

① 陕西省档案馆、陕西省社会科学院合编:《陕甘宁边区政府文件选编》第 3 辑,档案出版社 1987 年版,第 48 页。

定。2 月 7 日,边区政府颁布了《陕甘宁边区各级选举委员会组织规程》。《规程》规定,各级选举委员会为办理选举的专门机关,各级政府、法院、驻军长官不得为选举委员会委员,为防止操纵选举作了提前的预防。同时,边区选举委员会成立,并立即开始了边区三级选举的各项准备工作。

(2)广大干部和群众对"三三制"选举的思想态度。由于"三三制"是创举,又关系各阶级的利益,因此当"三三制"选举的号召发出后,各阶级各阶层反映出各自的态度。在土地已分配的区域,有些地主和绅士,他们从绝望地位见到"三三制"表示出意外兴奋的心情,例如说:"共产党宽宏大量,仁义治国";"尔个事情真不同了,咱们也有权利,也能干事,同别人平等了。"①有些地主则感到没有兴趣,他们说:"我们现在名义上是地主,实际上还不是和你们(贫雇农)一样。"②农民方面,尤其是贫雇农,对"三三制"政策多是怀着疑惑、忧虑的心情:"咱们流血搞起来的政权,又让地主豪绅们跑进来,敢保不会上当?"③在土地分配未巩固的地方,一部分较开明绅士,他们赞同"三三制",但也有些观望:"三三制"是不是摆个样子?对于工农积极分子和工农干部,他们怀着传统的成见与不信任,认为"最好还是让家里可以些的人出来吧"。一部分较反动的地主为维护自己的利益出来竞选,口头上"今天的事不好办,谁想出来?"实际上积极活动,宣传穷人不识字,办不了事,以打击农民。葭县、米脂更坏一点的分子,明里提出自己的候选名单,暗地威胁和欺骗穷人。富农采取冷淡态度。至于未分配土地区域的农民,对选举积极,但对地主绅士们多少还保留传统的胆怯心理,有些农民"望见财东向自己走来,手里东西不由自主地往地上落"。他们迫切要求共产党人的支持:"你们不作主,咱们啥也

---

① 中央档案馆、陕西省档案馆:《中共中央西北局文件汇集》甲 5,1994 年西安印刷,第 217 页。

② 中央档案馆、陕西省档案馆:《中共中央西北局文件汇集》甲 2,1994 年西安印刷,第 139 页。

③ 中央档案馆、陕西省档案馆:《中共中央西北局文件汇集》甲 5,1994 年西安印刷,第 217 页。

不敢言传了。"①党内对"三三制"的认识也是不统一的,一部分党员和干部认为"共产党三分之一,国民党三分之一,无党派三分之一",或"共产党三分之一,非共产党三分之二",还有以为是"共产党三分之一,国民党三分之一,哥老会三分之一"。②党内和群众认识不一致,思想有分歧,自然要影响到选举实践。因此,向广大党员干部和群众做耐心的宣传解释工作,以提高他们的兴趣,就成为选举能否顺利进行的一个重要环节。

(3)选举的宣传动员。2月,选举的宣传动员工作开始,林伯渠、谢觉哉、李维汉等党内负责人亲自撰写文章,宣传"三三制"政策和选举的重要性。如谢觉哉发表了《论选举运动的重要》的文章。这些文章的发表为普选运动的开展做了充分的舆论准备。3月边区选委会召开第三次会议就宣传工作作出要求,"各地妇联、青救、工会、教师联合会等团体,联合组织宣传队,至少每区乡组织一队,协助当地政府进行宣传动员工作,务使全区二百万人民个个进入选举热潮之中。"③如在一个县乡选举中,115个宣传队和881个工农小组下乡宣传,年轻人到处积极活动,把选举运动推向农村。宣传的方式多种多样,如"利用集市向民众作演讲或打鼓化妆演讲";"出街头报,漫画";"排练简单话剧,如能在选举会上演出时,当更助兴不少。"④而最有成效的是秧歌表演队,表演人员的来自青少年组织和小学,他们以动人的歌声和舞蹈,激发起人们的兴趣,对确保80%以上的选民参选起了重要作用;有的地方除了利用唱戏、集会、口头宣传外还配合文学宣传,如交通中心街道挂黑板,公告选举短讯,出版《选举通讯》,给《解放日报》、《抗战报》写消息、通讯、文章,结果收效很大。有的说:"实行选举,窑背后出来青天了。"有的说:"那些不好的公务

---

①　中央档案馆、陕西省档案馆:《中共中央西北局文件汇集》甲5,1994年西安印刷,第218页。

②　中央档案馆、陕西省档案馆:《中共中央西北局文件汇集》甲5,1994年西安印刷,第219页。

③　《新中华报》1941年3月20日第3版。

④　《新中华报》1941年3月27日第4版。

员也可以撤换了。"许多问题发生了,有人问,为何不选举县长和联保主任? 国共两党怎么选? 还有人拉住宣传员告诉:我们保长摊款不公。①由此可见宣传是很有成效的。

(4)选举运动的开展。1941 年 2 月初,选举工作委员会派出工作组,在延安裴庄乡进行选举试点工作,以取得实际经验。裴庄级的选举工作从 2 月初开始,至 3 月 10 日乡参议会召开正式结束。选举的结果基本上符合"三三制"要求。3 月,乡(市)参议员的选举,在边区各县陆续开始。4、5 月普遍开展。5 月 22 日,边区政府总结了各县选举工作的经验教训,发出了第二次指示信。指示信再次强调,各级政府必须重视选举工作,选举工作是基本工作,只有选举办得好,一切工作才能做得好。"乡市选举工作是民主政治的基础",因此必须用大力做乡市选举运动;政府工作报告要在选举之前,报告的内容要实在,简单明了;提出候选人大家要讨论,并在选举前一个星期或十天后公布;提前公布选民,预告选举日期,以便选民都能到会;村长、行政村主任由选民直接选出;对于选举不重视,漠不关心,嫌选举繁重,须费人力财力较多,选举不积极的干部,进行批评并叫其改正,最后决定整个乡(市)选举时间延长一个月。

在边区政府的第二次指示信发出以后,边区各县的乡(市)选举进入高潮。6、7 月间,边区各县的乡(市)选举陆续完成。全边区 31 个县,80%以上的选民参加了选举,共选出乡(市)参议员 29460 名。同时,全边区 1549 个乡(市)召开了乡参议会或代表会,选举了乡长,组成了新的乡级政府。

(5)选举的结果。这次选举基本上贯彻了"三三制"原则。虽然由于不少中下级干部思想理解不深和许多群众存在抵触情绪,"三三制"原则未能在各级选举中得到全面贯彻,部分县乡的选举,离"三三制"的要求

---

① 陕西省档案馆、陕西省社会科学院合编:《陕甘宁边区政府文件选编》第 4 辑,档案出版社 1988 年版,第 137 页。

差距甚大。但是,从总体上看,形式上还没有做到"三三制",实质上却是合理的。从选出的各级参议员和政府人员的党派关系上看,全边区 3 万名乡(市)参议员,总平均共产党员占三分之一强,大致符合"三三制"原则的要求,但具体到各乡具体情况差别很大。一般地说,原来的苏维埃区域,共产党员的比例都偏高。而在新区,共产党员的比例一般不足三分之一,农民埋怨说"十个小参议员斗不过一个大参议员"。例如米脂全县 89个乡长中,有 16 个国民党员,31 个非党员;银城市与附城区的 15 个乡长中,没有一个共产党员,却有 6 个是国民党员。[①] 许多乡的乡参议员总数中,共产党员也没有达到三分之一。例如安塞、绥德、吴堡、米脂、合水、镇原、环县、新宁 8 个县、乡(市)参议员的总数是 10511,共产党员是 2079,共产党员在乡参议会中平均只占到 19.8%。从所选的各级参议员阶级成分上看,农民占了绝大多数。据边区 20 个县的 1798 名县参议员的统计:贫农和中农占总数的 70%。

　　(6)1942 年的"改选"。为了彻底地实现"三三制",1942 年 4 月 3 日边区政府委员会第二次会议通过了按期普选乡市参议会及提早改选县参议会的提案。8 月,县乡两级参议会改选开始,9 月 1 日,边区政府就改选乡市参议员再次发出指示信,强调"要彻底推行'三三制'"为此,"'今年要大家负责瞅好人,选好人当选议员',把群众中威望的群众领袖、积极分子、有才能、有品德的知识分子,热心抗战民主事业的公正人士,都选出来当议员,'三三制'的政策,就能够实现。"[②]在边区各级政府和选举委员会的领导下,边区乡县两级的改选于 12 月底完成。经过这次改选,一般没有改变第一次选举的情况。乡选的结果:在乡参议会和乡政府委员中,共产党员和进步分子占三分之二以上,中间阶层的开明分子占一小部

　　① 中央档案馆、陕西省档案馆:《中共中央西北局文件汇集》甲 5,1994 年西安印刷,第 221 页。
　　② 陕西省档案馆、陕西省社会科学院合编:《陕甘宁边区政府文件选编》第 6 辑,档案出版社 1988 年版,第 333—335 页。

分;而乡长中共产党员占大多数,也有非党进步分子和公正的中间分子。虽形式上与"三三制"有出入,但其基本精神是符合"三三制"的,也反映了边区内部的阶级关系。在土地已经分配区域,因为中间分子的数量不够,只能分配到这种程序。在新区,因为那里的地主阶级在经济上和社会地位上的比重还相当大,不如此不足以防止豪绅地主把持政权。县级改选后,县参议会与乡参议不同之点,就是县参议会内,除共产党员外,进步势力的成分相对地减少,中间势力的成分相对地增多,县政府委员会和县常驻会内,这种比较更明显,除共产党员外,主要的就是中间分子。因此"三三制"形式,主要在县级以上政权表现出来。

三、选举的特点

1."反保证"法和"保证"法。"反保证"即保证非党人士,尤其是中间人士的当选。由于从土地革命经历过来的中下级干部和一般工农党员担心地主绅士利用"三三制"的开放气氛恢复地主土地制度,对于致力维护土地革命所得的农民积极分子和干部来说,这种担心一直需要保持。如:"从地主豪绅手里夺过来的政权,流了多少血,怎敢又随便让他们进来!"况且让他们和以前的阶级敌人合作,无论从心理上还是情感上他们都是不愿接受的。如乡上同志讨论候选名单,提到工农分子时说:"啊,好成分!"提到某地主,大家就低下头去,不做声。从这些反对声音可以看出一般的工农干部和党员对"三三制"选举政策存在着抵制,这为达到"三三制"目标增加了选举运动的复杂性。果不其然,1941年选举的结果是非党候选人,尤其是开明绅士的候选人落选者甚多,当选的中共党员仍占了绝大部分。如何达到"三三制"的目标,中共一方面采取继续宣传"三三制"政策进行教育,另一方面采取强硬的组织措施"反保证"法。当然,"反保证"法适用的是中共党组织有基础的地方,一部分地主士坤、国民党员平日为人公正,对群众有好影响才有资格为中共指名保证。通过"反保证"法,"三三制"在一定的程度上得到了充实。同时,中共也采取了"保证"法,即保证共产党和非党的积极分子当选。这是从 1941 年和 1942 年乡选的经验教训得出的。因为农民中有积极分子也有落后分子,落后分子由于对乡议会不认识,又由于怕负担,在 1941 年乡选中,他们曾经选举了一些二流子和坏人。经过一年的经验,他们看到参议会有权分配负担和决定动员问题,看到二流子和坏蛋参议员并无好处,于是在 1942 年选举中,他们不选二流子和坏人,也不选积极分子和公正分子,而选一些老好人或能"抗上"的人。积极分子中,也有怕误工惹人而活动落选的。如 1942 年安塞乡选运动中,其乡议会中共党员原占三分之一,改选时党组织决定不保证党员,只保证两个地主,结果地主没选上,积极而公正的共产党员也被选掉了。事实证明,强调党组织不要保证自己人当选是不对的,只有"保证"法,才能把好人、公正人选进党的政权网络中,为抗日民主事业和党的事业服务。在"新区"更需要中共党的保证,因为,在那里,地主势力、国民党的势力仍有较大的影响,一开始,许多群众对新政权还存在怀疑和不信任,而共产党员刚由秘密状态转向公开,在群众中的威信还没有树立起来,因此若没有中共来保证争取共产党员当选,就会被土豪劣绅和坏分子把持政权。例如吴堡镇一乡政府委员三分之二是特务,乡长是复兴分子。总之,在"老区",用"反保证"法,鼓励非党进步人士和中间人士参与政权,发挥抗日积极性;在"新区",保证共产党员当选,以便掌握对政权机关的领导权。

2."三三制"原则的彻底贯彻。"三三制"是中国共产党抗日民主政权的一种政策规定,也是中共领导民主选举的重要原则。首先,"三三制"政策颁布以后,1941 年 5 月 1 日,中共中央政治局批准的《陕甘宁边区政府纲领》以大法的形式,确立了"三三制"选举原则。其次,在各级参议员和参议会的选举中,党和政府力求全面实现"三三制",在边区各级,从民意机构到政府机关,建立起"三三制"政权。针对非党候选人很多未当选的缺点,1941 年 10 月 15 日,中共西北局发出《关于边区政府聘请非党人士为参议员的通知》,通知要求:"各县党委派指定专人代表边区政府将此决定转达各非党候选人,详细说明我党实行'三三制'的决心和诚意,以表明我党实行'三三制'的决心和诚意。"①1941 年选举结果共产党员和进步分子超过了 2/3,甚至个别行政机关里,存在着少数共产党员把持包办的现象。针对这情况,1942 年边区政府发出指示信要求改选,并号召:"各县参议会共产党员超过三分之一,应该自动退出,由无党派候选补议员补充。各县政府还可选有能力有名望的人士,酌量聘请。"②选举中运用"聘请"、"退出"、"反保证"法,从组织上保证了"三三制"的贯彻。经过共产党一系列的措施,1942 年乡选的结果,"三三制"原则得到了较好的贯彻落实。例如华池县温台区三乡选举结果表明:"共选出 19 名议员,内有老议员 3 名,其中仅有 5 个共产党员。政府委员 7 人中,共产党员只占 2 名,符合'三三制'的原则。"③县一级经过充实调整,1942 年底也有 22 个县实现了"三三制"。因此,这次三级民主选举也称"三三制"选举。

3.生机勃勃的竞选运动。一是竞选得到法律和物质上的保障。1941 年 11 月修正 1942 年 4 月公布的《陕甘宁边区各级参议会选举条例》规定:"进行竞选运动,在不妨害选举秩序下不得加以干涉或阻止。""凡以威胁利诱等舞弊妨害选举自由者,不问当选与否,除制止其行动外,并将当事人及参加人提交法院依法惩处。"④《选举条例》还规定,一切选举费用均由边区政府财政厅支付,这不仅从法律上也从物质上切实保障了人民的竞选权利。如:"国民党肤施县党部在延安公开出版三四种壁报、张贴通衢警察予以保护,共产党的印刷厂,替国民党印刷传单,已是尽人皆

① 中央档案馆、陕西省档案馆:《中共中央西北局文件汇集》甲 1,1994 年西安印刷,第 195 页。

② 陕西省档案馆、陕西省社会科学院合编:《陕甘宁边区政府文件选编》第 5 辑,档案出版社 1988 年版,第 313 页。

③ 《解放日报》1942 年 9 月 23 日第 2 版。

④ 陕西省档案馆、陕西省社会科学院合编:《陕甘宁边区政府文件选编》第 6 辑,档案出版社 1988 年版,第 36 页。

知道的。"①二是参与竞选的主体范围广泛。各抗日政党如共产党、国民党及其他抗日的党派;各抗日群众团体,如工会、农民救国会,妇联、商会等都可以提候选名单进行竞选。公民 30 人或 50 人联署,也可以参加竞选。三是提出自己的施政纲领来进行竞争。"怎样竞法? 拿什么东西来竞? 不是靠枪靠势力,而是靠自己的主张。"各党派、团体提出人和政纲来,"都摆在人民面前,叫人民选择。人民是不会受骗的,看得准确的,选出的总不会坏。竞选的人如果失败了,那只怪你的货色不中客意。准备你的货色,下次又来吧!"②同时还要向人民介绍本党提的候选人的能力和品质。四是竞选实施的范围广,在区、县、乡、村都可竞选。如延安市南区召开了两千多人参加的选民大会,各个候选人先后登台演讲,其中一位候选人介绍了自己的施政主张后说:"请你们对我来一个估计吧! 如不相信,请把票投给别人,如相信,请投我的票!"③即使在偏僻的乡村,竞选也异常热烈,子长一区的乡选中,非党分子冯俊亮向老百姓宣传说他要当乡长,他说:"我脚也行,手也行,能写,能说,一定帮你们办好事,要公平,替人民谋福利,吸收人民的意见。"④绥德县第四保的选民大会上,一位农民候选人竞选时说:"我没有念过书,但我做事公道、公平"。⑤ 他们用朴实的语言,表达了其积极参政的愿望,边区的竞选运动,实现了真正意义上的民主。中共党人自豪地宣称:"边区没有'贿选''圈定''结党营私'那一套,(这)是可以保证的。"⑥通过竞选使民众辨别了真伪,淘汰了坏人,实现了好人当选。

---

① 陕西省档案馆、陕西省社会科学院合编:《陕甘宁边区政府文件选编》第 3 辑,档案出版社 1987 年版,第 175 页。

② 陕西省档案馆、陕西省社会科学院合编:《陕甘宁边区政府文件选编》第 6 辑,档案出版社 1988 年版,第 51—52 页。

③ 《解放日报》1941 年 10 月 1 日第 4 版。

④ 《新中华报》1942 年 9 月 28 日第 2 版。

⑤ 《解放日报》1941 年 6 月 29 日第 2 版。

⑥ 陕西省档案馆、陕西省社会科学院合编:《陕甘宁边区政府文件选编》第 3 辑,档案出版社 1987 年版,第 50 页。

四、选举的意义

1.极大地提高了民众"对管理政权的认识与兴味"和行使民主权利的能力。这次选举真正实现了边区各阶级各阶层人民的政治权利,正由于赋予了广大人民民主的权利,"边区各阶级百分之八十以上的选民进入了运动",老百姓凭着自己的意愿选举产生了边区各级参议会和各级政府,极大地提高了民众"对管理政权的认识与兴味"和行使民主权利的能力。这次选举仍采取普遍、直接、平等、无记名的选举制。如延安市东区选举情景:他们中间"有身披羊皮的农民,有成衣局的裁缝工人,也有拥地千垧以上的老地主","18岁的青年,有手拄拐杖,须发斑白,年逾五旬的老先生,思想信仰有哥老会员,有虔诚于上帝的天主教徒,有矢志于马列主义的共产党员,更多的是……无党无派的农民代表。"①竞选运动的开展,实现了发展老百姓自由的新要求。赋予人民评定政府报告权,每次参议会选举中,政府都要向选民作工作报告,选民如果对政府工作不满,则提出质问和批准。赋予人民罢免权。1941年《陕甘宁边区各级参议会选举条例》第16条规定:"各级参议员在任期内如有不称职的,得由该级议员选举之法定人数十分之一以上的选民提议,经由该选举单位投票罢免之。"②人民运用罢免权,选优淘劣。如安定县70%的乡市政府人员是新选的;绥德旧乡政府人员落选者达一千零一人。对于侵犯他们民主权利的,他们坚决运用自己的权利予以反对。如:"新店三保、双湖一保义合民运干事包办议会,在一个行政村里自己就提七个候选人,结果一个也没当选。"③他们不但具有行使民主权利的能力,而且对民主有更高的要

---

① 《解放日报》1941年9月23日第2版。
② 陕西省档案馆、陕西省社会科学院合编:《陕甘宁边区政府文件选编》第6辑,档案出版社1988年版,第36页。
③ 陕西省档案馆、陕西省社会科学院合编:《陕甘宁边区政府文件选编》第4辑,档案出版社1988年版,第130页。

求,如绥德分区保级选举中,选民"争执投票日期,争论投票方法,检讨、质问选举中的缺点","如投票选候选人,选保长不要候选人,不赞成举手选行政村主任或村长"。① 边区人民选举自由的权利和行使民主权利的能力,不少考察过边区的中外人士为之赞叹。美国著名的作家安娜·路易斯·斯特朗访问参观边区后,在她的书中写道:"无论走到哪里,我都发现人们对他们的选举赞不绝口","人们在经济上过着几乎是石器时代的原始简朴生活,自己种麻做鞋底,买不起煤油和蜡烛,用自己种的麻籽油点灯,却夸耀他们有权罢免自己的村长,听起来简直不可思议,就像我们当年在西雅图炫耀活跃的民主生活似的。"②

2.调节了各阶级各阶层的利益关系,团结了各阶级各阶层共同抗日,稳定了党的执政基础。"三三制"的选举,感动了社会各阶层人士,消除了对共产党的疑虑,取得了对共产党的信任,形成了各党派、各阶层人民"更加热烈的团结"的新局面。首先,取得了一部分地主的信任,并团结了他们。"如在陇东自实行'三三制'以来,在去年半年即争取过去逃跑回来的富有阶级及士绅等三七三人,富县争取回来十九家,特别是在内战时因敌对而逃跑回来的也不少,如庆阳士绅贾××说:'现在我相信共产党言行一致……'延安选举中地主士绅阶级由衷地说:'实行"三三制"他们也有说话的地方,过去他们好像没娘的娃娃。'"③他们对中共的接受,并能够赞同和拥护政权,进而扩大了党的执政基础。其次,通过"三三制"选举,把旧有的士绅纳入新的政权系统,发挥了他们的行政和领导技巧,为抗日民主事业和党的事业服务。过去的士绅多半消极隐遁,"苟全性命于乱世,不求闻达于诸侯"。现在不同了,士绅们一面以实际的行动为

---

① 陕西省档案馆、陕西省社会科学院合编:《陕甘宁边区政府文件选编》第4辑,档案出版社1988年版,第130页。

② [美]安娜·路易斯·斯特朗:《中国人征服中国》,北京出版社1984年版,第93页。

③ 中央档案馆、陕西省档案馆:《中共中央西北局文件汇集》甲2,1994年西安印刷,第141页。

抗战出力,一面乐意为政权奔走,为边区的建设出谋划策,尤其难得的是拥护政府法令愿损失自己利益,毁家纾难成为士绅巨商的广大行动。最典型的代表就是绥德有名的士绅李鼎铭,年老病衰,十余年不出家门,当选为边区第二届参议会副议长(后又担任边区政府副主席)后是勉尽绵力。1941年为了克服经济困难,他号召:"人人都应毁家纾难,把中国救下来再说别的事。"①并提出了著名的"精兵简政"提案,后来成为中共的十大政策之一,精兵简政的实行,为边区渡过经济困难起了很大的作用。在减租减息中安文钦以其名望和地位,以身作则减租减息,带动了其他地主,减租减息收到了很好的效果。由此可见,他们在支持边区建设,执行中共的政策方面发挥了应有的作用,扩大了党的影响,巩固了党的执政地位。最后,团结了一部分非党的积极分子参与政权,孤立了反共顽固分子。如陇东县区行政机关吸收了一百六十多人,绥德县区政权机关吸收了七十多人,这些非党人士大部分都能为党和抗日积极工作。由于这些积极分子向党的靠拢,逐渐脱离了旧权威的势力范围,遭到了反共分子的忌恨,"如庆阳县非党一科长田绍锡,自参加政府工作后,顽固分子即对他忌恨起来,在街上发帖'打倒田贼绍锡'的匿名条子",或对田绍锡"拼命拉拢"。② 这些反共分子采取或硬或软的办法本想让这些非党的积极分子站在自己这一边,但是中共的"三三制"政策却反而使他们完全陷于孤立的地位。对非党积极分子的团结,更进一步扩大了党的执政基础。正由于"三三制"的选举调节了各阶级各阶层的利益关系,团结了各阶级各阶层,特别是在"新区","三三制"选举帮助中共建立了较稳定的政权,因此在中共的行政网络中,再没有人直接向共产党挑战。1941年后边区再也没有发生像"环县事变"那样的恶性事件,中共在边区建立了比较稳

---

① 《李鼎铭副议长就职演说》,《陕甘宁边区参议会》,中共中央党校科研办公室(内部发行)1985年版,第241—242页。

② 中央档案馆、陕西省档案馆:《中共中央西北局文件汇集》甲2,1994年西安印刷,第141页。

固的政权基础。

3.实现了妇女的普遍参政,促进了妇女政治解放。"女人不是人,母猪不献神",反映了数千年来中国妇女在社会上毫无地位,而"女主内、男主外"、"女子无才便是德"的规条剥夺了妇女的政治权利,这种情形在全国如此,在土地革命战争前陕甘宁边区亦然。然而,"在陕甘宁边区民主政治的滋润下,正改变着她们往日的容颜"①,而民主选举是改变她们"容颜"的主要原因。1937年的选举虽没有实现广大妇女参选,但毕竟经历了一次民主的洗礼,因此在这次选举运动中,她们的民主意识和觉悟程度不但进一步提高,而且已经会运用她们民主政治权利。在选举前的选民资格摸底中,妇女很热心地提供情况,而她们的意见也往往受到重视,在选举过程中,那些平日在乡里行为恶劣的流氓盗窃分子在妇女面前是通不过的。在选举中她们踊跃参选,争当投票人,女选民在增加。如在清涧选举以前,村庄里外到处可以听到谈论选举的声浪,甚至在炕上灶边,婆媳姑嫂姊妹之间,也都在商量着,谁能选? 选谁? 怎样才能选公正能办事的人? 值得表扬的有个黄婆姨,在选举前一天,召集了自己家里亲友,大家商量着明天选谁。当大家为选谁而争议时,她大胆提出了自己中意的候选人。安定中区一个七十多岁的王老婆,在选举当天,不顾风雨要去投票,当别人劝她不要去时,她却说:"活到七十多岁,总没作过主,今天要咱作主,咱自然要去选举咱如意的。"有些地区妇女和男人常常为谁留下看家而不能参选而争论,当妇女被男人留下看门时,许多妇女大胆地溜出门赶到大会参加选举。据统计:清涧妇女最高竟达其选民的90%,安定一般的也在百分之八十左右。② 选举运动中,妇女们重新估计自己的力量,表达她们参政议政的愿望,争当候选人,女参议员不断当选。为了实现她们的政治愿望,中共党人采取一系列措施帮助她们参选参政。如提出女

---

① 《解放日报》1941 年 6 月 21 日第 1 版。
② 《解放日报》1941 年 11 月 9 日第 4 版。

候选人并在群众中进行宣传鼓励工作,帮助女候选人作竞选运动,甚至用极其鼓动的语言或者用"激将法"鼓起她们的勇气,增加她们的信心来参选。在中共党人的鼓励和帮助下,她们也毫不放弃自己的权利,在竞选运动中大胆地发表政治主张,争取当选。如安定县瓦市八乡的一个媳妇,当她被选民提为候选人时,她婆婆以家务事为由出来阻挠,还没等婆婆说完,她就抢着说:"讲民主,大家事大家干,谁没家务事,只要大家推举咱,咱就代表大家的利益干,咱是个婆姨,还能替婆姨说话呢!"像这样的例子只是选举模范行动中的一角而已。① 对于一批精明能干,在群众中有威望,忠实于妇女切身利益的妇女,不断地当选为边区各级参议员。如绥德各保四百六十位参议员中有八十个女参议员,占全体参议员六分之一。② "据陕甘宁边区十三个县县级女参议员统计,县级女参议员占全体参议员的比例高达22%,低者也有4%。"③对于有才干的妇女干部,中共直接赋予她们重任,如富有才略魅力的绥德分区妇女主任邵清华被边区政府任命为安塞县县长。延长、神府、合水都曾有过女区长、女乡长、政府女科长,她们在开展妇女工作方面成绩卓著。在广大的乡村中,有不少经常受群众赞扬"比乡长都能行"的妇女干部,如延长五区白家瑶村女村长刘月明被群众赞扬为模范村长。边区妇女的普遍参选参政,不但标志着妇女社会政治地位的提高,提升了自身素质,而且解放了妇女长期受压抑的个性。她们开始走出家门关注集体和国家,并积极行动起来,以至于献身于自己和国家的解放。

历史的局限性:一方面,由于这是一次创造性选举,有的党员干部出现了对"三三制"理解不准确,因此在选举的过程中出现了"左"或右的倾向。特别是由于对非党进步分子和中间分子的把握有偏差,注重"三三制"形式而忽视内容,于是"凑数"就成为相当普遍的现象,甚至"左"倾情

① 《解放日报》1941年11月9日第4版。
② 《解放日报》1941年6月21日第1版。
③ 《解放日报》1941年11月9日第4版。

绪的干部也赞成凑数的办法,因此,使政权系统混进了一些"利用三三制以破坏三三制"的坏人,导致一部分基层政权还被"土豪劣绅和其他坏分子"所把持。如陇东合水吸收非党人员杨合林为政府委员,发生刺杀我党干部事。某县聘请七个大烟鬼,引起群众的不满。① 在"四二年高干会"后,经过减租运动、大生产运动和防奸运动,这种状况基本上得到纠正。另一方面,虽然中共选举的文件反复申明"三三制"不仅适用于参议会,也适用于所有各级政府,但同时强调保证共产党的领导地位,因此,选举的结果非共产党人很少握有实权职位,特别是在共产党实际控制的老区。但无论有怎样的缺陷,"三三制"选举在边区民主政治建设史上都谱写了最精彩的篇章。

第三节 陕甘宁边区 1945 年乡村选举

一、选举的历史背景

1.在全国人民面前树立更好的榜样。在整个抗日战争时期,国共两党始终存在着两种命运和两个前途的斗争,即共产党将中国建设成为一个独立、自由、民主、统一和富强的国家,争取光明的前途,而国民党坚持"一党专政",准备反革命内战,把中国引向黑暗的前途。由于激烈的民族斗争和国共两党统一战线的存在,双方虽"摩擦"不断,但一直未发展成为全面的冲突和斗争。1943 年前后,随着国际反法西斯同盟局部反攻的开始,法西斯开始走下坡路。在国内,边区和各敌后根据地,在克服暂时的困难之后,八路军和新四军得到了恢复和发展,解放区不断扩大,

---

① 中央档案馆、陕西省档案馆:《中共中央西北局文件汇集》甲 2,1994 年西安印刷,第 142 页。

1943 年春,敌后战场开始局部反攻。但国民党正面战场则一败再败,引起了全国人民的愤怒和反对。为了挽回其在抗日战场上失败的命运,蒋介石在 1943 年 3 月 10 日抛出了《中国之命运》一书,其发表是国民党集中力量于国内斗争的一个信号。为了解决全国政治问题和改善两党关系,从 1944 年 4 月开始,国共两党进行了长期的谈判。但由于国民党顽固派坚持"一党专政",妄图限制和取消人民的抗日武装和抗日民主政权,使谈判一度陷于僵局。为了挽救国家的危局,1944 年 9 月,国民参政会第三届第三次会议召开,林伯渠代表中国共产党提出"建立民主联合政府"的主张。这一主张在全国人民中造成了强烈的反响。正当国共两党谈判国是之际,边区第二届参议会于 1944 年 12 月 4 日至 19 日在延安召开第二次全体大会。呼吁建立全国的民主联合政府,并作出了关于边区进行第三次民主普选的决定。根据边区参议会的决定,1945 年 2 月 28 日,边区政府召开政务会议讨论了筹备边区第三次选举工作的事宜,并决定聘请党政军民和少数民族及劳动英雄代表组成边区选举委员会,推动和领导这次选举工作。但由于中共准备七大的召开,选举事宜没有开展。中共七大召开完后紧接着是抗日战争胜利结束,这时期国共两党的斗争更加尖锐、激烈、表面化,内战危险依然存在,但是,新的历史时期已经到来,全国进入为和平、民主、团结奋斗的时期,国内"和平民主新阶段"的暂时局面已经形成。为了同中共中央与国民党的斗争相适应,为了适应和平民主的新阶段新形势,在全国人民面前做出更好的榜样,边区开展普选"对外是要以新民主主义的具体事实与民主实质,去揭发与对抗国民党独裁与玩弄假民主的把戏,以影响和推动全国的民主运动"。①

2.整顿政风的新阶段。1942 年边区各机关开始整风,1943 年上半年,边区政府对整风作了总结,1944 年西北局在《陕甘宁边区民主政权与

---

① 中央档案馆、陕西省档案馆:《中共中央西北局文件汇集》甲 6,1994 年西安印刷,第 108 页。

"三三制"》(报告提纲)中指出:"当前的主要问题是作风问题,就是有了为人民服务的愿望,怎样去为人民服务,使得群众觉得对他们是利而不是弊,使得政权更能联系群众。"①1944年7月党政联席会,1945年高干会前都提出过这一问题,特别是1945年高岗、林伯渠、谢觉哉、罗迈等领导人分别作了关于作风问题的讲话或报告。由此可以看出,中共从1941年开始整风后,边区未曾间断过整顿作风,尤其是1945年边区对作风问题的重视,这说明边区的政风还存在不少问题。而政府作风问题的实质就是政府与人民群众的关系问题。在边区,政风问题的存在既有历史原因也有社会原因,一是中共的政权是农村的政权,没有城市(小的城市亦带有农村性质);二是中共的政权基本上是农民的政权,政权活动的目的主要是为农民服务。因此,中共的作风、领导方法归根到底是同人民主要是同农民的关系问题。而边区的农村与农民的特点:一方面边区农民是新型农民,经过土地革命经济上翻了身,政治上的觉悟得到提高;另一方面,边区地广人稀、村庄极端分散,落后的个体经济、落后的文化,封建性的实际生活在某些方面还占优势,家长制较厉害。因此农民具有两重性:一是政治上有较高的觉悟性;二是经济与文化上有相当浓厚的保守性,很闭塞、散漫。这种保守性、落后性制约着农民的民主性。如1945年选工组到米脂孙家沟组织选举时,发现群众对选举表示稀有的冷淡,干部对本身的职务十分厌烦,经调查后发现该地区的干部和参议员是1941年选举时,被群众"捉鳖"捉来的,由于该地区中共党的领导工作薄弱,群众认识落后,故把选举当作"捉鳖",把谁"捉住"谁"倒霉",并不考虑被捉住的人能否替他们办事,于是就把一部分不能替群众办事的人"捉住",如李生有、李生保家境好,能管起饭,误起工,公事来了能拖延,李招成调皮捣蛋,杨自立家里只有一个人,腰疼腿痛,又是个外姓人,人多势大的李姓自

---

① 中央档案馆、陕西省档案馆:《中共中央西北局文件汇集》甲5,1994年西安印刷,第448页。

然要"捉"他。这些被捉的人,对待工作态度消极,有关群众切身利益的问题,他们不闻不问,且利用自己地位侵犯群众的利益。如参议员李生有、李生保不但不领导群众减租,他们租给别人的地也不减,给群众打白条,并为自己抽地。因此明减暗不减的事实普遍发生,农民们非常恐慌。① 农民的这种保守性、落后性必然会反映在中共党的基层干部作风上。由于上层干部大部分是外来干部,长期与农村脱离,与群众脱离,主要是容易犯主观主义、官僚主义的毛病,而下级干部大多是农民出身,因此农民的落后性主要在下级干部作风上体现出来。一是强迫命令、急性病是干部作风最普通的现象。由于许多干部对于边区的一般情况是了解的,对于内战时期的一套也颇熟悉,但对于在抗战时期领导农民进行经济建设必须进行艰苦的长期的工作的新环境还不熟悉,容易犯急性病,出现强迫命令简单粗糙的工作方式。二是体贴群众不够,对老百姓的需要、痛苦不关心,遇事采取拖的态度。如1945年半年来边区政府接到控告干部的案件有31件,最后只解决了4件。三是欺压老百姓,这是老百姓最不满的一点。如曲子木本区四乡四村村长给群众解决问题时拍桌子、瞪眼睛、摆官架子、把群众看成是手下人。有的乡村干部随便没收群众东西,骂人、绑人、打人。由此可见,边区政府工作人员作风还存在种种问题,虽然边区曾未间断过整风,但在以前,仅是政府机关内部的整顿,是自上而下的检查,而"防止官僚主义有效的药剂是发动人民自下而上地批评、监督、控告以至要求罢免(对上级人员)或直接实行罢免(对乡村人员)"。② 如何最直接的实现人民的这些权利,选举是最好途径。即在选举中人民通过检查政府工作可以最直接实现批评、监督、控告以至要求罢免政府工作人员的权利,这不仅是对农民的一次民主教育,而且是转变政府工作作风的有效办法。对此,中共高度的认同这一办法,"今年的选举运动与过

① 《解放日报》1945年12月19日第2版。
② 陕西省档案馆、陕西省社会科学院合编:《陕甘宁边区政府文件选编》第8辑,档案出版社1988年版,第470页。

去不同,在于:今年的选举把发动群众检查政府工作当作选举的决定步骤……就是政工人员与群众结合起来检查工作,是整风的新阶段。……现在可以看出,选举运动将能使我们有进一步检讨作风的可能。"①同时认为:"一方面是自下而上的检查,同时又切实地执行自上而下的检查,使自上而下的检查和自下而上的检查适当的配合,还有检查不出的事吗?自下而上的检查是主要的。"②由此可以看出,这次选举是中共整风运动的继续和发展,通过发动人民在选举中检查政府工作达到彻底的转变政府机关和工作人员的作风,使整顿政风进入新阶段,这是这次选举运动的一个明确目的和原因。

3.边区建设的新阶段。1945 年边区各项建设开始进入新阶段,为边区的第三次民主选举奠定了坚实的基础。民主政治方面:在抗战之初边区人民就彻底实行了三民主义,充分享受了言论、出版、集会、结社、信仰等各种民主自由。1937 年在普遍、平等、直接、无记名投票选举的基础之上,建立了抗日民主政权。1941 年的选举中,彻底实行"三三制"政策,真正建立了各抗日民主政权合作的地方联合政府,更加巩固了各阶层人民的团结。在两次大规模的选举运动中,人民经受了民主洗礼,政治参与意识得到提高,逐渐地学会"自己来管自己事"的本领。1943 年 10 月开始到 1944 年,陕甘宁边区对"三三制"选举和政权建设的经验教训进行了深入研究和全面总结,从而将把边区的民主选举和民主政治建设将推向比较成熟的阶段。

经济方面:民主建设与经济建设,是相互密切联系的,两者缺一不可。在落后的经济条件下建设政权,必须致力于经济的发展,只有经济发展了,广大的人民群众在"看得见的物质福利"基础上,才能对民主建设产

---

① 陕西省档案馆、陕西省社会科学院合编:《陕甘宁边区政府文件选编》第 9 辑,档案出版社 1990 年版,第 386 页。

② 陕西省档案馆、陕西省社会科学院合编:《陕甘宁边区政府文件选编》第 9 辑,档案出版社 1990 年版,第 376 页。

生积极的关注。在边区,中共首先是实行政治的民主,用政权的力量进行经济文化建设,由于种种原因,1943 年高干会前中共对于发展经济没有足够的重视,老百姓不知政府替他们办什么事情,对选举不很关心。1943 年高干会提出了生产与教育的任务,制订了从发展经济解决财政困难的方针,才为边区的发展指明了方向。通过开展军民齐动手的大生产运动,实行减租减息政策,优待移民、鼓励开荒、兴修水利、推广植棉,改造二流子,用贷款和投资扶助公私农工业和合作事业的发展,奖励劳动英雄政策,经过两年的奋斗,边区人民过上了丰衣足食的生活,为民主选举的成功提供了物质保证。

随着人民生活水平的提高,从前贫农雇农为主要角色的农村变成了中农与富裕中农为主要角色的农村,农村阶级关系的变化,中间阶层力量增强,为扩大中共的阶级基础提供了条件。中共适应这一新情况,在《陕甘宁边区第二届参议会第二次大会关于政府工作报告的决议》中要求:为进一步建设边区,加强民主团结,需要扩大政权工作与社会事业中各阶层人民的通力合作,需要从明年选举运动中更加充实和健全三三制政权。同时在大生产运动中和合作运动中,涌现出大量的劳动英雄和模范工作者,为边区的各种建设提供了新的力量和新的人才,由于他们在群众中起着带头、骨干和桥梁作用,为此中共在《陕甘宁边区第二届参议会第二次大会关于政府工作报告的决议》中要求:为团结与教育群众,发扬群众的积极性和创造性。识别与提拔人才的良好制度,需要加以推广和提高,明年的选举运动,需要注意选举他们。①

文化方面:1944 年前由于经济发展的不足,强调国民教育、义务教育,干部教育未受重视,加之命令主义、形式主义普遍发生,忽视大众的需要,因此边区文化建设仍很落后,与政治、经济生活完全不相称。第三届

---

① 陕西省档案馆、陕西省社会科学院合编:《陕甘宁边区政府文件选编》第 8 辑,档案出版社 1988 年版,第 470 页。

参议会经过文教思想改造运动之后,确定了干部教育第一方针,确定了大众文化的观点。1944年后,开始了大规模群众文教运动,以冬学与读报识字为主要形式的社会教育。为群众信仰的文教英雄与文教模范相继出现,特别是经过大生产运动之后,人民发生了提高文化生活的需要,要求财旺、人也旺,文化也旺。赖此,边区的文化生活开始有了改善,提高了一部分乡村干部的文化水平,人民的文化素质也得到了提高,为提高即将开展的民主选举的质量提供了条件。

　　4.宣传学习西方的民主理念和民主精神。1944年到1945年,中共与美国官方的外交开始进入了较为兴盛的时期,为了取得美国对中共的认识,为适应世界民主潮流,中共树起了反专制的民主大旗,以《新华日报》、《解放日报》为主,大力传播民主价值和民主的正义性,特别是大张旗鼓地介绍和宣传美国的民主理念和民主精神。1944年毛泽东与谢伟思等人的谈话指出:"我们并不害怕民主的美国影响,我们欢迎它。"并要求:"每个在中国的美国士兵都应成为民主的活广告。他应当对他遇到的每一个中国人谈论民主。美国官员应当对中国官员谈论民主。"①中共以《新华日报》为主要工具宣传美国的民主思想。7月4日是美国的国庆日,每年的这一天,《新华日报》都要发表文章纪念,1943年7月4日《新华日报》发表纪念文章《民主颂——献给美国的独立纪念日》。1944年7月4日《新华日报》发表社论《美国国庆日——自由民主的伟大斗争节日》指出:"民主的美国已经有了它的同伴,孙中山的事业已经有了它的继承者,这就是中国共产党和其他民主的势力。"每逢华盛顿、杰斐逊、林肯的诞辰,《新华日报》也往往发表纪念文章。1945年4月13日《新华日报》发表社论《纪念杰斐逊先生》指出:杰斐逊起草的《独立宣言》和倡导的《权利法案》,早已"成为整个民主世界的基本观念了"。中共不但大力宣传和学习西方的民主思想,而且"青出于蓝而胜于蓝",根据中国的国

---

①　《1944年毛泽东与谢伟思等人的谈话》,《党史通讯》1983年,第20—21期。

情和在边区民主的实践中产生了丰富的民主思想。1944年2月2日，《新华日报》发表社论《论选举权》，文章指出："选举权是一个民主国家的人民的必须享有的最低限度的、起码的政治权利……如果人民没有选举权，不能选举官吏和代议士，则这个国家决不是民主国家，决不是民治国家……凡是真正的民主国家，就必须让人民享有选举权。"文章指出，选举必须是真正的普选制："不仅人民都要享有同等的选举权，而且人民都要享有同等的被选举权。"文章强调选举不能规定什么资格条件："不仅不应该以资产多寡、地位高下、权力大小为标准，而且也不该以学问优劣、知识多少为标准。唯一的标准就是能不能代表人民的意思和利害，是不是为人民所拥护，因而也就只有让人民自己去选择。如果事先限定一种被选举的资格，甚或由官方提出一定的候选人，那么纵使选举权没有被限制，也不过把选民做投票的工具罢了。"1945年9月27日《新华日报》发表社论《民主的正轨：毫无保留条件地还政于民》，文章再次强调民主国家主权在民的原则。文章指出："一个民主国家，主权应该在人民手中，这是天经地义的事；如果一个号称民主的国家，而主权不在人民手中，这决不是正轨，只能算是变态，就不是民主国家。"从以上可以看出，这一时期中共对西方民主思想是积极宣传和学习的，中共对民主的认识是非常深刻的，这些不但为这次选举营造了良好的舆论氛围，而且奠定了选举实践的理论基础。

二、选举的历程

陕甘宁边区继1937年和1941年两次民主选举运动之后，1945年9、10月间，又开展了一次改选乡、县、边区三级政权的民主选举运动。早在1944年边区第二届参议会议第二次大会上，就作出了进行民主普选的决定，1945年2月28日，边区政府召开政务会议讨论了筹备边区选举工作的事宜。8月4日，边区再次召开政务会议，决定各分区选择一个乡作为选举试点，指示延安大学和机关、学校开办选举工作干部训练班并把干部派到各地协助选举工作。8月27日,边区政府公布了《陕甘宁边区各级选举委员会组织规程》,具体规定了各级选举委员会的性质、职权、组织机构、任期与经费等相关事宜。1945年9、10月间边区正式选举陆续开始。

为了使这次选举能在全国人民面前做出更好的榜样,在总结过去两次民主选举经验的基础上,结合抗战胜利的形势和任务,边区政府在9、10月间先后发出了几个重要文件,规定了这次民主选举的指导原则和方针。

1945年9月6日,边区政府在《关于今年选举工作的训令》中强调此次选举必须:一是坚持不分阶级、党派、民族、性别、信仰的,不受财产与文化程度限制的,普通、平等、直接、无记名投票的选举原则;二是发动人民彻底检查政府工作,检查各种政策的正确性及其执行程度,检查政务人员的工作作风,展开批评与自我批评,选举好人,改进工作;三是在选举中,任何抗日党派与民众团体,有依选举条例提出候选人的权利,有为自己或他人实行竞选的权利,但任何的操纵行为必须制止,以保证人民选举投票的完全自由。

10月5日,边区选举委员会在发出的《关于今年乡选工作致各专员县市长的信》中指出:"今年选举运动的基本方针,是在继续'三三制'政策的精神下,发扬民主,团结人民;放手发动群众,检查政府工作和人员;教育干部,整顿作风,改进工作,自由选举,选举好人;健全民主制度,加强地方自治;而放手发动群众,彻底检查政府工作和人员,尤是选举工作做好的主要关键。"①同日,西北局颁布的《西北局关于选举问题的指示》中就选举方针,贯彻"三三制"政策,检查政府工作,选举宣传工作,选举中的组织问题以及加强选举工作的领导,作了具体的指示。10月14日,边区参议会常驻委员会和边区政府又发出《陕甘宁边区参议会驻会委员会

---

① 陕西省档案馆、陕西省社会科学院合编:《陕甘宁边区政府文件选编》第9辑,档案出版社1990年版,第259页。

政府联合通知》,对边区各级参议会组织条例及各级参议会选举条例作出三项修正:一、改乡(市)参议会为乡市人民代表会,并规定了代表的立法职权;二、乡市选举区城以自然村为单位;三、各级代表、议员候选名单,除由各民主党派团体提出外,乡(市)代表之候选人,选民均有提出之权利,取消 10 人联署的规定。县议员之候选人,有选民 10 人以上联合提出 1 人,边区议员之候选人有选民 20 人以上联合提出 1 人,取消了 1944 年 12 月边区第二届参议会第二次大会通过的《陕甘宁边区各级参议会选举条例》中规定的"各级增选议员之决定人数 1/10 以上的选民联署"的限制。这三条修改意见加强了直选政权的职能,选区划分便于选民选举,候选人的提名办法也更加民主了。选民有提出候选人的自由,比仅由各党派团体提名的限制来说,选民的选择范围更广泛。

在选举运动普遍开展之前,边区政府由秘书长罗迈和民政厅副厅长唐洪澄率领四个工作组,分别到延安市新市乡、延安县川口区一乡和五乡、延长县三区三乡协助进行试选工作。9 月中旬,边区政府召开了试选工作会议,总结了各地试选经验,以指导各地的选举工作。10 月中旬,边区政府派出 380 多名干部,组成 11 个工作组分赴各分区和县协助工作,选举运动随即在边区各县乡普遍开展。

各乡的选举工作,主要经过了宣传动员、登记选民、提出候选人、检查工作、改选代表和选举政府领导成员五个步骤。

第一,宣传动员。

这次选举运动,是提高人民教育干部的运动,因此,宣传鼓励工作不仅仅是在选举前,而是贯穿于选举运动的始终。为了使干部和群众了解这次选举的方针和意义,并积极参加选举,各地区采取了灵活多样的宣传方式。西北文工团,配合新市乡试选,演出《开会去》、《选好人》两个秧歌剧,在新市场中心地区演出两场,观众达万余人,效果很好;著名说书家韩起祥自编的选举书词《张玉兰参加选举会》大篇幅刊登在《解放日报》上予以宣传。赤水四区王天泰区长除了自己亲自学习报上的选举知识和消息,还帮助乡级干部学习;子长瓦市选举前张贴标语,演秧歌剧,利用黑板报、书报等广为宣传,并动员本县的说书人赶编选举唱本;子洲双湖峪完小为配合选举运动,特召开校务会议讨论学校配合选举工作,并作出如下决定:在课程上,今后一月内公共课讲选举条例,国语课讲选举知识,音乐课编唱选举歌子。各年级的学生回到家里宣传选举运动的意义,最低限度要给自己家里人和邻居讲清楚,并提出各年级个人间展开热烈的竞赛。社教方面,各乡的识字组由"小先生"教选举方面的生字和歌子;①子长峪湖岔六乡乡长利用自己过去会说书的技艺,每到一村开会,就当众说书、唱"选举歌",这样把平时不出门的妇女们也动员起来了;瓦市子中为了积极帮助地方选举,进行居民访问调查,征求群众市民对政府意见,学生进行一封家信运动,写信劝家人积极参选。在街头演秧歌,选出 32 人,利用每天下午课外活动时间,到居民家里去拉话;②赤水一区区政府为了深入宣传选举工作,通知全区民办小学教员,把报纸上刊登的有关选举文章和消息作为学习中心,并可选作教材,到识字组、读报组、夜校里去进行讲解;③延长完小演出的秧歌剧《选举去》对老百姓的影响很大,老百姓看了以后说:"过去婆姨不爱开会,看这戏里的婆姨也一样重要啊!"又有一个人说:"咱们今年可要好好选,再不马马虎虎选了。"④此外边区在宣传时还注意到对妇女宣传,专门召开妇女座谈会讨论如何发动妇女参选,通常采取以下方法:一是经过男人来发动她们,先开男人会,再由男人将会议的精神转述给妇女,并要他们保证妇女参选;二是发动女干部、抗工属和在家中地位高的妇女来发动一般妇女参选;三是通过年老有经验的妇女来推动年青的妇女;四是先谈卫生、纺织等与妇女切身利益有关的事情来启发她们对选举的关心。这些办法表明边区在革故鼎新的同时,也照顾

① 《解放日报》1945 年 11 月 10 日第 2 版。
② 《解放日报》1945 年 12 月 28 日第 4 版。
③ 《解放日报》1945 年 11 月 3 日第 2 版。
④ 《解放日报》1945 年 12 月 4 日第 2 版。

到了传统社会的影响力,结果发动妇女热烈参选。如志丹妇女参选的人数占全部女选民的 70%;新市乡第三行政组选举中,"妇女们也来了,抱着娃娃,穿着崭新衣服,带着喜悦的笑容,好像参加婚礼一样。"①这些小学教师、学生、艺人、群众积极分子如像分布在每一个角落的文化据点,把选举的政策成功的宣传到了每家每户。

第二,调查登记与红白榜。

(1)调查登记。一般采用三种方式,一是召开村民大会登记,来一个登记一个,但仍有不到会的,所以不能做到完全登记;二是找家长登记,但对于家族大的来说家长也未必清楚每个人的情况,所以不能做到准确的登记;三是挨家挨户逐个登记,这是最好的办法。选民资格审查由选委会或工作组同志在登记选民时一同完成,但最后务必经乡长审查后,才能正式公布选民。

(2)公布选民。一般是有选举权的人上红榜,没有选举权的上白榜。但在试选中证明红白榜公布选民作用不太大。一是农村中识字的太少,地区分散;二是以自然村为选举单位,只需在村民会上公布选民就行,不必另行张榜公布;三是即便有条件公布红白榜的地区,则可只出红榜,而不用白榜,以避免没有选举权的人受到精神刺激。

第三,候选人的产生。

(1)提出和讨论候选人。在"放手民主"选举方针的指导下,在"想选谁,就选谁"的号召下,一个人提出,即可成为候选人,不必一定要多数人附议。选前要由群众长时间地自由酝酿讨论,群众才会瞅准好人。如延安县川口一乡柳树店村,张贴出候选名单时,有的人指着白××的名字说:"这人能写能算,保险选上",但大家也知道这人最怕误工,不热心为大家办事,是个财迷脑筋,只顾私不顾公,在复选时未提出他。又如新市乡王乡长对人欠和平,但他公正、能办事、腿勤,虽然大家批评了他,但终于又

---

① 《解放日报》1945 年 9 月 2 日第 2 版。

当选了他为乡长。

(2)候选人的标准。在试选中,延长三区三乡根据多数人的意见,提出了候选人三条标准:一,不要私情;二,有威信;三,务正。新乡市提出四条标准:一,和气,不要态度,与群众联系好;二,公正,不要私情;三,能成(有办法);四,腿勤。虽然有的地区没有明确地提出候选人的标准,但是大多是根据多数人的意志提出来的,从选举的结果来看基本上和上述的标准是相同的。正式选举采用差额选举的办法,候选人一般不超过应选人的两倍。

第四,检查政府工作。

放手发动群众,彻底检查政府工作和人员,是选举工作做好的主要关键。然而由于中国几千年来专制政治的影响未能完全消除,让群众大胆地自己动手检查政府工作和人员,无论是干部还是群众都存在思想障碍。在干部中还存在用各种方式拒绝群众检查工作的现象。如有的干部还存在"公家人就是主人"的思想,认为批评是"败信"、反省是"倒灶",在选举中只用简单的方法,进行改选人员,使选举流于形式。如曲子区三乡只登记不宣传,不酝酿,不发动群众检查工作,因此群众对选举认识差,把聋子操作了候选人。有的干部"怕民主"、"怕放手",曲子市二村一个群众给村长提意见,村长发脾气骂人,于是两人对骂起来,市长也冒了火,"这太民主了,百姓都管不下,以后怎样工作?"后经市委书记纠正会议才算勉强进行下去。① 有些干部认为自己辛苦给人民办事,还要受群众批评,实在"太冤枉"了,因此对选举不认真。如土桥区区长、合通区区委书记在选举中跑出去做生意,对选举条例和选举一切指示不仔细研究,马马虎虎就进行选举。有的干部怕受批评,怕丢人,怕在群众面前暴露自己的缺点,不敢发动群众参选。如子长东一区一乡一行政村主任,由于自己过去犯过强迫命令耍私情的毛病,怕别人给他提意见,因此当选举工作团一去,他就想"先下手为强",把对他有意见的人讲得特别坏,选工团的同志

---

① 《解放日报》1945 年 12 月 14 日第 2 版。

去访问居民时,他死死跟定,有点监视的味道。① 此外,由于乡干部大多不脱离生产,有些干部就怕误工、怕跑腿、怕惹人,因此希望在选举中把自己"改选掉"或"批评掉"。在群众中普遍存在着"不顶事"和"怕惹人"的心理,群众讲话是"照眼行事"、"见风使舵"。子长杨家河村,个别群众甚至说:"你们公家看下谁好,就谁好,老百姓解下个啥?"有些群众不愿提出自己想选的人,认为"提了谁就害了谁,就把谁惹下了"②。在新市乡乡选中第一次居民会上,一位老百姓说:"老百姓嘛,安分守己过日子算了,惹人做啥?"虽高区长不断启发群众检查政府工作,但最后还是一致的声音:"没啥意见,公家人都好!"当治安组长劝大家提意见时,大家反而逼他,"你提么!"③针对这种状况,首先要干部能放手去启发群众,这是检查工作必须打开的一关。为此,采取以下办法:一是向干部反复说明选举的意义并体贴他们,帮助他们,对他们的切身困难适当地解决,使他们首先积极起来;二是上级的干部带头作自我批评,以引导下级干部;三是除利用各种干部会议教育外,各县于选举开始前抽调区乡干部开办短期训练班,同时在条件和时间可能的情况下,抽调各区乡干部先行试选一个乡以取得经验。干部思想搞通后,他们采用各种措施来发动群众检查工作:一是不拘形式的"谈心"、"拉话"、"个别访问"、"开家务会"等方式最有效。如延市东区王区长随身携带群众报刊登的《选举知识》,念给干部和群众听,又和群众拉话中听取群众意见,凡是群众提的意见他都记在本本上,如果大家不说话,他就根据记的意见,提醒群众,引起群众发言。二是乡长到各村报告工作,并作自我批评,干部之间也要相互进行批评,而且许多县长、副县长、县委书记、副书记都要主动到乡村选民会或乡人民代表会上作自我批评。如安塞县的贺县长就在一个乡的代表会上作了自我批评,志丹县的县长、县委书记在县上召集的县区干部代表会上作自我批

---

①　《解放日报》1946 年 2 月 9 日第 4 版。

②　《解放日报》1945 年 12 月 13 日第 2 版。

③　《解放日报》1945 年 8 月 29 日第 2 版。

评,富县、延川等县委还在《解放日报》上发表文章,作自我批评。以干部在群众面前进行自我批评,引导群众批评。三是发动党员、积极分子、公正人士讲话提意见以影响大家。四是介绍别村的检查情况,启发本村检查。五是从群众的切身利益出发启发大家讲话。六是必要时干部回避村民,以避免一些人不好意思当面提意见,还注意不分配干部去对他意见多的村子去(如马栏一乡)。七是"保证"法,即利用劳动英雄和有威望的老年人向群众担保被批评的干部绝对不会报复(如靖边镇靖区三乡)。八是启发有意见的人发言。九是通过原有的群众组织如夜校、半日班、妇女识字组等发动群众检查工作。十是在街口设意见箱,征求群众意见(如庆阳市)。在采取种种措施后,边区群众充分运用自己的权利,认真地检查政府工作。如绥德辛店八乡、庆阳高迎三乡、鄜县城区三乡选民会上,群众批评政府未贯彻减租保佃政策;庆阳高迎区五乡群众批评合作社账目不清;延县川口六乡批评政府对民办小学关心不够,对于一部分干部强迫命令,办事不公,为村民谋利不多的工作缺点在村民会上大胆地揭发和批评;甚至对于家务事群众也对政府提出质问,如庆阳马栏乡选民会上,妇女提出"男人打女人,公家为啥不管"。对于群众提出来的意见和批评,主要是经过群众自己民主讨论解决。对于一般性的、较易解决的问题发现后立即解决,最受群众欢迎的是有些问题在访问谈话后,立即在干部会上根据群众的意见讨论解决办法,然后在乡长工作报告中,对村民讲出来,公开在会上解决。对于较重要的问题,最好在代表会上作出决定,不能解决的较难问题,提交新的乡政府并限期予以解决。群众高兴地说:"提意见顶事,又不伤和气。"①

第五,选举代表和政府人员。

(1)选举形式的革新。这次选举为了遵循无记名投票的规则,保证选举的秘密性、公正性,有的地区革新了过去的选举办法。如甘泉改进的

① 《解放日报》1945 年 10 月 25 日第 2 版。

选举方法：一是过去是把碗放在会场前面，碗上贴着候选人的名字，告诉大家去投票，参加会的人都看得见，实际上是记名投票，今年各区均把碗放在一个房子里，只有一个监票人解释。二是过去碗仰着放，谁的票多都能看得见，会影响选民的自觉投票。现把碗斜着放，或用东西把碗盖住只留投豆子的空隙。三是只用一个碗（代表投票箱），发给每个选民几颗颜色不同的豆子，每颗豆子代表每个候选人的名字，另外，每一个选民发一张纸，如果想选谁，就把代表谁的豆子用纸包上，同时包几颗作废，放在碗里，具有一定的隐蔽性，尽最大的努力保证选举的秘密性。① 延市新民村给每个选民一张红票，票上编码写着姓名，选举开始后，男女分小组依次进入会场，到投票时，每个选民可凭红票依次序获得豆子，候选人依次坐在舞台前面，背后放了一个用红纸封住的碗，碗内放点小米，以免豆子投入时发出响声，红纸中间留一小孔，刚好容一颗豆子投入，选民们都称赞这个布置，尤其是妇女和不识字的人称赞道："候选人亲自坐到这里，咱们瞅准谁，就在谁的碗里放豆子。"②

（2）新式选举方法。延县河庄乡三、四乡不提候选人的新法选举，即选举前不提候选人，所有的选民都是候选人，投票前由选民选出若干监票人，把选民投票转交给监票人，选民按投票簿上的姓名选自己最信任的人，识字者用笔画一道，不识字者由监票人念一遍，然后代画。这一选举方法比较自由，不受拘束，选民亦能慎重考虑，但运用这一方法选举必须具备以下两个条件：一是把宣传工作做好，解释清楚，并给群众有充分瞅目标的酝酿时间；二是监票人必须公正无私。因此在没有具备这些条件的地方就会发生以下弊端：一是不提候选人亦即不能使群众深刻讨论被选者的优缺点，从而妨碍他们选出适当的候选人；二是选票可能分散，因不足半数即不能选，因此这一方法后来证明不宜推广。③

---

① 《解放日报》1945 年 12 月 12 日第 2 版。
② 《解放日报》1945 年 12 月 15 日第 2 版。
③ 《解放日报》1945 年 11 月 26 日第 2 版。

（3）选举代表和政府人员。乡村级的选举在"自由选举，选举好人"的方针指导下，发动人民检查政府工作后，选民用"自由提出，经过民主讨论，集中表决"的方式，采用差额选举制，于1945年11月下旬全边区乡级人民代表的选举工作基本完成。乡代表选出后，乡上即召开乡代表会议，主要讨论并决定今后的工作和选举乡长，边区乡级民主选举运动至此圆满结束。

三、选举的特点

此次普选是在边区人民政治觉悟程度和民主生活习惯有了进一步是高的情况下进行的，又是在抗战胜利后的新形势下进行的，它的主要特点是：

第一，加强党对选举工作的领导。由于这次选举运动，实质上是政府人员同广大群众结合一起的自下而上的整顿政风的运动，这个运动的开展，对于改进工作和作风，对于提高边区各种建设具有决定的意义，因此，各级政府加强了对此次运动的组织领导、思想领导。特别是思想领导，这是干部能否贯彻选举方针最主要的关键。在思想领导方面：各县市长在选举之前，召集区乡干部及所有参加选举工作的人员，开办一星期至十天的训练班，检查县、区、乡的作风，展开批评与自我批评，同时对选举工作的方针和方法作深刻的宣传和研究。在检讨作风时找出区、乡或县府工作上的典型来启发干部的思想（如十月一日《解放报》上《从一个指示看到一些问题》一文中所指示的不良作风，不止在某几个领域或机关存在，在这次训练班上应注意发现这类问题）进行彻底检讨。通过加强思想领导，使各级干部在思想上对选举方针与方法有清楚的认识，而且对揭发自己的缺点在思想上有了充分准备。在组织方面，为使乡级选举委员会真正成为有能力的工作机关，派出得力而有威信的干部参加领导。除此还抽出为群众信仰的干部去到乡上帮助选举工作，特别是帮助发动群众的工作，县市长和区长把选举工作当作中心工作，负责指导与检查，在实际工作中收集群众意见,发现好坏例子,把群众中最有信仰的且能为群众办事的选举到政府机关中来。选举运动结束后,各级领导机关认真检查选举工作。对于部分县乡潦草地"突击"完成选举、未发动群众检查工作,甚至打击提意见的群众,或群众稍为发动之后,又感到"过火",就敷衍了事进行选举的现象责令改正错误重新选举。如吴旗、华池等县,在检讨工作之后,重新布置了选举。对于选举工作做得好的县乡作为模范典型在《解放日报》宣传表扬,加以研究推广。最后再以县为单位召集短期的区乡干部会议,把本届选举工作经验、模范的例子、区乡工作中的主要缺点及如何改正的办法作为教育大家的材料,发动大家讨论,并根据各县实际情形,具体地讨论和布置本区乡的工作。

第二,"自由选举,选举好人"。这次选举在"放手民主"的方针下,通过"自由选举",达到了"选举好人"的目的。从选民资格来看,凡居住边区境内的人民,年满十八岁,不分阶级、党派、男女、宗教、民族、财产及文化程度之差别,除有卖国行为、经政府缉办有案、经法院或军法判决剥夺公权、尚未恢复有神经病者外,皆有选举权和被选举权。如国民党区居民周孝忠在边区当伙计参加了选举,鄜县城关乡选中哑巴得到选举权。这样广泛资格的规定为提出和选出更多的好人提供了最大的选择范围。从选举区域来看,原《选举条例》第九条规定乡参议会参议员的选举,以行政村为单位,但因行政村大,选民不易大部到会,加之村与村了解不清,人多的大村子容易选上,人少的小村不容易选上,以至发生不公正的现象,这次选举以自然村为单位选举,因选的代表少,投票方便,人易到齐,不会发生乱投的现象,又由于大家在一个村,了解清楚,真的好人容易选出。从候选人的产生来看,在这次选举中,对候选人的提名办法作了新的规定,即乡代表候选人由选民直接提出;在讨论候选人时,采用比较的方法,"识货不识货,全凭货比货",因群众讨论时自然会多讲优点,所以引导群众讲优点也讲缺点,防止夸大优缺点,使真正的好人当选;同时又实行了差额选举,如新市乡第三行政组在选举中规定:"选举如认为选票上的人不为自己信任时,可以在选票以外,任意补充自己信任的人。"①延安县马家沟村选举乡代表时,只有两个名额,选民提候选人时,提出许多人,最后确定了四个人,由大家民主投票选举。全村51个选民,有50个参加投票,结果申长林和井重元二人以票数最多当选,选民都很满意。从检查政府工作来看:通过放手发动群众真正切实执行自下而上的检查工作,不仅成为整顿作风的有效药剂,而且为"选举好人"打下了牢固的基础。在检查工作中,经过群众的鉴别,个别贪污腐化、欺压群众的分子遭到了群众揭发而落选,一部分工作作风有缺点的干部受到群众认真和善意的批评,许多工作努力、作风优良的干部受到群众的衷心赞扬。如马栏市村前任村长王邦亮,不好好工作,爱同群众吵嘴,做工作非常死板,光命令,不解释,开始还没人完全认识他的毛病,准备选他当村长,甚至要选他当代表,经过检查工作,开展批评以后,把他的毛病在会上全揭出来了。同时,大家发现了王孝先是一个真正能为大家办事的人,他对人和气,工作积极,帮助新户热心,王邦亮落选了,王孝先当选了村长和市代表。正是由于"自由选举,选举好人"的原则得到了贯彻,群众对这次选举出来的乡代表普遍表示满意。如根据延安市、安塞、固临、延川等地的调查,全部2763个乡代表中,绝大多数是在群众中有广泛信仰,威信很好的。② 如延市新市区选出的53个代表中,除有12个是共产党员外,其余41个代表中即有34个是各乡中最优秀的积极分子,亦即全乡政治、经济、军事、文化各方面的出色人物。在这次选出的各级代表中,还有一个新的特点:就是在生产建设运动中涌现的英雄和模范人物,很多都被选进新的政权工作。由于他们是各条战线上的积极分子,在群众中最有威信,所以群众愿意选他们。马栏市村选举中,选民90%投了票,英雄模范大多当选。群

---

① 《解放日报》1945年8月29日第2版。

② 陕西省档案馆、陕西省社会科学院合编:《陕甘宁边区政府文件选编》第10辑,档案出版社1990年版,第34页。

众发自内心地说:"这次选举是头瓜里选头瓜,好人里挑好人。"①也正如边区流行的《选举歌》唱的:"满洼里稻秫哪一茬高? 人里头挑人数谁好? 思量又思量,比较又比较,把那好人的名字,写上了选举票。"②这表达了边区人民对自由选举的由衷赞叹。

四、选举的意义

1.人民的"自治积极性"更加提高。边区人民经过前两次选举运动实践的训练后,经受了民主政治精神与原则的深刻教育,使人民群众真正体会到人民权利的存在和价值,人民的"自治积极性"更加提高。表现在:(1)参加选举的人数空前增加。边区第一次和第二次普选时,选民参加选举的人数分别为70%以上和80%。这次选举中,参加选举的人数占到全部选民82.5%。志丹、子长、曲子、环县达到87%,其他县市有的乡达到90%以上,最多的为96%。镇原县三岔区回民乡110个选民,全部参加了选举。人民广泛地参与选举以致引起小学生的羡慕,赤水十里塬小学生问先生:"为啥不让我们参加选举?"先生说:"你们年纪还小,到十八岁就能参加了。"接着他们又天真地问:"我们二人合一人,参选行不行?"③(2)极大地提高了人民参与政治的能力。如清涧折区四乡试选中,一个老汉在选举投豆子时,十颗豆子只剩一颗,他拿在手里考虑了十几分钟,别人告诉他,不管那个碗丢进去就算了,那老汉却回答:"瞎说,这是选举给咱办事的人哩! 又不是开玩笑。"④新市乡有一个妇女选错了人,就让女儿向选委会请求重新投票选举。柴家崖李威山为人公道,乐于帮助人,选举时都投了他的票,有人担心大家只认碗,不认人,把碗调乱,

---

① 陕西省档案馆、陕西省社会科学院合编:《陕甘宁边区政府文件选编》第10辑,档案出版社1990年版,第34页。
② 《解放日报》1945年11月14日第4版。
③ 《解放日报》1945年12月27日第2版。
④ 《解放日报》1945年10月18日第3版。

一个老太婆上前来问:"哪个碗是李威山?"问好后,她才把豆子投进去。新市乡第三行政组的选举中,群众各自拿着自己的尺度来衡量每个候选人,当大家讨论候选人时,对其中一位候选人存在意见分歧,当表决时,有一个人先举起手,在嚷:"举手!举手!"一个戴老花镜的老人马上反驳:"举不举,各人心里有主意!"①在华池县温台区三乡选举乡议员时,群众揭露了副乡长李占德强迫命令的工作方式,他纠集人耍赌,负担上耍私情,因此,在提候选人时,虽然有一个自然村提出李占德,但在选委会退回交大家复议时,结果否决了。淳耀庙湾松山底村选举投票后,王老婆的儿子和女婿票最多,都是十票,大家又进行复选,选民都投了票,最后只剩下王老婆很为难地说:"一个是我娃,一个是我女婿,都是我的人,我就不投了。"这时众人说:"不行,这是你的权利,要投!"最后,她又考虑了一会儿,向她的儿子碗里投下了豆子,村民们高兴地说好。子长东一区一乡马智明的婆姨因她丈夫到折家坪卖煤去了,她替她丈夫代投选票,结果她把两豆各投了别人,她说:"他选他看中的人,我选我看中的人"。②子洲周复区双乡前任乡长办事不公,还打骂群众,因而一个65岁的老汉当面批评说:"你有缺点,这次我不选你当乡长了。"③对于在选举中弄虚作假的现象,群众决不放过,曲子马崔区三乡在通过乡参议员候选名单时,乡上干部任从福主持开票时,私自给李成章加了十票,李因此当选,又给徐必孝减了三票,群众发现后,提出批评,任从福当众承认错误,又重新投票。④这足以说明边区人民自治能力的程度。

2.检查政府工作,改进和提高了政府工作,密切了人民与政权的关系。这次选举经过检查工作,中共的政风呈现新气象,政府工作人员作风转变了,政府工作改进和提高了,干部真正懂得"群众是主人,干部是为

① 《解放日报》1945年9月2日第2版。
② 《解放日报》1945年12月28日第2版。
③ 《解放日报》1945年12月4日第2版。
④ 《解放日报》1945年12月14日第2版。

群众服务的,是伙计"。① 吴满有乡的王乡长在群众大会上说:"今天的会就是掌柜和伙计算账的会,看看你们的伙计办事办得好不好。"当乡干部和村长把今年为群众办的事报告完后,他又说:"你们看看,他能听你们的话,事办得好,你们就雇上,不然你们就不要再雇他了。"②延县川口五乡卜清旺乡长在村民会上报告工作时诚恳地说:"老乡们,我是你们揽工的,做了五年工,今天给掌柜的交账,工作好坏欢迎大家讨论,再有,今后我们村上该做些什么事情,也靠大家的讨论,尽量地批评。"③在检查工作中对于人民群众向各级政府提出大量的有关兴利除弊的实际问题,大多得到研究和解决。据延安、富县、延川、志丹、曲子、合水、镇原、新正、新宁等县的统计,群众在乡选中就提出了21000多条意见。到边区第三届参议会开会时已经解决17000多条,占总数80%以上。延安县李渠乡代表会第一天开会时,通过了三项提案:在一条要道上修座桥;在当地设立一个集市;建立治安小组。这三项提案,在乡政府领导下很快就实现了。申长林乡的政府解决了群众办冬学问题,定边梁圈解决了土地纠纷问题,米脂吕家岭乡解决了一件百年租佃问题,靖边在选举中,帮助群众计划冬季备荒,新正乡袁德山当选了乡长当天就给群众办事,解决了村里一件私人纠纷问题。延县川口五乡老乡长卜潜旺(现为市长)原来脾气不好,很少下农村,经过群众批评后,他便到各个乡村去,一连走了9个村子,处理纠纷时也不发脾气,而是耐心说服解释解决了纠纷。子洲瓜园区三乡的政府解决了群众提出的减租保佃、公布账目的问题后,群众高兴地说:"政府是人民的,干部是人民的伙计。"④定边城区四乡试选中,发现问题逐步解决,群众说:"干部和老百姓过去都有不对处,这下说通后,大家比以前

① 《解放日报》1945年10月10日第2版。
② 《解放日报》1945年11月25日第2版。
③ 《解放日报》1945年9月3日第2版。
④ 《解放日报》1945年11月3日第2版。

更亲爱了。"①由此可见,通过检查工作,发动人民,组织人民,为人民谋利益,沟通了与人民的情感,密切了人民与政权的关系。

3.民主选举的成功实践完全赢得了民心。在延安时期,中国共产党所以能够在恶劣的环境下生存并且发展壮大起来,领导边区和全国人民取得抗战胜利以及后来解放战争的胜利,其主要原因之一在于共产党在边区实行了深入人心的民主政治,得到了人民的广泛支持和拥护。特别是定期的大规模的普选。"在中国,事情非常明白,谁能领导人民推翻帝国主义和封建主义,谁就能取得人民的信仰,因为人民的死敌是帝国主义和封建主义,而特别是帝国主义的缘故。在今日,谁能领导人民驱逐日本帝国主义,并实施民主政治,谁就是人民的救星。"②毛泽东的话点明了中国共产党赢得胜利的根本原因,民心向背是决定性的因素,共产党坚持抗战与民主,得到了民心。特别是抗战胜利后,在国共两党争取民心的斗争中,中国共产党在边区又进行了一次大规模的民主选举实践,再次在全国人民面前做出了榜样。至此,中共在农民心目中确定了自己牢不可破的正统感,等于是瓦解了当时还是正统国家政权的代表者国民党政府的权威,更重要的是,落后、分散而且是自治力很强的根据地农村,就此被注入类现代的民主精神,甚至建立了对中国共产党和国家政权的某种崇拜,到了抗战结束至解放战争前夕,可以说共产党完全赢得了民心。中共自信地道:"边区人民的选举运动,真正的民主自由生活,使国民党统治区的人民都向往边区。"如在边区参加过瓦市选举的前清秀才杨如真先生感慨道:"民国以后没叫人选举过,只有共产党给咱们老百姓真正的民主自由";新宁三区四乡一个国民党统治区老汉到边区参观选举后,羡慕地说:"你边区到底好,不管啥事都由百姓作主,公家是伙计,我们那里,公家是我们的老太爷。"淳耀一个从河南来的难民也说:"边区叫人有啥说

①　《解放日报》1945年10月25日第2版。
②　《毛泽东选集》第二卷,人民出版社1991年版,第674页。

啥,真是好极了,外面当官的,不准百姓说啥,谁要说个啥,就会动下乱子。"从国民党统治区来到边区的一位商人目睹华池选举后感叹道:"这里是一点的小事都要讲,那里是天大的大事不敢讲。"①淳耀庙湾二乡一行政村开选民大会时,一个友区张老头也来参加,他听见看见边区老百姓民主的情形后,便决定秋收后,把家搬进边区住了。②

正如美国作家安娜·路易斯·斯特朗在她的《中国人征服中国》一书的序言说的:中国共产党是中国最有生气的力量,他们能够存在是因为人民赞成、拥护他们,并且全心全意同他们一道战斗,民主选举运动的反复开展,使农民分清了共产党与国民党的真正区别,在走向新中国的进程中,广大民众认同了共产党。

4.民主选举的先进制度和理念,对新中国选举制度的确定、完善产生了积极的影响。陕甘宁边区第三次民主选举运动延续并发展了抗战时期的选举政策和选举原则,是在当时历史、政治和体制环境下最成功的一次民主选举,其选举先进理念和制度对新中国的选举制度及现今乡村民主政治建设产生了深远的影响。一是普遍、直接、自由、平等的选举原则。所有的选民,无阶级、职业、男女、宗教、民族、财产与文化程度之区别,享有同等的选举权与被选举权,各级参议会名额和代表的产生均以一定的人口数为基础,采用直接选举制、无记名投票制。二是差额选举。其一是允许竞选活动的开展,竞选活动的前提条件就是在差额选举中进行,只有在差额选举的比较之中,才能辨别优劣;其二是代表候选人的名额一般应多于应选代表名额的1—2倍,在候选人过多时,还举行预选。三是候选人提名方式的民主性。县区级参议会的代表候选人除由各抗日党派和群众团体联合推荐,也可以由选民数名以上联署进行提名,乡级代表由选民直接提出。四是重视选民行使监督和罢免权。各级政府人员,违反人民

---

① 《解放日报》1945 年 12 月 30 日第 2 版。
② 《解放日报》1945 年 12 月 4 日第 2 版。

的决议,或忽于职务者,应受到代表会议的斥责和罢免,乡村则由人民直接罢免;将检查政府工作与选举联系起来,规定在各级选举会议上,评议政府工作报告,并对直选的干部在任期内的工作进行质询、批评,在评议中淘汰工作中不称职的干部。五是定期选举。陕甘宁边区规定乡1年改选一次,定期选举为权力的和平转移提供制度保障,使民主制度保持相对稳定,保证选民利益的实现,同时防止参议员或政府工作人员的老化,又能创造机会和条件使社会新生力量及时地进入参议会或政府机关,使制度的运作更符合现实社会发展的要求,有利于废除政府官员任职终身制,使政府官员受到选民的监督,这样就制约了国家权力的滥用。六是边区第三届参议会提出"加强乡村自治"和"健全法律和制度"两大具有深远意义的重要任务。这些选举原则和选举制度虽带有当时历史的烙印,但其中本质、核心的制度和先进的理念,为新中国选举制度的确立和发展提供了宝贵的经验和启示。随着时代的发展变化,我们应理论联系实际,与时俱进,不断进行制度创新,推进我国民主政治建设。

第三章　陕甘宁边区乡村自治建设

在中国近代史上,有过一些乡村自治建设的实践,但由于阶级关系的本质,即剥削阶级的必然要榨取农民的劳动果实来获得生存的内在关联,使得这样的一些乡村建设实践仅仅流于表面,带有极强的欺骗性。如北洋政府在 20 世纪 20 年代为缓和执政压力而开展过的"地方自治"运动,最终由于老百姓没能得到真正的实惠而夭折。国民政府也开展过"乡村运动",并组成了梁漱溟为代表的乡村建设派,在山东地区开展了多年的实践研究,这一运动有一定的进步意义,但从本质上来说,仍然是有名无实,脱离不了阶级属性而失败。而中国共产党在陕甘宁边区执政期间,真正履行了民主的本义,使陕甘宁边区成为当时中国最具有希望的地区。陕甘宁边区成为中国的希望最主要的原因在于其民主政治的真实性和广泛性,如三次民主选举,使边区老百姓第一次感受到了民主的内涵,"三三制"政权的建构,真正体现了政权的人民性。

然而,民主真正的本义并非在社会上层,而是在社会基层,只有真正履行了基层民主,实现了群众的利益,这样的民主才算是实在的。当我们重新梳理中国共产党在边区的民主实践时,发现乡村自治实践的光芒不容磨灭。这些光芒可以从 1946 年《陕甘宁边区宪法原则》中乡村自治的有关规定,《陕甘宁边区关于发现培养和提高自治乡村问题的通知》以及以绥德县吉镇区王家坪村为典型个案的分析中看出端倪。中国共产党在边区乡村所推行的这样一场乡村自治运动,在于群众体会到了当家作主的兴味,提高了政治觉悟,推动了整个边区"民主之风"的盛行,从而夯实了地方乡村自治的基础。诚然,在边区开展的乡村自治运动由于种种原因而存在缺陷,但瑕不掩瑜。探究边区乡村的自治实践的历史财富对于今天基层民主政治建设具有丰富的启迪作用。

第一节　陕甘宁边区乡村自治模式

一、边区乡村自治政权

陕甘宁边区建立之前,在未经过土地革命的地区乡村政权模式沿袭的是清代以来保甲制度,这种制度虽说为乡村自治带来了一定的空间,但由于保长的职位一般由地方地主乡绅来担任,也就弱化了乡村治理空间的拓展,老百姓始终处于弱势的地位。边区政府成立之后,以往的保甲制度被废除,以省为单位的建置也相应取消,建立了以县、区、乡为单位的建置格局,这种行政建置格局,除有利于确保抗战之外,还积极发展了群众在基层政权中的实际权力,彻底改变了以往老百姓"无权被欺"的状态。陕甘宁边区乡村自治是发扬人民民主政治的"头一个重要任务",是在培养乡村领导干部的基础上,以建立和健全乡村的基层领导核心为关键,从乡村实际情况出发,经过群众民主讨论酝酿,用群众自己的办法来解决各种问题,从而做好乡村生产、识字、卫生等各项工作。

陕甘宁边区乡村政权组织主要由乡村党支部领导下的乡参议会、乡政府及其下辖的行政村和自然村领导机构组成。

党支部。在边区所设立的基层党支部,不仅是乡村政权核心,同样是乡村自治的核心领导机构。1939 年,陕甘宁边区党委和边区政府联名发出了《关于乡村级党和政府及民众团体组织问题的决定(草案)》,规定支部"应该是乡村政权的领导者,地方武装的领导者,党在群众中的核心。党政军民的工作都是支部所必须管理的工作"。"支部委员会应定期召集会议,计划与检讨党政军民的各项工作,支部的决定,应经过政府党团及民运委员会去讨论执行,不可包办或代替一切。"①这一规定指明了基层党支部在乡村自治结构中的领导地位及其运作方式,在同级党政军民等各组织中,党组织领导一切,乡村党政军民的事情都由党支部讨论决定,决定由政府党团和民运委员会来执行,没有兼支部书记的乡长一般作为一个支部委员,受支部书记的领导。陕甘宁边区在区、乡、行政村一级建立了分支部,即区党委、乡支部、村党小组,全乡村在该支部委员领导下工作。支部委员会(支干会)通常由七人组织之,内分书记、组织委员、宣传委员、军事委员(自卫军连长)、政府委员(乡长)、民运委员(抗后会主任)等。为了处理日常工作的便利,可以成立支部委员会的常委,通常由书记、组织委员、宣传委员三人组织之。不满五个党员的支部只设支部书记或加一副书记。② 在实践运行中,支部对乡政权的领导,普及于行政工作、群众工作以及自卫军工作各部门。支部的干事会一般包括乡长、委员会的主任、各群众团体的某些负责人以及自卫军的连长(他们一般都是党员)。因此,乡政府的重要工作,也构成支部工作的重要部分。各部门的工作,经常在支部会议上布置、检查与总结。假如某部门的负责人不是党员,那么支部对这个部门的工作意见,可以提供给他参考,由于支部考虑得周密,计划得尽详,这些意见大都是被采纳的。

　　党在乡村中的领导作用,通过党员到群众中去实现。例如,"固临县白虎乡第二、三行政村,在征收救国公粮运动中,支部先在群众大会的前一天,召开了全体党员大会,根据总的数目,正确地估计出每个干部与党员应出之粮,各自在大会上先报告;并且具体分配每个党员在群众中活动的对象,使每个党员将自己缴纳的数目预告群众,以影响群众。到了开群

---

① 陕西省档案馆、陕西省社会科学院合编:《陕甘宁边区政府文件选编》第1辑,档案出版社1986年版,第323—324页。

② 陕西省档案馆、陕西省社会科学院合编:《陕甘宁边区政府文件选编》第1辑,档案出版社1986年版,第324页。

众大会的时候,在主席报告后,大家热烈讲话,以鼓励群众的高昂情绪,以后在休息时,每个党员就同三个、五个群众,商量各人出粮数目,然后在大会重新召开的时候,许多党员就首先打冲锋报粮,这就大大地推动了群众,不到三个钟头就完成了八十四石五斗粮的任务。"①

边区党支部确立了定期开会制度,乡村的动员工作及有关群众生活问题、家庭问题等提到行政村的支分部及群众会上讨论执行,使行政村成为推动乡村工作的枢纽。尤其是在最能体现乡村自治形式的"一揽子会",要求"建立领导会议的党的核心,三至五人即可,或由共产党支部干事担任,或另行组织,以保证党的领导,但必须是在群众中有威信的党员,才便于随时影响非党群众"②。此外,乡支部委员会团结一些积极分子在周围,并分配给他们适当的工作,为乡村自治的深入推动奠定群众基础。

乡议会。为了更好地实现乡村自治,边区的乡级政权从实际情况出发,没有一味拘泥于"三三制"民主形式,而是采取了"议行合一"制度。即乡参议会既履行议决权,又履行执行权。在 1942 年 1 月颁布的《陕甘宁边区各乡市政府组织暂行条例》中明确指出:"乡市参议会为乡市政权最高机关,乡市参议会休会时,乡市政府委员会为乡市政权最高机关。乡市长、乡市政府委员由乡市参议会选举之。"③。这说明乡参议会与乡政府既不是并立的,也不是隶属的,而是结合的,开会时是乡市参议会,休会时是乡政府。"正因为他们是统一体,参议员们都参加了政府工作,而且参议会可随时召开。所以政府所做的事,不必要经过参议会的'复决'或

① 陕西省档案馆、陕西省社会科学院合编:《陕甘宁边区政府文件选编》第 2 辑,档案出版社 1987 年版,第 323—324 页。

② 林伯渠:《陕甘宁边区三三制的经验及其应该纠正的偏向》,《中共党史资料》第 18 辑,第 33 页。

③ 甘肃省社会科学院历史研究室编:《陕甘宁革命根据地史料选辑》第 1 辑,甘肃人民出版社 1981 年版,第 134 页。

'追认',参议会定的事,政府也无请求重议的权"。① 这种体制有利于提高乡村自治的效果,因为乡政权作为边区政权的基层组织,是乡村民众能够直接参与的政权,民众可以直接参与治理,既议又行。况且乡政权中大多数乡参议员又都是乡政府委员,因此议行合一制并不是削弱乡议会的职权,而是适合边区环境下更为民主、行政效率更高的一种制度。

大生产运动开展后,边区乡村政权不但要承担繁重的动员工作,还要组织群众生产、学习文化为中心任务,这些任务琐碎而时间紧,如果任何事情要经乡参议会议决后,再由政府和群众组织执行,难免出现脱节影响效率的现象。因此在"议行合一"的基础上,乡村基层又创造了"一揽子会"的形式,使群众中的各阶层代表及积极分子都有机会参与政权,发表意见,为边区民众积极参与到乡村自治实践中来提供了平台,实现了"民治社会"的大家议、大家决,为边区乡村自治奠定了民主根基。一揽子会主要有大一揽子会和小一揽子会两种形式。大一揽子会以乡参议员为主体,在召开乡参议会时,乡政府委员、行政村主任、自然村村长,以及支部干事都参加,不分党员与非党员,也不分议员与非议员,大家议决,分工去做。小一揽子会以乡政府委员会为主体,支部书记、自卫军连长以及与讨论决定事情有直接关系的人员参加。随着大生产运动的开展,劳动英雄的作用和地位逐渐被党和群众所认可。为了吸收劳动英雄参与到乡村自治中来,边区政府对一揽子会作出新的规定:一揽子会议用乡参议会的名义;除乡参议员、村主任、村长、自卫军连长、支部干事以外,还可以吸收党小组、劳动英雄、防奸英雄等参加,提倡大家分工负责,人人执行决议的精神。② 这一新规定表明,劳动英雄参政,成为乡村政权中一支重要的力量,在乡村自治中将发挥重要的作用。

---

① 陕甘宁边区政权建设编辑组:《陕甘宁边区参议会(资料选编)》,中共中央党校科研办公室 1985 年印刷,第 693 页。

② 林伯渠:《陕甘宁边区三三制的经验及其应该纠正的偏向》,《中共党史资料》第 18 辑,第 33 页。

　　随着形势的发展,加强乡村自治成为边区政府发扬人民民主的"头一个重要的任务"。边区政府在总结议行合一及一揽子会议经验教训的基础上,1944 年将乡参议会改为乡代表会,乡代表选举以行政村为单位。乡代表代表所管辖公民意见参加大会,平时接受人民意见并承乡长及代表主任之命,办理本村行政事宜。行政村设代表主任一人,由该行政村全体代表选之。其任务为接受乡长指示,执行所属自然村之政务。必要时,有权召集本行政村之代表会议。① 这样乡代表与村之间的联系更加密切和直接。1946 年 4 月 23 日陕甘宁边区第三届参议会第一次大会通过了《陕甘宁边区宪法原则》。该《宪法原则》规定:"边区、县、乡人民代表会议(参议会)为人民管理政权机关";"人民普遍直接平等无记名选举各级代表,各级代表会选举政府人员";"各级政府对各级代表会负责,各级代表对选举人负责";"各级政府人员违反人民的决议,或忽于职务者,应受到代表会议的斥责或罢免,乡村则由人民直接罢免之"。这些规定说明,乡代表会制是乡人民直接选举能对他们直接负责的代表,组成代表会,为乡政权的最高权力机关。1946 年 10 月 28 日《中华民国陕甘宁边区自治宪法草案》(修正稿)中更是明确规定:"乡为地方自治之基础,得制定乡自治公约。乡代表会即为乡政府,由乡长及乡代表组织之,乡长由乡民直接选举或由乡代表会选举之。村(或行政小组)选出之乡代表会之代表,即为各村或行政小组之行政负责人。"② 这样,乡代表会制下的代表就是名副其实的人民代表,他们执行村长职责,直接和人民联系,直接获得人民的意见,并把这些问题反映到乡代表会上,经代表会讨论决定后,又到居民中执行。这样的代表会就成了真正代表人民的强有力机关,更易发挥乡村自治力量,有利于乡村工作的推动。

---

　　①　陕西省档案馆、陕西省社会科学院合编:《陕甘宁边区政府文件选编》第 9 辑,档案出版社 1988 年版,第 456 页。

　　②　陕西省档案馆、陕西省社会科学院合编:《陕甘宁边区政府文件选编》第 11 辑,档案出版社 1991 年版,第 255 页。

乡政府。边区乡政府是政权的最下层组织,是和民众最为贴近的政权。边区一切事业的具体实施,都必须经过乡政权去实现。如贯彻落实边区政府的各项决策和指示,乡村生产的发展,人民生活的改善,乡村文化和教育的提高,繁重的战争动员,边区乡村公益事业的推动,乡民矛盾纠纷的调解,社会秩序的稳定,社情民意的调查等都与乡政权的工作有直接的责任。因此1942年边区政府通过的《陕甘宁边区简政实施纲要》,指出:"乡政权任务实现的程度,乡村人民生活组织的好坏,新民主主义的政策和法令能否变成人民大众的武器,归根结底。要看乡政权的能力和效能来决定。"

在乡议会休会时,乡政府为边区乡村最高的行政机关。"由五人至七人组织乡行政委员会,内除乡长一人外,其他各委员则分别兼任抗后会主任、自卫军连长、锄奸主任、生产委员会主任、优抗互济会、文化教育促进会主任等工作。"①各委员按其所负的工作职责成立各种委员会,吸收群众中的积极分子参加政府工作,各种委员会组织的设立或撤销按照工作的需要取舍。各委员会均设委员主任一人,一般由该乡行政委员会之一兼任,特殊情况由乡行政委员会委任专人负责。

乡政府对上级政府及乡参议会负责,执行全乡政务。"乡政府大事由参议会讨论,日常工作在乡政府会议讨论。乡政务会议,由五人组织之,除乡长、自卫军连长、乡文书(设有乡文书的乡)当然参加外,其他参加人员由县区政府依具体需要决定之。乡政务会议开会由乡长主持之。必要时得召集行政村主任列席。"②

乡政府管辖下设行政村,行政村下设自然村,行政村设村主任一人,协助乡长管理所属自然村之政务。自然村设村长一人,接受乡长及行政

---

① 陕西省档案馆、陕西省社会科学院合编:《陕甘宁边区政府文件选编》第1辑,档案出版社1986年版,第321页。

② 甘肃省社会科学院历史研究所:《陕甘宁革命根据地史料选辑》第1辑,甘肃人民出版社1981年版,第379页。

村主任之领导,管理本村行政事宜。

仲裁委员会。乡参议会是边区乡级政权的立法决策机关,乡政府是边区乡级政权的执行机关,而司法机关的基层组织在县而不在乡,但并不等于乡级政权自治中不存在司法组织。乡级政权中的司法组织为仲裁委员会,其职责是对边区老百姓内部的矛盾纠纷进行调解,最大限度地维护人民的利益。

仲裁委员会成立之目的:一是有利于老百姓之生活;二是有利于乡级政权了解情况,更好地开展乡村自治。仲裁委员会人员的构成,包括乡长、群众组织代表、民兵连长、乡参议会代表、锄奸主任等等,委员会中设立主任一职,以乡长兼任,并组织调解。当调解不成立时,当事人可根据相关程序,向县司法机关起诉。仲裁委员会调解的范围,1939 年 5 月 21日颁发的《陕甘宁边区党委、边区政府、边区保安处、边区高等法院关于目前各县司法干部补救办法的意见》作了详细的解释,即凡发生在乡级政权管辖范围内之一切民事纠纷和轻微刑事案件,均可由仲裁委员会进行调解。但是在实践中由于仲裁委员会的不作为和群众法制意识淡薄,仲裁委员只是形式,人民有事,都找乡长解决,因此有人主张取消,即使不取消,当人民有纠纷时,只是协同乡长或由双方当事人请公正群众调解。①

二、边区乡村民众组织

在边区乡村自治中,民众组织是联系群众,开展群众工作,实现群众利益具有半政权性质基层组织。群众组织的作用是联系中国共产党与群众的纽带,是中国共产党各项方针政策的实际传播者,是边区政府各项工作有效开展的"拓荒者"。民众组织发育的程度和在群众中所起作用是

---

① 陕西省档案馆藏:《关于乡村政权组织机构及乡政府怎样工作在简政座谈会上的各种不同意见笔录(整理参考材料)》(1942 年 10 月 4 日),卷宗号:2-1-83。

衡量乡村自治的主要标准,在一定程度上,民众组织发育的程度高,在群众中影响大,说明乡村自治程度就高,反之亦然。

内战时期,边区的民众组织已经组织起来,按照职业、性别或年龄不同而组织各种群众团体,民众广泛参加各种组织。但由于革命局势不断变化,民众组织极其不稳定,当革命形势紧张时,民众组织往往面临着瘫痪或者解散。边区政府成立后,在相对和平的环境下,边区作为抗日的总后方,承担着大量的抗战动员任务,因此中共各级政权都切实加强了党对民众动员的领导,通过建立各种抗日团体而有效地组织民众,进行抗战宣传教育及政治经济改革,使民众自觉投身于抗战和根据地的建设中。毛泽东曾指出"战争最大的伟力存在于民众之中"。要想获得对日寇战争的胜利,必须发挥群众的伟力,将其动员团结起来,如何动员? 就"要组织民众团体,无论是工人、农民、青年、妇女、儿童、商人、自由职业者,都要依据他们的政治觉悟和斗争情绪提高的程度,将其组织在各种必要的抗日团体之内,并逐渐地发展这些团体。民众如没有组织,是不能表现其抗日力量的"[1]。由此可以看出这些组织发展的直接动因是以抗战动员为目的的。但是这些组织经过党的宣传、组织、改造后,已不同于以血缘或地缘为纽带组成的农村传统社会组织,它们着有明确政治目标。加入这些团体的广大农民提高了自身的组织化程度,改变了在乡村政治中的弱势地位。这些社团取代了农村旧有的宗法组织,进一步动摇了封建势力的社会基础。各根据地社会结构的变化,使广大农民摆脱封建关系束缚,直接与村政事务和边区事业发生联系,因此民众团体组织不仅具有抗战动员的功能,而且对于巩固边区政权,实现乡村自治也发挥了重要作用。对此,谢觉哉认为组织民众的意义在于:"各民众都有他自己的组织,讨论并解决他自己的利与害问题,两口子吵嘴、家婆虐待媳妇……等属于妇女的,去找妇救会;唱歌、游戏、读书……等属于青年儿童的,有青救会儿

---

① 《毛泽东选集》第二卷,人民出版社 1991 年版,第 423 页。

童团；工人的事有工会；农民的事有农会。那些应兴应革的事，群众团体已讨论烂熟，而各群众团体的领导者又直接参加各级政府委员会，把他们的意见随时反映到实际政治来。"由于广泛民主政治的实施和政府的支持帮助，除少数未被改造的边缘化群体之外，边区绝大多数老百姓加入了各种类型的群众组织。如农民加入了互助合作组织，工人加入了劳动工会，妇女加入了妇委会，青年加入了青年会，商人加入了商会，甚至儿童也有了自己的组织。边区的人民至少每个人加入了一种组织，有的还加入两个以上的团体。

（一）边区乡村民众组织的基本类型及功能

边区乡村民众组织大体可以分为四种类型：一是政治性质的民众团体，如农民会、青救会、妇救会、儿童团等；二是军事性质的民众武装组织，主要有人民武装自卫队、基干自卫队、青年抗日先锋队、民兵等；三是经济性质的民众团体，主要有变工队、扎工队、互助组、合作社、唐将班子等等；四是读报小组、识字组、村剧社、秧歌队等文化性质的民众组织。

农民会。在乡村中最广泛最基本的群众组织，就是农民会，它是从过去的贫农会转变过来的。只有乡一级才有农民会，区、县以及边区政府都没有这个组织。在自然村中有农民会长一人，他实际上执行了自然村村长的工作，他不但受乡的农会主任领导，还要受行政村主任的领导。一切动员及其他行政工作，在自然村中都由他领导，甚至于农民们的日常琐事都请他解决，他在农民中的威信很高，所以政府倾向于由农民会长担任自然村村长。此外，农救会在协助政府工作、乡村自治中也发挥了重要作用。如在动员参军的宣传、组织工作中，农救会成员深入家庭做动员，召开欢送会进行鼓动，解决军属家庭的诸多困难等，使参军者无后顾之忧。农救会还积极承担了支援战争的勤务，经常协助政府组织担架队、运输队、征集粮秣、募捐慰劳等，对于支援抗战起到了积极作用。农救会在边区的减租斗争中，将广大农民组织起来，调动了农民的积极性，保证了农民的经济利益；在大生产运动、合作社运动中，组织生产，推动了经济发展,使农民过上了丰衣足食的生活。

青救会。为实现对日本帝国主义战争的胜利,边区成立了最为广泛的青年救国组织。只要有抗日的信念,不分民族、性别、地区、宗教等等,年龄在 7 岁至 23 岁之间均可加入该组织。为了便于组织和领导,根据年龄不同编入不同的组织。如 18 岁以上的列入青年自卫军、14—18 岁的列入少先队、7—14 岁的列入儿童团。截至 1938 年,边区青救会共有会员 16 万之众,体现了边区青救会组织之庞大。

青救会的中心工作是动员青年参军,同时还要组织发动青年参加根据地各方面的建设,是建设根据地、巩固根据地的骨干力量之一。如为改变青年的文化水平极低的落后状况,青救会发动一场包括 6 万人在内的文化突击教育运动,运动的成果极为显著,不仅提高了青年的文化素养,而且通过在文化教育中灌输政治思想教育,使得青年的政治素养得到提升。在战时情况下,开展对青年的战争动员工作,进行了极为刻苦的军事训练,包括枪法、刺刀术、地形侦察、步法演练等等,极大地提高了青年自卫军的作战能力。

妇女救国会。妇女救国会是一个面向于边区广大妇女的救国组织,主要以妇联会的形式存在。妇联会自下而上分为:乡妇联会—区妇联会—县妇联会—边区妇联会。其成员的产生以每二十位妇女为单位,选举一名代表,建立妇联会。1938 年成立的妇女救国会,称为陕甘宁边区各界妇女联合会。边区 13 岁以上的女性,都可以加入妇联会,据有关资料显示,截至 1939 年,边区共有 70% 的妇女加入妇女救国会,会员达到二十一万之众。① 她们在武装、生产、教育等方面都有组织,遍布边区各乡村。主要的任务为抗战动员、改善妇女生活、保育儿童、教育宣传等工作。

在抗战时期,妇女救国会的作用举足轻重,她们积极参与边区各项工作,包括参政议政、识字运动、生产竞赛运动、放足运动等等,极大地推动

---

① 齐礼:《陕甘宁边区实录》,解放社 1939 年版,第 87 页。

了边区各项事业的发展。如一些思想先进能干的妇女,担任各级政府的领导职务,使妇女的政治地位得到了极大的提高。在生产运动中妇女组织的纺织小组、垦荒小组等,提高了妇女的经济地位。此外,一些较为勇敢的妇女还加入青年自卫军,帮助部队进行盘查放哨、战争救援、物资输送等工作,有的还参加了边区政府举行的检阅,为抗战党员作出了应有的贡献。

乡工会。边区工会主要由总工会、县工会、区工会、乡工会组成。乡工会是维护边区工人权利最为基本的组织,其产生是由工厂召开工人大会,由工人按照自己的意愿直接选举最具信仰的 3—5 位人员来组成,负责乡工会的日常事务管理。在边区的各种工厂中,有大约 3 万名工会会员,其基本结构为:农业工人为 65%,产业工业为 7%,手工业工人为 28%。①

对于乡工会的日常工作,则以抗日战争为背景,凸显多样性。一是将乡工会中 16 周岁以上,45 周岁以下的工人进行组织动员,并将其吸收到边区工人抗战自卫军队伍当中,以实现抗战力量的不断壮大和发展;二是乡工会自发对抗战家属进行义务耕田,保证抗日家庭的基本生活;三是广泛开展劳动竞赛,发展生产,以支援战争的物质需要;四是积极参政议政,参与政权的建设,一些工人劳动模范甚至成为乡村自治核心小组的核心成员,推动边区乡村自治运动发展。

抗敌后援会。1938 年 1 月,陕甘宁边区建立了统一的民众组织——抗战后援会,拥有团体会员 24 个,会众 80 多万人。其主要任务是通过进行战时宣传教育、武装民众、募集救国公粮、募捐慰劳前方战士、优待抗属及慰劳抗日军人、锄奸等方面支援抗战。抗后会是全边区的分级组织,在分区、县、乡都设有抗后会,乡抗后会为最基本组织单位,主要包括"农民会"、"妇女联合会"、"青年救国联合会"等。1939 年 8 月,随着形势的发

---

① 《群众》第 1 卷第 18 期,1938 年 4 月 17 日。

展,抗敌后援会的组织和任务进行重新调整,其被定性为民运组织,其任务为宣传动员、军事组织工作、清除汉奸、工人运动、青年运动、解放妇女运动等等,而对于此前存在的民众组织,均因形势发展之需要而取消。这些组织在抗战动员、推动经济建设、组织和管理民众等方面发挥了重要的作用。

(二)乡村民众组织建设的不足

边区群众组织的大发展,为政府任务的实现,服务农民的切身利益,乡村社会面貌的改善作出了极大的贡献。如在政府工作中,曾经有一些诸如抗战动员、救国捐款、战争后勤保障等方面的工作,一直难以开展,但在各类群众团体建立之后,这些工作变得井然有序,顺利完成。然而,在群众组织工作的开展过程中,存在着诸多不足之处,表现为过多注重抗战动员而忽略生产劳动;妇委会、青年会、劳动工会等徒有其表,会员加入有名无实,实际工作难以开展;互助合作组织中仍然存在较为严重的个人主义;等,这些不足的存在,对于边区乡村自治的有效开展是一种极大阻碍。为了更好地发挥这些组织的作用,西北局1943年5月5日发布了《对边区群众工作的指示》,确定了群众组织的工作方针要"去掉空架子,替群众做实际事",群众组织建设要"克服那种有名无实的形式",在"具体的生产和教育事业中去联系群众、组织群众"。在《指示》精神的指导下,边区的群众组织得到了改造,建立了以经济组织和教育组织为基础的群众组织构架。组织各项工作的开展和决策以民主集中制为基本原则,群众组织中也确立了严明的纪律,并建立了具体的群众组织纲领。纲领的要旨是:为抗战服务,为提升群众的文化知识服务,为提高群众生活水平服务。

值得一提的是,在边区广泛建立群众组织,中国共产党起到了推动与指导作用,但其建立的程序是依照民主政治之原则,他们接受中国共产党之领导,但对于群众组织的内部事务,如关于生产建设、教育、基本权益维护甚至对乡级政权发展之建议等方面的内容,由群众组织内部依据民主集中制的原则来讨论和决定。由此可见,群众组织在政府的领导和指导下,独立自主地开展工作,既巩固了党的领导地位,也奠定了乡村自治运动的根基。

三、边区乡村自治模式的基本特点

1.党支部、基层政权及乡村民众组织相结合的立体结构模式

乡村自治是一项系统工程,并非其中某一种力量所能实现,离开了基层政权以及乡村民众组织的有效配合,基层党支部就成为"光杆司令",乡村自治将很难实现。因此在乡村自治过程中,必须同时发挥三者所构筑的整体合力,构建乡村自治的核心领导"立体机构模式"。从乡村自治的实践来看,党支部、基层政权及乡村民众组织组成的核心领导起着关键因素。

边区创建初期,乡村党政关系混乱,党支部包办一切,所有关于乡村建设之事,都是由支部召开秘密会议,而后由群众来执行,以至于群众对于决议之事的关注度不高,执行效果一般。对此,李富春同志在《陕甘宁边区党的工作》一文中强调:"党经过政权、军队及各种民众团体等等联带与杠杆的作用,与全边区人民特别是与工农劳动大众密切联系起来。"[①]之后,党经过整顿提高党支部的质量,明确乡政府的职能,划分民众组织与党支部、乡政府的职权关系,一方面发挥了党支部的核心作用,另一方面加强乡政府的独立性和发挥民众组织的桥梁作用,使他们在各自的职权范围各司其职,互相协调,统一灵活,保证了乡村自治的有序开展,从而也激发了民众参与乡村自治热情。他们积极参与选举、社会边缘群体改造、边区政权建设以及对边区一系列社会问题治理,实现了边区自治的群众性和有效性。

---

① 《解放》1939 年 11 月 20 日第 90 期,转引自《延安民主模式研究资料选编》,西北大学出版社 2004 年版,第 79 页。

2.重视乡村基层干部执政能力建设

在边区乡村自治实践中,乡村党政干部的能力是极为重要的。从某种程度上来讲,乡村自治的效果,取决于乡村领导干部的威信、素养、组织能力、动员能力、领导能力。但由于边区长期处于封闭落后的状态,乡村党政干部大都出身贫农,大多数是文盲。如 1940 年对边区富县乡村党政干部的调查发现:"干部的特点:一般的区乡干部较幼稚,对工作的原则把握性差。区乡个别干部,保有旧政权的习气,某些工作常有对付上级的色彩。一般区乡干部不识字的很多,并抱有私情观念较厚,乡级干部有报复心的态度。干部对政权的认识:干部(区乡)对政权的认识不够,所以不会很好利用政权工作"。正因为对政权认识不够,所以对工作抱有应付态度。"一般尤其乡级干部与党员不想负责,所以乡级干部群众过多,并有某些坏分子已混进了政权组织,积极的好的群众未加发现与提拔。"①由此可见,边区乡村党政干部的状况确实令人担忧。为推动边区乡村党政干部各方面能力的提升,以实现执政能力的提高和优化,边区政府采取了一系列措施,包括组织一系列的培训班,强化干部执政素养;组织一系列具备丰富理论能力及实践能力的工作组进驻乡村政权,以其理论及实践的经验来实现对乡村党政干部能力的熏陶及栽培,并最终改善其工作方法;选派一大批有能力、敢干实干的有为青年到边区乡村政权担任领导工作,使边区乡村政权干部队伍力量得到充实。通过这一系列的措施,培养了一大批优秀的乡村干部队伍,使乡村自治取得了极大的成绩。

3.多种方式激发群众参与的广泛性

边区自治程度的高低,一个关键的衡量标准就是群众参与的广泛性和自治性。若离开群众的参与,所谓的乡村自治必将成为空谈。为此,必

---

① 陕西省档案馆、陕西省社会科学院合编:《陕甘宁边区政府文件选编》第 2 辑,档案出版社 1987 年版,第 167 页。

须通过各种形式来推进群众对乡村自治的参与水平。为了实现群众能有效地参与政治,在组织建设上,设立乡政府委员会,经过委员会的形式,将群众中的积极分子吸收到政权中来,使多数人都同政府保持密切的联系,既有利于党的政策的执行,也有利于提高群众参与政治的积极性。同时在边区政府的领导下,建立了一系列的民众组织,包括乡工会、青救会、妇女救国会等,边区绝大多数民众都加入了各种组织,通过这些组织,为群众自治提供了最大的平台。由于民众组织是半政权性质的组织,因此一些民众组织只是以上级任务为要,而忽视群众利益,导致了民众组织脱离群众的现象,为此,边区政府从思想动员入手,教育民众组织要善于做群众工作。如1939年边区政府规定:"乡级各种组织(党、政、民)的工作,必须不仅每次开会讲动员,而且要去注意群众中日常发生的一切问题和群众的困难,并经常解决这些问题,如此则信仰会提高,群众会活跃,群众工作会深入。这就是说我们不仅向群众要,而且也必须替群众解决问题,也只有在为群众解决问题中才能提高其积极性,达到我们扩兵、粮食动员等等的目的。"①此外,边区乡村通过办识字组、黑板报、冬学等形式将群众组织起来,经过党的推动和群众的努力,达到了教化和改造群众自己的目的。

第二节　陕甘宁边区乡村自治的基础:模范乡村建设

边区模范乡村的建设是乡村自治的基础。从模范乡村建设的标准中可见一斑:"村庄的变工扎工组织得好粮食打得多,普遍有余粮;积极发

---

① 陕西省档案馆、陕西省社会科学院合编:《陕甘宁边区政府文件选编》第1辑,档案出版社1986年版,第325页。

展纺织,穿布能够完全自给或自给一部;村庄改造了二流子,其中有荒地的还安置了难民;村庄开始普及卫生走向人财两旺;注重教育,发动大家识字;另外,能很好地调解纠纷,拥军优抗,除奸自卫,互相团结等方面的工作搞得好,是大家学习的典范和榜样。"①由此可见,模范乡村建设并非仅仅针对乡村生产发展,还包括了二流子改造、卫生建设、教育建设等方面的内容。为此,对陕甘宁边区时期模范乡村建设的研究,必然内在地蕴含着极强的乡村自治的理论与实践意义。

一、边区模范乡村建设的历史发展过程

由于陕甘宁边区恶劣的自然条件、落后的经济状况等方面的影响,导致边区成为了一块经济、文化等方面的"贫瘠地"。为此,陕甘宁边区成立之后,在党和边区政府的号召和领导下,围绕着生产发展、生活改善、乡风文明进行的模范乡村建设的就此展开,这无疑是党在乡村自治建设过程中的创新探索。

(一)边区模范乡村建设的缘起与发展

陕甘宁边区自然环境恶劣,生产落后,耕作技术仍然是几千年的传统模式,导致农业产量低得惊人,亩产仅一斗有余,连满足农民基本的温饱都成问题。陕甘宁边区成立之后,随着抗日政权的不断扩大,党政军的吃饭问题日益成为了摆在边区政府面前的棘手问题。尤其是抗战进入相持阶段之后,敌人实行军事"围剿",经济封锁后,导致原本就捉襟见肘的陕甘宁边区经济状况变得愈加严重。为解决严重的经济窘况,以毛泽东同志为核心的中国共产党人开始探索自主发展的新模式。

1939 年 2 月,面对日益严重的经济困难,中共中央召开了生产动员大会,毛泽东同志在会上旗帜鲜明地提出了"自己动手、自力更生、艰苦

---

① 陕甘宁边区财政经济史编写组、陕西省档案馆编:《抗日战争时期陕甘宁边区财政经济史料摘编》第 2 编,陕西人民出版社 1981 年版,第 765 页。

奋斗、克服困难"的大生产运动号召,动员边区广大军民组织起来,以"农业生产是第一位的原则"来解决军队中存在的温饱问题和抗战物质的需要。随着大生产运动在军队和机关、学校的开展,粮食方面自己动手解决了一部分,但是主要还是依靠老百姓,导致老百姓负担加重。1942 年毛泽东在边区高干会上提出要减轻人民的负担,发展经济的要求。"我们一方面取之于民,一方面要使人民经济有所增长,有所补充。这就是对人民的农业、畜牧业、手工业、盐业和商业,采取帮助其发展的适当步骤和办法,使人民有所失同时又有所得,并且使所得大于所失,才能支持长期的抗日战争。"①之后,一场包括"一切公私军民男女老少在内,绝无例外"声势浩大、轰轰烈烈的大生产运动在边区开展起来。在此基础上,党中央提出了"丰衣足食"的号召。这表明,党的工作重心已从解决财政困难开始转向乡村农民经济发展方面。

为了深入地开展大生产运动,边区政府善于发现和挖掘涌现出的劳动模范,1943 年 1 月 11 日延安《解放日报》发表《开展吴满有运动》的社论,宣传吴满有同志由贫苦农民发展成富裕农民的光辉事迹,将吴满有确立为"边区全体农民的方向"。之后,在劳动英雄的带领下,边区产生了各种类型的模范村,仅绥德县就有生产模范村郝家桥、拥军模范村王家坪、变工模范村黄合崄、农作法模范村张家坞劳等。而在模范乡村的建设上,劳动英雄发挥了核心和旗帜作用。如延安吴满有的吴家枣园、定边贺保元的贺家园、华池张振财的城壕村、淳耀石明德的白塬村、绥德刘玉厚的郝家桥等,都是在劳动英雄的带领下实现了乡村建设的大发展。1943年边区参议会议长高岗在西北局招待劳动英雄时总结了关中、陇东、延属、三边这些地区出现的劳动模范村的经验,号召"劳动英雄要成为团结和推动一个村一个乡群众生产的核心和旗帜"。1944 年延安《解放日报》发表《关于创造模范村的几个问题——介绍甘泉的点滴经验》一文指出,

①　《毛泽东选集》第三卷,人民出版社 1991 年版,第 898 页。

"模范乡村应是一般乡村群众生产的榜样,在质量上一定要求得比一般乡村强、精、有突出的地方"。① 在党的号召下,劳动英雄纷纷表态,如陈德发响应吴满有号召,把安塞四区三乡变为模范乡,延川县提出了创造11 个模范村,安塞劳动英雄大会拟创造 57 个模范村。1943 年后越来越多的模范乡村开始涌现,模范乡村建设进入了高峰期。

　　模范乡村建设的深入发展为乡村自治奠定了基础,为把其培养成乡村自治的典型,边区政府在总结模范乡村经验的基础上,1946 年 4 月,林伯渠在陕甘宁边区第三届参议会上明确了陕甘宁边区乡村建设的方向,认为:"头一个重要任务,是加强乡村自治。"并提出了乡村自治措施:发展以自然村为基础的代表制,通过代表的选举为乡村自治造成有利的条件。改进乡政府的工作方式,具体帮助村主任、村代表进行工作,实际解决问题,去掉简单命令的办法。从乡村公产及人民乐意的办法筹集一定的自治经费。上级领导必须符合加强乡村自治的精神,关键在于县,县政府必须与乡政府保持密切的联系。为乡村自治指明了道路和方向。为了进一步发展和扩大乡村自治,1946 年 10 月边区政府办公厅颁发了《陕甘边区政府关于发现培养和提高自治村乡问题的通知》。《通知》希望各分区各县负责同志一方面注意发现这种已有高度自治能力的模范村乡,有计划地搜集他们具体生动的自治事实,写成材料,供各地加强村乡自治参考。另一方面注意培养和提高尚无自治能力或自治能力尚属不足的村乡,帮助其建立村的领导核心和工作制度(不是重复曾经犯过的包办代替),使自治工作真正生根。

　　从以上可以看出,边区模范乡村建设缘起于大生产运动,在党的领导下,劳动英雄的核心推动和示范作用,使得模范乡村建设得到了发展。由于模范乡村建设涉及乡村生活的各个方面,如生产的发展、农民的教化、社会的改造等,因此模范乡村建设既有利于边区各项工作的开展,也有利

---

　　① 《解放日报》1944 年 5 月 14 日第 2 版。

于乡村自治。当党看到模范乡村建设的双赢效应后,及时总结经验,以模范乡村的建设作为乡村自治的典型在边区条件适合的地方加以推广和运用。特别是边区政府明确地提出"乡村自治"的重大任务,不仅反映了我党民主执政的理念,而且对今天乡村民主政治建设产生了积极的影响。

（二）吴家枣园——陕甘宁边区模范乡村建设的典范

在陕甘宁边区开展的模范乡村建设过程中,最具示范作用的无疑是在劳动模范吴满有领导下的吴家枣园模范乡村建设。吴家枣园在土地革命之前,可以说是一穷二白,全村共有 5 户人家,人口不足 20 人。但在经历了土地革命,实现了"耕者有其田"之后,吴满有充分发挥自身的智慧和干劲,不仅实现了个人财富的从无到有,还被评为了边区劳动模范,得到了毛泽东的亲切接见。吴家枣园在吴满有带领之下,改变了昔日贫困的面貌,做到了"人财两旺",到 1943 年底,吴家枣园的农户达到了 18 户,翻了 3 番,人口达到了 58 人,成为了边区模范乡村建设中典型中的"典型"。

为大力推动模范乡村在边区的深入开展,延安《解放日报》在 1944 年的新年版中对吴满有与吴家枣园进行了重点介绍,认为吴家枣园的成绩,理所当然离不开吴满有这一位"党的好同志",也正是在吴满有的带领之下,才有了吴家枣园的光辉旗帜。吴满有本不是吴家枣园本地人,而是 1928 年是为躲避饥荒从陕西横山县逃难到吴家枣园的,为了生存,吴满有向地主租了 20 坰山地,但因为土地贫瘠、自然灾害频繁,连地主的租子都交不上,迫不得已卖掉两个女儿。1935 年土地革命后,吴满有分到了 70 多坰山地,凭着吃苦耐劳精神和经营有方,实现了"从无到有"的转变,种的粮食不仅够吃了,还有剩余。到 1942 年,吴满有的家产为 77 坰地,年打 42 石粮食,另有 5 头牛,1 头驴,200 只羊,4 匹马。这些对于当时的农民来说,无疑是一笔巨大的财富。边区政府得知吴满有的事迹之后,在《解放日报》上做了《模范农村劳动英雄吴满有,连年开荒收粮特多,影响群众积极开荒》的人物通讯报道,在边区引起了极大的轰动,一场以吴满有为榜样的学习运动由此而展开。但对于吴满有来说,其真正的功绩并不是实现自己的富裕,而是带领整个吴家枣园的富裕,"领导了吴家枣园的全村变工,使全村都多打了粮食,都丰衣足食,把吴家枣园变成'劳动模范村'"。①

吴家枣园的模范村建设首先是从开荒开始的。1942年,吴家枣园的可耕地只有263坰,基本上是山地,土地贫瘠,种不出什么粮食,唯有多开地才是根本,而当年的粮食产量也仅为141石,基本能满足全村人一年吃喝,全年开垦荒地也只有41坰。但自从以吴满有为核心的乡村自治核心班子建立起来,1943年,该村不仅实现了开垦荒地145坰的惊人成绩,粮食产量也达到了210石,荒地开垦和粮食产量的增长率为全区第一。②而这一成绩的取得,全归功于吴满有为总组长的吴家枣园变工队。以往每家每户"单干"根本不能实现荒地开垦的增加,只有组织起来,才能实现粮食的增产。因此,村里面召开了村民大会,决定成立变工队,大家一致同意"变起来做得快",并将村里的58人分为3个小组,进行合作化垦荒,一开始大家都不太适应,但慢慢地就发现了集体力量的优势,一块荒地一会儿就开完了,并且由于集体劳动无形中存在的竞争性,使得劳动生产率大大提高。也正是这样,1943年,全村垦荒面积超出了原计划的一倍。除了垦地变工队之外,吴家枣园根据农业生产的需要,成立了除草变工队、秋收变工队等等,带来了极大的成效。以往拖拖拉拉很久都难以完成的任务,现在很快就完成了。

在总结吴家枣园取得的成就时,延安《解放日报》指出:吴家枣园村在全边区的农村中说来,在发展生产上,并没有什么特殊有利的条件,只是由于吴满有的积极领导,造成全村开荒的热潮,成立了全村的变工队,组织了全村的劳动力,立刻就收到这么大的成效,变成了全边区开荒最

---

① 《解放日报》1944年1月1日第2版。
② 《解放日报》1944年1月1日第2版。

多,增产粮食最多的第一个模范村。①

二、边区模范乡村类型

边区模范乡村建设缘起于经济建设,缘起于边区政府对乡村社会的改造,因此模范乡村建设的覆盖面涉及乡村生活的各个方面,从而使模范乡村建设呈现出多样性。在边区政府的挖掘和宣传中,主要有生产模范村、纺织模范村、文化模范村、卫生模范村、运盐模范村。

(一)生产模范村——组织起来促发展

在边区诸多模范乡村中,最多的是生产模范村。其主要原因归于模范乡村建设初期,基本围绕着发展生产而展开。在大生产运动中,"组织起来,发展生产"是当时喊得最为响亮的口号。这一称号也是涵盖面最广的,基本将模范村的生产情形包括在内。如郝家桥模范村,延安《解放日报》指出,该村最大特色是:他们全村和全家(刘玉厚全家人),没有一个不参加生产,男耕女织,连儿童都参加变工或拦羊、拾粪,在自己的土地上,他们具有高度的生产热情,充分使用每一件劳动工具。② 随着生产模范村建设的逐步深入,边区的经济得到逐步发展,人民生活得到改善的基础上,开始有了"人财两旺"、识字的需求,边区政府从群众的需求和利益出发,号召开展卫生、识字运动,从而在生产模范村的基础上出现了卫生模范村、文化模范村等类型的特色模范乡村。如延安市北区的杨家湾村,先是被评为运盐模范村,后又被评为卫生模范村。在模范乡村建设中,被评为生产模范乡村典型的有郝家桥模范村、华池县城壕模范村、延长县贺家窠、定边县马坊掌模范村、安塞马家沟模范村等等。它们之所以能被评为生产模范村,主要是其具有鲜明的生产特色。

首先,组织全村大变工。在边区生产模范村建设的过程中,最为得力

---

① 《解放日报》1944 年 1 月 1 日第 2 版。
② 《解放日报》1943 年 3 月 22 日第 2 版。

的措施无疑是生产大变工。在以上的生产模范村中,都无一例外地采取了大变工的方式。淳耀县的白塬村把全村七十二户男女老少和牲口都组织起来常年变工,结果节省出三千个人工和驴工,每家比上年多打了一石粮食。延安的吴家枣园把全村十八户的人力组织起来常年变工,结果多打了一百二十石粮食。安塞的马家沟组织了全村的人力、牲口变工,开荒任务超过一倍。夏天锄草时,全村又组织了一个扎工,一个变工,全部劳动力再次组织起来,使得 1943 年的川地都锄了三遍,山地均锄了两遍,提高了庄稼的收成。秋收时再次变工,打场也是变工,总共 60 天就将全部的庄稼收打完毕,比往年快多了。即便如此,在制订 1944 年生产计划时,仍提出要把全村的大变工再提高一倍。延安县蟠龙区二乡韩家沟马福选领导组织该村变工队已有五年的历史,1943 年在村上领导和组织了一个包括 15 个劳动力的变工队。由于他的影响,邻村的群众都要求参加他的变工队。

其次,制订切实可行的生产计划。生产模范村都注重制订生产计划,具体到每家每户,甚至进行村与村的竞赛,以提高劳动热情。1943 年初,杨朝臣向吴满有提出挑战,制订的生产计划如下:第一,今年开荒五垧,要把草树连根拔掉,并且要掏一尺多深。第二,粪要上得好,翻二三次,每垧地上粪十袋。第三,除草四次,围(培)土要好到苗秆不倒。第四,牲口保证不生病,菜要种得好,粮食要每垧地比去年多收一斗。第五,和民众的关系要好,要帮助群众解决困难。第六,我是受移民优待的,三年不交公粮,但我能做的公益事,要热心参加。吴满有接受挑战后,制订出更高的生产计划。1943 年在延安县劳动英雄的闭幕大会上,有二十几人应战吴满有,"有的是个人计划,有的是代表全村计划。"[1]张振才在劳动英雄代表大会上提出 1944 年的生产与工作计划,包括组织变工、开荒、作农户计划等共十一条计划。

①　《解放日报》1944 年 2 月 10 日第 2 版。

最后,注重副业的发展。生产模范村在以生产为基础上,还善于经营副业,通过发展合作社、运盐、妇纺、养牲畜等增加农民的收入。延安县柳林子村的刘建章办的模范南区合作社,给老百姓谋了几千万元的利益,老百姓人人欢喜。淳耀的田荣贵,他在四个月内从一个乡的合作社发展成一个县的合作社,从一万元股金,发展到八百万元股金,为老百姓谋了许多利益。延安县的刘水样在南区合作社帮助下,利用公盐代金,组织了七百多条牲口的公私合作运输队,运回食盐一万八千驮。不但省下老百姓去驮盐,而且凡是出公盐代金的人,都能分到很多红利。清涧的白德,他一个村喂了几百头猪,开了四个粉房,还发展了其他副业。绥德安锦城组织了附近六十里内的妇女纺线,一共赚了二百多石米。① 这些成绩的取得正如陕甘宁边区第一届劳动英雄代表大会宣言所称:凡是经过组织生产劳动和经营发展副业的家庭,都已做到"猪羊满圈,骡马成群,瓜菜满地,粮食满囤",真正实现了丰衣足食。

(二)文化模范村——识字运动除文盲

在边区乡村实现生产大发展的同时,如何提高边区老百姓的知识文化水平,以破除"文化教育荒地"的状况,日益成为了边区政府着手解决的重要议题。为此,在边区财政状况有所好转的情形下,毛泽东提出了"每人认字一千"的口号,此后,边区各地响应毛泽东的号召,成立了识字组、冬学、夜校、读报组等一系列识字运动的新模式,为边区文盲的消除打下了基础。

随着识字运动在边区广泛开展,文化知识在老百姓心目中的重要性被挖掘了,通过识字运动,边区民众可以足不出户,便可以通过相关的报纸、杂志、宣传材料了解边区各项事业的发展状况、抗战形势以及生产生活的基本常识。对于这一点,安塞县委李望淮在其《安塞马家沟读报组成为团结全村的中心》的讲话中指出:"马家沟读报组成立对于全村村民

---

① 《解放日报》1943 年 12 月 17 日第 2 版。

来说,意义不单单是文化知识的增长,更有使本村人更加团结、生产发展、风俗改善的效果。为此,必须要持之以恒地坚持下去。"①在知识改变生活、文化助推新知的氛围下,越来越多的边区群众开始发自内心地感受到知识所带来的益处,尤其是在与边区开展的自然科学运动相互配合下,极大地推动了边区乡村生产技术的改良与发展。基于此,一些模范村开始从生产模范村向文化模范村转变,纷纷提出了消灭文盲的识字计划。如关中淳耀县领底村就围绕生产发展制订了"三年内每人识字1000个"的计划,并特别提出"忙一闲二"、"忙二闲五"、"忙三闲六"等口号,即是说即使在生产较忙的一天中也要求自己认字1—3个,而在生产空闲的时候则要求认字2—5个,这样的话,就可以按时完成识字一千的任务。② 而在安塞真武洞村,更是成立了妇女识字组,妇女通过阅读边区报刊,不仅了解了边区政府实行"放足运动",推动妇女加入生产大军,提高妇女地位的消息。更从报刊中认识到文化知识、生产劳动对于妇女解放的重要内涵,促使生产情绪得到极大提高。如村民乔生娃过去不学纺线,读报后叫姐姐代她领一架车子学纺。③ 由此可见,对于边区群众来说,其内心包含了对知识的渴望,并期望通过知识提高来改变自己的命运。而在识字运动高潮的推动下,一大批文化教育实现"跃升"的乡村开始涌现出来,包括安塞马家沟村、新宁县窦家湾、吴家枣园等等。

在识字运动开展中,创建文化模范村的例子较多,而新宁县五区一乡窦家湾则是一个的典型。延安《解放日报》在1944年7月15日还专门辟出专栏对该村的文化模范村创建进行了报道,讲述了窦家湾如何在三年内实现除去文盲的事迹。窦家湾的基本做法是:办起了各种文化认知场所,如办日校、夜校、冬学等等,全村百分之九十以上的群众都参加了不同类型的学习组织。此外,窦家湾村还成立了读报组,这是一个比较能激发

---

① 《解放日报》1944年5月15日第2版。
② 《解放日报》1944年8月20日第2版。
③ 《解放日报》1944年6月14日第2版。

群众学习的好方式。通过读报,群众不仅认识了字,还懂得了一些未曾了解的知识,因此,一个包括9个人在内的读报组在窦家湾组建了起来。除此之外,在窦家湾村,群众还树立了一个识字的好习惯,在村民房屋的墙上、门上、窗户上等地方,都随处可见帮助村民文化提高的"字",一种爱学习的风气在窦家湾渐成"星火燎原之势"。在该村的努力之下,文盲被消除了,还被评为边区文化模范村。① 因而该村成为文化模范村的一面旗帜。

(三)卫生模范村——人财两旺讲清洁

大生产运动的开展,使农民生活得到了改善,但是却出现了"财旺人不旺"的状况。"根据延安市13个村庄的调查统计,1943—1944年间,人口自然出生率为82%,死亡率为59%,而同时期国内其他地区人口自然死亡率为30%。在死亡人口中,婴幼儿占了大多数,部分地区婴儿死亡率达到60%。"②延安市北郊乡34个婆姨,平均每人生7个孩子,死亡5个孩子,全乡人口为负增长。③ 志丹县三区四乡1944年上半年出生率为3%,死亡率为14%。④ 究其原因,边区文教会分析是,"外来的难民,衣食住均薄,又太无卫生常识,死亡以他们为多。"关中发言人在文教会上也指出:"山地死的多,梢深水凉,人畜同居,终年不洗脸,半年或全年不洗衣,被子有自新至坏不洗的。没医生。居民多是移民。"⑤1942年底,毛泽东在接见西北局高干会表彰的劳动模范时,来自农村的劳动英雄向毛泽东表达了农民人财两旺的愿望。此后,毛泽东提出了"边区群众讲卫生,实现'人财两旺'"的口号,自此,在边区政府的领导下,一场声势浩大的清洁卫生运动开始在边区乡村得以广泛开展。

---

① 《解放日报》1944年7月15日第2版。
② 《解放日报》1944年7月23日第2版。
③ 《解放日报》1944年8月14日第2版。
④ 《谢觉哉日记》上卷,人民出版社1984年版,第695页。
⑤ 《谢觉哉日记》上卷,人民出版社1984年版,第696页。

延安市北郊乡高文亮乡长提出十大竞赛口号,要求家家做到"人财两旺"。通过召开村民大会,号召大家挖茅厕、垃圾坑,不喝生水,拆洗被子,并首先从自己的家庭做起,再带动乡里的其他村子,特别是原来肮脏的杨家湾,在他的帮助下也转变了,并且当选为卫生模范村。延安县柳林区马布塔河村发现清洁卫生的白家。马布塔河村共 21 户住户,白姓家占10 户。白姓家有脸盆毛巾,每天洗脸,衣服被褥常常换洗,脏了就洗,破了就补,炕上有席子,被子每年洗四次,保证不生虱子,不喝凉水,不吃生冷食品。每人有几套换洗的衣服,干干净净,像延安市机关里的公务人员一样,上炕必脱鞋,余下的食品用锅盖盖着,不让苍蝇爬。因而上年马布塔河共害传染病死亡七人,白姓十家只死一人,其他十一家死六人。① 新宁县五区一乡窦家湾村,自政府提出开展文化建设工作以来,该村立即成立一个文化工作委员会,公举三个青年当委员,负责领导全村清洁卫生、破除迷信、读报识字等工作,卫生工作方面更加提高一步。由于窦家湾讲究清洁卫生,在五区一二三乡都受到病疫侵扰时,独窦家湾能避免灾害,全村各户仍平安快乐,专心致力生产。

在党中央的指示下,边区的医疗卫生组织也发挥了极为重要的作用。如绥德为了广泛开展分区医务卫生工作,分区专署特意组织驻军及群众中的医务工作者进行座谈。与会者二十余人,大家一致表示应该组织起来,开展乡村卫生工作。另有驻区"胜利"部卫生队,在甘泉设立"胜利"诊疗所,卫生队与当地党政和学校共同组织了一个卫生委员会,专为群众进行卫生工作,卫生队决定首先将驻区所在村变为卫生模范村,然后再推广到全区。② 延川召开卫生座谈会,要求每个医生选一个村镇作为推动卫生据点。座谈会结束时,中西医医务工作者还制定了如下公约:"讲究卫生,破除迷信。关心群众,治病救人。不分贫穷,有请必到。多教徒弟,

---

① 《解放日报》1944 年 3 月 2 日第 2 版。
② 《解放日报》1944 年 7 月 14 日第 2 版。

有请必到。推广医务,绝不保守。重视医道,讲求科学。医药合作,人财两旺。"以便大家共同遵守。

(四)运盐模范村——支持抗战经济

食盐是边区生产的大宗和出口的最大产物,是平衡出入口的主要资源。盐的运销成为解决边区财政经济困难最有效的办法,只要将边区的食盐大宗输出,就能够为边区的经济建设积累资本,增加财政收入,繁荣边区经济。基于运盐的重大意义,边区政府开始加大对民众实施组织性运盐的力度,并给予运盐群众相应的物质和精神鼓励,帮助群众成立运盐合作社。延安《解放日报》进行广泛宣传:"赤水一区运盐英雄罗怀玉等四人受奖";"鄜县合作社为民众运盐获利五百万元";"定边盐业区群众热烈参加放青运盐";"董发清受奖为全县运盐模范";"安塞四区群众挂起馒头执鞭运盐";"安塞五区合作社承包运盐";"运盐英雄徐兴财"……诸如此类的报道还有很多。一些在运盐事业中成绩突出的乡村被评为了运盐模范村,如延安市北区的杨家湾村、延安县柳林区的马科峪村等。

马科峪村的村民大多是从边区产盐区——盐池一带迁来,所以传统上把运盐视为可靠的金饭碗,加之近年这些农户生活日渐富裕,家家户户养驴饲马,运输力大力发展,因而在政府和合作社的帮助下,大家纷纷走上了这条理想的生活线。据统计,全村农户中,有六户每年到盐池驮运六七次,喂有牲口十六头,每年可运回六七十驮;另外,尚有七户每年到盐池驮运二三次,有牲口十头,每年可驮回二三十驮。每个牲口每次大约可赚六七千元,该村每年可运回百驮,每驮平均所赚以五千元计,该村仅运盐一项可赚五十万元。在丰厚利润影响下,在政府放青运盐的号召下,该村即有二十六头牲口运输队出发,乡参议员郭征虽六十四岁高龄,但他依然亲率全村脚户去驮盐。①

杨家湾只有二十二农户,但有四十二头运盐牲口。为什么能够取得

————————

① 《解放日报》1943 年 9 月 27 日第 2 版。

如此大的成绩,是因为政府贷款给领队的队长侯学林私人运输队,一方面贷款给群众成立合作社,再经过侯学林的关系,村上张维孺和保育院机关成立一个队,此外,还有运输队员所捎带与脚夫"朋帮"的牲口。这些运输队得到政府的贷款,多买牲口,购置鞍架,从而发展到四十二头运盐牲口。这样成立的运输队,采取了三种形式:一是杨家湾村侯学林私人,并和群众"朋帮",脚夫(即雇来的运输员)赚一部分工资兼捎带自己牲口的合作形式,凡每个运输员捎带一个牲口的,年工资 2000 元(吃雇主的饭),捎带两头的,不给工资,但由雇主供饭,凡自带牲口草料由自己提供,自带牲口所获利润归运输员自己,从而吸引少牲口的脚夫同去运盐。二是经过侯长林的关系,村上张维孺和保育院机关成立一个队,将牲口按当时的市价作价,以便牲口受伤时可照当时市价赔偿,此种方式于机关而言,是从运输人员、草料上取得节省,并取得机关本身粮炭运输上的保障以及完成党运盐的任务,于群众而言,队长能多得些钱,而且能从机关方面得到借贷,于公于私都有极好的一面。三是群众成立的合作社,原有五头牲口,后经市府以此社为基础,和各村合作,牲口扩大到 32 头,出发运盐的时候,公私牲口采取统一行动,因而能互相关照。此种组织方式是群众自愿的。这个运输队半年内一共运盐五次,牲口数额逐渐增加,利润一次比一次多。如侯学林的私人运输队最初出发时只有牲口 4 头,而到第四次运盐时已达 42 头,第一次运盐获净利 12560 元,第四次除去意外损失的 5 万元仍获净利 79840 元,而这些利润全归运盐民众私人所有。运输队队员在队长侯学林的带领下,亲密团结,从未有中途解雇的现象,并且也非常关心雇员的利益,曾有一雇员丢失一匹马,全队找了三天多的时间,直到找到后才回家。本村的一些人看到本村运输队的成绩后,改变了过去认为运盐是"支差"的认识,纷纷加入合作社,算上捎带牲口的脚夫,参加运输的人就有十九户,只有三户未参加。

由此可见,政府的资金帮助,运输队的组建,运盐所获的丰厚利润,运盐的好领导是模范运盐村发展的主要因素。因为运盐成为农村农闲时的重要经济来源,一方面增加了政府的财政收入,另一方面也使老百姓获利颇丰,增加了收入,过上了富足安稳的日子。

(五)纺织模范村——自己动手增收入

由于陕甘宁边区不盛产棉花,人们的穿衣主要靠粮食交换或从边区外买入,国民党实行经济封锁后,边区穿衣问题成为严重的困难,甚至一度比粮食问题还严重。为了克服困难,在边区掀起了轰轰烈烈的纺织运动。在这场运动中以妇女为主力,在边区政府的领导下,不但提高了广大妇女的经济地位,而且解决了相当一部分人的穿衣问题,节省大量物资输入,发展了边区经济。边区的第一个模范纺织村是吴镇劳模梁顾荣创建的,而梁顾荣创建纺织模范村的主要原因在于该村的粮食产量超出了计划,收获的粮食都需要用麻袋来装,但麻袋不足,为此,梁顾荣便组织了村里的纺织能手,并定做了纺车,实现了由生产模范村向纺织模范村的转变。在梁顾荣的带动下,村里不仅解决了麻袋问题,还将村里的衣裤问题也解决了,并下决心来年实现布匹出口。① 正是由于该村纺织成绩显著,边区授予其纺织模范村的称号。

冯家嘴子模范村。庆阳十里铺冯家嘴子庄,全村九户有八户会纺两户会织。十九个女劳动力,有十四个人会纺,一个是瞎子,一个是傻子,其余三个人正在学着。现有纺车十把,计划再做三把。九户有两户以纺线维持生活。还有一户四个女人都会纺线,老太婆领着小女娃打捻子,捎带纺些线,另一个女人专门做饭做衣服,闲下就纺线,其他两人专门纺线,三把车子一把机子,终日运行,像一个小型纺织厂。户与户之间实行纺织变工,选举全村纺织组长,负责检查督促设法解决困难,全年共纺线二百七十二斤半,织布一百二十四,全村自足外尚余布七十匹。②

在纺织运动中,妇女的作用得到了前所未有的重视。如延川县城区

---

① 《解放日报》1944 年 8 月 27 日第 2 版。
② 《解放日报》1944 年 8 月 28 日第 2 版。

六乡赵家沟妇纺小组,是全县的模范纺织小组,全村 13 名妇女都是生产积极者。她们帮助家庭生产方面,仅纺织一项,在 1943 年上半年即有很大的成绩:纺了 156 斤棉花,织了 78 丈布。7 月 30 日,全村妇女又召开大会,决定在旧历七月一月内领花 55 斤,可纺成线 52 斤,每斤以 600 元计,可生产 11200 元。该村男子听到后异常喜悦,他们说:全村全年负担连公私盐在内才 8500 余元,婆姨们这一次赚的钱就超过此数一倍半以上。这个影响是非常大的,邻村男子纷纷表示惊讶,并发动自己家里的妇女赶紧参加生产,增加家庭收入。① 由此可见,纺织成为提高妇女地位、增加家庭收入的主要途径。

此外,纺织运动能取得如此大的成绩,与边区政府的宣传与支持有重要的关系。如在"三八"妇女节奖励妇女能手,举办小型妇纺展览会,发妇纺贷金。如仅定边县就发妇纺贷金 10 万元,造纺车 400 辆,不仅为纺织运动的开展奠定了基础,还激发了广大妇女纺织的热情。

除了上述几类模范村外,还出现了移难民模范村、调解模范村。如鄜县的徐克瑞、延安的马丕恩,徐克瑞一个人从绥德号召了五十多户移民搬到鄜县。赤水县的王向富、胡文贵,他们移来一年,就做到打粮一二十石,有吃有穿。盐池的高仲和,他移来一年,打盐二千五百驮,折合粮食一百三十石,做到丰衣足食。其中最为著名的是关中赤水县冯云鹏创建的孟家湾移民模范村。冯云鹏 1943 年安置了一百七十四户共六百多个难民,帮助他们解决了一切困难,带领全村新户辛勤劳动,使庄稼获得丰产丰收,家家丰衣足食,过上了富足的生活。绥德义合市郭维德创建了四直沟调解模范村。郭维德本着调解的精神,凭着自己的威信,将一个经常发生纠纷的村子变成了村里再也没有人打官司,甚至邻村处理不了的纠纷,也要请他解决。

---

① 《解放日报》1943 年 8 月 13 日第 2 版。

三、边区模范乡村特点

陕甘宁边区模范村建设一度成为党的主要工作,并对乡村的社会生活产生了极大的影响。通过探究模范村建设的过程,可以看出模范村建设具有以下的特点。

（一）以"组织起来"为手段,调动边区农民的生产积极性

如前所述,模范村建设缘起于大生产运动,其目的在于减轻人民负担,增加财政收入,发展边区经济。如何发展经济,首先需要调动边区农民的生产积极性。在边区自给自足个体经济的经济基础上,农民广种薄收,靠天吃饭,在自然条件恶劣的情况下,普遍存在消极生产的情绪,认为"劳动是下贱的",从而出现不务生产的二流子、巫神等人员,既影响别人生产,也影响社会安定。如何调动农民的生产积极性,有组织地发动农民进行生产,调节劳动力资源,最大限度地发挥他们的作用成为党面临的重要任务。1943年11月,毛泽东在陕甘宁边区劳动英雄及模范生产工作者大会上作了《组织起来》的讲话,发出了"组织起来"的号召,指明了组织起来的重要性,组织起来的道路、方针和方法,并强调通过自愿互利的合作社形式把群众力量组织起来,在不改变私人所有,不改变生产工具的情况下,提高劳动生产率,使生产力得到发展,农民走上富裕之路。在党和政府的号召下,边区广大农民从实际出发,结合原有的劳动互助传统,创造了新的劳动互助形式——变工队。1944年,全边区有全劳力和半劳力共计472964人,参加变工、扎工的达219928人,占劳动力总数的46%,有些地区夏耘时节达到80%。[①] 这种劳动互助组织发展的最高阶段,是全村组成一个大变工队,如吴家枣园,甚至有的全乡组成一个乡的变工队。这种劳动力的组织形式,通过互相调剂人力、畜力、农具、技术,使生

---

① 陕甘宁边区财政经济史编写组、陕西省档案馆:《抗日战争时期陕甘宁边区财政经济史料摘编》第2编,陕西人民出版社1981年版,第420页。

产要素得到充分的利用,并且"把边区散漫的个体经济在生产力上大大提高了一步,因而大大提高了农业生产效率"①。据三边分区统计,1945年春耕期间,由于变工,每天节省 2006 个工,一个月就可以节省 60180 个工。"实行互助的效果,一般的两人劳动可抵三人,个别最好的一人可抵两人。"②劳动生产率的提高,实现了边区农业的大发展,农民由贫困到富裕的转变。1943 年,陕甘宁边区粮食总产量高达 184 万石,除去自己消耗 160 万石外,净剩 20 多万石,粮食余额达 70 万石以上,农民手里有了余粮,生活逐渐富裕起来。按人均占有粮食计,1943 年为 339 斤,1944 年为 362 斤,分别比 1942 年增长了 3.7% 和 10.7%。③ 正是由于以组织起来的手段激发了农民参与生产的热情,使农民粮食打得多,普遍有余粮,为建设模范乡村夯实了物质基础,从而出现了大量的生产模范村。

(二)以行政力量为主导,推动乡村建设发展

从模范乡村的建立和成效来看,凡是成绩显著的,都与行政领导高度重视,率先垂范,借助高度集中统一的行政组织体系,由上而下,某项工作才能形成群众运动,发挥极大的社会效能。以生产模范村的形成来看,首先是在党中央发动的大生产运动中,以"组织起来"为号召,在边区政府的领导和支持下,通过基层干部和群众的实践创造建立的,尤其是基层干部能否深入工作是极其重要的因素。以安塞县的生产为例,1942 年春耕期间,县上四科干部规定为五人,但参加工作的才三人,其中还有一人病在家中;当时安塞县有七个区,大部分区长到正月十五的时候还未参加工作,县上召开区长联席会时,七个只到了五个,对待具体工作时县上和区上的干部都不积极。因而安塞县 1942 年的工作没有一项完成计划,并且

① 《解放日报》1943 年 12 月 21 日第 2 版。
② 陕甘宁边区财政经济史编写组、陕西省档案馆:《抗日战争时期陕甘宁边区财政经济史料摘编》第 2 编,陕西人民出版社 1981 年版,第 421 页。
③ 陕甘宁边区财政经济史编写组、陕西省档案馆:《抗日战争时期陕甘宁边区财政经济史料摘编》第 2 编,陕西人民出版社 1981 年版,第 80 页。

全县有 571 户,2200 余人口迁往别处,使当地劳动力受到损失。鉴于此,1943 年县上正月初二即召开生产动员大会,区长及县级干部都没有回家过年,干部亲自下乡,做按户生产计划,发现模范村,召集群众大会,奖励劳动英雄,组织二流子参加生产,组织运输合作社,工作深入群众中去,因而当年的工作不但都完成了任务,而且超出计划很多。原定开荒四万亩,实际开荒七万三千亩,全县增加粮食三万石,运盐任务一万三千驮,也超过了计划,而上年全县只运盐二三千驮,以至于全县成为生产运动中的典型。①卫生模范村的形成也是如此。1942 年底,毛泽东在西北局高干会接见劳动模范时得知农村"财旺人不旺"的状况严重后,指示中央卫生处协同边区政府,组织巡回医疗队下乡,开展群众性卫生救助防疫工作。同时号召:"群众的卫生工作是每个医院、医务所的重要业务之一。医务干部做群众工作,是每一个医务战线的共产党员革命者应有的品质。"要求:"今后无条件地为老百姓看病,及办理乡村卫生,是每一个卫生单位的任务。"②在党的号召下,1943 年中央医院收治了 140 人。1946 年 11 月,中央医院疏散到子长县途中,利用集市演出新编秧歌剧《护士拜年》、《赵老太太转变》等,倡导科学,反对迷信;开展冬季大扫除,搞好环境卫生;与乡干部结合,成立卫生委员会,领导各村卫生工作,受到当地农民的热情欢迎。③妇女干部下乡工作时,也都积极向农村妇女宣传介绍妇婴卫生常识。1944 年 2 月,中央卫生行政会决定,所有机关医院"今后无条件地为老百姓看病及办理乡村卫生,是每一个卫生单位的任务"④。但由于边区财政有限,医务人员缺乏和医药稀缺,使得广大边区群众享受不到医疗卫生的好处。为了推动广大群众公共卫生,只有发动基层的干部,形

---

①　陕甘宁边区财政经济史编写组、陕西省档案馆:《抗日战争时期陕甘宁边区财政经济史料摘编》第 2 编,陕西人民出版社 1981 年版,第 80 页。

②　《解放日报》1944 年 4 月 30 日第 2 版。

③　朱鸿召:《延安曾经是天堂》,陕西人民出版社 2012 年版,第 76 页。

④　钟兆云、王盛泽:《毛泽东信任的医生傅连暲》,中国青年出版社 2006 年版,第 156—157 页。

成群众运动,才能达到卫生运动效果。为此,1944 年 11 月,边区文教大会通过《关于开展群众卫生医药工作的决议》,规定:"今后各分区各县、区、乡村的卫生医药工作,是否深入,是否有效,将成为边区政府对各地考察工作成绩的重要标准之一,各旅团卫生部门对地方卫生医药工作帮助的大小,亦将成为联司考察工作成绩的标准之一。"①在此要求下,广大乡村干部动员起来,以身作则,影响群众自觉不自觉地改变了不卫生的习惯,从而将全村转变为卫生模范村。如延安市北郊乡乡长高文亮从搞好自己家卫生开始,以身作则,动员邻居搞好卫生,人家不买账,他就带领本村的变工队帮助他们打扫,数日后,他们自觉动手搞卫生。全村卫生搞好后,又发起北郊乡与北关乡卫生竞赛,并提出十条具体卫生指标。

(三)以树立新风尚为目标,促进乡风文明建设

陕甘宁边区由于历史原因,以及其特殊的地缘位置和自然条件,滋生了大量社会问题。如婚姻包办问题、赌毒问题、封建迷信问题及二流子问题等,极大地阻碍了边区经济的发展和社会改造。为此,在模范乡村建设过程中,边区政府对这些问题给予高度关注,如开展妇女解放运动、自然科学运动、二流子改造运动等,使边区的社会风气得到根本改观,社会面貌焕然一新,新风尚蔚然成风。

提高妇女的地位,促进妇女的解放是边区政府的首要任务。原来边区存在严重的妇女歧视,妇女只能待在家里,从事繁琐的日常家务,还经常遭到丈夫打骂、公婆虐待。如何改变这种状况,毛泽东指出:"妇女的伟大作用第一在经济方面,没有她们,生产就不能进行,而边区的妇女工作之少成绩,我看主要在没有注意经济方面,提高妇女在经济生产上的作用,这就能取得男子同情的,这是与男子利益不冲突的,从这里出发,引导到政治上、文化上的活动,男子们也就可以逐渐同意了。"为此,在大生产运动中,组织妇女加入劳动,特别是开展妇纺运动,在改善家庭生活的同时,也在改变着

①　《解放日报》1945 年 1 月 8 日第 2 版。

妇女自身的形象,曾经裹脚的妇女感受最深刻,能够识字算账更是一种本事,劳动合作社生活促使妇女观念悄悄地更新着。有的妇女走出封闭的家门,成为当地的女干部,展示着新时代女性的面貌。其次,开展妇女放足运动,消除了裹脚带给她们的肉体和精神的痛苦。最后,摒弃不合理的婚姻家庭制度,颁布了《新婚姻条例》,提倡婚姻自由,使越来越多的妇女开始自主地选择自己的婚姻。此外通过开展识字运动,改变了妇女愚昧、无知的状况。

二流子成功改造,是模范乡村建设中取得的重要成就。据相关资料记载,1937 年以前以延安县流氓比率数来推算,全边区 140 余万人口中二流子约占 7 万左右,以最低估计,革命前至少有 3 万。为了解决农业生产劳动力不足,大约在 1940 年春延安县的一次生产动员大会上,两位熟悉农村情况的干部胡起林、王庆海最早提出改造二流子的提议。之后,得到了党中央的重视,通过边区政府的领导,以群众运动方式掀起了改造二流子运动。以延安县改造二流子为典型,推广到全边区农村。经过改造后的二流子,成为自食其力的劳动者,有的甚至被评选为劳动英雄。这样,边区乡村里没有了闲散人员,消灭了坏人坏事,一股朴实、勤劳的革命新风尚逐渐在陕甘宁边区农村兴起。

(四)以劳动模范为榜样,发挥劳动英雄的示范作用

为了用最少的人力和时间提高各项生产建设工作的劳动效率,在党中央的直接领导下,陕甘宁边区开展了声势浩大的学英模运动。陕甘宁边区模范乡村建设的实践证明,劳模运动是一种新的、非常有效的组织形式和工作方法。由于劳动英雄创造了超出一般人的劳动标准和工作标准,影响和推动群众向他们看齐,结果群众的标准也提高了,反过来又促进劳模的标准,如此反复作用,创造出模范乡村。1942 年吴满有村开荒的数目超过原计划 50%以上,全乡农民响应"向吴满有看齐"的口号,全年多开荒地 180 垧。① 在吴满有榜样示范作用下,延安各区乡都增加了

---

① 《解放日报》1943 年 1 月 11 日第 1 版。

开荒数目。与此同时,开展劳动竞赛进一步彰显劳动英雄的示范作用。1943 年初,退伍军人杨朝臣向吴满有提出挑战,提议为了扩大竞赛,不仅两人之间要竞赛,而且看谁的村子庄稼粮食打得多,争取"劳动英雄庄"的光荣称号,进而扩大到全边区群众中去。1943 年 3 月,边区政府指示各分区、县将吴满有、杨朝臣等的竞赛办法向当地人民广泛宣传,此后,劳动英雄的示范作用就像剧场效应一样不断地被扩大。在延安县劳动英雄的大会上,柳林区二乡和河庄区二乡开展合作竞赛,在他们的带动下,金盆区三乡、川口区六乡要和柳林区二乡竞赛;蟠龙区要和河庄区竞赛,最为壮观的是在闭幕大会上,吴满有号召所有劳动英雄与他竞赛,当场就有二十几人应战。边区通过劳动英雄示范作用,以劳动竞赛的方式,从个人英雄走向集体模范,出现了延安的吴家枣园、淳耀的白塬村、延川的刘家河、赤水的孟家湾、绥德的郝家桥等模范村。

(五)注重民生、教育农民是提高模范乡村文明意蕴的题中之义

陕甘宁边区经济贫困,文化落后,社会问题严重。在这样的社会生态环境下,模范乡村建设以发展生产为目的,改善人民生活的同时,必然蕴含着教育农民的功能,二者是相辅相成、互相影响的。

在陕甘宁边区,人们普遍对农业生产劳动存在鄙弃思想,认为种地是"下苦的",没有社会地位。加之恶劣的自然条件,出现为数甚多的二流子、巫神等闲散人员就不足为怪了。为了实现生产的发展,消除千百年来根深蒂固的旧观念,边区政府对在大生产运动中劳动成绩优异者,授予"劳动英雄"的称号,给予很高的政治待遇,开展劳模运动,一方面推进了生产建设工作,另一方面,实现了"思想上的革命,纠正'劳动下贱'为'劳动光荣'和纠正'穷是命里注定'为'劳动致富'"。① 1943 年 11 月 26 日

① 陕甘宁边区财政经济史编写组、陕西省档案馆:《抗日战争时期陕甘宁边区财政经济史料摘编》第 2 编,陕西人民出版社 1981 年版,第 753 页。

至 12 月 16 日，陕甘宁边区第一届劳动英雄暨模范生产工作者大会在延安隆重举行，会场下，一位来自杜甫川的农民兴高采烈地称颂这些受表彰的劳动英雄们是庄稼汉中的"状元"，是咱种地人的光荣。[①] 在创办劳动互助组织中，由于农民自私观念和其他因素，使得互助组织一度遇到障碍，经过党的教育，互助组织得到大力发展，不但提高了劳动生产率，而且克服了农民的自私倾向，农民以劳动力入股或以生产工具入股等合作形式发展各种经济事业，形成了人与人之间互助互惠、团结和谐的关系。为了消除农民的文盲，边区政府通过开展识字运动，各村成立识字组、读报组，让大家了解边区生产上的新鲜事，了解新的耕作技术和耕作方法，了解讲卫生的重要性等各种和农民切身有关的事，让农民在生产中切切实实地感受到实惠。在群众卫生运动中，通过免费给农民看病或者只让农民缴纳少量的医药费，让农民切实感受到边区政府对农民生活的关注，从而改变生病不请医生而请巫神的封建迷信思想。在春荒中，通过开展春耕运动，创办义仓，不仅解决了农民的饿肚问题，而且使农民具有防灾备荒的意识，不再消极地等待，积极行动起来投入生产。

（六）培养大批的优秀领导干部是建设模范乡村的核心

模范乡村建设的实践证明，若没有乡村领导干部的组织保证和核心作用，模范乡村的建设就无法创造。正是基于此，边区政府非常注重对领导干部的培养和任用，无论是县区的干部还是从生产建设中涌现出来的劳动英雄都给予大力培养和引导。特别是劳动英雄，他们真正的是从群众中和实际工作中锻炼出来的，是群众中的优秀者，能够成为团结群众的核心。有了这个核心推动群众、组织群众和带领群众，从而推动生产和各项工作。同时这些人经过党的宣传和激励，对政治有较高的认识，为人正派，受群众信任，就成为培养和选拔生产建设干部的后备力量和源泉。以吴满有的培养为例，1942 年初，在延安县各区区长检查春耕联席会上，柳

---

① 《解放日报》1943 年 11 月 27 日第 2 版。

林区区长介绍了吴满有的先进事迹,旁听会议的《解放日报》记者莫艾,抓住了这个新闻线索,随即专门找到吴家枣园去采访。4 月 30 日,《解放日报》头版头条发表长篇通讯,报道了吴满有的惊人成绩。随后引起党中央的关注,边区政府给予吴满有物质奖励和极高的政治待遇,开展向吴满有学习运动,进一步挖掘吴满有典型的意义。在新闻媒体的宣传和各级政府的支持和引导下,吴满有提高了政治觉悟,克服了农民的保守性和狭隘性,从个人英雄走向集体的创造,建立了吴家枣园模范村。经过党的挖掘和引导,吴满有成为党的干部,曾担任过边区参议员、延安南枣园乡乡长等职务。边区培养劳动英雄除了运用宣传和引导的方式,还有另一个重要的举措,是当劳动英雄的作用经过党和政府的宣传逐渐被群众所认识后,通过选举方式直接担任乡村干部。在边区 1945 年选举中,在"自由选举,选举好人"的号召下,很多英雄模范人物都被选进新的政权工作。马栏市村选举中,英雄模范大多当选。由于劳动英雄的带头作用,在群众中有影响,因此,还有若干的积极分子团结在他们的周围,他们又和群众密切联系着,群众信仰他们,他们就成为了一种核心。因此党和政府不但培养老的,还培养新的,既树立典型,又要照顾一般,注意对积极分子的培养,在乡村政权中有许多积极分子当选为乡级干部或村干部。

经过党的培养,许多干部成为优秀干部。如安塞县陈德发模范乡,在春耕时帮助群众解决具体问题时,劳动英雄与支书乡长分赴各行政村,每到一个自然村,就把生产大队长、村长及所有参加变工的劳动力召集起来,直接解决每一个小组每一个人的问题,前后历时十天。① 延安市任家窑子村,在卫生小组长和村长的共同努力下,卫生工作开展得比较好。由此可以看出,乡村干部对工作积极负责,能够替人民做事。而像这样优秀干部的事迹还很多,延安《解放日报》进行了大量宣传和报道。通过宣传和报道,边区老百姓更加爱戴和信仰他们,密切了干部和群众的关系,而

① 《解放日报》1944 年 3 月 31 日第 2 版。

且让更多的干部受到鼓励和渲染，以他们为标杆，向他们学习，不断地提高自己的素养。

整风运动后，通过改进党的作风这种方式成为培养干部的重要途径。尤其是区乡干部，大多数来自当地的农民，由于其落后性、保守性，曾不同程度存在一些不良作风，因此边区很重视改进基层干部的作风。如延川区乡干部的作风曾严重存在强迫命令、被动、思想落后、工作消极、形式主义等现象，经过冬训，区乡干部的作风逐渐改变，在春耕备荒中，想办法解决群众的问题，增强了工作的主动性，在征粮中不要私情，做到公正民主，积极完成征粮任务。① 为了进一步发扬干部的优良作风，在群英大会上廖鲁言作了模范区乡干部典型综合报告，从中可以看出这些从人民群众中产生出来的优秀干部是如何忠心为人民服务的，如何带领人群众一起创造新的事业。因此他们是边区所有区乡干部优良传统的集中体现。首先模范区乡干部有许多新的创造。如全万民区长在鄜县太乐区掀起打井运动，不仅解决了该区居民缺乏饮水的困难，而且也给边区其他地区提供了供给饮水的一个好办法；靖边县二乡支书张玉珍发现苇子茂盛地区，兴修大草原，解决了该乡牲口草料及军草不足的困难；延县尹登高区长采用巫神坦白的办法，进行反迷信运动；合水县区书记张启贤在边境上变工，打破该区一向雇麦客的惯例，为人民节省了很大的一笔费用。② 模范区乡干部之所以能够创造事业，首先是因为他们能够为人民兴利除弊，为人民着想，能够克服困难，走群众路线，发扬民主，不强迫命令，耐心用具体事实解释说服群众，这些都是优秀干部优良作风的集中体现。

---

① 参见《解放日报》1945 年 11 月 27 日第 2 版。在子长区乡干部总结大会上，表扬了区乡干部优良的作风，如主动和以身作则的精神；工作方法有进步；深入检查，淘汰贪污干部；同时批评了存在的严重缺点，如有些干部的贪污现象，绑人打人现象，工作无中心、责任心不强的现象，要求加强教育、领导纠正和具体帮助。

② 《解放日报》1945 年 1 月 9 日第 2 版。

第三节 陕甘宁边区乡村自治的具体 实践分析——以绥德县吉镇区 王家坪村为典型案例

在陕甘宁边区开展的乡村自治中,出现了较多典型示范地区,绥德县吉镇区王家坪村是其中最为突出的一个。为了推广王家坪村乡村自治的实践经验,边区政府在颁发的《陕甘宁边区关于发现培养和提高自治乡村问题的通知》(以下简称《通知》)中,以王家坪村乡村自治作为示范,供边区其他地区乡村自治实践参考。因此,在当前我国开展基层自治的过程中,有必要对陕甘宁边区时期乡村自治的动力机制、运作机制、主体状况、新生矛盾等进行分析,为推动基层自治的有效开展提供理论与实际经验的借鉴。

一、绥德县吉镇区王家坪村自治的概况

"王家坪是绥德县吉镇区第三乡的一个自然村。新政权建立前,经济上,租地最高时达一百七十垧,最低时亦达一百二十九垧;典出地最高时达一百七十六垧,最低时亦达一百四十四垧,是受着严重封建剥削的。村誉最坏,吉镇街上丢了东西,照例到王家坪找。现在全村三十六户,共种地六百零二垧,出典地全部赎回,租地亦已减少到只剩五垧半,土地问题基本上得到解决,因而生产大大提高。人民翻了身,有了饭吃,有了衣穿,王德彪被选为'边区特等劳动英雄',王家坪成了生产模范村;二流子彻底改造;义仓、打井、识字、卫生以至负担等每一个具体工作,都能集体地动作并确切地完成;拥军工作特设拥军处,有经常性,去过的人无不被称为模范的;特别在村民相互关系上,团结互助,新政权建立到现在,从未发生过涉讼的事件。王家坪不仅在政治上、经济上、甚至社会意识上已有

了很大转变。"①"王家坪转变得这样快和这样好,其原因在于他们能主动的有计划、有中心、有布置、有检查,而正确领导王家坪村的每一项工作。他们能够从本村的具体实际出发,经过群众民主的讨论,用群众自己的办法解决工作中的各种问题。其所以能这样,是因为有了以九个党员为核心的村领导,以乡长王应成、劳动英雄王德彪和村长三人为中心团结六人组成。因此建立健全村自治的基层领导,是做好各项工作领导的中心关键。"②

二、边区乡村自治的动力

王家坪村的乡村自治之所以能取得如此大的成功,与其激发全村村民参与自治的积极性和主动性的动力机制是息息相关的。这种动力机制可以最大限度地调动村民参与自治的积极性、主动性和创造性。对于王家坪村乡村自治的动力机制,可以从以下几个方面进行分析。

第一,构建乡长、劳模和村长组成的坚强领导核心。王家坪村乡村自治的成功与坚强的领导核心的机制力量是密不可分的。通过对《通知》的研究我们可以看出,在王家坪村,之所以乡村自治搞得这么好,"基本原因在于他们建立了一个已具有六七年历史的领导核心,这一领导核心以乡长王应成(王家坪人)、劳动英雄王德彪和村长三人为中心团结其他六人组成之。"③这一领导核心的构建,为全面计划和实行乡村自治的各项政策夯实了基础。如在创办义仓的过程中,首先是领导核心组成人员召开了"核心会"。在"核心会"上,乡长和劳动英雄都积极发言,并提出了开古坟(隙地)为义田的办法,经一致同意之后,核心成员开始分工协

---

① 陕西省档案馆、陕西省社会科学院编:《陕甘宁边区政府文件选编》第 10 辑,档案出版社 1991 年版,第 258 页。

② 《解放日报》1947 年 2 月 16 日第 3 版。

③ 陕西省档案馆、陕西省社会科学院编:《陕甘宁边区政府文件选编》第 10 辑,档案出版社 1991 年版,第 259 页。

作,深入群众,扎扎实实做好说服动员工作,争取他们的支持。其次,选出精干高效、积极肯干的开垦工作队长。在争取了群众的支持,酝酿成熟之后,召开村民大会,并选出开垦工作队长和班长,由群众讨论确定开垦的具体日期,核心分子在劳动中起模范带头作用。最后,"核心会"召开的常规化。对于群众中间可能存在的不满情绪,核心组成员经常在不影响生产劳动的情形下召开会议,讨论民情,探讨解决方法,同时对于开垦工作中的效率问题也进行深入的讨论,使这一工作富有成效。通过对王家坪村创办义仓工作的分析,可以看出王家坪村建立了一个极其高效、勤政、务实的领导核心,而这正是乡村自治之所以成功的基本动力来源。

第二,"给人民以看得见的物质福利"。对于老百姓来说,要激发其参与乡村自治的内在动力,仅靠领导核心的作用发挥是不足的,政权只有与老百姓切身利益联系起来,才能动员老百姓参与党的各项事业。在王家坪村自治实践中,领导核心从老百姓最关心的问题出发,处处为老百姓着想,深得群众的信任和拥护,如对土地问题的解决和二流子的成功改造。土地是老百姓的基本生产资料,但是,"新政权建立前,经济上,租地最高时达一百七十八垧,最低时亦达一百二十九垧,典出地最高达一百七十六垧,最低时亦达一百四十四垧,是受着严重封建剥削的。"①为此,新政权能否解决土地问题关乎老百姓对新政权的态度。王家坪村新的领导核心建立后,使长期遭受剥削的农民彻底摆脱了盘剥,典出地被全部收回,租地亦减少到只剩五垧半。土地问题得到了基本解决,农民拥有了梦寐以求的生产资料,真正感受到新政权的好处,增强了参与乡村自治的责任感。

此外,王家坪村核心领导成功地进行了二流子改造运动。以往的王家坪村"村誉最坏,吉镇街上丢了东西,照例到王家坪找"②。最为重要的

---

① 陕西省档案馆、陕西省社会科学院编:《陕甘宁边区政府文件选编》第10辑,档案出版社1991年版,第258页。

② 陕西省档案馆、陕西省社会科学院编:《陕甘宁边区政府文件选编》第10辑,档案出版社1991年版,第259页。

原因是王家坪村的二流子太多了,不仅损坏了王家坪村的形象,对于王家坪村开展乡村自治也构成了极为不利的局面。因此,王家坪村通过民主的、说服教育的方法对二流子进行了彻底的改造,并分给二流子基本的生产资料,使其获得自力更生的资本,而不再依靠坑蒙拐骗等手段来过生活。这些被改造过来的二流子,成为了王家坪村的积极分子,并积极融入乡村自治的各项建设。

第三,民主精神烘托出的集体力量。在王家坪村乡村自治成功的经验中,有一个极为重要的方面是无法忽略的,这就是在工作中贯彻民主精神。这种民主精神主要通过村民大会和核心会体现出来。一是经常召开核心会,反映情绪,检查效率,使得矛盾及时得到解决。二是在王家坪村虽有乡长、劳模和村长组成的领导核心,但假使失去村民大会的支持和讨论,领导核心是不可能顺利完成计划、任务的。在王家坪村凡事需经过村民大会的讨论,若有问题,经过干部的说服解释、群众的同意才可推行。这种民主的工作方式和程序使民主的内涵深入村民心中,进而激发村民为王家坪村各项事业的发展献计献策,为王家坪村的村容、村貌、村风的改观提供了动力。

三、边区乡村自治的运作

通过制定一系列的法律、法规来保证边区老百姓的选举权和被选举权,扩大基层民主,完善党领导下的乡村自治中各级关系的进一步理顺,保证老百姓履行神圣的民主权利,召开村民大会,实现自我管理,是边区乡村自治的运作机制的成功之处所在。

第一,党的领导下各级关系的理顺。乡村的党支部是乡村政权机关的领导者,党政军民的工作都是支部所必须管理的工作。乡政府是基层政权的最高执行机关,边区的一切事业的具体实施,都必须经过乡去实现。因此,在党政关系方面,既要加强党对政权的领导,又要建立乡政府的独立工作。但是在边区乡村自治的实践中,仍然存在着较为严重的党政不分、支部包办一切的现象。

在王家坪村开展乡村自治的过程中没有出现党支部包办的现象,而是以乡长、劳动英雄和村长三人为中心团结其他六人组成的领导核心来实施自治的一切工作。如在开坟工作中,首先是核心组提出较为中肯的意见,但是核心组在具体的开坟工作中是不能"包办一切"的,如何开坟?日期是哪一天?这些工作还是要在村民大会上来讨论,核心组不能自行决定,并且在村民大会上还要选出队长和班长,来执行开坟这一具体的工作。对于开坟工作中出现的群众思想情绪问题,又由核心组来疏通引导、做好思想工作。正是由于新的核心领导的正确组织实施,使得王家坪每一项工作都能圆满完成,这无疑与王家坪组织领导的统一、灵活是分不开的。

第二,村民所享有基本民权的真正落实。村乡自治的内在本质在于还权于人民,而扩大基层民主,真正落实人民的选举权和被选举权。完善村民享有的基本民权是边区乡村自治的题中之义。在王家坪村的乡村自治中,民主理念的践行是非常重要的一环,如在《通知》中提到的:"酝酿成熟,就召开村民大会。""以求得一致意见"。关乎民权、民心之事,无论大小,均要通过村民大会来议决,这样一种民主运作机制,正是实现王家坪村由经济、政治、文化上的落后向民主、繁荣、文明转变的根本所在。

第三,一系列保障村民自治权利的法律、法规的制定。村乡自治在王家坪村能得到切实的贯彻实施,领导核心是至关重要的,但村民自治权利的维护与落实却与边区颁布的一系列法律、法规的保障息息相关。当我们翻开陕甘宁边区的村乡自治史时会发现,它无疑就是一部不折不扣的"法制史"。如在1946年颁布的《陕甘宁边区宪法原则》中明确指出:"各级政府人员,违反人民的决议或忽于职务者,应受到代表会议的斥责或罢免,乡村则由人民直接罢免之。""各级人民代表会议(参议会):乡一年改选一次,县二年改选一次,边区三年改选一次。"此外,为了推动边区村乡自治的实践,边区还颁布了《陕甘宁边区政府组织条例》、《陕甘宁边区政务人员公约》、《陕甘宁边区保障人权财权条例》等等。通过这些法律、法规的颁布实施,使边区老百姓的自治权利得到了彻底的推行。在王家坪自治实践中,村民大会的召开,土地问题的解决,变工队的有效组织,模范的拥军工作,特别在村民相互关系上,团结互助,从新政权建立以来,从未发生过涉讼案件。而王家坪在政治上、经济上、社会意识上发生很大转变,证明了村民自治基本权利得到了有力的保障。

第四,村民公约的内在约束机制。村民自治运动在陕甘宁边区广大农村得以有效推动,与其制定的一系列法律、法规息息相关。不可忽视的是,在村民长期的自我治理中形成的村民公约(即村规民约)也同样发挥着极其重要的作用。所谓村规民约,指的是本村村民根据自身实际,从保护村民基本权利出发,规定村民的基本义务规范。自古以来,我国乡村都普遍存在着以村规民约来使维护乡村平衡的历史和传统,在陕甘宁边区也不例外。因此,在边区乡村自治的过程中,尤其要重视结合本地的历史情况和发展现状来制定村规民约,这种以村规民约为载体的村民自治内在约束机制是实现边区农村教育和农村发展的重要形式。

村民规约的制定有其内在的机制。一般而言,基本上遵循民主讨论议定,村知识分子编写,村公共场所张贴告示的过程。村民规约制定之后,村民必须严格按照规约办事,而村基层自治组织也必须对村民公约进行宣传,按约实施,以实现村规村约对老百姓生产、生活的约束,从而保证乡村各项事务井然有序,发挥其在乡村自治中的内在约束机制。如绥德县张家屹崂村民公约规定如下:"一、全村人,勤生产,丰衣足食,生活美满。二、不吸烟,不赌钱,人人务正,没个懒汉。三、不吵嘴,不撕斗,邻里和睦,互相亲善。四、多上粪,仔细按,人畜变工,大家方便。五、秋翻地,锄四遍,龙口夺食,抢收夏田。六、婆姨们,多纺线,不买布匹,自织自穿。七、多栽树,多植棉,禾苗树木,不许糟践。八、识字班,好好办,不误生产,又把书念。九、抗工属,优待遍,吃得又饱,穿得也暖。十、公家事,认真干,公粮公款,交纳在先。十一、生产事,议员管,服从生产,接受意见。十

二、好公约,要实现,谁不遵守,大家惩办。"①再如志丹县村民公约:"一、人人都要生产,不让二流子闲站,阴阳、巫神、神官也要生产。二、订出生产计划按时春耕、锄草、收割,好好喂养牲口。三、爱护田苗,不让牲口糟蹋,保护树木,自动修桥补路。四、不抽洋烟,不偷人,不赌博,不说怪话。五、互相帮助,互相友爱,不打架,不吵嘴。六、拥护军队,帮助军队,好好优待抗工属。七、组织劳力,互相变工,种庄稼也要驮盐。八、节省一颗米、一寸布,反对浪费。九、负担合理公平,早缴早送。十、参加自卫军,清查坏人,捉拿破坏分子。以上公约,谁要违犯,由大家商议处罚修桥、补路、给抗属背柴,或罚一只羊吃。"②

通过较有代表性的绥德县村民规约和志丹县村民规约可以看出,这些源于乡村生态的村民规约的制定,无疑是从乡村社会生活实际出发,具有非常强的执行性和操作性,并且被群众广泛接受,易于群众理解,能最大限度体现乡村自治基本内容的一种内在约束机制,村民公约与乡村中的黑板报、读报组、识字班等基层文化组织结合起来,进行宣传教育,起到了很好的规范作用。

四、边区乡村自治的主体

王家坪村的乡村自治所获得的成功,与其动力机制、民主运作的机制存在着相辅相成的关系。然而,我们不能忽视的是,人是生产关系各因素中最为活跃的因素,尤其是人所特有的主观能动性和创造性,更是推动事物向前发展的最为重要的因素之一。因此,在边区乡村自治的过程中,我们不能忽略作为主体的"人"的重要作用,

第一,广大村民是乡村自治的主体。广大村民无疑是边区开展乡村自治的最为重要的组成部分。在边区乡村自治的实践中,有两种力量是

① 西安市政协文史资料委员会编:《忆延安》(西安文史资料第17辑),陕西人民出版社1991年版,第292页。
② 《解放日报》1944年1月11日第2版。

不可忽视的,一个是核心领导小组,一个是参议会,凡是关乎乡村治理的一系列内容,都不可能离开这两股力量的参与,首先是核心领导力量的决策,其次是召开村民大会来实行民主投票决定,这样的过程是民主决策的过程,也就是因为在边区乡村自治的各项事务中都不能忽略广大农民的参与,构筑了乡村自治的主体力量。

第二,改造过的二流子、巫神术士等是乡村自治的重要参与者。由于陕甘宁边区特殊的自然环境并由于长期战争纷乱的影响,使这一地区出现了众多二流子、巫神术士、吸食鸦片者等社会边缘群体,这些社会边缘群体的存在,不仅对边区的社会治安造成重大影响,同时对于边区开展的各项民主运动也构成了不利影响,甚至还出现了社会边缘群体破坏民主运动的情形。在边区开展的乡村自治过程中,也同样出现了这种情况,如在王家坪村在开展乡村自治之前,村里的边缘群体占了很大的成分,导致出现"吉镇街上丢了东西,照例到王家坪找"的尴尬局面。为此,在新的核心领导下,王家坪村开展了边缘群体改造运动,分给边缘群体基本的生产资料,并对其进行民主教育,包括参加冬学、识字班等,二流子彻底改造后,义仓、打井、识字、卫生以至负担等每一具体工作,都能集体地动作并确切完成。① 使其成为了王家坪村乡村自治的重要参与者。

五、边区乡村自治的不足

王家坪村的乡村自治经验虽得到了边区政府的肯定,并作为典型经验在边区进行推广实施,但并不等于说王家坪村的乡村自治经验是完美无缺的。在《通知》中指出:"缺点是有的:较大者是村的领导上,曾经系统纷繁,不统一,不灵活,已加整顿;二是有计划的教育和提高核心分子和

---

① 陕西省档案馆、陕西省社会科学院汇编:《陕甘宁边区政府文件选编》第 10 辑,档案出版社 1991 年版,第 267 页。

新的积极分子的工作做得不够,尚待努力。"①从《通知》对乡村自治缺陷的论述中,我们可以发现,其中最为重要的问题表现为领导机制不健全,发现和培养干部工作不够细、不够扎实的问题。而从整个乡村自治实践来看,存在的主要问题表现在:

第一,仍然存在党政不分的情况,出现党政工作混淆的局面。在很长的一段时间中,乡村自治中党政不分的情况是较为严重的,表现为党的工作和问题不是在党组会议中讨论解决,而是被放在了乡政府的具体工作实施中来解决。不仅如此,乡政府的具体工作也表现了这样混淆的情况。此种情况的存在,不仅弱化了乡政府工作的效能,更为重要的是,导致了党代表政府或者政府代表党的情况。在党政混淆的情况下,多数事情由核心领导力量来议决,召开秘密会议决定一切,就会给群众留下民主不够的不良印象,从而影响了基层党的权威。

第二,民主的正规化有待完善。1946年颁布的《陕甘宁边区宪法原则》明确指出:"各级人民代表会议(参议会):乡一年改选一次,县二年改选一次,边区三年改选一次。"不仅如此,还要求各地乡长改选都必须经过乡参议会,但是在实际的操作过程中,乡长的当选和改选不经过乡参议会的情况时有发生,甚至还出现违规操作、背离民意的情形,导致群众对民主产生怀疑,影响了乡村自治的科学实施。此外,在参议会的开会制度上也存在着不合规定的情形,在《参议会组织条例》中明文规定,乡市参议会必须实施开会常规化,两月召开一次,以讨论议决乡市治理中之主要事务,在必要的时候还要求召开临时会议,然而,这种开会制度在王家坪村的乡村自治过程中并没有能够得到有效贯彻。

第三,村乡干部的工作作风的民主化有待提高。在陕甘宁边区的乡村政权中,仍然有一些乡村干部存有旧时的官僚主义思想,出现一些眼睛

---

① 陕西省档案馆、陕西省社会科学院汇编:《陕甘宁边区政府文件选编》第10辑,档案出版社1991年版,第259页。

向上,不懂体恤民情的政府工作人员。不坚持实事求是,理论联系实际不足的情形也时有发生,做事形式大于内容,极大地影响了党在边区老百姓心目中的地位。更有甚者,一些工作人员在工作中甚至出现了粗暴对待群众,随意捆绑群众,徇私枉法的状况,更是违背了基本的民权、民主的精神。

第四节　陕甘宁边区乡村自治的历史经验

在陕甘宁边区乡村广泛开展的乡村自治运动是中国共产党在民主革命时期践行民主的重要实践,不仅夯实了中国共产党民主执政的基础,更为中国共产党夺取革命的胜利提供了坚实的保证。此外,陕甘宁边区乡村自治实践还为今日新农村建设提供了诸多经验和启示。

一、践行民主理念是开展乡村自治的根本保证

早在旧民主主义革命时期,孙中山先生就提出了以实现"民族、民权、民生"为目标的三民主义,并使"民权"成为了中国历史发展的潮流。延安时期中国共产党在陕甘宁边区局部执政实践中真正地赋予群众民主权利,通过民主选举、参议会等民主机制和颁布一系列的法律法规手段来贯彻,使陕甘宁边区成为民主的模范区,使民主理念深入人心,使中国呈现出千年未有之民主新局面。

开展乡村自治,其中最为重要的无疑是群众之直接民主。假如群众之民主无法保证实施,乡村自治只能是空谈。然而,通过对陕甘宁边区开展的乡村自治运动的研究发现,中国共产党践行的民主是真正的民主。在开展民主运动的同时,边区政府通过一系列的运动提高了群众的民主意识,为民主政治建设的开展创造了必不可少的条件。这些条件包括经济上的大生产运动、劳模运动、减租减息运动等等。通过这些运动,巩固了乡村自治民主运动开展所需的经济基础;文化上的识字组、冬学、义务

教育、社会教育的开展,使边区教育落后状况得到根本改观,为乡村自治的有效推行提供了文化上的支持;社会治理上的妇女解放运动、边缘群体改造运动、自然科学运动等等,为边区乡村自治民主运动的开展提供了和谐、团结的社会环境。此外,在边区颁布的一系列法律、法规对于民主的界定和保障也同样发挥了至关重要的作用。

然而,真正保证民主理念的是乡村自治中对民主的真正贯彻实施。主要表现为民主选举和民主改选等形式,民主总是要通过一定的载体来呈现,而落实群众民主权利的最佳载体无疑是选举。在陕甘宁边区的乡村自治中,核心领导小组和参议会是发挥最重要作用的机构,而这两大机构的产生是以真正民主之形式来完成的,无论是核心领导小组中的乡长、劳模还是村长,都是由群众直接选举产生,而参议会也同样体现了最大多数人民主的"民主集中制"原则。如果人民选举之代表不能真正代表群众的基本权利,在改选的过程中就得不到群众的拥护而失去"代表的资格"。如在 1942 年的边区政府改选中,延安县乡政府委员连任者仅 133 人,新当选者则为 185 人,61 个乡长中就有 41 个是新当选的;安定县 70%乡市政府人员是新任,绥德县 110 个乡政府人员落选者达 1001 人。由此可见,由于民主理念在边区的真正实施,使群众成为了边区乡村自治的主人。

二、理顺党政关系是开展乡村自治的基本环节

在政权建立之初,曾不同程度出现过党政关系混淆的情况,弱化了老百姓对于乡村自治的信任。为了保证乡村自治的有效开展,消除党政不分对于边区乡村自治各项事业的影响。早在 1941 年,中共中央就明确提出了杜绝党委包办一切的错误做法,并强调要将党组织与各级政府之间的工作界限进行科学的划分,把政府的各项工作机制通过科学的分工建立起来,以保证政府工作的有效开展。此外,在乡村自治过程中,要将支部的工作与政府的工作区分开来,支部尽管乡村自治过程中宏观的、组织上的、方向上的领导,而具体的事务应交给参议会来议决,乡村各项事业

的完成也必须由参议会以民主的方式选出代表来执行,这样才能保证群众在乡村自治中的主人翁地位。支部的作用在于保证党员在乡村自治中的先锋模范和战斗堡垒作用。

此外,在乡村自治过程中也存在着架空乡参议会情况。在陕甘宁边区的民主政治构建中,参议会无疑是最高权力机关,在"议行合一"机制下,出现了乡市政府权力凌驾于参议会的状况,忽略了参议会的权力,使乡市参议会不起作用。这样也就使群众的民主权利被"架空",导致边区的民主实践仅剩一个"空架子"。因此,为矫正乡市政府与乡市参议会级之间不正常的状况,边区第二届参议会上提出:"今后凡是出现乡市行政干反违犯民意,不愿改正错误的,参议会或一定形式的乡民或村民大会,应该依法执行直接罢免的权力。凡是上级需要调动乡长,须经过乡参议会,调动村长时,须经过村民大会。"在第二届参议会上对于两者关系的界定,真正做到维护了群众的基本民主权利,也使乡村自治真正走上民主化的轨道。

要使乡村自治获得成功,党政职能分开、互动协调是基本环节。村民大会的召开必须常规化、民主化,捍卫每一位村民在乡村自治中的基本权利。为此,实现对乡村行政干部的监督必不可少。这就需要发动群众进行自下而上的监督、检查,并对那些不符合要求的、脱离实事求是的、脱离群众的行政干部进行直接罢免。这种对于村民基本民主权利的维护,无疑是行政干部工作作风改进,呈现干部新风貌的"强心剂"。总之,在乡村自治过程中,离开了党政分开、上下级关系协调一致的基本环节,群众的民主权利就无法实现,自治中各项事业的开展也不能体现民主的精神,党的领导也有可能失去群众的基础。

三、建立乡村自治的领导核心、改善乡村干部工作作风是开展乡村自治的必要前提

开展乡村自治运动,离开了坚强有力、高效团结的领导核心是不可能

成功的。在《通知》中,以王家坪为个案为我们揭示了乡村自治取得显著成绩的经验。即王家坪村所取得的乡村自治成果,与其建立的一个具有六七年历史的领导核心是息息相关的,这个领导核心由乡长、村长和劳模组成,发挥决策作用,也就是因为这样的一个领导核心,使王家坪村的各项工作井然有序,并且在工作开展的过程中也保证了群众的基本民主权利。首先在工作的决策环节,一般是核心小组召开核心会议,制订工作的具体计划,并决定采取何种方案。但不必意味着这已经是决策,这项工作到底能不能开展还必须要通过参议会或者村民大会来议决,以形成统一意见。其次,在工作的实施环节。必须强调核心领导小组的带头模范作用,要引导群众进行生产,不能脱离群众和生产。此外,还必须经常召开核心会,以检查工作开展过程中的不足以及群众的情绪,并对群众中存在的不满情绪进行疏通和引导。最后,在工作的完成后,核心领导小组还必须召开村民大会,对本次工作进行总结,并指出工作中的不足,有则改之,无则加勉,真正实现"从群众中来,到群众中去"的原则。在整个工作开展的过程中,可以看到领导核心所发挥出来的作用是乡村自治的关键。

干部核心作用的发挥与干部工作作风的改善密不可分,在乡村自治的过程中,也曾经出现过干部队伍中存在的"官僚主义、形式主义、主观主义"的倾向,这些作风与中国共产党倡导的民主作风、全心全意为人民服务的宗旨是格格不入的,更不利于乡村自治中各项事务的开展。为此,必须开展干部队伍作风建设,其中最为重要的是边区政府提出的要求政府人员包括村行政人员应该经常保持和发扬为人民服务的民主作风和实事求是的科学态度。尤其是在乡村自治中,而要获得老百姓的拥护,当好人民勤务员是重中之重。要求和教育乡村干部在各项工作的动员组织中,避免简单命令、粗暴对待的恶习,真正实现民主的作风;在各项工作的实施建设中,保持谦虚谨慎、不骄不躁的作风,虚心向群众学习,相信群众;在为人民服务的过程中,做到秉公执法、心系百姓、为民谋利的原则,做到言行一致,力戒空谈。经过干部工作作风上的改善,才能真正密切党群关系,使自治真正生根。

　　总之,在乡村自治的过程中,核心领导小组的领导、乡村干部作风的改善都是必不可少的重要前提,离开了这一前提,也就失去了乡村自治的意义,从而使乡村自治成为"空谈"。今天所开展的新农村建设,同样离不开基层自治核心的领导,也离不开基层干部的作风改善,而这也必然成为新农村建设的题中之义。

第四章　陕甘宁边区乡村民主运动

　　陕甘宁边区在我国新民主主义革命时期的历史地位和重要作用是毋庸置疑的,特别是边区的乡村治理中凸显出来的民主模式、民主理念以及民主运动,已成为社会主义建设新时期的积极借鉴,而陕甘宁边区也同样因为其民主实践备受世人瞩目,成为学界研究的重要领域。陕甘宁边区主要经历了三个时期的历史演变,包括苏维埃政权时期,抗日民主政权时期以及人民民主政权时期,这三个时期都不同程度地反映了中国共产党民主政治建设的内容,但在抗日战争时期的民主政治建设内容是最为丰富的,渗透在边区乡村生活的方方面面,对边区乡村的政治生态产生了极其重大的影响。本章将着重论述边区乡村民主政治的运动的具体路径选择。

　　一是以反对封建剥削势力为核心内容的民主斗争。在中共乡村支部的领导下,广大农民结合减租减息运动、互助合作运动和乡村政权的改选运动,以社会公平的道德诉求为旗帜和地主展开了和平而激烈的民主斗争,为边区乡村民主政治的构建夯实了经济、政治、社会基础。

　　二是以反对封建迷信为中心内容的民主教育运动。边区乡村的封建迷信的猖獗成为横亘于民主政治建设过程中的重大阻碍,为此,边区政府通过细致的调查研究,正视边区乡村封建迷信的历史成因,对于一切封建迷信的组织坚持根据抗日的需要和人民的需要,采用说服教育的方式或改造的方式使迷信组织在政治和经济上的斗争中被削弱,直到最终被取缔。

　　三是以培育"新型公民"为目的的民主改造运动。民主实践离不开群众的支持,而具备新型公民的理念及特征是支持民主实践的前提。为此,边区政府通过开展劳模运动以及边缘化群体的改造运动,使得边区群众在价值观和行为实践中符合了新型公民的标准。

四是以提高妇女社会地位为目的的妇女解放运动。自古以来,中国妇女不仅地位低下,还受到各种各样体制的束缚,裹脚就是一个明显的例证。边区政府在对边区妇女的历史状况及现实状态做了比较翔实的调查之后,提出了解放边区妇女的号召,让妇女参选参政、主张婚姻自由、开展放足运动等等。而这些运动的有效开展,进一步促进了边区妇女参与到实现民族独立和革命实践当中来的积极性和主动性,使边区妇女的丰功伟绩载入史册。

当然,陕甘宁边区乡村的民主政治运动有其历史的局限性,而这些瑕疵是无法遮掩边区民主实践光芒的。边区乡村民主政治建设的自身特色、鲜明的时代特点以及民主体制的系统性不仅奠定了中国共产党的领导地位,同时也为日后新中国的民主政治建设积累了丰富的经验,对于当前的农村的民主建设也提供了有益的借鉴。

第一节　陕甘宁边区乡村反对封建势力的斗争

封建势力在边区乡村占着主导地位。在乡村,生产资料主要归地主阶级所有,地主仅占边区总人口的极少数,却占有了边区 60% 以上的土地。20 世纪 30 年代,庆阳有"八大家,七小家,二十四个匀和家"之说。"八大家"指远近闻名的八家大地主,如八大家之一的李子良(商号恒义兴)是个跨省的大地主兼大商人,在陕甘两省占有土地 7 万多亩。① 边区乡村地主阶级不仅霸占了大量的土地,还通过各种的方式来盘剥农民,导致边区乡村民不聊生,农民生活在水深火热之中。"一家人住在一个窑

---

① 新编《安阳县志》,甘肃人民出版社 1994 年版,第 98 页。

洞里,睡在一个炕上,全部家具财产有两个毛驴可以载完,有了病只能听天由命,一遇天灾人祸则流离饥饿"。① 这就是对乡村民众生活状况的鲜明写照。为此,边区政权建立之后,通过群众运动式的方法来开展反对封建势力的斗争,实现边区乡村面貌的更新。

一、减租减息运动,反对封建势力剥削谋求经济独立与发展

在陕甘宁边区乡村反对封建势力的斗争中,始于 1937 年的减租减息运动是一段颇引人关注的历史。但一直以来,学界多于注重减租减息运动在宏观政策方面的研究,而对于在减租减息运动中群众的角色以及对于推动乡村民主的作用等微观层面涉及甚少。事实上,在减租减息这一伟大的反对封建势力的斗争中,乡村农民组织的作用是难以磨灭的,特别是它对边区乡村各项政策的推动以及谋求经济民主的斗争,不仅关系到减租减息运动本身,还关系着边区乡村民主生态的构建、中共意识形态的传播等问题,也关系着边区政权的进一步巩固问题。

（一）边区乡村减租减息运动的开展

系统有序地开展土地革命,实行"耕者有其田"制度是红军长征到达陕甘宁边区之后巩固苏维埃根据地的重要工作。据史料记载,当时开展土地革命的多为边区较为偏僻的乡村,土地占边区总面积的 60%,人口约 90 万。与此同时,仍然有占边区总面积 40% 的地区尚未进行土地革命,这些地区土地肥沃、人口集中,属边区较为发达的地区,封建势力对群众的剥削极其严重,地主与农民的矛盾不断激化。为此,在这些地区进行土地革命势在必行,而就在中央红军进行土地革命的过程中,国内局势发生重大变故。

日本帝国主义为转移国内矛盾,加紧了对华侵略的步伐,中华民族面

---

① 陕甘宁边区财政经济史编写组、陕西省档案馆:《抗日战争时期陕甘宁边区财政经济史料摘编》第 9 编,陕西人民出版社 1981 年版,第 2 页。

临着亡国灭种的危机,国内要求和平的呼声日愈高涨,为此,根据局势的变化来调整中央在边区的土地政策有其内在的必要性与紧迫性。事实上,从 1935 年开始,中央红军就开始着手研究扩大民族统一战线的政策措施,以最大努力来团结一切可以团结的力量来对抗日本帝国主义的侵略。包括 1935 年 12 月 6 日颁布的《关于改变富农策略的决定》,旗帜鲜明地提出停止对富农财产的没收;在瓦窑堡会议上通过的《关于目前政治形势与党的任务决议》的文件中,提出富农土地除剥削部分外,概不没收的政策;1936 年 7 月,中共中央颁布了《关于土地政策的指示》的文件,纠正了"地主不分田"、从肉体上加以消灭的错误政策,实施了"耕地农有"的土地政策;1937 年 2 月,中共中央发表《致国民党三中全会电》,提出"停止没收地主土地之政策"等保证,并宣布废除苏维埃时期的土地政策。抗日战争全面爆发之后,中国共产党从民族大义出发,召开了洛川会议,并制定《抗日救国十大纲领》,确立了减租减息的土地政策,这一政策既维护了抗日民族统一战线,又保证了边区农民与地主的利益,具有重要的历史意义。

在边区实行减租减息运动的区域,是此前没有实行土地革命的地区。始于 1937 年的减租减息运动,其发展有一个逐步推进的过程,而政策真正大规模的实施,是在 1942 年秋天之后,在此之前的减租减息运动则成效甚微,仅停留于宣传层面上。究其原因,在于这些地区多为国民党顽固派控制,本来对于抗日民族统一战线的支持度就不高,表面上同意减租减息,实际上貌合神离,不去执行这一政策。除此之外,边区乡村基层政府对中共中央政策的贯彻也缺乏积极性,空有口号、宣传,却没有拿出具体实施的办法,也没有有效地发动群众,"因此,除个别地区相当的执行减租外,一般是没有执行的。"①在边区乡村的许多区域是看不到减租减息

---

① 中央档案馆、陕西省档案馆:《中共中央西北局文件汇集》甲 4,1994 年西安印刷,第 229、233 页。

政策的效果的。

在减租减息运动遇到阻碍时,边区乡村农民组织得到了发展,并在反对封建势力谋求经济民主的斗争中发挥了积极的作用。事实上,1941年是边区乡村农民组织发展的低潮时期,主要缘于中共中央颁布的《五一施政纲领》,规定边区实行"三三制"民主改选,因此,"各地农会自己宣布取消或者是名存实亡"。但在农会组织发展处于低潮的时候,减租减息运动的开展由于缺少群众基础而步履维艰,对广大农民的利益构成极大威胁。表现为警备区有些地主对过去减了租的农户采取了报复措施,地主阶级还通过各种途径向地方民主政权渗透,出现了警备区乡政权有70%的乡政府委员为党外人士的情况,导致边区乡村开展的减租减息运动受到了来自乡政权内部的封建地主力量的抵抗,加上党内一些同志存在的"只团结不斗争"的错误思想,使减租减息运动的实施遭遇前所未有的困境。

为此,必须采取有效措施,通过政策的制定来号召广大农民及农会组织起来,使减租减息运动能够彻底的取得胜利。中共中央于1942年1月颁布了《关于抗日根据地土地政策的决定》,《决定》确定了减租减息政策的三条基本原则,即:1.承认农民是抗日与生产的基本力量,党的政策是扶助农民,实行减租减息,保证农民的人权、政权、地权、财权,借以改善农民的生活,提高农民抗日与生产的积极性。2.承认地主的大多数是有抗日要求的,一部分开明绅士是赞成民主改革的,党的政策仅是减轻剥削,而不是消灭封建剥削,更不是打击赞成民主改革的开明绅士,故于减租减息之后又须交租交息,保障地主的人权、政权、地权、财权,借以联合地主一致抗日。3.承认富农是农村中的资产阶级,是抗日与生产的不可缺少的力量,其生产方式带有资本主义性质,在现实是比较进步的,因此要奖励富农生产与联合富农。因富农有一部分封建剥削,故对富农的租息也要照减,同时须实行交租交息,并保障富农的人权、政权、地权、财权。①

---

① 《解放日报》1942年2月6日第3版。

紧接着又于 2 月发布了《关于如何执行土地政策决定的指示》,对减租减息政策的内容、要求及执行原则办法作出了具体的规定,并明确指出:减租减息政策的目标是帮扶农民,减轻地主的剥削程度,保护农民阶级的政治经济利益,并在此基础上改善农民的生活水平,提高其生产与抗日的参与性与积极性。文件还指出,当前的工作任务是联合一切力量一致抗日,因此现阶段的土地政策不是消灭封建地主剥削,而是减轻封建地主剥削,以保障封建地主抗日的积极性。对于如何推动减租减息运动的有效开展,文件强调,必须要加大力气放手发动群众和组织群众,依靠贫雇农,团结性地巩固中农,在边区政权实施"三三制"民主政治。在发动群众的过程中,要注意纠偏工作,避免出现"左"的倾向,但也要保护群众参与的积极性。对冥顽不化的地主,要坚决打击,但不是打击一切,坚持"又团结又斗争"的策略。

1942 年 12 月,中共中央又发布了《陕甘宁边区土地租佃条例(草案)》,对减租率作出了比较详细的规定:定租的减租率不得低于二五;活租按原租额减 25%—40%,减租后,出租人所得最多不得超过收获量得 30%;伙租按原租额减 10%—20%,减租之后出租人所得最多不得超过收获量的 40%;庄稼按原租额减 10%—20%,减租之后出租人所得最多不得超过收获量的 45%。并规定"民国 28 年底以前欠租一律免交"。①

1943 年 10 月 1 日,中共中央发布了《开展根据地的减租、生产和拥政爱民运动》的指示,特别强调在未实行减租或减租不彻底的地方,党应加强发动、组织、领导农民群众的减租运动。② 1944 年 10 月 20 日,边区政府又颁布了《陕甘宁边区土地登记试行办法》,再一次明确了土地所有权。1945 年 4 月在《陕甘宁边区土地租佃条例(草案)》实施两年的基础

---

① 陕西省档案馆、陕西省社会科学院合编:《陕甘宁边区政府文件选编》第 6 辑,档案出版社 1988 年版,第 428 页。

② 《中国的土地改革》编辑部、中国社会科学院经济研究所现代经济史组编:《中国土地改革史料选编》,国防大学出版社 1988 年版,第 153 页。

上,边区第二届参议会第二次大会正式通过了该条例,使减租减息成为群众性的运动。

1946 年 5 月 4 日,中共中央发出了《关于土地问题的指示》即《五四指示》,该指示颁布时,国内形势已发生了很大变化。因此,《五四指示》一方面要求在"反奸、清算、减租、减息、退租、退息"等斗争中,从地主手中获得土地,实现"耕者有其田";另一方面要求"一般不变动富农土地","对于中小地主的生活应当给以相当的照顾","应多采取调解仲裁方式解决他们与农民的纠纷。"①

为了进一步巩固减租减息运动的成果,1946 年 7 月 16 日,边区政府颁布了《关于减租和查租的指示》。指出:在减租已较彻底的绥德和关中一带,应以复查和保佃为主;在减租尚不彻底不普遍的陇东庆(阳)、合(水)、镇(原)一带,应以减租、退租、勾欠、换约、保佃为主;在定边切实依照租佃条例进行退租、勾欠、换约、保佃,达到彻底减租外,同时应根据其具体情况适当照顾各阶层利益,非法倒动的土地,仍应退还农民耕种,假典假卖,抬高地租,骗取陈租等行为,应受到法律的制裁并补偿农民的损失,消灭明减暗不减的现象,揭露招摇撞骗愚弄农民的手段,贯彻减租政策并研究妥善办法,逐渐达到"耕者有其田"。

由此可见,在边区开展的减租减息运动,是边区乡村农民在边区政府的组织下开展的彻底的减租减息斗争。通过斗争,使地主经济受到了严重的削弱,"部分地主开始转化,原来靠吃租,现在收回来自耕,向经营地主、富农方面发展……政策就这样,削弱了地主的封建剥削,减租后,政治、经济上发生变化,把七分封建变成七分资本主义了,要封建剥削就阻挡他,要发展资本主义就帮助他。"②减租减息运动不仅削弱了封建地主

---

① 《中国的土地改革》编辑部、中国社会科学院经济研究所现代经济史组:《中国土地改革史料选编》,国防大学出版社 1988 年版,第 248 页。

② 陕甘宁边区财政经济史编写组、陕西省档案馆:《抗日战争时期陕甘宁边区财政经济史料摘编》第 2 编,陕西人民出版社 1981 年版,第 344 页。

势力,还改变了边区乡村的土地所有制状况,使大量的无地的佃户变成了自耕农。如1946年9月的一份减租工作报告中指出边区"未分配土地地区,由于几年来减租政策的实施,集中在地主手里的土地将近一半已经逐渐转入了农民手里"。①

（二）边区乡村农民组织在推动减租减息运动开展、实现经济民主中的作用

在放手发动群众和组织群众的政策支持下,农民组织在减租减息运动中的地位得到提高和巩固,他们在这场伟大的实践中,在减租减息运动的开展、组织边区乡村生产和支持抗战、实现对乡村群众的教育与动员等方面,起到了极其关键的作用。这也反映了农民组织在实现边区乡村和谐与谋求经济民主过程中所作的突出奉献。

首先,调动边区乡村群众参与减租减息运动的积极性,推动减租工作有序开展。在边区乡村开展的减租减息运动中,中共中央作为运动的倡议者和指导者,一直发挥着战斗堡垒的作用,主导着运动的进程与发展。同时,随着边区民主政权不断完善,使中共中央的政策在实施的过程中能得到很好的贯彻执行。但是,减租减息运动的开展有其内在的复杂性,包括边区乡村阶级状况的复杂性、经济成分的复杂性以及边区乡村社会的复杂性等等,如果仅仅依靠中共中央的力量来推动减租减息运动,显然是不够的。为什么在减租减息斗争前几年(1937—1942年秋天)的工作成效不大? 主要的原因就在于未能放手发动群众、发挥农民组织的战斗力。为此,必须坚持将中共中央自上而下地主导与边区群众自下而上地参与有机结合起来,形成合力,才能达到打击封建势力的效果。

在通过发动群众参与减租减息运动之后,那些长期得不到很好执行的工作,在农民组织的推动下,很快得到了解决。陕西葭县店镇区群众在经过政府派来的调查组调查之后,发现减租并不彻底,首先处罚了一批地

---

① 《解放日报》1946年9月30日。

主,随即召开租户大会,罚了地主的粮,并当场成立了减租会,选举出五个委员,随后减租会立即进行了退粮工作。① 边区农民在会上还主动参与决策,决定罚粮的具体数量,使减租减息工作一天就完成了。由此可见,自下而上地发动群众参与减租减息斗争的策略是非常正确的,不仅维护了广大边区群众的利益,同时也有效地巩固了统一战线。

其次,组织边区乡村生产。在边区开展减租减息运动的主要目的是解放边区乡村生产力,发展边区农业生产。边区乡村的农民组织不仅要推动减租减息运动的开展,还要服务于生产的需要。减租会是减租减息运动中农民组织的代表,也要适应边区生产发展的需要。一般而言,减租会主要由五人组成,"五个委员的分工:一人管生产,一人管账目,一人管借粮,一人管开坟地,一人管户口清查和协助工厂。"②这样的话,减租会实际上就是一个关系群众直接利益的团体,同时还兼顾了一部分政权的职能。

减租会要组织边区的农业生产,首先是调配边区乡村的土地等生产资料,然后分给广大农民来耕作。减租会的办法是规定租户不耕种的土地要交给减租会来处理,还规定"不够做的人向做不过"调剂,通过土地的合理调配,有效地激活了农民生产的积极性。与此同时,边区政府也发现了减租会的组织边区农业生产的积极作用。并指出减租斗争必须与边区正在开展的群众的生产运动、合作运动密切结合。③ 为了推动生产的发展,减租会还必须做好群众中存在的租佃纠纷的协调工作,通过民主说服教育的方式来化解人民内部的矛盾,以最大限度地推进生产的发展。通过减租,农民生活得到了巨大的改善,据统计,1943 年 10—12 月,仅据

---

① 中央档案馆、陕西省档案馆:《中共中央西北局文件汇集》甲 4,1994 年西安印刷,第 262 页。

② 中央档案馆、陕西省档案馆:《中共中央西北局文件汇集》甲 4,1994 年西安印刷,第 143 页。

③ 中央档案馆、陕西省档案馆:《中共中央西北局文件汇集》甲 5,1994 年西安印刷,第 117 页。

绥德六个区、米脂三个区、子洲五个区、清涧三个半乡、佳县个别村的统计材料,除按条例减租外,勾欠 31732.82 石,退租 1842.73 石,并在抽约换约同时进行土地回赎,广大农民以廉价把典给地主的土地抽回。陇东分区的庆阳、合水共减退和勾欠 10213.22 石。1944 年春,淳耀勾欠退租 1535 石,换约 953 户,赤水勾欠退租 1280.23 石。① 农民的部分利益得到了满足。绥德地区山柏树村以前曾是极度贫穷的村庄,现在已走向繁荣富裕。全村五百垧土地归属佃户,租地只剩下十垧。由此可见,通过减租减息确实提高了群众的生活水平。

最后,实现对边区乡村群众的教育和动员。在中央红军未进入陕甘宁边区之前,边区乡村的治理状况极其糟糕,黄赌毒问题非常严重,还有二流子、乡匪等危害社会治安的问题。通过土改之后,相当地区的民风得到了纠正,对党的意识形态开始有了初步认识,但在那些未经土改的地方,很多人对于中国共产党的意识形态还存在着误解,甚至认为中央红军仅是"好土匪",讲义气,也不习惯边区政府推行的民主的和革命的生活方式,对于边区政府实施的减租减息政策也不甚了解。

显然,这些状况对于边区政府在边区乡村开展工作是很不利的,同时也不利于为减租减息运动奠定扎实的群众基础。刚开始,边区政府做了很大的努力,但是由于忽略了正确的工作方法,仅靠政权力量来宣传,效果很不理想。为此,必须通过政权以外的力量来促进党的思想的传播,农民组织理所当然成为了首选。这主要缘于农民组织是一种基层组织,与群众保持了较好的同盟关系,而其在推动党的政策的实践中体现出来的"阶级"、"民主"、"人权"等理念,就更容易为群众所认同,并感受其实际内涵,最后达到真正掌握党的思想的目的。比如在陕西葭县开展的减租减息斗争中,一个村成立农会时,还通过告示公布了候选人,各位候选人进行了演讲竞选,而且宣了誓。在山西兴县水磨滩减租减息运动中,有一

---

① 雷云峰:《陕甘宁边区史》,西安地图出版社 1993 年版,第 186 页。

位主任办事不公,失去了群众拥护,就向农会提出辞职,经过讨论后一致同意,后来又重新选了一位贫农出身的主任。这些民主选举、民主监督的形式,在红军到达边区之前是不敢想象的,但现在却切切实实地践行着。这样的一种民主实践,不仅提高了群众参与政权建设的热情,同时也为党的思想的传播打下了良好的群众基础。

(三)减租减息运动对边区乡村民主生态的影响

通过边区政府开展的减租减息运动,不仅维护了边区群众的利益,还推动了边区社会的发展,同时,对于边区乡村民主生态的构建,也具有重要的意义。

首先,提高了边区农民的政治觉悟。在减租减息运动中,边区广大农民深刻感受到,以往的那种与地主之间的"一对一"的斗争方式是无法取得理想效果的,为此,必须"组织起来",通过农会组织来克服过去生产、斗争中人力不足的弱点。比如陕西印斗区八乡实施减租减息之后,成立了49个变工组,仅用五天就把土地锄完了。同时,经过边区政府的教育与斗争锻炼之后,边区大部分的农民提高了政治觉悟。1941年5月1日,边区中央局提出的《陕甘宁边区施政纲领》重申了"在土地已分配区域,保证一切取得土地的农民之私有土地制。在土地未经分配区域,例如绥德、富县、庆阳,保证地主的土地所有权及债主的债权,惟须减低佃农租额及债务利息,佃农则向地主缴纳一定的租额,债务人须向债主缴纳一定的利息"。[①] 这一政策的制定,从制度上保护了减租减息政策的彻底推行,为老百姓了解党的政策、提高政治觉悟打下了基础。据西北局的《材料简报》记载:"农民对于地主的畏惧被打破了,阶级觉悟性得到提高了,对边区政府更加信任了,对于工作也更加支持了。"除此之外,边区农民还积极参加反匪锄奸的斗争。在过去,有土匪出没,群众由于担心报复而不敢报告边区政府,但现在一听到有土匪,就马上报告,还参加打击土匪

---

① 《新中华报》1941年5月1日第2版。

的斗争。不难发现,边区农民的政治觉悟性得到了空前的提高。

其次,增加了群众参与民主实践的热情。减租减息运动的有效开展,不仅使边区乡村的落后面貌有所改观,同时也改变了边区群众对民主政治冷漠的状况,促进了边区群众的积极参与政权建设。尤其是边区确定的保护佃权通知的出台,具体表现为如下规定:1.一般租地,佃农享有一定的佃权,对于地主撤佃加以一定的限制。但地主真正收回自种或雇人耕种,还是允许的。2.实行地主如依法收回土地必须于收获前三个月通知佃户的办法,以便佃农有时间另租耕地。另一方面在这种情形下,佃农也应照交本年年租。3.佃农拖欠少数地租,确是贫苦无力交租的,地主只能诉追地租不能撤佃。4.佃农无故不耕,或力能交租而故意拖欠,地主可以撤佃。5.租地出卖,佃农应由购买优先权。6.土地若非典卖给自耕农,佃农还有租种权。7.地主或佃农的一方面不能任意改变租佃形式。8.若是因为撤佃而严重影响到佃农的生活时,应由政府召集双方调解。9.对于假典假卖等侵害佃权的不法手段应严厉处罚。10.永佃权不宜强作规定,在一定条件下可赋予佃农永佃权。① 通过这一规定的实施,使边区佃户的基本权益得到了有效的保护,群众参与政治的热情理所当然得到了提高。比如在边区推行的三次民主选举中,边区群众就理所当然地认为选举是自己的事情,而不是别人的事情,就会亲力亲为。因此,在检查工作到代表选举的三个月时间里,无论是具有选举权的选民,还是未到选举年龄的少年,都参与到边区的选举工作中。而那些参与选举的选民,更是表现了极高的热情。他们积极发言,提出了宝贵意见,对于自己支持的候选人,也做到了公平、公正,没有耍私情。在选举代表时,如志丹、子长、曲子、环县等地区,就有百分之八十多的选民投了票,最高的是百分之九十六。②

---

① 《解放日报》1942 年 10 月 27 日第 2 版。
② 甘肃省社会科学院历史研究室编:《陕甘宁革命根据地史料选辑》第 3 辑,甘肃人民出版社 1983 年版,第 102 页。

最后,夯实了群众对边区政府信任的基础。由于在减租减息运动中,边区政府实实在在地贯彻了全心全意为人民服务的理念。1940 年 7 月,陕甘宁边区绥德分区专员公署公布了《陕甘宁边区绥德分区专员公署关于旧债赎地暂行办法》,其中明确规定:民国元年以前的账债一律废除,民国元年以后的账债已付利息超过本利者,停利还本。如从未付息或只付部分者,可酌量还息,但不得超过本银。已废除的债务关系不得再索取。① 如合水王县长就深入农村调解土地纠纷,纠纷获得和解,群众感激异常。如关中专署在对待土地纠纷时就依据不同情形具体处理,使地主农民各得其所。如在对待因币价跌落而出现的当赎地纠纷时,一般是把制钱、现银折合成硬币,硬币再折法币,民国二十四年前以硬币计,二十四年后以法币计,每硬币一元折法币十五元。再如对待农民欠租情况的,一般采取看农民如有能力缴租者劝其缓期交清,二十八年以前陈租一律免交,如农民万分贫困则劝地主少收或分成数期收还欠租。② 边区基层干部对老百姓基本利益的切实维护,使广大群众进一步从心坎里认同党在边区的执政地位,从而夯实了党的执政基础。此外,通过农会组织来实现了对党的思想的传播,致使边区群众对政府的态度由以往的漠视变为了信任与坚决拥护。如镇原和庆阳的佃户说:"人老几辈子没有置过一亩地,不是八路军,咱死了还没有埋处。"镇原三岔佃户张地永对地主说:"今后你再也不要想压迫我了,共产党走到哪里,我跟到哪里。"有的佃户说:"一也是动土,二也是动土,不如一下割了根,永远跟着八路军走。"镇原三岔佃户自己训练自卫军,保卫边区。③

---

① 《中国的土地改革》编辑部、中国社会科学院经济研究所现代经济史组编:《中国土地改革史料选编》,国防大学出版社 1988 年版,第 37 页。

② 《解放日报》1942 年 5 月 20 日第 2 版。

③ 中共庆阳地委党史资料征集办公室编:《刘凤阁、陇东的土地革命运动》,1992 年印刷,第 283 页。

二、互助合作运动，反对封建势力挤压实现社会民主的"跃升"

抗战期间，中共中央在边区进行了较为彻底的社会建设与改革，使边区混乱的社会秩序得到重建，使边区未曾有过的社会民主得到发展，形成了边区乡村生产得到发展，政治民主得到弘扬的良好局面，而这种局面的形成与中共中央在边区乡村大力推行的互助合作运动是分不开的。这一运动推动了边区乡村生产关系的深刻变革，首先体现为经济关系的改变，但更为重要的是改变了边区乡村传统的政治格局，影响着边区乡村的权威秩序，不仅极大地推动了抗战的胜利，为当代社会建设也提供了极其重要的实践参考。

（一）边区乡村互助合作运动开展的进程

在中央红军到达边区之前，这一地区就已经存在着各种形式的劳动互助关系，较为典型的主要有变工、唐将班子、扎工等等。变工是指根据旧社会人力、物力、财力不足的状况，在农业生产上实行劳动力、畜力和农具等生产资料的调剂，以减少因生产资料的缺乏而造成的生产损失的一种劳动互助关系。由于陕甘宁地区严重缺少生产资料，使变工成为中央红军进驻边区之前最为盛行的一种劳动互助方式。唐将班子作为一种劳动互助组织，与变工相比，组织纪律较为严格，人数一般在 10—15 人左右，有组织者，称为"包头"，组织内部实行按劳分酬，但实际上存在着"包头"剥削的情况。扎工从严格意义上来说，不是一种劳动互助组织，仅存在劳动合作的倾向，主要体现为无地或者少地农民集体出雇于有地而缺劳力的农户，为农户耕作，获取报酬，一般以流动卖工为主，也称"走马工"。这些劳动互助关系对陕甘宁地区的农业生产发展有着一定的推动作用。

自 1937 年陕甘宁边区政府成立之后，为了巩固边区政权的经济基础，推动边区经济的发展，打破国民党对陕甘宁边区实行的经济封锁。中共中央认真总结了井冈山时期在农业发展上的一些成功经验,积极开展了劳动互助合作运动。1939年,边区政府颁布了《各抗日根据地合作社暂行条例示范(草案)》,对合作社的类型、业务范围有了较为详细的规定,对合作社设立的具体程序也有了明确的规定,除此之外,对合作社中社员的权利和义务、盈余分配以及合作社的组织与会议等等方面都作出了具体的安排。至此,边区乡村的劳动互助组织得以蓬勃地发展,一系列带有进步意义的互助合作组织纷纷建立起来,包括"劳动互助社"、"义务耕田队"等等,但由于这些组织在组建方式与规模上有着较为严重的局限性,导致其难以运转。很多组织并非群众自愿性的组织,而仅徒有其名,因此,"1940年后,这些组织被非正式地取消了。"①而与此相反的是,边区政府成立前的变工、扎工等民间组织却得到了恢复和发展,在一些地方甚至超出了土地革命之前的规模。

随着抗战进入相持阶段,一方面,日本帝国主义彻底改变侵华策略,将侵华的重心指向中共领导的广大根据地,集中全力对根据地进行"围剿",导致根据地出现严重的经济困难;另一方面,国民党内部的抗日力量出现分化,顽固派不断打出反共旗号,在军事上不断制造事端,在经济上实行封锁,导致边区出现严重的物资短缺。为此,必须发挥农业生产的作用,以打破边区的经济困境,在此情况下,边区政府再一次将注意力转移到劳动互助合作上来,借力劳动互助合作来解决边区发展的危局。1942年,边区政府把发展农业生产放在边区工作的第一位,并指出劳动力在农业发展中的关键作用,在《抗日时期的经济问题与财政问题》一文中,毛泽东提出了"各县应以大力组织劳动互助,大大地发展农民的集体劳动"②的号召,还要求改变以往在农村工作中的不足,对劳动互助组织

---

① 陕甘宁边区财政经济史编写组、陕西省档案馆:《抗日战争时期陕甘宁边区财政经济史料摘编》第7编,陕西人民出版社1981年版,第24页。

② 陕甘宁边区财政经济史编写组、陕西省档案馆:《抗日战争时期陕甘宁边区财政经济史料摘编》第7编,陕西人民出版社1981年版,第24页。

的组建方式进行了调整,边区乡村纷纷提倡扎工、变工。使形式各样的劳动互助组织在边区乡村中得以迅速发展。据统计,1943 年,陕甘宁边区的劳动互助组织与过去相比,至少发展了 4—5 倍,更为重要的是,组织中的绝大多数群众都是自愿参加的,这些群众在组织中的实际作用对于边区困境的解决意义是非常重大的。

除此之外,此前没有得到很好发展的各种合作社组织也得到了较快的发展,包括手工业合作社、消费者合作社、信用合作社等等,都在这一阶段得到了飞速发展,并日益承担起边区经济发展的重担,合作化运动的发展得到了中共中央的一致肯定,并被毛泽东称为"目前我们在经济上组织群众的最重要形式"。①

（二）边区乡村互助合作运功推动乡村民众实现社会民主的表现

在近代中国的历史上,唯有陕甘宁边区第一次在真正意义上实现了最广大的人民民主,通过民主模式的有效开展,开拓了广大边区群众民主生活的平台,并促使民主理念渗透到边区民众社会生活的各方面,反映边区民主政治生活的"三三制"实践、边区各级政府的产生方式、边区各级参议员的选举模式甚至边区民众社会团体的组建成立和群众运动的实践,都无一例外地贯彻实施了人民当家作主的内涵,体现了民主的精髓。互助合作运动作为边区经济领域的重大改革运动,在其实施的进程中也集中贯彻了民主的本义,这种贯彻体现在人员的调配、对互助合作的集体决策以及对互助合作政策的具体实施上,都无一例外地践行着民主的精神,倡导了政治民主,体现了平等参与、民主决策的理念。这就为政治民主从党内扩展到社会领域,并最终形成规范夯实了根基,极大地推动了边区社会政治的有序参与。边区乡村互助合作运动中的社会民主主要体现在以下几个方面。

① 《毛泽东选集》第三卷,人民出版社 1991 年版,第 931 页。

　　首先,政策上的制度保障。为保障边区乡村互助合作运动中政治民主的有效运行,推动互助合作运动的良性健康发展,边区政府针对互助合作运动中的民主践行先后颁布了一系列的政策文件,并使之制度化,真正做到从制度上来保障民主运行。这些政策文件主要包括《边区各根据地互助合作社暂行条例示范》、《保证边区互助合作社的基本章程》、《互助生产合作社组织办法纲要》等等,这些政策文件主要围绕的内容涉及互助合作组织选举的基本原则和方法、互助合作组织民主政治的基本运行模式、互助合作组织的基本政治架构、合作社社员在组织中享有的基本权利和承担的基本义务等等,通过对这些内容的详细规定,使边区互助合作运动的运行和发展有了一整套科学合理的指导标准。除此之外,边区政府还分批次地委派督察组到边区乡村监督指导政策的实施,保证了在互助合作运动中政治民主的贯彻,使互助合作运动的发展从基本制度上得到了切实落实。

　　其次,组织上的民主操作。在边区互助合作运动中,政治民主还体现在合作社社员能民主、公平地参与合作社的各项活动、决策,即排除了可能存在的个别人对合作社的人为操纵。对于合作社中的政治民主的实现,毛泽东是极力支持的,并在其 1943 年发表的《组织起来》一文中指出:"通过互助合作组织来实现边区民主的办法是群众的发明,要真正体现民主的内涵,必须要贯彻老百姓自愿加入的原则。"[1]此外,在互助合作组织如何有效践行劳动互助这一问题上,毛泽东也强调要坚持平等互利和等价自愿的原则。而这也恰恰说明了边区大力推行的互助合作运动与此前存在的变工、唐将班子、扎工等互助组织存在根本区别,表现为"从制度上消除了包头、领头对成员的控制和剥削,取而代之的是民主的、平等的、自愿的组织"[2]。

──────────

　　① 《毛泽东选集》第三卷,人民出版社 1991 版,第 931 页。
　　② 陕甘宁边区财政经济史编写组、陕西省档案馆:《抗日战争时期陕甘宁边区财政经济史料摘编》第 7 编,陕西人民出版社 1981 年版,第 42 页。

　　合作社还积极接受来自社会各界的，包括富农、乡绅、民族资产阶级等在内的入股集资，但其基本的前提是"不论你入多少，你都不能操纵这个合作社"①。可以说，此时在边区乡村实施的互助合作运动是本着服务群众的基本利益以及致力于边区群众生活的改善而展开的，起到了很好的抑制资本的盘剥，抵制地主、奸商的投机倒把行为，推动边区经济稳步发展的作用。因此，在边区乡村互助合作运动中实施的政治民主，在组织上的民主操作，可以行之有效地抵制一些别有用心的势力对合作社的操控，真正实现以民主的方式来为边区群众服务的目标。

　　最后，实践运行上的民主推动。在陕甘宁边区乡村互助运动政治民主推进的过程中，民主参与的原则并非只停留在制度上的保障和组织上的民主操作层面，在实际运行过程中也真正实现了民主的推动。关于民主运行上的有力推动这一点，边区主要领导人高自立也曾做过阐述："边区互助合作社是高度自由和真正民主的，主要体现在可以自由入股、退股、分红、结算等方面，每一位加入到互助合作社的社员都拥有对合作社有关事项的表决权，合作社的负责人必须由全体社员大会选举产生，合作社的各项业务政策是由社员来投票决定"②。尤其是在边区乡村存在的小型的互助合作社中，对于民主推动的原则的推动表现得更为淋漓尽致，并符合当地的实际状况。比如在边区绥德、米脂两县的小型互助合作社中，"由于地域面积小而且人口比较集中，为社员掌握和监督互助合作社的相关政策、任务以及干部作风提供了良好的条件，在互助合作社实际运行过程中，真正贯彻了合作社的负责人由社员直接投票选举产生的理念，而合作社需要决定办哪些事情，怎样开展，甚至给谁放粮、期限多久、利息

---

　　①　陕甘宁边区财政经济史编写组、陕西省档案馆：《抗日战争时期陕甘宁边区财政经济史料摘编》第 7 编，陕西人民出版社 1981 年版，第 64 页。

　　②　陕甘宁边区财政经济史编写组、陕西省档案馆：《抗日战争时期陕甘宁边区财政经济史料摘编》第 7 编，陕西人民出版社 1981 年版，第 67 页。

多少等等具体的问题都必须要由社员来民主决定"①。由此可见,边区乡村农民由于边区政治民主运动的开展而获得了一定程度上的民主政治启蒙。这种民主的启蒙对于当时边区乃至当代国家层面上的民主政治的构建意义都是极其重大的。

(三)边区乡村互助合作运动的现代价值

在陕甘宁边区乡村开展的互助合作运动,对于边区乡村社会秩序的构建以及边区和谐发展起到了非常大的助推作用。目前我国正处于全面建成小康社会的进程中,而新农村建设则是其中的重要组成部分,但新农村建设理所当然地面临着农村社会的生产关系和社会关系的调整,其中乡村基层社会怎样形成良性治理结构,怎样不断推进和完善村民自治,怎样改变乡村对于城市的相对颓势局面等诸多问题亟待解决。这些问题的解决需要借鉴国外的先进经验,但在陕甘宁边区广泛开展的互助合作运动对于新农村建设也同样蕴含丰富的现代价值。

首先,农民组织化是开展新农村建设的有效途径。在边区乡村开展的互助合作运动的成功经验表明,如何有效地将农民组织起来,通过多种模式开展互助合作运动,一方面对于边区生产、经济的发展起着巨大的推动作用,另一方面则表现为对边区政治生态和社会生态的良性助推,改变了以往封建式的、压迫式的管理格局,对于乡村基层的社会治理起到了积极的促进作用。在边区互助运动中纷纷成立的各种形式的互助组织,是扩大边区社会生产的基本单位,更是完善党和边区社会关系的中介。通过互助合作组织,使党在边区乡村的各项政策得到了顺利贯彻落实,更为重要的是,在互助合作运动中所倡导和落实的民主参与的模式,紧紧围绕着群众的利益出发,以群众乐于接受的形式,从而形成了边区各级政府与基层社会良性互动的局面。

---

① 陕甘宁边区财政经济史编写组、陕西省档案馆:《抗日战争时期陕甘宁边区财政经济史料摘编》第 7 编,陕西人民出版社 1981 年版,第 122 页。

当前在全国范围内开展的新农村建设,是新时期党和政府解决"三农"问题,振兴农村,富裕农民,实现农业现代化的重要举措。在新农村建设的过程中,必然表现出农村各阶层利益关系的调整,而利益分配乃至利益冲突的可能性将不断增大,为此,构建一种良性的社会治理模式就理所当然地成为了形势发展所需。这样一种治理模式在处理新农村建设中改革、发展、稳定的问题时将发挥重要作用,并使新农村建设的成果惠及农村全体群众。构建良性治理模式的关键在于维护农民群众的主体地位,形成农村"内生型"的社会治理构架,以有效保障国家在农村的各项政策得以积极贯彻,并最大限度地捍卫农民的各项基本权益,实现国家顶层与基层社会的良性互动。因此,实现自上而下的互动的过程,亟须将原本分散的农民组织起来,实现组织化变得尤为重要,缺乏组织化的单户农民在这一过程中很难实现自身的利益表达,从而使农民主体地位也就可能受到忽视乃至损害。

其次,扩大民主政治参与是形成利于新农村良性治理构架的关键之举。在边区乡村互助合作运动中对于政治民主的有效探求,促进了边区群众民主参与水平的提高,使边区乡村的社会资本得到挖掘和利用,为互助合作运动的积极推进打下了基础,推动了边区农村基层民主意识的发育与发展。通过互助合作化运动,边区乡村的群众关系得到了切实的调整,由以往的相互隔离甚至对立的关系转变为"互助、信任、合作"的关系,此外,群众对于乡村公共事业的关注程度也得到了提高,自发地参与到乡村开办的文教、医疗等事业当中来,实现了乡村社会资本的增长。特别是边区乡村各种互助组织开展与运行方式所包含的开放性与民主性,以及自愿互利的原则,最大限度地吸纳了具有参加互助合作组织意愿的群众,不仅强化了乡村群众之间的横向联系,同时也增强了互助合作组织内部的信任与互惠,为乡村基层民主政治的发展带来了"宽容、理性"的社会文化心理基础。

当前我国正在开展的新农村建设,一方面除了强调生产发展、生活富裕等经济方面的内涵之外,乡风文明、村容整洁、管理民主等社会管理方面的内容也纳入其中,反映了对农村良性治理结构的内在需求,而这种治理结构的最终达成,与基层民主政治的发育与发展不无关系,亟须进行与陕甘宁边区时期相类似的乡村社会资本的培育工作。在当代来说,就是要着力构建包括公共服务设施建设、公共服务体系建设、"公共能量场"等方面的内容,通过这些建设来实现农村社会关系的有效调整与完善,使广大村民之间形成一种"互助、团结、信任、友善"的社会关系,同时真正落实党在农村的基层自治制度,极力扩大村民在自治中的参与程度,实现对村民理性和宽容等民主政治精神的培养,进而形成利于新农村建设的良性治理构架。

最后,"内生型"社会精英的形成是新农村建设的重要一环。边区乡村互助合作运动之所以能获得顺利开展,除了边区政府在农民组织化,扩大农民的政治参与等方面有了科学合理的制度规范和保障之外,边区政府在互助合作运动中对边区社会精英的培育与和塑造也起到了极为关键的作用,其典型的表现形式为"劳模运动"。通过"劳模运动",树立了一大批能对群众在生产运动中起到引导作用的劳模,在边区乡村形成了"以中共中央的坚强领导为核心,以劳模等'内生型'社会精英的榜样力量为支撑"的权威架构,并使劳模等社会精英成为联通边区党、政府与老百姓之间信息、思想等的纽带,使中共中央的各项政策能够在边区乡村得到有效贯彻,而民意也能及时上传,社会精英在上传下达中的这种沟通贯彻作用,使其成为推动边区乡村民主政治发育的重要力量,真正改善了中共在边区乡村的执政基础。

在当前新农村建设中有一现象不容忽略,即是农村人才大量外流的现状,特别是青壮年,留下了"386170"部队,包括留守儿童、妇女、空巢老人等等,客观上为新农村建设增加了负担,更不利于农村各项事务的管理。而之所以会出现过多的青壮年人才流向城市的状况,一方面是国家向城市投放了大量资源,致使城市的快速发展吸引了大批农村劳动力;另一方面则表现为在大部分农村生产基本为"单干"的局面,势单力薄就难于使农业的经济效益增加,更不用说农村民主政治的发展。为此,类似于陕甘宁边区时期的农业互助合作组织应当在农村建立起来,并通过合作化来塑造和培育农村精英,可以有效充实农村基层自治组织的领导力量,切实履行新农村建设中"生产发展、生活富裕"的核心原则。此外,农村"内生型"精英的树立,对于农村民主政治的发展将起到重要的推动作用,由于农村精英的榜样和引导作用,将极大改变以往势单力薄、一盘散沙的局面,使农民建设家园的自主性和主动性等积极因素得到调动,而以农村精英为牵头的基层领导力量也将使农村社会治理向有序化、组织化的方向发展,为新农村建设的进一步推进带来"内生型"动力。

三、乡村政权改选运动及民主政治构建

1941 年 1 月 30 日,在《新中华报》上刊登的《陕甘宁边区政府为改选及选举各级参议会的指示信》指出:"中国共产党所进行的革命,是为了推翻专制的、暴力的政府,成立民主的政府。民主的根本,就是捍卫老百姓选择自己代表的权利,边区各级参议会与政府,是老百姓选举的,但做了很久,做得对不对,应该向老百姓汇报,请老百姓检查,看还要你不要。这叫做改选。未经选举的地区,各级政府都是临时的,必须由老百姓选举,才能叫正式政府。"还进一步强调了民主的重要意义,提出:"如果有人轻视选举,或者说不要选举,那就是等于不要民主。不要民主,就等于不要革命。必须用教育与训饬的方法,克服某些干部中这种错误观点。"[1]此后,围绕着"三三制"为主要内容的乡村政权的改选运动在整个陕甘宁边区铺天盖地地开展起来,而这次改选运动,正是边区乡村老百姓与干部之间的一场民主权利的博弈。

---

[1]　陕西省档案馆、陕西省社会科学院合编:《陕甘宁边区政府文件选编》第 3 辑,档案出版社 1987 年版,第 48 页。

（一）乡村政权改选运动的历史动因

对于陕甘宁边区的老百姓而言，他们已经经历过了第一次边区选举，并深深地感受到民主带来的优势及对其生活方式的改善。但是，由于在中国这样一个两千多年来对内从无民主可言的国度来说，尤其是中国共产党仍然处于发展时期，相关的民主机制还未充分完善，因此，陕甘宁边区开展的第一次民主选举仍然存在许多不尽如人意之处，随着边区形势的发展及抗战救亡运动的进一步深入，为建成最广泛的抗日民族统一战线，如何实现边区乡村群众与干部之间的权利平衡显得尤为迫切，而乡村政权改选运动的历史动因也由此而展开。

第一，开展乡村政权改选运动是中国共产党民主政治的内在要求。毛泽东曾指出："民主政治是发动全民族一切生动力量的推进机，有了这种制度，全国人民的抗日积极性将会不可估量地发动起来，成为取之不尽用之不竭的深厚渊源。我全民族彻底的统一团结的伟大过程之完成，也只有依靠民主制度之建立"。① 由此可见，民主政治无疑是中国共产党在政治上的最高追求，也是其实现政治理想的基本途径。然在边区民主政治推行的过程中，由于种种原因，导致民主政治的基本理念为得到彻底地实施，尤其是"党政不分"、"党政一家"、"以党代政"的状况在边区乡村广泛存在。虽说边区的选举是紧密围绕"三三制"原则而开展的，一些"民主人士"、"中间势力"、"进步势力"在选举过程中进入了边区参议会或者边区政府，但是在强调组织巩固有力、党政不分的村子里，村中重要的职位，如村长、武委会主任等，往往还是掌握在部分党员手中。也正是在保障统一战线的"旗帜下"，边区乡村的民主政治还不能完全实现，而广大群众的权益被剥夺的情况也会"时有发生"，如选举时的形式大于内涵，极大地弱化了民主政治的"效能"，而这无疑成为了中共中央进行乡

---

① 中央档案馆：《中共中央文件选集》第 10 册，中共中央党校出版社 1991 年版，第78 页。

村政权改选的基本动因。

第二,开展乡村政权改选运动是乡村民众为实现自身利益的基本政治诉求。人民群众是历史的创造者,但老百姓如何能实现创造历史? 马克思说:"我们首先应当确定一切人类生存的第一个前提也就是一切历史的第一个前提,这个前提就是:人们为了能够'创造历史',必须能够生活。但是为了生活,首先就需要衣、食、住以及其他东西。"① 由此可见,实现其基本的生存保障无疑是群众创造历史的基本前提。推动边区的民主政治发展也表现为同样的道理,即是说让群众参与具体的民主政治,必须以现实的利益实现为基准。为此,"一旦土地重新分配实际出现,他们就开始相信我们是搞革命……但此前他们什么都不信"。② 而毛泽东也强调:"一切空话都是无用的,必须给人民以看得见的物质福利。"③然而在边区的一些边区乡村选举出来的乡镇政权,未能尽其实现群众基本利益的本质。如在大生产运动中,片面强调本村的"政绩",而从老百姓身上"征收"过多,导致老百姓在大生产运动中的实际利益未获明显提升。此外,以党代政的状况也在一定范围内存在,本来是政府机关的事却拿到党的会上决定;或者本来是党内的事,却拿到政府会议上讨论,从而出现了党政不分的现象。而且各种问题和不合理现象频频出现,如任意管、无人管、本位主义、用非其才、才不适用、待遇不一等。为此,必须开展乡村政权改选运动,强化群众对于边区乡村基层干部的民主监督作用,以真正实现其基本经济利益。

第三,开展乡村政权改选运动是保证高效廉洁干部队伍的题中之义。开展民主政治建设,必须要发挥干部队伍的领导核心作用。然在具体践行的过程中,仍然存在一些边区基层干部工作效能低、贪污腐败的情况,如延县还发生地主张登云利用乡长职权骗夺土地的恶劣现象。边区政府

① 《马克思恩格斯选集》第 1 卷,人民出版社 1972 年版,第 32 页。
② [美]斯诺:《红色中国随笔》,人民出版社 1978 年版,第 19 页。
③ 《毛泽东文集》第二卷,人民出版社 1993 年版,第 467 页。

在 1937 年至 1938 年两年间就严格判处了 180 起贪污腐化案,其中以各级政府人员中贪污粮食的现象为最多。① 因此,必须发挥民主监督的作用,林伯渠为民主做了很好的比喻,指出:"民主好比一个树的根,如果坏了,既不能开好的花,也结不出好的果来。江西苏区模范的长冈乡,由于长期民主的实施,凡事都有头绪,积极分子很多,群众政治情绪很高,物质文化建设都在发展,虽然百分之六十八的全劳动男子出外了,而每次扩军,动员财力、物力都是站在前面,就是很明显的例子。"②由此可见,只有通过彻底推行民主的形式,以赋予群众监督的权利来实现对基层政权工作人员的权力制约,才能真正实现边区政权的清正廉洁。此外,通过乡村政权改选运动,可以有效地激活边区群众政治参与的热情,如在参与选举的过程中,广大农民认识到,自己不仅拥有选举别人的权利,也有自己被选举的权利,而且他们自己选出来的新政权,代表农民自己的利益,没有衙门气,能最大限度地替老百姓说话,而不只是只为贫苦农民或富人说话。③ 也正是因为群众选举出了代表自身利益的政权组织,基层政权组织的工作人员在实际的工作中实实在在地为群众利益着想,促进了边区群众政治参与程度的进一步加深和基层工作人员的廉洁奉公的实现。

(二)陕甘宁边区的乡村政权改选运动:一场群众与干部之间的权力博弈

在陕甘宁边区开展乡村政权改选之前,边区已经实行了一次普选运动,但还不是真正意义上的民主政权。为更好地改进政权,一场围绕着群众与干部之间权力博弈的乡村政权改选运动由此铺开。

第一,民主选举——竞选纲领围绕民生。1941 年,边区参议会改选

① 陕西省档案馆、陕西省社会科学院合编:《陕甘宁边区政府文件选编》第 3 辑,档案出版社 1987 年版,第 257 页。
② 陕西省档案馆、陕西省社会科学院合编:《陕甘宁边区政府文件选编》第 3 辑,档案出版社 1987 年版,第 277 页。
③ 陕西省档案馆、陕西省社会科学院合编:《陕甘宁边区政府文件选编》第 3 辑,档案出版社 1987 年版,第 290 页。

时,有80%的选民参与其中,而绥德、清涧、延川民众的参选率更是高达90%。这对边区基层干部队伍的改造无疑是一次极好的机遇。尤其是在边区"进步力量"、"中间力量"参与乡村政权的改选,要求边区参加村长、村政委员会、村代表会竞选的党员在竞选纲领中要体现民生,真正为老百姓的基本利益着想,也只有发表了合乎边区群众政治、经济利益诉求的竞选纲领,才会最终被群众所认可和当选。

参加竞选的纲领可谓是形式和内容上都呈现了多样化的态势,但总体上无外乎经济发展、民主政治和抗战救国等方面。如在陕甘宁边区淳耀庙湾二乡一行政村的一份竞选纲领所示:一、我保证推动生产发展,让大家吃饱穿暖。二、我保证带头抗日,多杀日本鬼子,为死去的乡亲报仇。三、我保证搞好本村的卫生工作,消除村民不爱干净的坏习惯。四、我要组织民兵,维护治安。① 此外,还有的在竞选时承诺:"你们大家要选俺当村长,俺一定要为大家谋利益,根据乡亲们的主张,把每一项工作办好。希望你们热心帮忙,我一定领导大家抗日保卫家乡,把咱们的光景过得更好"。② 由此可见,边区的乡村改选过程是一个如何实现民生的过程,假使不能做到竞选纲领上体现国家、群众的根本利益,就存在落选的可能。

为此,在边区开展的民主选举运动,无疑是一次村民与边区党政干部权力博弈的过程,要求竞选者必须紧密围绕群众的利益出发。对于这一点,中共中央有着清醒的认识,在《陕甘宁边区政府为改选及选举各级参议会的指示信》中提到:"革命战胜反革命,不是单靠武装,而是靠和老百姓联系在一起,因为反革命的武装常常是占绝对优势;而老百姓的力量,则是伟大无穷。"对此,必须强化边区群众选举权和被选举权的宣传,正如谢觉哉所言:"我们的选举运动,要把它当作是改进政治,提高民众对政治的兴味与认识的运动。不是选出几个人就完事。因此,忽视宣传,是

---

① 西北五省区编纂领导小组、中央档案馆:《陕甘宁边区抗日民主根据地》(文献卷)下,中共党史资料出版社1990年版,第578页。

② 周而复:《晋察冀行》,东北书店1947年版,第48页。

不可以的。"①唯有通过宣传,老百姓才会深刻感受到选举是关乎自己切身利益的大事,也才会在选举的过程中形成对边区党政干部的博弈机制,以真正实现民主之内涵。

第二,民主监督——权力置于阳光下。对于边区的党政干部而言,"没有威信是不行的",然威信由何而来? 在中国几千年的封建社会治理中形成的三纲五常的伦理也曾经对边区领导干部产生过影响。如在大生产运动中,有些地方干部在执行生产计划时并不是采取通过参议会来表决的方式,而是"独断专横"的方式,极大地伤害了群众的感情,也使干部得不到群众的拥护,在边区参议会改选时,这些人理所当然被群众所"遗弃"。此外,还存在着边区干部打骂群众、捆打群众的事件发生。为此各抗日根据地的施政纲领都明确规定了保障人权的条款。如 1941 年的《陕甘宁边区施政纲领》规定:保证一切抗日人民的"人权、政权、财权及言论、出版、集会、结社、信仰、居住、迁徙之自由权,除司法系统及公安机关依法执行其职务外,任何机关、部队、团体不得对任何人加以逮捕审问或处罚,而人民则有用无论何种方式,控告任何公务人员非法行为之权利"。此外还制定了专门的保障人权的条例,1942 年 11 月陕甘宁边区政府颁布了《陕甘宁边区保障人权、财权条例》。该条例规定了十分广泛的人权内容。如不分民族、阶级、党派、性别、职业、宗教在法律和政治上一律平等的权利;选举、罢免、创制、复决的权利;集会、结社、言论、出版、著作、思想、信仰和人身、行动、通信、居住、迁徙的自由权利;生命、财产、住宅、安全不受非法侵犯的权利以及非依法律不受逮捕、拘留、审问、处罚、侮辱、殴打、刑审逼供和强迫自首的权利;等等。这些条款和条例在某种程度上纠正了干部"捆打罚骂"的偏向,这也使农民敢于站出来监督村里的干部。尤其是群众在改选干部中敢于公开"顶撞"干部、批评甚至罢免干部。由此可见,乡村政权的改选无疑赋予了边区群众监督政府的基本

① 《谢觉哉文集》,人民出版社 1989 年版,第 423 页。

权利,使得边区基层干部的权力置于阳光之下,不敢恣意妄为。

由于从法律上赋予了边区群众监督政府的权利,使得群众从过去一味地畏惧基层干部逐步过渡到接近干部甚至监督干部,使政府的权力也慢慢置于阳光之下,如财政收支、统一累进税、支差屯粮、救灾互助、参军优抗、春耕夏锄、修渠种树、婚姻问题等事项,这些都是边区群众的监督范围,如有做得不好的地方,群众心中的"秤"就有了定位。正是因为基层权力被置于群众监督下,村干部比过去无形中多了一份压力,村选中的群众参与成为改善党群、干群关系的主要推动力。因此,毋庸置疑,在边区开展的乡村政权改选运动,对于干部将是一种严峻的考验,假使不关注群众的基本利益,不正确执行边区政府制定的方针、政策,或者爬到群众的头上,耀武扬威,做群众工作粗暴,就会受到群众民主权利的无情"审判"。如在"新店三保、双湖一保义合民运干事包办议会,在一个行政村里自己就提七个候选人,结果一个也没当选"。由此可见,边区民众对于自己所具有的民主权利是具有相当认识的,并且对于民主也有自己的要求。如绥德分区保级选举中,选民"争执投票日期,争论投票方法,检讨、质问选举中的缺点"①。群众监督不仅形成一股政治压力,村选运动往往还强化干部心目中"群众拥戴民主选出"的意识,这是纠正部分党员干部脱离群众的一个重要纽结点。农民选出自己满意的村长、村主任等干部后,一般都组织庆祝大会、赠送当选者礼物、给他们披红骑马、献花游行,而当选者也要举行宣誓就职仪式。这些庆典仪式,强化了村选所具有的隆重意义及其代表民意的政治象征。

第三,民主办法——形式多样突出民权。乡村政权改选工作形式上就是"投票"工作,但由于边区特殊的地理文化环境,加之又处于战争时期,因此,按照常规的方法来进行投票是不可取的。在这种条件下,为最

----

① 陕西省档案馆、陕西省社会科学院合编:《陕甘宁边区政府文件选编》第4辑,档案出版社1988年版,第130页。

大限度地发动文盲、半文盲的农民参加村选,中共在抗日根据地创造性地采用了许多切实可行的选举办法,而这也成为边区选举的一大特色之一,并最大限度地保证每一位选民都能参与到改选运动中来。这些方法主要包括集中选举投票、"背箱子投票"、区域选举等等,此外,鉴于边区群众文化水平较低的状况,在投票方式上采用了"投豆子"、"画圈"、"烧洞"、"画杠子"、"画点法"、"烙票法"、"编号选举法"等灵活的投票方式。这些新鲜的选举方法,是中国几千年以来很少见到的。经过村选运动,农村代表会成为监督村长和村公所的有力机构。农民发动起来后,往往表现得相当活跃。

对于参加投票的农民来说,村选是村中的党员干部、村公所解决他们所提问题最迅速的时候,农民对自己的选举权极为重视。如清涧折区四乡试选中,一个老汉在选举投豆子时,十颗豆子只剩一颗,他拿在手里考虑了十几分钟,别人告诉他,不管哪个碗丢进去就算了,那老汉却回答:"瞎说,这是选举给咱办事的人哩! 又不是开玩笑。"

根据地经过村选运动的发动,农民普遍为自己所提问题受到重视或得到解决而兴奋。另外,更重要的是,他们在选举中常常能决定村干部的去留。因此,他们评价村选时说:"这样的会越多开越好",有的农民还说:"这就是新民主主义社会。咱们都进去了没有?"许多基层的调查资料显示,越是村选进行得比较彻底的地方,群众与支部和政权的关系越是密切。经过村选,根据地的不少领导干部认为,"我们的布置与群众的呼声已经完全一致起来";而党员也认识到"没有威信就不行"。由此,村选深入发动农民的地方,党群关系从"行政命令"、"包办代替"逐渐向"解决群众切身问题"上发展。

(三)陕甘宁边区乡村政权改选对乡村政治民主的构建作用

1941 年,在陕甘宁边区开展的乡村改选运动,之所以能取得令群众满意的结果,主要在于通过乡村政权改选,实现来广大村民与乡村干部之间的民主权力博弈,而通过村民对村干部的民主权力博弈,必然会实现村干部的思想观念、工作作风乃至党群关系从原来的封建主义、官僚主义、脱离群众转变为公仆观念、群众观念、民主作风等方面的实质转变,从而真正履行民主的本质,捍卫了边区群众当家作主的基本权利。

第一,乡村政权改选运动助推乡村干部作风更加务实。在乡村政权改选中,真正的权力机关是由村民为主体力量组成的参议会,它是一种新型的民主形式,对人民负责,是各级人民代表机关。它不仅是民意机关,也是人民管理自己事务的机关,有选举、罢免、审议、监督、弹劾和咨询等权力,具有监督及弹劾各级政府之政务人员,督促及检查各级政府执行参议会决议之事项的权力。对于乡区县各级政府中怠工腐化贪污分子,必须重新改选。参议会的各项权力之规定,必然使此前乡村干部封建主义、官僚主义之行政作风发生变化。如在政府工作报告这一问题上,改变就极为明显,在全边区为开展乡村政权改选运动之前,一些乡村干部对政府工作报告表现出敷衍了事的态度,毛泽东曾严厉批评,并指出:"在各级参议会改选的整个过程中,最重要的事情,是各级政府报告工作,政府是替老百姓办事的,做了一些时期,究竟做的如何? 做了些什么? 做到的有多少? 没做到有多少? 按本处的情形,以后应该怎样做才更好些。凡此种种主人有权利过问,政府有义务向老百姓诚恳的报告。"对于政府工作报告具体进行的时间,边区政府给出了明确的规定:"要在选举前一个星期或两个星期。"在政府工作报告之前,乡市长还要先拟好提纲,报告的内容要求实实在在,切勿假大空,同时要简单明了,便于老百姓领会政府工作的内容,更便于启发老百姓提出意见,以造成大会的热烈气氛。

毛泽东的意见以及乡村参议会民主权力的提升,使得乡村干部此前存在的封建主义、官僚主义的作风得到了极大改变。对于老百姓提出的意见,乡村干部开始诚恳地接受,并耐心地回答,令群众满意,报告会之后还和与会的老百姓分组讨论,并形成提案,为乡村政权改选做准备。由此可见,乡村政权改选运动对于乡村干部的作风改变起到了极其重要的作用。

第二,乡村政权改选运动实现党群关系更加和谐。和谐、民主、共存的党群关系是中共中央在陕甘宁边区实行局部执政的关键条件,但由于在抗日战争的特殊条件之下,一些人入党的动机、表现难以考察,使一些落后分子进入党组织。这些落后分子在工作中,必然会做出一些对组织的先进性和为民性不利的行为。如有些县委和区委对农村支部了解很差,很少去乡村去检查工作,不熟悉农村支部中具体有些什么问题,不清楚在哪些方面对其进行具体帮助和指导,甚至有的支委在工作中还出现粗暴主义的不良作风。一定程度上造成了边区党群关系的紧张,弱化了中共中央在边区的威信。为此,必须改变这种不良作风对抗战、生产发展的影响,使边区党群关系向和谐、民主的方向发展。

在边区开展的乡村改选运动是推动边区党群关系和谐的重要内容。通过乡村政权的改选,赋予了老百姓前所未有的监督、罢免乡村干部的权利,势必会造就一种激励乡村干部了解基层、体验基层、帮老百姓排忧解难的机制。中共中央发出《关于深入乡村工作的决议》,要求"区委以下各级党部,应就近直接领导和具体帮助两个乡的工作","县委以上各级党委的常委,应经常分批亲自到乡村中去做考查与帮助乡级的工作","县委以上各级党委,应经常注意讨论与总结乡村支部工作及其经验教训"。① 通过中共中央的指示和乡村政权改选运动的内在推动,促使乡村基层的党群关系得到了根本改善。

第三,乡村政权改选运动开启了边区群众的民主意识和政治参与热情。中共中央在陕甘宁边区局部执政时期,陕甘宁边区共进行了三次民主选举,其中 1937 年第一次普选时,选民的参选率为 70%,1941 年参议会改选时,民众的参选率为 80%,到 1945 年第三次普选时,民众的参选率达到 82.5%。尤其在进行第二次普选时,绥德、清涧、延川民众的参选率

---

① 西北五省区编纂领导小组、中央档案馆:《陕甘宁边区抗日民主根据地》(文献卷)下,中共党史资料出版社 1990 年版,第 570 页。

则高达 90%。① 而第二次边区普选实际上就是乡村政权改选运动。为何边区群众在乡村政权改选运动中表现出如此高涨的政治参与热情，根本原因无疑与政治参与能实现自身根本利益有关。如新正县第二届参议会第一次会议提出提案 21 件，第二次提案多达 61 件，包括劳资关系、学校教育、土地纠纷、妇女地位和人民负担等。② 从提案的数量来看，由 21 件提升到 61 件，正是边区群众与基层工作人员权力博弈的表现，要求边区工作人员必须实打实地为边区群众的利益服务。由此可感受到边区民主政治为边区事业发展带来的好处。换一个角度来说，提高边区群众政治参与的热情也是边区政府实施民主政治的必然要求。亨廷顿指出："无论是反对派政治精英还是执政的政治精英，如果他们高度重视革命性的或民族主义的目标，他们也会发现扩大政治参与符合其自身的利益。……革命的领导者都知晓这一真理，一个自称为革命者的精英，如果不去促进政治参与的扩大，那么，他不是在自取失败就是在隐瞒自己的真实目的。"③ 而中共中央在边区的局部执政历史正是开启民智，激活民主政治的历史，不仅为中共中央获得了巨大的政治资源，而且巩固了边区的政权建设，为边区由局部执政向全国执政奠定了深厚的群众基础。

第二节　陕甘宁边区乡村反对封建迷信的教育运动

封建迷信即是在人的精神世界中存在的一种难以磨灭的盲目信仰，

---

① 靳铭、曾鹿平主编：《人民代表大会制度的雏形》，陕西人民出版社 1998 年版，第 235 页。

② 陕西省档案馆、陕西省社会科学院合编：《陕甘宁边区政府文件选编》第 3 辑，档案出版社 1987 年版，第 248 页。

③ ［美］塞缪尔·亨廷顿、琼·纳尔逊：《难以抉择——发展中国家的政治参与》，华夏出版社 1989 年版，第 176—177 页。

是对现实世界中仍然无法用科学理论解答的神秘力量或者根本就是子虚乌有的神权力量的狂热信赖。数千年来,在中国人的精神或者现实生活的层面上还从未间断过对于封建神权迷信观念的狂热信赖。毛泽东指出,封建社会时期"由阎罗地煞、城隍庙王以至土地菩萨的阴间系统以及由玉皇上帝以至各种神怪的神仙系统——总称之为鬼神系统(神权)",它们和政权族权、夫权一起"是束缚中国人民特别是农民的四条极大的绳索"。① 由此可见封建神权对于老百姓的束缚与危害。中国共产党自成立之日始,就致力于打碎老百姓身上的四副枷锁和实现老百姓解放的神圣使命。

边区长期战乱、无休无止的自然灾害、自然条件恶劣、经济发展落后、医疗条件缺乏,使陕甘宁边区一带封建迷信盛行。中共中央进驻陕甘宁边区之后,为了建立民主模范的抗日根据地,在陕甘宁边区这块中国新民主主义革命的"试验地"里,开展了一场旷日持久、声势浩大的社会风气改良运动,推动了自然科学的发展,为边区群众素质的提升,边区社会秩序的稳定夯实了思想根据,而贯穿于这场运动全过程的科学文化与封建神权的斗争则足以彪炳史册,成为新时期反对封建迷信斗争的有力参考。

一、陕甘宁边区封建迷信猖獗的主要表现及其成因

1945 年 11 月,陕甘宁边区创办了《边区教育通讯》这一关于教育方面的杂志,在创刊号中登载了徐特立的《读教育通讯、创刊号的我见》一文。在文中,徐特立开宗明义地说:"陕甘宁边区是中国本部文化最为落后的一个地区。"边区文化的落后具体表现在文盲众多,迷信猖獗,缺医少药,卫生条件恶劣,封建意识浓厚,文化娱乐活动落后等方面。而在封建迷信猖獗方面,徐特立指出,全边区共有巫神两千多名,迷信思想、神权思想通过边区社会文化渗透在边区群众生活的方方面面,影响较为强烈。

---

① 《毛泽东选集》第一卷,人民出版社 1991 年版,第 31 页。

（一）陕甘宁边区封建迷信盛行的主要表现

20 世纪 30 年代,陕甘宁边区一带成为巫神猖獗、巫术得道、阴阳神官盛行的重灾区,极大地影响了边区群众的社会文化生活,毒害了边区群众的心灵,甚至使部分边区群众惶惶不可终日,影响甚为恶劣,主要表现为以下几个方面。

第一,陕甘宁边区群众普遍依赖迷信,迷信观念、神权思想深刻地影响着边区劳动人民生活,包括他们的生老病死等等,甚至在衣食住行以及日常生活的言谈举止中都能细微地反映出迷信观念对其的影响。包括男女娶嫁时必须要驱邪避鬼的"吹手"来迎送;修房建坟、出门办事时要请阴阳判官来算上一卦,预测福祸凶吉方能成行;看病抓药、孕妇接生也并不是找医生,而是由巫婆术士来一手操持。此外,像哥老会一类"带着极浓厚的,保守的,迷信的,封建的,与反动的色彩"①的秘密结社与帮会组织,在边区人民的生活中也有着较大的影响力。在华夏大地上所传播的主要宗教派别都与其存在着千丝万缕的联系,都能找到其辐射的势力范围,与边区群众生活中的"红白喜事"等沾边,有的结社组织甚至向边区人民收取不合法的"保护费",在加重边区人民精神负担的同时,经济负担也在所难免,而这也成为了边区群众贫困的原因之一。

第二,边区从事与迷信有关职业的人数甚众。在反对迷信、弘扬科学的斗争中,边区政府对边区的所谓"巫神"、"术士"、"阴阳神官"的人数做了一个调查统计,在这块面积约为 13 万平方公里,人口仅有 150 万左右的土地上,从事与迷信有关职业的就达到了 2000 人之众,意味着大概每个村庄中就有一名巫神。这些人利用群众的无知与内心对不可知、神秘、神权的敬畏,大肆骗取群众的钱财,可谓是"招摇撞骗,为害甚烈"。在这 2000 人当中,可以具体分为四种类型:一类是专以巫术为人治病的

---

① 西北五省区编纂领导小组、中央档案馆:《陕甘宁边区抗日民主根据地》(文献卷)上,中共党史资料出版社 1990 年版,第 6 页。

巫医。由于边区迷信思想盛行以及医生的缺乏,老百姓得病首先想到的就是这类人而非医生。一类是专以借用旁门左道之术为孕妇接生作法的巫婆,在中共中央进驻陕北之前,这块土地上基本没有接受过专门训练的接生婆,而从事接生的就是巫婆;一类是专门为老百姓修房建坟选择"风水宝地",预测福祸凶吉的判官,也被称为风水先生;还有一类是以神道自居的专为死人作法送行的巫师。总之,在边区群众生活的各方面,都离不开迷信的影响。

第三,中医在具体的理论与实践过程中都涉及浓烈的迷信色彩。在陕甘宁边区,在150万之众的人口当中,仅有好坏中医1000人左右,兽医仅为50人。中医的数额远远不能满足边区患者求医问药的需求,而在这仅有中医之中,坏的中医自然不用说,很多是"坑蒙拐骗"的江湖郎中,看病不问病情而画一道符让患者服下是常有之事,不学无术、趋时趁势、故弄玄虚,以其所谓的偏方,借助巫神的那一套在边区招摇撞骗、骗财劫色。即使是好的中医,在看病的过程中也或多或少地掺杂着迷信的做法,可见边区封建迷信思想极为盛行。

此外,在边区民间存在着多种多样的民间艺术,包括扭秧歌、剪纸、陕北民歌、秦腔、社火以及各种节日等等,然而在这些艺术的形式和内容上均披上着封建迷信的"外衣",封建残余思想较为浓厚。如社火本来就是封建迷信的体现,在其长期的演化中,更是渗透了诸多宗教迷信的色彩;而边区极为盛行的扭秧歌,不仅为群众所接纳和喜爱,更是边区群众传统节日、婚丧嫁娶等活动中不可或缺的重要节目,但在其长期发展中,也沾染了诸多迎神送鬼、驱邪避恶的内容,与迷信活动联系一起。在这里,乡野民间艺术之所以成为了神道迷信思想的重要载体和一种表现形式,一方面是因为这种民间艺术能够用人们喜闻乐见的形式,更直接更形象更生动地塑造佛仙鬼神形象,从而在适应了迷信传播需要的同时,也适应了人们愚昧无知和认识水平低下的客观现状;另一方面,是因为这种糅合了神仙鬼怪形象和巫术迷信思想的民间艺术在丰富人民娱乐生活的同时,也满足了人们寻求精神慰藉的需要。

（二）陕甘宁边区封建迷信盛行的主要原因

20世纪三四十年代的边区人民社会文化生活的各个领域，无不渗透封建神权迷信思想。迷信观念、迷信活动之所以能在边区一带具有较大的市场，盛行猖獗之程度可谓"生生不息"，与边区恶劣的地域环境、长期以来形成的封建神权迷信土壤的影响，以及贫困落后的经济条件造成老百姓的愚昧无知等因素是息息相关的。

第一，边区恶劣的地域环境、传统上的多民族杂居、各民族间宗教信仰的区别、封建统治者的民族分化政策等因素的相互影响，为边区封建神权迷信的猖獗推波助澜。对陕甘宁边区这一块土地而言，是华夏文化的主要发源地，同时由于这一段特殊的地域环境，使得自古以来，就有包括北方汉族、蒙古族、回族以及维吾尔族等许多民族聚居在陕甘宁边区，并使边区成为了我国历史上民族融合的大舞台。但不同民族的信仰和生活习俗存在着较大的差别，而生活习俗与信仰的区别也增加了封建神权迷信活动多样化的可能性。

陕甘宁边区是一个众多宗教派别林立的地区，包括佛教、道教、藏传佛教、基督教、天主教、伊斯兰教等等，而为这些教派所布道的寺庙随处可见，由于教派对边区群众影响程度的大小，使其在拥有自己的教众及势力范围等方面也存在较大差别，教派之间由于信仰的不同理所当然会形成对立与融合的局面。历史上教派之间的经济交流、通婚使民族间的融合进一步加深，但封建统治者所采取的民族分化政策，又加剧了这一地区不同宗教、不同习俗甚至不同封建神权迷信的民族争斗，形成了各民族既相互独立、又相互影响；既相互斗争、又相互融合的格局。宗教神权迷信与世俗神权迷信交织，牢牢控制着边区老百姓的精神生活，并滋生了一大批以封建神权迷信为生的职业者。

第二，边区无休止的战乱、频繁的自然灾害以及边区群众对神权思想的盲目依赖，加剧了封建神权迷信思想在边区蔓延及猖獗。而封建历代统治者采取民族屠杀和分化政策,使这一地区的民族关系难以调和。

陕甘宁边区由于其特殊的地理位置更成为半殖民地半封建社会中国的"重灾区"。永无宁日的战乱极度破坏了边区本该有淳朴的民俗民风与源远流长的文明,同时也使边区原本和谐的自然生态环境惨遭无情蹂躏。干旱、洪涝、瘟疫等自然灾害肆虐着边区大地,使陕甘宁边区成为中国自然灾害最为严重和频繁的地区之一。而当遇到天灾之时,边区群众势单力薄、无能为力,边区就变成一个"悲惨世界"。由于无法摆脱"苦难的历程",只能将希望寄托于所谓的"神灵"之上,以封建神权观念来寻求活着的理由,以抗拒这"悲惨世界",当某一神灵不显灵时,又开始了重新的"造神"运动,并向新神祈祷,或者求助于巫神术士来进行人神交流,暂求内心安宁。而边区群众在面对苦难时对所谓"神灵"的种种举动,正是加剧这一带迷信猖獗的关键原因。

第三,边区缺医少药的历史现实、群众愚昧无知缺少基本医疗常识的基本状况,为"神权迷信"的盛行提供了可乘之机。在陕甘宁边区广大的乡村地区,一方面是边区农民没有讲究卫生的习惯,导致这里地方病四处蔓延。同时由于连年的战乱,致使瘟疫肆虐,严重威胁边区群众的生命安全;另一方面,陕甘宁边区"几乎是一块教育的荒芜之地","90%以上的群众是文盲",由于无知,也由于无力,对于突如其来的疾病或者瘟疫,边区农民缺乏基本的医疗常识,不懂得预防,更不懂得治疗,而边区仅有好坏中医1000余人,药材药店更是少得可怜,这就为原本就泛滥的"神权迷信"提供了可乘之机,导致迷信更为严重、更为盛行。这种状况正如谢觉哉所描述的那样:"边区群众并非真信封建神权迷信,然而人得病了,缺钱少药,请医生是个问题,到哪里抓药又是一个问题。在这样的情形之下,求助于巫神术士也就是理所当然之事了"。①

---

① 中国社会科学院新闻研究所、中国报刊史研究室选编:《延安文萃》下,北京出版社1984年版,第693页。

除此之外,由于中国半殖民地半封建社会的历史状况以及陕甘宁边区战乱导致的无秩序的社会状况,造就了大量的失业流民,这些人为了生计、糊口,成为了巫神、术士、阴阳神官等迷信职业者的主要来源。这些人借着边区群众对于生老病死的恐惧、对天灾人祸的无奈以及对"神权思想"的精神依赖,装神弄鬼、施展法术、骗取钱财,为迷信张目,为迷信作伥,从而造成迷信盛行的恶性循环。

二、边区乡村反封建迷信的形式:开展自然科学运动

以马克思主义理论为思想武装,重视自然科学教育,推动自然科学知识在边区的普及,开展一场彻底地自然科学运动是中共中央在陕甘宁边区领导革命和边区建设事业中的重要组成部分。面对陕甘宁边区神权迷信盛行的不利局面,无论是对于整个中国革命的发展,还是对于抗日战争的深入推进乃至边区群众的正常生活,都产生极其恶劣的影响。为此,中共中央经过调查研究,确立了发展与推广自然科学技术的方针,并积极创建各种研究机构,展开各种科学研究与实践活动,在陕甘宁边区掀起了一场声势浩大的科学文化知识与封建神权迷信的斗争,并使其成为边区乡村反对封建神权迷信的主要基本形式,为边区的经济建设、社会文化建设、军事斗争树立了一块新民主主义的"模板"。通过这场运动,不仅培养了大量的科技后备人才,并普及了科学思想,对于改变陕甘宁边区落后的社会面貌,形成崇尚科学、反对封建神权迷信的良性社会风气产生了极其深远的影响。

(一)陕甘宁边区自然科学运动的兴起

在中共中央进驻陕甘宁边区之后,鉴于边区社会风气中封建神权迷信猖獗的不良状况,有感于这种风气对于边区群众社会文化生活构成的恶劣影响,同时根据抗日战争形势发展的需要以及边区经济建设的内在推动,中共中央开始思考自然科学的功能及其重要性,并在此基础上提出了在边区开展一场切切实实的自然科学运动的口号。

1939 年 1 月,陕甘宁边区政府召开了第一届参议会,在工作报告中,边区政府主席林伯渠提出了在边区发展自然科学的号召,并建议在边区创建科学研究所,以开展工业、农业、建筑业、化学工业等方面的研究,并培养自然科学人才,为促进边区经济发展作奉献。这一报告中关于自然科学之重要性的内容,是边区政府第一次对于自然科学的深入认识,并促进了边区知识界在自然科学方面的研究,此后,一场轰轰烈烈的自然科学运动开始在陕甘宁边区开展起来。在这一次会议的推动之下,1940 年 2 月,推动边区自然科学运动有序开展的自然科学研究会在延安成立并召开了成立大会。自然科学研究会的成立,标志着边区"向科学进军"的口号正式提出,一场坚持真理、反对迷信的自然科学运动正式拉开序幕。研究会推举蔡元培为名誉主席,吴玉章为会长,大会制定并通过了《陕甘宁边区自然科学宣言》(以下简称《宣言》)和《陕甘宁边区自然科学章程》,中共中央主要负责人出席了成立大会并发表了热情洋溢的讲话。毛泽东说:"我们生活的方方面面离不开科学的指导,它是个好东西,能帮助我们解决生活中的细节问题,为此,我们要学习它,赞成它,研究它。"①从中我们可以感受到毛泽东对自然科学的实事求是态度,而这也成为了边区自然科学运动开展的动力之一。

《宣言》强调:"在新民主主义革命中,自然科学对于边区经济发展的效果是难以估料的,必将推动边区各项事业的发展。但在周遭战乱的环境中,自然科学运动将如同其他运动一样,必然招致'三座大山'的阻挠和破坏。但即便如此,为了推动科学的传播和发展,我们仍然要将知识界的同仁联合起来开展一场轰轰烈烈的自然科学运动。通过这场运动,来担负起知识界在抗战中的作用。"因此,当期自然科学研究会的主要任务,就是要大力推动自然科学运动的开展,进行深入的科学研究,并使研究成果在抗战中形成战斗力量,为持久抗战以及全民族统一战线的巩固

---

① 《毛泽东选集》第二卷,人民出版社 1991 年版,第 997 页。

服务,此外,还要利用自然科学运动的成果来推动经济方面的对敌斗争,化解敌人对边区的经济打击,为最终实现抗战的胜利筑牢根基。至此,自然科学运动作为与边区政治、经济、文化、军事同命运的一场斗争在陕甘宁边区如火如荼地开展起来。

自然科学运动虽说其提出的基本初衷是为了打破敌人对边区的经济封锁,以推动边区实行经济物资自给为目标。但其首要宗旨却是为了实现自然科学的大众化,在边区开展一场自然科学大众化的运动。自然科学大众化的过程,其实就是使边区群众以自然科学来武装思想的过程。这一过程的实现,正是对边区长期存在的封建神权思想的一个挑战。因此,边区广泛开展的自然科学运动,是对封建主义、边区落后风俗习惯、各种封建迷信的一次正面交锋,是一场与抗日救亡联结在一起的新民主主义思想文化运动,必将推动着边区群众思想意识和民风民俗向着科学的、民主的、进步的道路上前进。

(二)形式多样、活动新颖的开展边区自然科学运动

为了更好地推动自然科学运动的大众化进程,边区政府在自然科学运动中根据边区群众的思想文化实际及其社会生活的背景,采取了多样化的自然科学传播方式,以形式多样、活动新颖的方式来激发边区群众参与自然科学运动的热情,以提高自然科学运动的效果,主要采取了包括文字宣传、创办各类科普读物、举办自然科学专题讲座、图文展览等方式。推进了边区民风民俗的进步,取得了良好的实效。

第一,创办各种类型的科普读物及自然科学书刊。为了最大限度地推动边区学术思想的交流,推广普及科学文化知识。根据中共中央负责同志的指示,1941年10月,在陕甘宁边区发行量最大的报纸《解放日报》中开设了"科学园地"与"农业知识"普及专栏,负责向边区群众介绍通俗易懂的科学文化常识以及农业生产过程中亟待注意的科学细节,帮助提高边区群众的科学文化素养。自然科学界的同志还积极发表科技论文为促进陕甘宁边区的经济建设和破除封建迷信思想服务。徐特立作为延安

自然科学院的院长,还在普及专栏发表了多篇文章,向广大读者介绍中共中央对于边区自然科学运动的基本方针和政策,包括《怎样发展我们的自然科学》、《我们怎样学习》和《抗战五个年头总的教育》等文章。此外,延安自然科学界的重量级人物如阎沛霖、武衡、力一等都先后担任《解放日报》科普专栏的主编。科普专栏从开办至停办共 62 期,发表了边区科技工作者撰写的将近 200 篇的科普文章,包括科技专论、科学常识普及等等。这些文章的发表,为边区科学的传播和发展给予了重大支持。同一时期创办的科普刊物还包括《科学年报》、《自然科学报》、《卫生常识报》、《科学季刊》等等。

科普读物和自然科学书刊一方面为边区经济建设发展服务,另一方面还积极帮助边区群众解决日常生活中遇到的有待科学回答的问题。正是由于这些无法回答的问题,才造成了边区群众迷信封建神权。为此,边区政府把自然科学人才集中起来,针对边区群众生活中的突出科学问题,组织编排出版了一系列通俗的科普读物,包括《配偶禁忌》、《不正常的月经》、《日常疾病之预防》、《耳鼻喉科学》等等医疗保健卫生等方面的读本。同时,对于边区群众思想中难以抹去的封建神权意识,边区政府还开展了马克思主义教育运动,利用墙报标语、庙会、秧歌、戏剧、歌曲、话剧等群众喜闻乐见的方式宣传自然科学文化知识,以达到肃清老百姓错误观念的目的。

第二,以举办自然科学知识专题讲座、演讲等形式反封建迷信。与文字科普知识宣传相比较,开办讲座、演讲的宣传方式对于边区老百姓更加具有吸引力,主要基于边区老百姓文化水平较低的原因,有很多的文字看不懂,因此,讲座、演讲等具有一定的优势,况且这种面对面的交流方式,反馈与交流将变得更加容易,传播也相对准确生动,为边区群众所喜爱。1938 年 2 月,边区政府决定成立国防科学社,并利用社内的民众教育馆经常性地向边区老百姓开放,举办各种自然科学知识讲座。1941 年 8 月,边区自然科学研究会邀请徐特立在延安文化俱乐部作了《边区自然科学教育问题》的报告,着重阐述了自然科学教育对于边区经济、文化、军事、政治斗争的重要性,并畅谈了自然科学的发展对于破除封建迷信的作用问题。同年9月21日,延安出现了肉眼可见的日食现象,边区群众觉得这是不祥的预兆,一时人心惶惶。自然科学研究会决定利用这个机会,破除老百姓对于日食、月食等自然现象的错误理解,于11月3日,邀请俞仲清作了一场《关于日食的科学知识》的专题性报告,并组织了老百姓进行了实际参观活动,用鲜明的事实教育边区群众,对破除群众中流行的"天狗吃太阳"等迷信传说有重要作用。

除此之外,边区政府还针对边区老百姓不讲卫生、基本卫生常识缺乏等问题举办了多次讲座。1941年7月4日,中华护士学会延安分会于杨家岭大礼堂举行第一次学术演讲会,帮助边区老百姓了解了日常生活中需要注意的卫生常识,包括两性生活禁忌、日常感冒发烧的防治以及人体器官的功能讲解等等,使与会的老百姓得到了一次关于医学基本常识的启蒙。据边区史料记载,从边区政府成立到抗战胜利期间,边区政府共组织开展了500多次各类卫生常识宣讲会,参会的人员达到3万多人次,还有各种各样的展览会,极大地推进了自然科学知识在边区的传播。与此同时,边区自然科学团体还从边区的实际出发,在边区人们的传统节日中通过喜闻乐见、欢快祥和的方式来达到宣传科普知识的目标。如延安的传统陕北庙会、扭秧歌比赛、文艺演出等等,以这些活动为载体,积极展开宣传,实现了教育边区群众讲文明、讲卫生的效果。

第三,通过展览会、陈列馆等鲜活的方式来传播自然科学知识。过去边区老百姓是比较愚昧的,喜欢喝生水而不是开水,却不知道生水中的细菌对人体的极大危害性;犯病了,首先想到的不是医生,而是巫神术士,导致很多患者因为耽误了治病时间而白白丧命;边区妇女生儿育女用的方法比较老土,没有专门的接生婆,接生都是由当地的巫婆来操作,但在接生的过程中,这些人仅凭经验出发,碰到难产时就不知所措,最后装神弄鬼,导致母婴双亡的情况屡见不鲜。此外,在接生的过程中也不讲究卫生,缺乏基本的消毒常识和设备,导致婴儿即使存活下来却染上了病,早早夭折。陕甘宁边区成人的死亡率也非常高,如延安每年染病死亡就达500人之多。这些问题的产生,与自古以来边区自然科学知识的贫乏存在着极大的关系。为此,毛泽东指出了这一问题的本质所在,强调:"封建迷信现象之所以在边区广泛存在,并四处蔓延,极为猖獗,主要在于这块土地缺医少药,而疾病又多,老百姓没有其他的办法来驱除疾病,只能寄托于神灵","要想群众不信神鬼,唯一的办法,就是开展自然科学运动,普及科学知识"。① 毛泽东还强调,开展卫生知识的普及工作要善于运用边区老百姓喜闻乐见的形式来进行。

鉴于边区老百姓的知识文化水平低的状况,采取展览会、陈列馆等鲜活的方式来进行宣传效果较为理想。1944 年 7 月,陕甘宁边区在杨家岭大礼堂举办了延安卫生展览会。展览会上,高高悬挂着国际共产主义战士白求恩大夫的遗像。这次展览的内容丰富多彩,形式新颖,直观性较强。展览共分为五大板块:

一是边区人口的出生率和死亡率。用科学的数据向群众说明了自然科学运动开展前后的出生率和死亡率的情况,通过对比,群众深刻认识到科学对于人口质量提高的重要性。

二是边区老百姓反对封建迷信的斗争。展览现场放置着巫神术士装神弄鬼时常用的道具,包括三山刀、神剑、麻鞭、令旗、神牌位等等,并组织了几位经思想教育后改邪归正的巫神来现身说法,揭露了巫神术士坑蒙拐骗的惯用伎俩,并告诫边区群众莫要再上迷信神权的当。许多老百姓听了以后,偷偷地将拴在腰上避邪的红布条扯下来扔掉了。

三是妇婴保健卫生的基本常识。针对这一个问题,展览会列举了边区婴儿难产及死亡率居高不下的原因,揭示了不科学、不消毒、不卫生的接生方法对母婴产生的巨大危害,吸引了边区妇女。通过妇婴保健卫生

---

① 《毛泽东选集》第二卷,人民出版社 1991 年版,第 1113 页。

基本常识的展览,使边区妇女开始对巫婆敬而远之,倡导科学的育婴方式。此外,展览会还为边区老百姓展示了显微镜下的世界,让老百姓亲眼目睹显微镜下乱飞的苍蝇与到处游走的细菌,让边区老百姓深刻意识到喝生水对人体的危害性。

四是人体对营养吸收状况的介绍。虽说当时边区的条件较为艰苦,谈人体营养吸收有点不合时宜,但无论从何种角度来说,这其实也是边区群众需要了解的知识。因为无论物质条件达到如何的程度,营养的搭配还是非常重要的。通过这一板块的展览,老百姓了解到哪些食物的营养较为丰富,哪些食物对人体存在危害性等常识。

五是边区自行生产的药品、器械展览。详细地向老百姓展示了近年来边区医学方面的成果,以前的边区药品奇缺,基本的医疗器械也是少得可怜,但是通过这次自然科学运动,使边区医疗条件得到了较大的提高。

通过这次展览,提高了边区群众对于科学重要的领悟,促进了边区卫生运动的开展。当时在延安的外国记者爱泼斯坦、福尔曼等人赞许说:"这样的展览会在中国任何其他地方都未见过,这样的展览会易为群众接受。"①

第四,推动边区自然科学教育的深入发展,拓展科学文化知识传播的深度。在中共中央进驻陕甘宁边区之后,有感于边区极其落后的教育状况,也意识到边区神权迷信盛行猖獗与文化知识的"荒芜"存在着至关重要的关系。边区政府从实际情况出发,着手创办了包括干部教育、高等教育、中等教育、职业教育、社会教育、儿童教育等在内的相对完善的新民主主义教育体系,为自然科学运动的进一步推进发展搭建了较为广阔的平台。1940 年 8 月,边区成立了延安自然科学院,旗帜鲜明地指出其教育方针是培养具有科学文化知识,具备创新精神、创造能力及独立工作的革

---

① 中国社会科学院新闻研究所、中国报刊史研究室选编:《延安文萃》下,北京出版社 1984 年版,第 720 页。

命人才、业务能手、专家。为达成自然科学院的教育方针,院内设置了物理系、生物系、化学系、地质系等理工类课程,要求学员紧紧抓住物理、数学、建筑、化学工程等基础课程的学习,采取早日成为业务骨干、专业能手,同时,院内还开设了马克思主义的相关课程,在培养学员业务能力的同时保证学生高昂的革命战斗力。延安自然科学院的开办,极大地推动了科学文化知识在边区的传播力度。

边区的各大高等院校也相继开设了自然科学类的课程,包括"自然科学发展史"、"自然科学简介"、"生活中的科学"等等。这些课程的开设,极大地增强了学员研究自然科学的兴趣并在日常生活中积极践行科学的基本常识。自然科学课程在高等院校中的开设,促进了科学知识的广泛传播。为了推动自然科学的发展传播,边区政府还出台了《边区教育宗旨和实施原则》,明确规定:无论是小学教育、中等教育、高等教育还是社会教育,都必须强化自然科学的教育,使学员了解科学,并学会运用科学。不难发现,边区政府在推广自然科学运动的过程中可谓是不遗余力。

三、中共中央在边区乡村反封建迷信运动中的具体工作原则和方法

马克思主义认为:物质生活的生产方式制约着整个社会生活,政治生活和精神生活的过程。不是人们的意识决定人们的存在,相反,是人们的社会存在决定人们的意识。边区无处不在、无孔不入的封建神权迷信思想是一种社会意识,其存在与发展必然受到社会物质力量的制约,然而这种社会意识在边区经济发展滞后、物质力量未充分体现出来的情况下,仍然具有较大的市场,并与边区宗法观念、宗教信仰以及边区传统民风民俗文化相互融合一起,沉淀为一种根深蒂固的封建保守落后思想,并逐渐演变成为边区老百姓思想观念中难以磨灭的劣根性,不仅阻碍了近代中国的思想解放,也成为近代中国进步发展的桎梏,是科学的敌人。

面对如此凶恶之敌人,中共中央进驻陕甘宁边区之后,在边区这样一块新民主主义"试验田"中,开展了一场崇尚科学、反对封建迷信运动,将"五四"时期崇尚"德先生"与"赛先生"的民主科学运动推向新阶段,让科学的光芒照耀在边区这块古老、神奇而又落后、迷信的土地上,推动边区老百姓走出愚昧无知的迷信怪圈,踏入科学进步的新时代。在这场与封建神权迷信的正面交锋中,边区以经济建设为主线,以建设强大的物质基础为后盾,并从边区群众的思想实际出发,以循序渐进为原则,采取耐心而细致的说服教育,逐步消除和占领封建迷信势力范围的工作方针。在较短的时间内,实现了对边区群众思想的洗礼。

(一)把反封建迷信活动纳入党的文化纲领中

面对陕甘宁边区迷信盛行、神权思想猖獗的困境,中共中央高度重视,深感这种状况与当前抗日救亡的要求严重不符,毛泽东甚至把迷信作为为边区的"三大害"之首,强调要拔除这根烙在群众血肉中的"大刺"。为了解决封建迷信对边区的危害,毛泽东逐步确定了把对封建迷信的斗争作为党的文化纲领的重要部分。1937 年 8 月,在洛川会议上,我党提出了实行科学的、民族的、民主的抗战政策的主张。从中可以发现,我党对于科学的态度是何等的强烈。1938 年 10 月,毛泽东发表了《论新阶段》这一对于抗战具有指导意义的文章,并在文中强调了教育对于提高民族觉悟和抗战胜利的重要性,并指出教育的方式要以生产劳动为依据,可以是补习学校、可以是文艺活动、可以是生产竞赛、可以是识字运动等等。此外,毛泽东还分析了义务教育对于民族进步发展的重要作用。

1940 年,在《新民主主义论》这篇全面诠释中国新民主主义革命理论的历史性著作中,毛泽东提出了新民主主义革命的文化纲领,其最为鲜明的特征是要建设"民族的、科学的、大众的"的新民主主义文化。对于什么样的文化才是"科学的"文化,毛泽东强调:"科学的文化首先是反对封建迷信的,求真务实的、以科学真理为指导的,坚持理论联系实际的,一切从实际出发的文化,。"并要求边区各级群众联合起来,尤其是边区的知识界,要积极宣传科学思想,以科学思想占领群众头脑,在建立抗战统一战线的同时建立反封建神权迷信的统一战线。毛泽东指出了新民主主义文化大众化的基本思路,就是要使新民主主义文化为老百姓服务,为老百姓的日常生活服务,并成为老百姓喜闻乐见的文化。而对于"民族的新民主主义文化",毛泽东则认为文化应该具备本民族的特点,并用本民族的方式来呈现,使民族的文化走向世界。

至此,将反对封建神权迷信上升到新民主主义文化纲领的高度,成为中共中央在边区积极贯彻执行的文化纲领。按照毛泽东同志的对于新民主主义文化建设的指导思想,边区政府展开了一场破除"三大害"(即迷信、文盲、卫生)的文化运动,广泛开办了各类补习学校,开展了识字运动,提高群众的文化知识。而对于封建迷信,采取科学展示的方式,通过被改造的巫神术士的现身说法,改变了老百姓对于神灵的迷信。

(二)发挥科学宣传在反迷信工作中的主心骨作用

在边区开展的这场与封建神权迷信的斗争中,中共中央始终把宣传科学文化知识,增强边区老百姓的科学文化素养,并在实际的生活中崇尚科学、反对迷信作为工作的基本出发点。通过行之有效的宣传、号召、鼓动,实现了鼓励边区群众以民族的、科学的、大众的文化去占领封建神权迷信势力范围的目标。中共中央的主要领导人非常关注自然科学运动对于边区发展的重要意义。毛泽东指出:"进行革命战争是为了获取自由,但革命需要思想武装,这种武装必然来自于科学文化。为此,人民想得到社会层面的自由,必须以社会科学为基础,通过社会科学来分析社会、认识社会、进而改造社会,实行社会阶级革命。人民想要得到自然层面的自由,必然要以自然科学为基础,通过自然科学来认识自然,服从自然规律,并改造自然,使自然为人民的自由服务"。① 还指出,在陕甘宁边区推崇的科学特别是自然科学,既服务于边区的农业和工业生产技术,促进和提

---

① 《毛泽东选集》第二卷,人民出版社 1991 年版,第 1011—1013 页。

高边区的物质生产能力；又服务于扫除边区落后的社会文化状况，破除边区迷信的、愚昧的封建神权思想以及边区老百姓不讲究卫生的习惯，达到普遍提升边区老百姓文化水平的目标。

为了达到中共中央所确定的反封建迷信的目标，边区政府于 1939 年 12 月作出决议：要通过多种手段来招收、培养各个领域的科学人才，并开展形式多样的科学宣传，使老百姓懂得日常生活的基本科学常识，实现科学知识大众化。使边区的科教文卫工作"站在民族的、科学的、大众的土壤之上"。为了达到科学文化知识宣传的目的，边区科技工作者编写发行了一大批科普读物。据统计，从 1942 年至 1944 年短短两年里，边区出版发行的反对封建迷信，宣扬科学常识的医药卫生、自然科学常识读物和宣传材料就达 80000 余册。与此同时，边区政府还创办了比较完善的教育体系，使边区这块"文化的荒地"变成了新民主主义文化建设的根据地。边区自然科学工作者还结合边区群众的实际状况，以鲜活的、新颖的、群众喜闻乐见的方式来宣传自然科学知识，通过边区政府在宣传中的努力，促使边区老百姓的科学意识得到了普遍提高，并做到自觉抵制迷信思想、迷信活动。因此，在边区开展的自然科学运动中，边区政府的宣传鼓动自始至终发挥着主心骨的作用。

（三）把边区群众的实际需要和思想觉悟作为反封建迷信工作的出发点

做好边区反迷信工作，首先要弄清楚引起老百姓封建迷信的深层次原因。早在土地革命战争时期，毛泽东通过调查研究就得出结论，封建神灵是群众在无法战胜疾病、瘟疫、死亡的情况下自己树立的，既然树立了就不可能短期内消灭掉，而我们所要做的就是加速它灭亡的到来，因此，中国共产党对破除封建神灵的宣传政策可以概括为："引而不发，跃如也。"从中我们不难发现毛泽东对于反封建迷信的具体政策，就是要求共产党人不要强迫式、家长式地去要求群众抛弃封建迷信，而是要做好教育引导工作，从群众的思想觉悟和实际需要出发，以民主的、人性的、包容的方式来破除群众内心对于封建神灵的信赖。对于某些执迷不悟的群众，更是要认真细致地做好工作，进行科学的引导。在公开的场合，毛泽东还多次把群众精神世界封建迷信与现实中的敌人相比较，认为精神世界的敌人比现实的敌人更为可怕，要想战胜它，甚至比抗日战争还要困难。并要求老百姓必须组织起来，共同对边区的"三大害"作长期不懈的斗争。但是在反封建迷信的斗争中，必须坚持两点：一是要以群众的实际需要为出发点，告诫全党不要先入为主，妄想群众的需要；一是要发自群众内心的自愿，不能代替群众去反对封建迷信，而是群众自己去反对。唯有坚持这两点，才能收到理想的效果。毛泽东对于反对封建迷信的政策主要可以归结为两点：即群众的实际需要和思想觉悟，对于边区反迷信工作而言，亟须解决群众的实际生活需要和通过各种有效手段开展宣传，提高群众的思想觉悟水平。

从边区反封建迷信的史料研究来看，边区政府反封建迷信的斗争从群众的实际需要和思想觉悟水平出发，分为几个阶段，不同的阶段采取不同的政策。在反封建迷信斗争的早期阶段，由于边区群众的物质生活基本条件还停留在较为落后的状态，边区科教文卫运动也未得到充分开展，这一时期边区政府以尊重群众意愿和逐步限制的手段，表现为在群众的结婚嫁娶、盖房乔迁、接生治病等等过程中，如有请巫神术士的行为，暂时不采取严禁措施，因为经过了多年的洗礼，老百姓不可能立即离开这些东西，科学的、民主的、进步的东西在群众的心中还没有站稳脚跟。对于共产党人来说，不仅要"破旧"，还要"立新"，而"新"的东西未立起来之前，轻易不要去"破"。但是也不代表着就任由巫神术士为所欲为，尤其是对老百姓漫天要价方面，必须严令禁止，因为这些人都是冲着老百姓的钱来的，当时，这些剥削人的阴阳判官每看一次风水"至少得 400 至 500 元（吃喝不包括在内）"，多则达 800—900 元，"一个巫师看一次病，至少要赚 100元"，虽然老百姓对于巫神术士漫天要价的行为不敢直言，但却怨声载道，希望政府能规范价格。边区政府就从群众的价格方面的需要出发，以工人的工资作为基准,制定了较为科学的价格,获得了群众满意的效果。

从中共中央早期在反对封建迷信运动中的原则以及具体的做法来看,共产党人很好地坚持了科学的方法的指导,坚持把群众的需要和自愿作为出发点,以提升群众的思想意识,这样做的结果是群众前进了、进步了。

(四)围绕统一战线开展反迷信工作

在陕甘宁边区的自然科学运动得到深入开展,科教文卫事业得到相当发育的情况下,之前的逐步限制的方法已不再适应形势发展的需要,甚至还可能出现"向落后投降"的倾向,为此,中共中央要求边区政府积极总结经验教训,得出一套新时期的科学反对封建迷信的方法来。

为总结反封建迷信的经验,继续推进反封建斗争,并确定下一步的指导方针。1944年10月,边区召开了文教大会,毛泽东进行了回顾和总结,指出了边区文教事业中的成就和难题。并强调边区的反封建任务仍然是任重而道远的,在边区的广袤土地上还遗留着大量旧有的落后思想,边区的文盲人口仍然占边区总人口的三分之二以上,还有两千多名巫神术士在边区招摇撞骗,这些人在边区老百姓中仍然有一定的威信。这些人无疑都是新民主主义革命的敌人,必须进行彻底的斗争,而要实现最终的胜利,亟须建立最为广泛的反封建迷信统一战线,把各行各业、各条战线的人都团结起来,一起对付共同的敌人,唯有这样,才能取得最后的胜利。从毛泽东的话语中,我们能深刻感受到建立最为广泛的反对封建迷信的统一战线已成为这一时期边区政府反迷信工作的重点,是推进反迷信工作深入开展的关键所在。

四、边区乡村反对封建迷信的教育运动的重要意义

在陕甘宁边区时期,中共中央领导的这场声势浩大的反封建迷信斗争,虽然没能从根本上破除封建神权迷信思想及其势力对边区老百姓生活的影响,甚至也没有能够完全让科学文化意识深入边区群众实实在在的生活中,并在边区广大乡村占据绝对优势。反封建迷信斗争过后乃至

新中国成立之后很长的一段时期,陕甘宁边区的"三大害"没能够得到彻底的根除,阴阳神官仍在看风水,巫师术士仍有机会装神弄鬼、招摇撞骗,不讲卫生的状况依然突出,旧的落后的边区民风民俗还未得到完全改造,曾经被改造过的,又出现了死灰复燃的势头,但是,这场科学文化知识与封建神权迷信的正面交锋,已经触及陕甘宁边区社会几乎所有的领域,其历史意义不可低估,对当代精神文明建设仍然有较大的参考价值。

第一,它是一次向封建神权迷信作斗争的良好开端,是中国共产党领导下运用科学文化知识和进步的思想,在中国落后的乡村向封建迷信势力展开的一次规模空前的正面较量。早在土地革命战争时期,毛泽东等中共中央领导便已深刻认识到反对封建神权迷信势力的重要性、艰巨性和长期性,并致力于把农民发动起来与封建神权迷信作斗争,同时将这种斗争引向正确的发展轨道,令人始料不及的是,刚刚在井冈山上建立的苏维埃政权还未来得及将这场斗争全面铺开,国民党反动派的"围剿"已如期而至,导致中共中央在长期的战争环境里没有条件将反迷信斗争坚持下来。直到中共中央经过长征,转战陕甘宁边区之后,挽救民族危亡的全面抗战爆发,蒋介石也抛弃了以往"攘外必先安内"的政策,为中共中央开展反封建迷信斗争赢来了相对稳定的有利时机。

通过在边区开展反封建迷信运动,树立"以科学为指导,迎接新生活"的具体原则,使边区以往寻医问药基本依靠巫神术士的状况得到了彻底改变。据粗略统计,20 世纪 40 年代初陕甘宁边区还有巫神术士2000 多人。通过自然科学运动的大力宣传,以及边区政府在医疗保健方面的物质投入,包括加设病床、科普宣传、开设专门的医学院校、增加医学研究投入等等,促使边区群众从思想上改变了依靠巫神术士的历史,树立了有病找医生的观念。又如在科学种田方面,科学工作者研究气候对农作物的影响、试验土壤对农作物的适应性、研究如何灭虫抗灾,指导有效的耕作方法。这些科学实践活动促使农民群众改变传统的生活样式,正如当时《解放日报》社论所说:"祖传的老法已经不行了,必须让位给科学"，"伴随着落后散漫的小农经济而来的人民意识、迷信、旧习等等也已慢慢被新的意识、观念、知识所代替"。① 由此可见，边区开展的反封建迷信运动无疑是科学与迷信的正面交锋，促成了边区群众在思想上的"大解放"，实现了向科学的历史跨越。

第二，充分展现了中国共产党崇尚科学、抵制落后、敢为人先的魄力、勇气和精神。陕甘宁边区，是"一块文化的荒地"，其经济之凋敝、民生之艰难、民主之缺乏，非常人所能料想。历史留给这块土地的遗产除了贫困、愚昧无知、疾病瘟疫和神权迷信以及无休无止的战争破坏之外，乏善可陈。

中国共产党面对这一严峻的形势，首先并没有向困难低头，也不是安于现状，而是高瞻远瞩地指出，要把陕甘宁边区建设成为新民主主义革命的"试验田"，要让全国人民看到新民主主义革命带来的希望，而非失望。为此，中共中央以披荆斩棘的大无畏精神，以信念为剑，开辟了一条救亡图存的崭新的救国之路。在 1940 年毛泽东发表的《新民主主义论》中，提出了新民主主义革命的总路线，并确定了在经济、政治、文化等方面的具体纲领。在文化纲领中，中共中央深刻认识到不能把普及与提高群众的科学文化知识工作和建设新民主主义文化的事业推迟到新民主主义革命胜利之后，应该把科学文化教育事业放在仅次于抗日救国和发展生产的重要位置之上，应该把陕甘宁边区建设成为中国共产党一切工作的试验区，以我们的英勇奋斗"做出一个榜样给全国人民看"，应该开展一场科学文化知识与封建神权迷信的斗争，以肃清群众的封建落后思想。在斗争中，边区政府始终从人民群众的根本利益出发，发扬敢为人先，艰苦创业，敢想敢干敢试验的精神，终于使科学文化之花在整个边区大地开放，使民主进步之声响彻整个边区广大乡村。

第三，在边区开展的反迷信斗争中，中国共产党从群众的基本需要出

① 《解放日报》1941 年 6 月 10 日第 2 版。

发,围绕着生产发展、生活有着落的群众基本需求,将农业生产的发展与
反封建迷信有效结合起来。通过农业科学工作者的实际研究,实现粮食
产量的增长,以实实在在的数据来说服边区广大群众来相信科学、依靠科
学。如在粮食种植方面,边区自然科学院的科技工作者,为了提高粮食的
产量,对边区的土质进行较为周密的调查分析,写出了一份关于边区土壤
状况的科学调查报告,并提出了改良土质、提高产量的具体方案,对于粮
食种植过程中的病虫害问题也进行了深入研究,提出了解决的办法;他们
引进、开发、试验、推广新品种,其中如被誉称为"小米之王"的狼尾谷,以
产量高受到欢迎,被誉称为"金皇后"的马齿玉米颗粒丰满。由于科研人
员的努力,边区粮食产量逐年提高。1943 年边区粮食总产量达到 184 万
石,比 1942 年增产 16 万石,除消费 162 万石外尚节余 22 万石。大部分农
民有了存粮,如延安下属的甘泉区一个乡存粮就有 190 石,全乡 56 户人家
存粮达 176 石。农民群众高兴地唱道:"九月九,家家有,黄米面馍馍炸油
糕,吃呀吃得好,嗳嘿哟,吃呀吃得好,咱们的光景过得好;九月九,家家有,
大囤儿满来小囤儿流,吃呀吃不了,嗳嘿哟,咱们的边区真正好"。① 由此
可见,要想获取群众的认同并使其发自内心地向边区政府靠拢,解决群众
的基本需要无疑是最基本的出发点。在具体的工作中,还必须要坚持科
学民主的原则,并深刻认识到反封建迷信运动是一件比抗日战争还要困
难的事情,不得不团结各行各业各条战线的人,以结成最为广泛的统一战
线来对付共同的敌人,需要在反对封建神权迷信这条战线上的工作人员,
把工作做细、做实,真正落实好党在反迷信工作中的各项方针政策。

此外,在反封建斗争中,还要突出科技工作者的地位,中共中央始终
把优待科学工作者放在一个极其重要的位置来抓。无论过去、现在还是
将来,尊重知识、尊重人才、鼓励创新、抵制落后,重视对科学技术人才的

① 孙德山:《提高农业技术,发展农业生产》,《抗日战争时期解放区科学技术发展资料》第 2 辑,中国学术出版社 1985 年版,第 83 页。

培养,并建立起一整套科学的培养体系,支持和鼓励科技工作者毫不懈怠地进行科学研究和宣传无神论,保证唯物主义的主流意识形态的地位,并促进科学普及工作走向大众化、社会化与常态化的轨道,都是我们战胜封建神权迷信的重要手段与途径。在边区开展的这次向封建神权迷信的斗争,是中共中央进行精神文明建设的有益尝试,为新中国农村精神文明建设的发展以及反迷信斗争积累了宝贵的经验,留下了较为深刻的启示。

第三节　陕甘宁边区乡村培育"新型公民"的民主改造运动

人民群众是历史的创造者,是新民主主义革命的主力军,在陕甘宁边区广泛开展的民主实践运动离不开群众的支持,脱离了群众,就有失败的危险和可能。但群众支持民主实践并不仅仅是行动上的拥护,还必须培养一大批内生性的、以民主的理念武装起来的新型公民,这是推进民主实践的前提。为此,必须通过各种途径来开展培育边区乡村的"新型公民"的运动,主要包括劳模运动和社会边缘化群体的改造运动,通过这些民主改造运动的广泛开展,使边区群众在价值观、行为实践中符合了新型公民的标准,进而更大程度上助推民主实践运动在陕甘宁边区的实施。

一、培育"新型公民"的重要性

中共中央进驻陕甘宁边区之后,深入调查了边区群众在政治上备受压迫、经济上生活凄苦的状况,决定推行民主运动,并进行了三次民主选举运动,对边区民主政治的发育乃至新中国成立后民主模式的推动具有极其重要的历史意义。但边区经济的落后,阻碍和制约着社会、政治民主的发展。为此,中共中央决定从推进社会进步的角度出发,开展了一场培育"新型公民"的民主改造运动,这一运动的开展,在笔者看来,具有非常重要的作用。

(一)培育"新型公民"是推动边区经济发展的重要保证

马克思主义认为,物质条件的极大丰富是推动社会发展的基本动力,而人是生产力诸因素中最为活跃的因素。在中共中央进驻陕甘宁边区之后,面对恶劣经济环境,其所要做的就是通过卓有成效的制度安排来激活边区老百姓的积极性,使他们成为推动边区经济发展最为活跃的因素。而培育"新型公民"的民主改造运动正是起到了这样的作用,对边缘化群体的改造与劳模运动的全方位开展,促进了边区农业技术的革新,不断提高了边区农业生产效率。

在培育"新型公民"的民主改造运动中,边区广大民众积极投入到对大自然的斗争当中,在生产运动中还探索创新出更为科学合理的生产方法,使生产力得到有效提高,为缓解边区艰难的经济局面提供了物质保障。被改造过来的边区边缘化群体还积极组织起来,成立了互助小组,实现了农业互助合作,有的人甚至还成为边区的新劳模,起到了良好的榜样作用。在边区培育"新型公民"民主改造运动的推动下,边区在被敌军封锁的情形下在经济发展方面取得了惊人的成就。抗战胜利前夕,边区粮食产量达到 250 万石,棉花种植达到 35 万亩,基本满足了军队的需求。边区政府主席林伯渠在边区第二届参议会上豪迈地说:"边区军民生活已开始进入丰衣足食的境地"。从中不难看出,通过"新型公民"的民主改造运动,使边区落后的经济状况得到了极大改观。

(二)培育"新型公民"是筑牢边区政权的重要手段

长期以来,由于陕甘宁边区政治、经济、社会、历史、地理位置等诸多方面的原因,这一地区极为落后,文化被破坏、经济上处于崩溃的边缘。正是由于物质和精神文明的缺失,使这一地区出现了世所罕见的边缘化群体,成为滞后性社会的受害者,沾染了诸多恶习,如暴力抢夺、招摇撞骗、吸食鸦片等等,社会无序化,而边缘化群体也演变成影响边区稳定、发展的"毒瘤"。为此,中共中央进驻陕甘宁边区之后,对边缘化群体进行改造,开展了一场培育"新型公民"的民主改造运动,通过宣传、鼓动、教育再造,对不同层次人群实行不同的改造政策,使边区边缘化群体逐渐接受中共中央带来新文明和民主思想,并积极踊跃参与到边区其他社会改革运动中来,使社会秩序得到重建。而在民主改造的过程中,越来越多的民众也表现出改变自身落后思想的强烈渴望,形成了边区政府推动与民众自我改变的良性互动局面,使边区老百姓得到了前所未有的政治洗礼,并培育了众多具有民主新思维的"新型公民"。这一局面形成为边区政府在乡村落实党的方针、政策打下了坚实的群众基础。

(三)培育"新型公民"是推动边区社会阶层变迁的重要举措

中共中央进驻陕甘宁边区之后,开展了对地主、乡绅阶级的民主斗争,使其在政治、经济方面的特权逐步削弱甚至被取消,但由于封建落后观念根深蒂固,使这些人的社会影响仍然存在。为此,亟须通过某种运动来实现新阶层和新思想的诞生,以取代落后的思想观念,并实现新社会阶层的孕育,以此达到边区社会阶层的变迁。

在边区开展的培育"新型公民"的民主改造运动,就是把以往被忽视的甚至被漠视走向边缘化的社会群体组织起来,使他们在抗战中,在革命中,在劳动中,实现自我的成长,并使之成为边区"新型公民"的楷模,促进新的积极向上、革命性强的社会阶层的产生。而这些"新型公民"由于其在群众中的地位,在民主选举中理所当然地成为群众乐于选举的对象,成为新兴的干部,他们能最大限度地推动中共中央群众路线的实施和新生产观念的落实,使以往农民处于被剥削、被压迫的地位得到根本改观。培育"新型公民"民主改造运动的开展,使地主阶级的政治优势不复存在,贫农和中农成为边区乡村社会的中坚力量和边区乡村最大的社会阶层,有些农民在民主改造运动中通过辛勤劳动成长为中农和富农。从中不难发现,边区农民的生存状况得到了根本改观,乡村阶级结构有了显著变动,推动了边区社会阶层的变迁。

二、劳模运动,陕甘宁边区培育"新型公民"的典范

在抗战时期,陕甘宁边区经济、文化、社会乃至民主政治建设的发展进步,是与劳模运动息息相关的。而劳模运动中所涌现出来的一大批各个领域的劳动模范,也成为边区"新型公民"的代表与典型,其所呈现出来的示范效应极大地推动了边区民主政治实践的深入进行,对边区政权建设乃至今天中国特色社会主义民主政治建设都具有非常重要的借鉴意义。

(一)边区劳模运动的发展概况

在陕甘宁边区广泛开展的劳模运动,最早可以追溯到土地革命战争时期的劳动竞赛,在劳动竞赛中出现的一批技术强的劳动能手,受到了中共中央主要负责人的高度表扬,并鼓励战士和群众向劳动能手学习。中共中央进驻陕甘宁边区之后,为了克服经济困难和支持长期抗战,在中央负责人的积极号召下,将原有的劳动竞赛逐渐开展成为全民性的、普遍的劳模运动。

1938年新年这一天,为了鼓励先进鞭策后进,激发群众参与生产劳动的热情。边区政府举办了生产新技术产品展览会,向边区老百姓展示了边区人民自行研制的生产新技术成果,并在会上褒奖了一大批为边区经济发展作出突出奉献的工厂、劳动互助合作组织和劳动模范,至此,陕甘宁边区开展的轰轰烈烈的劳模运动拉开了序幕。1939年1月,毛泽东同志提出了"发展生产、自力更生"的口号,并着手推动边区开展声势浩大的大生产运动,特别是在国民党召开五届五中全会之后,确立的"溶共、限共、防共、反共"的策略,使本来"力争外援"为主的边区经济方针不得不转变成"独立自主"的方针。为此,中共中央制定了《陕甘宁边区人民生产奖励条例》、《督导民众生产运动奖励条例》和《机关、部队、学校人员生产运动奖励条例》。这些条例明确规定了劳模运动开展的具体奖励措施,指出:凡是在边区开展的大生产运动中有极其重要奉献者,无论是中共中央负责人、民众团体、边区各级政府,还是在领导大生产运动具体责任人,都可以按照条例规定获得精神和物质奖励。同时,边区政府还不

定期举行生产成果展览会、奖励大会、生产劳动比赛等形式来褒奖劳动模范人员。1939年5月，陕甘宁边区政府建设委员会举办了第一届工业成果展览会，为边区群众展示了近些年边区科学技术人员的技术成果，并表彰了在工业劳动中表现突出的得力劳动者。1940年2月，陕甘宁边区政府举办党委与机关劳动表彰大会，对在生产运动中作出奉献的劳动英模进行奖励，并通过民主投票选举了毛泽东、陈云、张闻天、周恩来、朱德等一批特等英模。1942年，为迎接国际"五一"劳动节，在这个属于无产阶级的节日里，边区政府举办了"劳动大比武"竞赛，竞赛通过丰富多彩的项目来展开，包括纺织比赛、插秧比赛、挑水比赛等等，共评出了274位劳动模范。通过边区政府对大生产运动的物质和精神上的高度支持，奖励了一大批劳动能手，极大地调动了边区群众生产的内在动力，实现了大生产运动与劳模运动的相互促进发展。

1942年，大生产运动进入更高的阶段，不同岗位的劳动模范也不断涌现，包括工人赵占魁，八路军战士李位，边区乡村农民吴满有，机关公务员黄立德，互助合作社社员刘建章，等等。边区政府为了扩大劳模的影响力，发挥劳模的典型示范作用，通过各种途径来推广宣传劳模的感人事迹，使劳模在推动边区群众加入大生产运动中发挥了突出作用。4月，《解放日报》还刊发了标题为《边区农民向吴满有同志看齐》的文章，鼓动边区老百姓向吴满有学习，为此，在边区乡村开展了一场声势浩大的学习吴满有运动。在鼓励边区群众学习劳模的过程中，边区政府还开展了热火朝天的生产竞赛运动。为了总结劳模的生产经验，进行推广教育，1943年11月26日，边区政府召开了第一届边区劳模代表大会，表彰了185名劳模。大会还确定了劳模产生的具体选举条例，规定了劳模选举产生的性质、原则、范围、条件等等。这一条例的制定，使边区劳模运动开始往制度化、规范化的方向发展。会议期间，毛泽东慷慨激昂地作了题为《组织起来》的演讲，在演讲中高度肯定了边区开展的大生产运动，对边区涌现的劳模也给予了高度评价。毋庸置疑，第一届边区劳模大会是胜利的大会,团结的大会,充分展示了边区老百姓当家作主的地位,是中国民主政治发展史上的一大创新。

随着劳模运动的不断深入,广大劳模已经不仅仅是劳动生产领域的骨干力量,同时也成了边区社会建设中"新型公民"的代表。劳模对于边区民主政治建设的开展发挥了不可磨灭的作用。比如在边区老百姓选举劳模的过程中,以前被选举出来的劳模积极参与其中,广泛宣传,引导群众进行公平、公正的选举,使劳模运动演变成一场真正意义上的、自下而上的、最为广泛的群众性运动。由于劳模运动的深入开展,到1944年第二届劳模大会召开时,与会代表是第一届的两倍有余,达到了476人,从中可以感受到劳模运动的伟力之所在。毛泽东在会上作了《必须学会经济工作》的报告,强调共产党人不仅要革命推倒"三座大山",还要搞建设,发展经济,还高度肯定了劳模作为边区"新型公民"在经济、政治、文化建设中的带头作用和桥梁作用。大会期间,边区政府还举行了边区劳模成果展示会,通过实物、图片和文字,为边区老百姓详细地展现了边区大生产运动的伟大成就。

边区召开的两次劳模大会把劳模运动推向了高潮,促进了边区劳模运动在规模和形式方面质的变化。抗战胜利之后,由于国内局势的风云突变,国民党发动了内战,1947年,国民党发动了以陕甘宁边区为目标的重点进攻,劳模运动被迫中止,但褒奖榜样作为一种科学的工作方法被延续到现在。

(二)边区劳模的类型及其在民主改造运动中的角色特征

对于边区劳模运动中涌现的劳模,并不仅仅限于某一领域或者行业,而是全行业"开花",全行业兼具的特点。为此,就理所当然地存在不同类型的劳模,在不同类型的劳模的肩膀上,其所肩负的责任和重担也存在着区别,包含了不同的角色特征。

1.边区劳模的主要类型

1939年,中共中央制定并颁布了《陕甘宁边区人民生产奖励条例》、

《督导民众生产运动奖励条例》和《机关、部队、学校人员生产运动奖励条例》。这些条例的颁布实施,激励了边区老百姓参与大生产运动的积极性和主动性,并在生产一线产生了众多劳动模范,产生了强大的榜样示范效应。在边区政府的助推下,大生产运动向更为深入的层次发展,各个行业、各种类型的劳动竞赛也得到了有效开展,使得劳模产生的领域发生了重大变化,突破了以往仅产生于单一的工农业战线。为此,除了前文提到的工人赵占魁,八路军战士李位,边区乡村农民吴满有,机关公务员黄立德,互助合作社社员刘建章等劳模之外,在纺织、种棉花、驮盐、养殖、拥军、防奸等领域也涌现了一大批劳模。而在出身成分上,以往过多强调贫雇农出身,扩大到中农、退伍残废军人、知识分子、抗日家属等,甚至曾经的边缘化群体也有转变为劳模的。

1943年11月26日,第一届劳模大会的胜利召开,代表着劳模运动新局面的展开,大会上,选举了不同类型的劳模。据史料参考,边区劳模的类型主要为三种,即特等劳模、甲等劳模和乙等劳模。此后,劳模运动显示出了纵深发展的态势,向更高阶段迈进。体现为不仅突破了生产劳动领域,在质和量上都得到了充实和提高。1944年的"八一"建军节,《解放日报》刊发了《郑重准备边区建设的"总检阅"》一文,指出:"今年要召开第二届劳模大会,并与去年有较大差别,首先是所包含劳模的部门与去年相比较,多了八个,边区各行各业都要选举产生自己的劳模,并通过各种形式展现取得的成就,以迎接中共中央的总检阅。"第二届劳模大会就是在这样一种严肃而又祥和的氛围下召开的。此次选举出的劳模包括了新增的军事、文化、运输、财经、卫生、行政、司法、保安等行业的劳模。值得一提的是,被俘获的日本军人新川久男由于在生产劳动中表现优异,得到了群众的肯定,也被选举为劳模。

2.边区劳模在民主改造运动中的角色特征

中共中央对于边区开展的劳模运动是极其重视的,对待劳模,也表现出了尊重、关照甚至依靠的态度,广泛利用边区的宣传工具来大肆宣扬劳模的光辉事迹,弘扬广大劳模在生产劳动中的苦干实干、忘我奉献的精神实质。由此可见,劳模俨然成为边区"新型公民"的中坚力量,成为了边区老百姓心中的典范,甚至是民族的精英,为陕甘宁边区开展的大生产运动乃至于抗战的胜利作出贡献而彪炳史册。

第一,边区新型的劳动者。一直以来,无论是边区的普通老百姓还是知识分子,他们对于劳动的观念并不是像马克思主义者那样,认为:"劳动创造了人本身","劳动光荣",而是对于劳动有一种与生俱来的落后观念。普通老百姓把劳动称之为"受苦、受累",知识分子对劳动也同样存在着蔑视的思想,认为这是下等人才做的事。中共中央进驻陕甘宁边区之后,这种对劳动的落后观念仍然占有广泛的市场,但是在劳模运动中涌现出来的一大批劳模,却对劳动有不一样的看法,能深刻意识到劳动是自己的事情,劳动的成果为自己所有,懂得了劳动的本质,并具有高度的劳动自觉。劳模的劳动思想进步性,使其成为新民主主义时期一名真正意义上的马克思主义劳动者。对于劳模的劳动新概念,《解放日报》社论评价道:"劳模同志是新的人物,是解放的人。"因此,劳模已经成为了边区新型的劳动者,是群众的集体英雄,处处受人拥戴和尊敬。从民主政治发展的角度来看,劳模运动中的劳模的新型劳动者角色定位,是破除旧式社会落后观念的关键之举,对于建立新社会、新观念、新生活具有难以磨灭的思想革命价值。

第二,边区的"新型公民"。劳模是边区各条战线上的业务骨干,在自身的岗位上创造了不平凡的佳绩,使其成为了各自所属领域的榜样人物。然而,劳模并不是中国共产党自己选举出来的,而是边区老百姓选出来的。正所谓"群众的眼睛是雪亮的"。能当选为劳模,仅仅以业务突出显然是不够的,同时还必须具备超凡的人格魅力,在面对困难时还必须以身作则,具备与常人不一样的优秀品质,而劳模所具备的这些优势,使其成为了边区"新型公民"。

然而,劳模"新型公民"的内涵不仅于此,还表现为民主对待群众,与群众关系和谐相处等方面。劳模不仅在生活上表现为艰苦朴素、迎难而上的作风,在具体的生产劳动管理环节上也富于平民风格,践行民主的理念。遇事当断则断,而需要以民主的方式解决的问题,他们就会以民主的方法来完成。如劳模范耀华在延安印刷厂从事党的宣传工作,但全无领导架子,而是深刻领悟到做党的工作靠的是群众,群众是一切工作得以有效开展的根基,为此,对于在工人队伍中的突出分子,对那些在管理工作中经验丰富、方法独到的人,无论处于任何一个岗位,他都能细心地向他们学习。而对于那些思想落后的人,范耀华进行耐心的说服教育,使其思想转变到进步的轨道上来。这种接近群众、依靠群众的工作方法,不仅使其在工人群体中获得了威信,也宣传和践行了党的民主政治理念。

第三,边区群众利益的代表者。边区选举产生的劳模来源于群众,与群众保持着天然的联系,并分布于边区基层,基于广大劳模的这样一种分布状态,使其自然而然地成为了联结党和政府与边区老百姓的纽带,可以很好地将党和政府的各项方针、政策传达到边区基层,宣传好、落实好党和政府的各项决策,实现了对党和政府决策的"传声筒"、"催化剂"的作用。劳模还针对边区建设中存在的各种问题积极向边区政府提出建议,有的劳模甚至成为了边区政府的"高级顾问",在边区各项事业建设中凸显了"幕僚"的作用,为边区领导制定决策提供了重要参考。

然而,对于广大劳模而言,其角色特征并不仅仅局限于为党和政府决策提供参考或者协助党和政府管理边区基层的各项事务,劳模还更多地表现为群众利益代表者的角色,广大边区劳模在参加边区参议会时,都会积极向群众咨询意见,以此作为参议会的提案,为群众的利益保驾护航。如边区特级劳模赵占魁在参加边区参议会前,延安农具厂的全体工人就联名向他写信,提出了一系列维护工人基本权益的意见。赵占魁在会上提出了这些意见,得到了边区政府的重视,并妥善解决了这些问题。这表明,广大劳模成为了边区老百姓的利益代表者,而这也真正呈现了民主政治的内涵,人民选出来的代表是真正代表人民的,为老百姓说话的。

（三）边区劳模运动对推进"新型公民"培育过程中的社会影响

在边区广泛开展的劳模运动是一次意义深远的社会革新运动，其意义不仅仅表现为对边区经济建设的强大助推作用，还表现为通过劳模的进步观念以及对党和政府政策的深入宣传，促进了边区社会的变迁。这种变迁对边区而言或许是悄然展开的，但其却促成了"燎原之势"，成为了边区开展民主政治运动的引擎。

第一，推动了边区群众思想观念的更新。一直以来，边区群众和知识分子对待"劳动"的观念是比较落后的，认为劳动是下贱的，是下等人应该做的事情，而边区普遍开展的劳模运动使"劳动光荣"的观念深入人心。在以往的社会观念中，只有在政治或战争舞台上得志之人才能称得上是英雄，但现在劳动能力强的、敢于付出的、代表群众利益的劳动者也成了人民心目中的英雄，而且是群众争先学习、尊敬的榜样。从某种程度上来看，这不能不说是一种巨大的思想进步。对于那些游手好闲的、好逸恶劳的二流子，以往群众都不敢招惹，现在这些人却成为了被普遍鄙视的对象，并形成一种对二流子进行改造的道德力量，使一些二流子的思想观念开始进步，甚至有些人还成为劳模。

此外，边区妇女的思维方式和社会地位在劳模运动中同样获得了提升。在中共中央进驻边区之前，边区妇女的社会地位是极其低下的，男女严重不平等，婚姻也没有自由可言，更不能参与任何的社会活动，只能任人欺凌。而劳模运动开展之后，边区妇女的地位得到了提升，参加边区开展的各项劳动，尤其是在纺织运动中，妇女的重要性变得尤为突出，许多妇女也因此被选为劳模。至此，广大妇女已经从封建式的生活状态中解放了出来，传统"女主内，男主外"的陋习开始颠覆，正是由于妇女在经济上地位的提高，其思想观念也在发生着良性的改变，并促进了边区放足运动的开展。

第二，促进边区封建生产关系的解体。在中共中央未进驻陕甘宁边区之前，军阀势力、封建势力等统治着边区的方方面面，为了捍卫彼此的利益,对抗军阀势力和封建势力的盘剥,边区农村的宗族成员开始聚居,并形成了关于宗族的地缘关系。然而这样一种宗族势力仍然摆脱不了封建式生产关系的影子,宗族内部也还是存在着封建剥削的关系。随着中央红军进驻陕甘宁边区之后,边区俨然成为了一块中国最有希望的"沃土",越来越多的移民慕名而来,使边区的封建式生产关系开始发生变动,而随后在边区普遍开展的互助合作运动,使本来依赖于宗族关系的封建生产关系被根本改变,代之以新型的半社会主义性质的生产关系。在开展了劳模运动之后,广大劳模积极宣传党和政府的各项方针、政策,并领导劳动互助组织进行大生产运动,使原有的血缘式的宗族关系逐渐消失,转变成群众之间的、人民内部的关系,并开始由以往的宗族之间的对峙演变成对弱势群体的帮扶,小团体主义、个人主义被集体主义取代。边区社会关系的良性转变,促进了封建生产关系的解体,并为培育"新型公民"准备了十分有益的"土壤"。

第三,助推了边区边缘化群体的改造。由于边区政治、经济、文化、管理等方面极为落后的原因,使这块土地上出现了众多无所事事或者招摇撞骗之人,其中边缘化群体就是极为突出的一部分。这些人一直是困扰边区社会发展的重大症结,他们好逸恶劳、游手好闲、为非作歹,与边区劳模的榜样形象构成了重大的反差。为此,在劳模运动开展之后,对这些人进行改造,使其成为有用之人、为抗战出力之人是边区政府亟待解决的重要问题。边区政府改造二流子的办法是发动广大劳模去改造这部分人,通过劳模的光辉形象、以身作则、动人事迹使这些人从思想上实现根本转变。对于边缘化群体来说,其最大的顾虑就是被歧视,为此,劳模就抓住了这一点,对于思想上有进步表现的分给土地,使其自力更生;对于思想顽固之徒,则采取强制性手段,强迫其转变。通过这种方式,使边区三分之二的边缘化人群转变成了好公民,其中刘生海、马玉儿还成了劳模,成为边区"新型公民"的典范,而转变过来的人又积极参与了改造边缘化群体的工作,使更多的边缘化群众实现了思想上的改造,成为了好公民。

三、社会边缘化群体的民主改造运动,陕甘宁边区培育"新型公民"的创新之举

对于边区培育"新型公民"的民主改造运动,仅仅是开展劳模运动是不够的,劳模运动实质上是一种鼓励先进、鞭策后进的方法。然而对于边区广泛存在的边缘化群体来说,这种方法所取得的效果远未理想,而对边区边缘化群体的民主改造运动,是一项比劳模运动更为艰巨的社会改造工程,这个工程的顺利完成,需要全社会来协同应对,而边缘化群体的身份转变,则是边区民主改造运动的大成绩,说明中共中央关于民主政治的理念沉降到了广大边区乡村,助推了边区"新型公民"的培育。

(一)边区开展边缘化群体民主改造的条件

1939 年,毛泽东撰写了《中国革命与中国共产党》一文。在文中,毛泽东详细分析了边缘化群体的来源,谈道:"中国的殖民地和半殖民地的地位,造成了中国农村和城市中广大的失业人群。在这个人群中,有许多人被迫到没有任何谋生的正当途径,不得不找寻不正当的职业过活,这就是土匪、流氓、乞丐、娼妓和许多迷信职业家的来源"[1]。由此可见,边缘化群体的产生,并非人们的主观意志,而是阶级矛盾、社会问题的产物,看清了问题的根本,为中共中央解决边缘化群体问题提供了理论上的依据。

第一,满足群众的社会需要是边缘化群体改造的前提条件。对于边区的老百姓而言,其基本的社会需要包括两个层面:一是生存的层面;二是生产的层面。满足了这两个层面的需要,就可以从根本上断绝边区老百姓的被边缘化。自中共中央进驻边区之后,开展了土地革命,打土豪,分田地,为巩固抗日大局,又实施了减租减息政策,边区社会各项事业的建设都有了发展,这为边区老百姓实现安居乐业提供宽裕的条件。

---

① 《毛泽东选集》第二卷,人民出版社 1991 年版,第 645—646 页。

然而,对于此前已经被边缘化的群体,从心理上就是要破除其内心的被歧视感,从物质上就是要解决其基本的社会需要。边区政府非常关切边缘化群体的社会需要,无论是边缘化群体的生计问题,还是边缘化群体的被歧视问题,边区政府实施的策略都是非常到位的。在生计方面,分给其土地,使其获取基本的生活资料,实现了生活自给。同时,还开展了禁烟、禁赌、禁毒、禁娼运动,剔除了孕育边缘化群体的土壤,提倡劳动光荣,为边区的社会建设培育了淳朴的、优良的民风。边区政府在边缘化群体改造的策略的选择,无疑为改造的成功完成提供了充实的前提条件,必将推进改造的进程。

第二,中共中央在井冈山时期对边缘化群体的治理提供了有效的经验。对边区边缘化群体的民主改造,须采取恩威并施的原则。特别是对那些极其顽固的边缘化分子,采取解决其基本社会需要的方式,在其看来,或许并不一定怀感恩之心,甚至以为是畏惧他。为此,要从实际出发,采取井冈山时期具体的治理社会问题的有效措施。

首先,要强制其参与生产劳动,实现劳动改造人。对于边缘化群体的具体人群的界定,在边区曾展开过长期的讨论,然无论是何种讨论结果,都落实在"不参加劳动"这一条上。延安市规定二流子的条件有:一、无业的纯粹二流子;二、无正当职业,靠偷窃、钻空子吃饭,经常扰乱治安的二流子;三、烟民、赌徒,这三种是交错的。在女二流子中,也区分两种:一种是生活放荡的有夫之妇;一种是名义上帮助别人做针线过活的娼妓。① 为此,对这些人进行改造,首要一条就是要其加入轰轰烈烈的生产劳动中来,从劳动中获得其人生的飞跃和发展。因为这些人长期脱离劳动,必须要通过劳动改造使其抛弃以往错误的思想观念,并使其能够自食其力、自力更生,而非是社会的蛀虫和"毒瘤"。

其次,颁布严明的法律法规。中共中央未进驻边区之前,社会秩序混

---

① 《解放日报》1943年5月24日第2版。

乱,更是成为边缘化群体繁衍的"温床"。为此,亟须颁布极为严明的法律来使社会秩序得到重建,如在禁止烟毒方面,鉴于在井冈山时期,中共中央曾经制定过《赣东北特区苏维埃暂行刑律》,明令禁止毒品在苏维埃政权存在,使这一刑律在禁毒、禁娼、禁赌等运动中发挥了奇效。中共中央进驻陕甘宁边区之后,1937 年 5 月 27 日,中华苏维埃政府西北办事处就颁布了《关于禁止鸦片的布告》,严禁种植、吸食和买卖鸦片。抗战全面爆发后,为了创造一个和平安定的社会环境,促使二流子转变,边区更加严厉地禁止吸食和种植鸦片。1942 年 1 月 14 日,边区成立了"陕甘宁边区禁烟督察处",颁布了《陕甘宁边区禁烟督察处组织规程》、《陕甘宁边区查获鸦片毒品暂行办法》,重申了边区禁烟的决心。而且几乎在每年春播季节,边区政府都要强调铲除烟苗。尽管如此,在边区偏僻之地仍有不法之民偷种鸦片,但一经发现,严令地方政府立即铲除。① 由于边区政府在禁毒运动中措施得当,颁布了诸多禁毒的法令,使得边区曾经极为猖獗的烟毒得到了彻底的治理。为边区边缘化群体的改造发挥了"合力"作用。

最后,开展丰富多彩的群众性文化活动。文化活动的本意在于使群众身心得到欢愉,并在活动中实现精神的提升。通过类似于扭秧歌、庙会等文化活动的开展,可以使边缘化群体得到归属感,感受到集体的温暖,给中央根据地的建设带来良好的社会效益。毛泽东对此还曾经感慨道:"谁要是跑到咱们苏区来看一看,那就立刻看见是一个自由光明的新天地"②。总之,中共中央在井冈山时期社会改造的经验,为陕甘宁边区边缘化群体的民主改造实践提供了可供选择的宝贵经验。

第三,发挥中国共产党思想政治工作的优势。毛泽东说:"思想政治工作是经济工作,乃至其他一切工作的生命线。"思政工作的这种"生命

① 陕西省档案馆:《陕甘宁边区政府查禁烟毒史料选》上,《历史档案》1993 年第1 期。
② 温锐:《中华苏维埃史话》,社会科学文献出版社 2000 年版,第 137 页。

线"作用,使其在民主改造边缘化群体的过程中发挥了突出作用。以往老百姓认为,对那些以劫财为目标的边缘化群体,必须要用专政的手段来对待。但是在中国共产党看来,无论是民主的手段还是专政的手段,都是为了使犯错误的人受到教育,回复到正常的生活轨道。对于那些罪大恶极的人,法律制裁是必需的,然而在制裁的过程中,还必须发挥思政工作的教育作用,"治病救人"的作用。因为边缘化群体中的人同样具有人所共有的本质属性,也就是其社会性,那就可以实施群众监督或者营造舆论压力的方式来使其进行改造,还可以利用思政工作中的心理教育来实现改造的目标。这些方法在当时具体表现为:在二流子的家门前挂上二流子牌,并在公开的群众大会上进行反省、检讨,检讨完之后就做这些人的思想工作,动之以情,晓之以理,为其改过自新提供机会,对那些表现良好的二流子授予劳模称号。组织边区文艺工作者编排让二流子深感愧疚的演出,在表演中表现这些人的丑行。这些方法在现在看来有些简单粗糙,但当时所产生的效果是显著的。

（二）边区民主改造边缘化群体的具体内容

匪患、烟毒、二流子是抗日战争时期边区乡村边缘化群体的主要来源,并构成危害边区社会秩序的三大问题。中共中央进驻陕甘宁边区之后,采取了卓有成效的措施,开展了培育"新型公民"的边缘化群体民主改造运动,使曾经扰害边区老百姓的不法行为得到了肃清,社会风气得到净化,民主政治的氛围渐渐浓厚。

第一,消除匪患,维护边区的社会治安。边区政府之所以要消除匪患,主要是这类人群以抢劫、绑架、勒索等方式来谋生存,对边区的群众的日常生活构成重大危害。这类人群的产生与农业社会天灾人祸有关,与长期的战争有关,具有一定的反社会性,是底层人群参与社会生活的病态反映。边区匪患的类型主要分为两种:一种是经济类土匪,主要以打家劫舍、劫人财物、走私贩毒为主,这些人与二流子、烟毒等存在着千丝万缕的关系;一种是政治类土匪,主要以破坏统一战线,散布对边区政府不利的谣言,谋杀边区政府主要负责人为目的,具有极强的煽动性和危害性。自中共中央进驻边区之后,开展了声势浩大的土地革命和军事斗争,使原本匪患极为严重的陕甘宁边区社会秩序得到了一定程度的改善。但1939年之后,国民党顽固派召开了背离统一战线的五届五中全会,并发动了第一次反共高潮,使原本已经偃旗息鼓的边区匪患再起波澜,而且此时的匪患以政治类土匪为主,他们得到了国民党的包庇、唆使和支持,日益猖狂起来。

面对严重的匪患,边区政府给予高度重视,采取多项措施进行整肃。首先是招抚怀柔政策。边区政府提出了"争取被匪首威胁加入匪部与不觉悟的下层土匪群体"的策略,使那些迫不得已加入匪帮的人,获得了改过自新的机会,甚至对匪首,只要是自动缴械的,也进行了宽大处理。其次是武装剿匪政策。对于那些罪大恶极、死不悔改的匪群,边区政府采取的策略是武力剿灭,绝不姑息。关于武力剿匪,毛泽东同志认为:"剿匪是肃清残余反动力量的一个重要组成部分,又是保障实施各种政治、经济、文化、国防建设的先决条件"①。为此,边区政府颁布了《关于剿匪工作》的指示,在地方部队和驻军的积极配合下,剿灭了像赵老五这样危害百姓的匪群,至1943年,边区的政治土匪基本被肃清。最后,建立了群众性的锄奸组织。发动群众,利用群众进行锄奸工作是边区打击匪患的重要保证,因为土匪的流动性是非常强的,仅仅依靠部队进行剿灭是不行的。为此,发动群众是形势所需,至1941年,边区共成立的700多个锄奸组织,包括10万群众组员,对边区锄奸剿匪工作作了突出奉献。

第二,民主改造二流子,培育良好的社会风尚。据边区政府对二流子成员的保守估计,至少存在3万以上的成员。这些二流子的摇摆性较强,或为汉奸利用,或为土匪利用,或吸食鸦片,对边区的安定团结构成了重

① 《新中华报》1937年5月26日第360期。

大隐患。为此,民主改造二流子,培育良好的社会风尚,成为发展边区经济,剔除落后习俗的重要步骤。

对于边区二流子的改造政策,边区政府主要采取两种方式:即经济上给予资助,分给田地,使其自力更生;精神上号召边区群众不歧视,给予宽待。在 1941 年边区出台的"五一施政纲领"中强调:"分给无业游民和二流子相应的土地,供其耕作,并让其参加职业教育培训,对于机关人员及群众中对无业游民和二流子存在歧视的行为,要责其改正。"这一规定,成为了边区民主改造二流子运动的指导性指令。边区各地严格按照指令执行,并根据具体实际,出台了更为详细的政策,如延安就制定了改造二流子公约,取得了良好的效果。通过边区各地在民主改造二流子运动中的积极措施,1943 年,原有的 3 万二流子中的绝大多数被改造成了边区好公民,增加了边区的劳动力,使边区社会趋于稳定,取得了极好的社会效益。

第三,禁绝烟毒,挽救烟民。自中共中央进驻陕甘宁边区之后,深感边区老百姓为烟毒所害,基于烟毒所造成的家破人亡、妻离子散、影响社会秩序之事日益严重,为此,边区政府在很早之前就已经颁布了《关于禁止鸦片的布告》,严厉禁止种植、吸食和倒卖鸦片的不法行为。

全面抗战爆发之后,考虑到烟毒对于边区老百姓身心的危害,同时也为体现出边区政府与南京政府在禁毒行动上的不同态度,表达边区政府的禁毒决心,中共中央在边区开展了一场轰轰烈烈的禁绝烟毒的运动,使在边区较为泛滥的烟毒基本上被遏制。在这场禁毒运动中,边区政府主要采取了以下措施。

首先,耐心教育。要使群众远离烟毒,进行广泛的社会宣传,让群众详细了解烟毒的危害性是极为重要的一环,为此,边区各种社会团体进行了细致的宣传,耐心的劝诫,通过召开村民和市民大会,做劝诫动员,让烟民知道"一村一市有吸食大烟的人是不美满的"。发动妇女儿童帮助戒烟,儿童能劝服大人戒烟的,是模范儿童;婆姨(妻子)能劝服丈夫戒烟的,是模范婆姨。① 在禁毒运动中,妇女协会也发挥了极其重要的作用,因为妇女都不想看到丈夫或儿子为烟毒所害,并开展了劝诫运动和戒烟竞赛,取得了较好的效果。

其次,成立戒毒所。1943 年 9 月 11 日,边区政府发出《为禁止吸毒事给专员公署县(市)政府的指示信》,对帮助烟民戒烟提出了具体要求:一是要求各级政府强制烟民戒烟,规定 30 岁以下的限期 3 个月戒绝,40 岁以下的限期 5 个月戒绝,60 岁以下的限期 10 个月戒绝。并对烟民进行登记,敲定戒绝日期和方法,乡政府或村主任、村长要随时检查。二是要求各地政府和卫生机关,帮助烟民找戒烟药,或设立戒烟所,集中戒烟。三是要求把戒烟和生产与教育工作联系起来。要以说服与强迫方法,使其卷入生产大潮,给予各方面的鼓励和帮助,"使他知道自己是社会一分子,至少不应为社会上看不起,以激发他戒烟的决心"。四是要求形成群众性的戒烟运动。因此,为了帮助烟瘾较大的烟民成功戒除毒瘾,边区政府还从紧张的财政中拿出资金建立了戒毒所,并积极研制戒毒药丸,帮助烟民戒烟。在戒毒所内,从毒瘾人员的实际状况出发,采取了分阶段戒烟的策略,取得了良好的效果。

最后,禁止群众种植鸦片。要禁绝边区的烟毒,最为重要的一步就是严令禁止种植鸦片。为此,在《关于禁止鸦片的布告》中,边区政府就明确规定群众要铲除已种植的鸦片,改种其他粮食作物。如 1943 年春季,边区政府主席林伯渠接连发出两件事关铲除烟苗的快邮代电,一件是:"近据绥德报告,人民偷种者甚多,安定更多,希立即而彻查,速令铲除,并严饬安定县府详细报告为要。"一件是:"据查各县偏僻地方仍有不少偷种鸦片烟苗者,希立即深入检查,严令彻底铲除,改种粮田,并查办结果报告本府为要。"延属分区专员曹力如在接到快电后,立即做了查处,第

① 甘肃省社会科学院历史研究室编:《陕甘宁革命根据地史料选辑》第 1 辑,甘肃人民出版社 1981 年版,第 337—338 页。

三天就做了汇报:"关于禁烟及铲除烟苗事,职于此次到子长县时已严令该县铲除,目前未见出土,铲后复活,并已决定出土即铲,更责成县区乡长绝对负责,不得玩忽。"由此可见边区政府对于查办烟毒的决心。对于那些家里藏有鸦片的,必须上缴,否则严惩不贷。对于那些在禁毒运动中玩忽职守的负责人,严肃处理。而对于边区存在的贩卖烟毒的不法商贩,边区政府也给予了严肃处理。如1942年6月,山西烟贩李起发、高光富等人带烟土6件,经一二〇师七一五团运输队保运到子长县,由七一八团大光商店出售,被子长县瓦窑堡市公安局查获,一二九师师长贺龙、边府主席林伯渠都去函查问此事,要求大光商店"将存货如数交出,给予惩处"。①

（三）民主改造边缘化群体所取得的社会效益

在边区广泛开展的民主改造边缘化群体运动,对边区各项事业的发展以及边区社会环境的安定发挥了极其重要的作用。毛泽东对这一运动的开展给予了高度的评价,指出:"边区是中国最为进步的地区,是民主的、和谐的、充满希望的根据地。边区一没有结党营私,二没有封建剥削,三没有娼妓,四没有赌毒,五没有乞丐,六没有贪赃枉法,七没有三妻四妾,八没有吃摩擦饭。"边区这种社会风气的养成,所产生的社会效益,与边区广泛开展的边缘化群体民主改造运动是息息相关的,对边区培育"新型公民"同样产生了正相关作用。

第一,降低了边区的犯罪率,乡村社会环境显著改善。在中共中央的高度重视和边区政府的努力下,至1943年底,为患边区多年的四十多股匪群已被拔除,作恶多端的边区匪患,被彻底根除。而长期盘踞在社会底层的二流子与无业游民,在1944年也基本实现民主改造,成为真正的社会劳动者,使曾经滞后的边区社会逐渐变得有序化。而对于烟毒,埃德

①　陕西省档案馆、陕西省社会科学院合编:《陕甘宁边区政府文件选编》第7辑,档案出版社1988年版,第2—6页。

加·斯诺描述道:"陕甘宁地区已经彻底地消除了烟毒,乞丐和失业在边区也同样被消灭了。"①由此可知,在边区开展的这场轰轰烈烈的边缘化群体民主改造运动,其效果是可想而知的,被改造的边缘化人群已经融入边区正常的社会,并转变成"新型公民"。而在此之前长期困扰边区的盗窃犯罪、伤风败俗、杀人放火等事件也大为减少,不仅重塑了人,还优化了社会环境,促进边区各项事业向秩序化方向迈进。

第二,增加了边区的物质财富,为边区民主政治的有效开展奠定了物质基础。以边区大生产运动为背景的边缘化群体民主改造运动,极大地激励了老百姓参与边区经济建设的热情,尤其是二流子改造运动,使曾经游手好闲的 3 万边区二流子和无业游民加入开荒种地的热潮中。为数众多的二流子转变为边区好公民,促进了边区粮食产量的激增,以延安县为例,在 1937—1941 年间,延安县民主转变二流子 1173 人,而川口区的开荒及产粮数却惊人地从 328 亩和 471 石飙升至 2800 亩和 3897 石。从中可以明显看出,这种运动所蕴含的强大能量,为边区物质财富的增长,进行抗日的持久战奠定了坚实的基础。此外,经济基础决定上层建筑,民主政治的建设与经济发展密切相关,离开了群众的利益,民主政治将有被架空的危险,而民主改造边缘化群体运动所产生的经济价值对于民主政治在边区发育的作用不可小视。

第三,使民主、科学的观念逐渐深入边区乡村地带。长期以来,边区恶劣的地缘环境以及"文化教育的荒地",使边区老百姓的思想观念落后,从其对劳动的观念中可见一斑。近代新文化运动虽然提出了民主和科学的口号,但由于边区封闭性的社会状态,使这块土地难受影响。自中共中央进驻边区之后,不仅带来了新民主主义革命的希望,还带来进步的思想文化观念,特别是在边缘化群体民主改造运动大范围开展之后,移风

---

①　[美]埃德加·斯诺:《西行漫记》,生活·读书·新知三联书店 1979 年版,第 201 页。

易俗,破除旧观念、培育新观念的新气象开始在边区得到了推崇,妇女由以往的被压迫转变为放足运动,并参与边区政权的建设;充满迷信的旧戏被进步文明的新戏所代替;烟毒、赌博、娼妓等恶俗被识字运动、读报运动、演讲运动等民主的活动方式所代替。从边区所呈现出来的这些新风气中可以发现,这块土地已与曾经的陕甘宁边区有了本质区别,这里的新观念新风尚蔚然成风,促进了民主和科学的发展。

四、陕甘宁边区培育"新型公民"民主改造运动的历史启示

在陕甘宁边区开展的培育"新型公民"的民主改造运动,在中共中央的正确领导下,从边区乡村的实际出发,制定了比较适宜的策略,采取了的科学合理的措施,开展了劳模运动和民主改造边缘化群体运动,消除了困扰边区安定团结的诸多问题,实现了边区的和谐发展。当然,在抗日战争的特殊环境中,所推行的政策中必定有不尽完善的地方,但对于今天全面建成小康社会无疑有极其有益的历史启示。

第一,正确处理了农村的生产关系问题,为今日"三农"问题之解决提供参考。俗话说:"无工不富,无农不稳。"在边区开展的培育"新型公民"的民主改造运动,在中共中央的科学指导下,成功处理了边区长期存在的压迫人、剥削人的生产关系问题,使改造的二流子获得了土地,实现了自食其力。同时,也成功地转移了边区某些地区的过剩劳动力,使边区的人力资源配置基本达到均衡。这一做法为今天普遍困扰农业发展的劳动力问题提供了有益参考,今日中国,农村空心化极为严重,有地无人种的现象屡见不鲜,为国家的可持续发展带来隐忧,而这一问题的核心,无非是农村劳动力的出路问题,对此,汲取边区处理生产关系的成功经验,让老百姓有事可干、谋生有道,授之以渔才是解决之道,才会使广大农民安居乐业、劳动致富。否则,只能远走他乡,留下诸多难以解决的现实问题。

第二,培育民间社团组织,实现对社会成员的有效动员。任何工作任务,离开了普遍的鼓动和号召,广大群众就难以被组织起来。在陕甘宁边区培育"新型公民"的民主改造运动中,无论是劳模运动还是边缘化群体改造运动,鼓励民间社团组织进行广泛的宣传号召是获得胜利的法宝之一,而此时的民间社团也得到了很好的发育,这些社团包括冬学组织、妇女会组织、识字组织、锄奸组织等等,在禁毒运动中,广大妇女会成员就发挥了极为突出的作用。改造二流子运动中,互助合作组织的作用也尤为明显。这充分表明了群众性社团组织在边区生产建设中的地位和作用。在改革开放的今天,特别是"蛋糕"分得不均衡的时候,民间组织的建立显得尤为重要,从某种程度上来说,这涉及社会各个阶层的利益博弈与分配,但是一直以来,农村为何处于弱势? 其主要原因就在于维护农民基本利益的社团组织少之又少,使广大农民在利益受损时由于力量单薄而无法维护。有鉴于此,必须培育民间社团组织,实现对社会成员的有效动员。

第三,素质过硬、保障有力的干部队伍的培养,是社会各项工作有效开展的保障。在陕甘宁边区开展的培育"新型公民"的民主改造运动之所以取得了令群众满意的结果,除了中共中央正确的决策之外,一支素质过硬,保障有力的干部队伍的培养同样显得极其重要。中国共产党是无产阶级的先锋队,是中国人民和中华民族的先锋队。所做的一切群众都尽收眼底,在改革发展的过程中,如果不能坚持毛泽东在七届二中全会上提出来"两个务必",革命和建设都有失败的危险。为此,加强党的建设是关键之举。在陕甘宁边区时期,基本上不存在贪赃枉法、贪官污吏的案件,这与党的建设密切相关。在改革开放的今天,如何做好社会各项工作,使全体党员始终坚持"三个代表"重要思想的原则极其重要。只有坚持不懈地完善党的领导,才是万民之福,才是中国之希望。

第四节　陕甘宁边区乡村妇女解放运动

旧社会的中国是一个典型的"男权社会",妇女的地位卑微,是被束缚、被压迫的社会群体,包括政治、教育、文化、婚姻等方面的权利是无法得到实现的。自从中共中央到达陕北之后,把解放妇女的工作作为政治生活中的一项重要内容来抓,开展了边区乡村妇女解放运动,真正落实了妇女参政议政、婚姻自由、妇女放足、妇女教育,参加生产劳动,支援抗战,满足了广大妇女对于自身发展的各项需求,提高了妇女在边区的社会地位,特别是在政治生活中的地位。出台了一系列关于提高妇女政治参与的政策,并给予积极有效的指导,可以说,中共中央在陕甘宁边区执政的十三年,是边区妇女解放的十三年,对妇女群体素质的提高,妇女人才的培养以及妇女群体社会地位的提升都产生了极其重要的影响。

一、边区乡村妇女的历史状况

自从人类进入文明社会,女性便以其繁衍后代的功能为社会的发展尽心竭力,以其特有的母爱精神推动着社会的不断开化与进步。而中国两千多年的封建社会,是一个典型的"男权社会"的缩影,更加使广大妇女被套上了男性制定的封建伦理道德的锁链,其中最为突出的就是传统的"三从四德",即"在家从父、出嫁从夫、夫死从子",以及"妇德、妇言、妇容、妇功"等僵化的规定,政治上没有任何参与国家政治生活的权利,经济上也没有任何权利,教育上的权利就更加无须赘言了,被加以"女子无才便是德"的怪调。婚姻上,妇女也没有自主选择配偶的权利,更不用说自由恋爱,"父母之命,媒妁之言"、"指腹为婚"、"童养媳"就是她们无法避免的婚姻之路,假使丈夫英年早逝,还要"守贞洁"、"当烈女",使其终身的发展受到难以言喻的束缚。总而言之,在传统中国社会,妇女所受的压迫之深、束缚之严是世所罕见的。

陕甘宁边区位于黄土高原的中北部，北面与广袤的鄂尔多斯沙漠相连，南面延伸至渭河流域边界，西面紧紧连接着甘宁高原和六盘山麓，东边界临黄河大峡谷。特殊的地缘环境，使陕甘宁边区自古以来就是一个非常封闭的地域，传统封建社会的伦理纲常道德在此地则表现得更为根深蒂固，对妇女的压迫和束缚也更为严重。对"三从四德"的严格恪守是无须言说的，除此之外，还受到了来自封建地主、旧式军阀、高利贷者的盘剥和夫权的制约。从小就受到"缠足穿耳"这一陋习的伤害，还不能随便走出家门玩耍，一旦外出，必须头戴面纱，若骑毛驴，须把足藏起，不得露出。在陕甘宁边区，一直流传着对妇女地位忽视甚至蔑视的口头语，包括"女人不是人，母猪不献神"、"官凭印，虎凭山，婆姨凭的男子汉"、"打到的婆姨揉到的面"等等，从中我们不难发现，对于边区的女性来说，这是一种多么大的侮辱，与妇女在社会发展中承担的责任是极不相称的，也充分展现了边区妇女的地位之卑微、处境之悲惨。

中国社会进入近代以来，伴随着西方民主理念的传入，广大妇女开始考虑自身解放与发展的问题，中国妇女解放运动也开始得到逐步开展，广大的妇女同志反抗意识得到觉醒，通过各种途径为寻求自身的解放而不断奋斗。特别是知识女性，她们从最初的反抗"三从四德"的家庭压迫，到要求"放足"并逐步探求"自由恋爱"、"男女平等"、"婚姻自由"等方面的内容，不仅表现为家庭地位的平等、婚姻自由权利的申诉，同时也涵盖了政治上的民主平等。五四运动之后，"德先生"与"赛先生"的口号响彻华夏大地，民主与科学成为新时期中国人寻求真理的标杆。而十月革命的一声炮响，为我们送来了马克思主义，广大妇女开始以科学的、民主的马克思主义为指导，披荆斩棘、呕心沥血，使妇女解放运动在整个华夏大地得以扩大和开展。

但是，由于陕甘宁边区的地域关系，造成了封闭、愚昧、落后的状态，加上旧式军阀的战争破坏，导致在全国范围内广泛开展的妇女解放运动的声浪未能在边区得到深化,难成燎原之势,显得势单力薄,影响可以说是微乎其微。边区的妇女仍然循着传统的封建纲常伦理教规而生活,愚昧无知,饱受迫害。就如同榆林女教师王佩珊所描述的"最残酷的缠足之风仍非常盛行。两三岁的女孩就把脚缠上。因此妇女们的脚,多半数是对上下的金莲,30 岁左右就扶上手杖了! 她们拿着膝当脚用。她们的脑子自然是混一点,每日除侍奉翁、姑、丈夫、抱小孩外,无所事。最不人道的是,十四五岁的女孩就嫁出去,生育非常之早,一生有养过十六七个小孩的。她们经过缠脚与生育的摧残,她们的身体自然个个都很体弱、黄瘦、弯曲。本地暗娼很多,纯粹人家真是寥寥无几……乡下妇女都是寒苦极了! 住的是山洞! 吃的是糟糠"。①

随着"打土豪、分田地"的土地革命的有效开展,以及边区政权的建立,党和各级政府开始着手解决如何解放妇女之问题,并制定各项政策,推动边区妇女解放。至此,边区妇女之地位才开始有所改善,广大妇女们为自身地位之提高、权利之捍卫的意识才开始觉醒。

二、边区妇女解放运动的实践

中共陕甘宁边区政权成立之初,边区妇女文盲率达到了百分之百,几乎没有受过正规教育,还要忍受传统封建礼教的束缚与压迫,从小就受到"缠足穿耳"这一陋习的伤害,在关于个人幸福的婚姻问题上,妇女更是没有自主决定的权利,遵照父母之命,"童养媳"现象在边区尤为盛行,任人摆布、饱受压迫。边区广为流传的这样一句谚语:"再孬的汉子走州县,再好的女子锅边转。"广大妇女只有相夫教子之命,而无参与一切社会活动之权,导致广大妇女主观上对政治产生了冷漠之感,对国家民族的事情不闻不问,觉得这些都是男人们的事,与己无关。因此,解放妇女,发

---

① 中共陕西省党史研究室、陕西省妇女联合会编:《陕西妇女运动》(1919—1937),陕西人民出版社 1996 年版,第 124—125 页。

动妇女参与"反帝、反封、反官僚"的抗争,引导妇女谋求政治民主,破除边区陋习陋俗对妇女的压制,理所当然地成为了中国共产党的重要任务。

(一)政治实践:鼓励边区妇女参选参政

在中共中央进驻边区之前,边区在新文化运动的推动之下,曾有过妇女解放运动的先例,虽未成燎原之势,但已具备一定的社会基础,在边区各地都已建立了相应的贫雇农的妇女代表组织。1922年刘志丹同志在陕北建立的短暂工农政权中设置妇女会组织,并积极开展各项活动,推动了妇女解放运动的发展,但由于敌我力量过于悬殊,工农红军政权未能坚持下来,为了保存实力,妇女会组织不得不在地下开展工作,妇女解放运动也随之进入低潮。在边区的清涧县高杰村,刘金茹、李玉凤等10余名女青年曾经受到新文化运动、五四运动的新思潮的影响,自发地开展过放足、读书运动,到大革命时期参加了革命,在南梁接受了一个时期的培训之后被派往边区各乡鼓动群众反对"三座大山",成为了边区最早的一批妇女干部。但这些妇女解放运动都是零星的、局部的、不全面的,甚至是缺乏科学领导的。边区乡村妇女运动局面的真正开展是在中央红军到达之后,她们开始自觉地拥护共产党及游击队,当时陕北的妇女流传着一首歌曲:"妇女们仔细听,放脚闹革命,敌人来围剿,小脚跑不动。"①1936年,中共中央在陕甘宁边区召开了全省妇女代表大会,积极发动妇女参与对敌的革命斗争,并颁布了《妇女代表大会组织大纲》,至此,标志着陕甘宁边区的妇女解放运动开始由分散状态走向统一。

抗战全面爆发之后,为建立抗日全民族统一战线,仅靠发动贫雇农参加妇女会组织已不再适合抗战客观形势发展的迫切需要,抗战是全民族之事,而非贫雇农之事。为此,亟须把各个阶层的妇女都团结到统一战线中来。1937年8月,中共中央召开洛川会议,颁布《抗日救国十大纲领》,

---

① 延安市妇女运动志编委会:《延安市妇女运动志》,陕西人民出版社2001年版,第116页。

指出"动员一切力量,争取抗战胜利,使已经发动起来的抗战发展成为全国的抗战"的抗战方针,并公布了《妇女工作大纲》,明确规定了妇女在抗战中的地位与作用,并提出具体的指导原则。根据大纲的精神,陕甘宁边区政府颁布《关于边区妇女群众组织的新决定》,明确指出:"面对抗战的新局面,边区各乡妇女代表会中仅仅是妇女同志是不可取的,应当以边区群众为内核,建立最为广泛的民族统一战线,把各阶级的、各阶层的妇女同志团结到统一战线中来。"①为此,将原本的乡妇女代表会改造为妇联成为妇女工作围绕统一战线开展的重中之重,而所成立的妇联,将是不分阶级、不分党派的,为抗战胜利服务的。

为推动妇女运动的发展,1938 年 3 月,在延安召开了陕甘宁边区第一届妇女代表大会,共有来自边区各地的 130 名妇女代表出席了会议。大会通过了《陕甘宁边区妇女第一次代表大会宣言》和《陕甘宁边区各界妇女联合会章程》,在中共中央和边区政府的领导下,边区各级妇联积极开展工作,取得了喜人的成就。在根据地政府颁布的各项政策中,妇女问题也逐渐包含其中。比如安定东区苏维埃政府开展了实行婚姻自由自主,男女平等的一夫一妻制,禁止买卖婚姻和童养媳,禁止妇女缠脚,提倡妇女放脚、剪短发等几项工作。陕北革命根据地还颁发了政策法令,实行婚姻自由,提倡男女平等、妇女剪发放脚。随着游击战争的开展,在分配土地的同时,还组织妇女给红军做草鞋、护理伤病员、送水送饭、缝补衣服,发动妇女放足,提倡婚姻自由,使妇女的革命意识进一步增强,具有了反叛封建礼教的精神。至此,标志着陕甘宁边区妇女解放运动进入一个新的历史阶段。

首先,各级妇女组织在边区得到了广泛建立,极大地维护了边区妇女的基本权利。根据边区第一次妇女大会上所确定的相关原则,广大妇女

---

① 中央档案馆编:《陕甘宁边区抗日民主根据地》(回忆录卷),陕西人民出版社 1990 年版,第 450—451 页。

代表回到了自己的属地,按照《陕甘宁边区各界妇女联合会简章》的具体要求,认真开展建立各级妇女组织的筹备工作,使广大妇女参与政治的积极性和妇女基本权利的保障得到了提高和落实。据边区史料记载,1938—1939 年间,整个陕甘宁边区共组建了 617 个乡级妇联,20 个县级妇联,119 个区妇联,2 个市妇联,参加妇联的妇女达到了 22 万人之多。①广大妇联组织并不仅仅为妇女解放运动服务,还为抗战服务,各级妇联之间也并不是孤立的,而是相互紧密联系的,并建立了民主生活会议制度和巡视制度等。妇联组织在边区的广泛建立,推进妇女基本权利的落实,还为妇女工作的有效开展夯实了根基。

在边区,除了妇联组织的建立健全之外,全面抗战爆发之后,为符合抗日的需要,各地相继成立了妇女抗日组织,推动了抗日高潮的来临。其中最为典型的组织是妇女抗日救国委员会,主要是围绕如何有效领导和组织广大妇女积极参与抗战而开展工作,由于妇女抗日救国委员会的努力动员与宣传,使越来越多的妇女加入抗日战争的阵营。

其次,为党和人民的事业培养了一批批妇女干部。随着妇女运动形势的不断向前发展,理所当然需要大量的妇女干部来强化对妇女运动的领导,为此,中共中央加强了对妇女干部培养的力度,为党和人民的事业栽培了大批敢为人先、乐于奉献、吃苦耐劳的妇女干部。全面抗战爆发之后,中共中央强调,必须广泛发动有思想、有文化的知识妇女,把其培养为妇女解放运动的骨干力量,使她们为抗日战争服务,为解决边区妇女受压迫的问题服务。在革命战争年代,陕甘宁边区成为了妇女干部培养的摇篮,通过对妇女干部的培养,使她们在支援前线的斗争、边区的生产运动和自身的解放等各项社会活动中迅速地成长起来,成为了我党战胜敌人的主要力量,同时也为日后新中国的成立储备了大批的妇女工

---

① 中央档案馆编:《陕甘宁边区抗日民主根据地》(回忆录卷),陕西人民出版社 1990 年版,第 450—451 页。

作骨干。

1939 年,在延安成立的中国女子大学,被誉为是中共中央创办的第一所培育妇女干部人才的学校,其宗旨是全心全意培养抗战建国的妇女干部。在女大开办的短短两年中,共有来自全国 21 个省市的一千五百多名女学员参与了培训,开设了十二个班,根据学员的不同层次,具体细分为高级班、普通班、陕甘宁班、特别班等,课程包括马列主义、社会人文历史、西方哲学、妇女运动发展史、中共发展史等。还邀请了当时延安各界的著名学者来担任授课教员,如当时中共中央的主要负责人张闻天、人民艺术家冼星海等。女大的教学方法,高度坚持了理论与实践的有机统一,除必要的理论学习之外,妇女学员们还参加边区的生产劳动,使学员们的实践动手能力得到了提高。女大创办的时间虽说较短,但其培养的一大批妇女人才,对于在边区开展的妇女运动,对于抗战力量的有效壮大,乃至日后新中国的建设,都起到了非常大的作用,同时也积累了极其宝贵的经验。

最后,鼓动了边区妇女参政议政,推动了边区民主政治的发育。鼓励广大妇女参政议政是边区民主政治的特色之一,对于妇女的民主权利而言,有无民主选举权是最为基本的权利,中共中央进驻陕甘宁之后,充分赋予了妇女这一权利。1937 年 5 月,陕甘宁边区通过了《陕甘宁边区选举条例》,并在其中明确指出:“凡居住陕甘宁边区区域之人民,在选举之日,年满十六岁的,无男女、宗教、民族、财产、文化的区别,都有选举权和被选举权。”[1]这一规定,从法律上保证了边区妇女参政议政基本政治权利的实现,也激活了妇女同志参与民主选举的热情。在 1937 年 7 月开展的边区第一次民主选举中,许多极少出门的裹脚妇女,也骑着毛驴到选举现场履行自己神圣的权利,投下了宝贵一票,从中不难发现民主机制所进

---

[1]　延安市妇女运动志编委会:《延安市妇女运动志》,陕西人民出版社 2001 年版,第 116 页。

发出来的力量。为了解决广大妇女同志文化水平较低、交通不方便的问题,中共中央对选举的方式进行的创新,采用了广为接受的画圈、投豆子、香点洞以及背票箱上门的投票方法,尽可能地使边区群众充分参选,最大限度保证选民参政的权利。

边区广大妇女除了参与选举之外,还涌现出一大批参与边区政权建设的女干部,如乔桂英当选为延安县东二区的乡长,仅 19 岁;邵华清当选为安塞县县长,仅 24 岁,是边区的第一位女县长;刘月明同志被誉为是模范村长;等等。大量妇女干部参与到边区政权中来,不仅体现了民主政治的优势,同时妇女干部们忠于职守、积极献计献策,为边区的建设和发展起到了极其重要的作用。在边区妇女干部的政治生活中,她们提出了改善妇女生活质量、提高妇女社会地位的建议,严厉禁止妇女缠足以及严禁买卖婚姻的建议,有的妇女干部甚至提出了妇女享有财产继承权的建议,这在当时是非常有进步意义的。如妇女参议员曹相如说:"米脂的男女不平等现象是相当严重的。去年有一个女孩的父亲死了,家里的人不想给她分家产。后来经过我们解决,才分得一半。这种事情,在各地是非常多的,希望这次参议会,更能具体解决这个问题。"①妇女参议员张琴秋针对边区广泛存在的婚姻矛盾提出了修改婚姻条例的议案,以提高妇女的地位,得到了边区政府的认同和通过。通过边区开展保障妇女基本权利的民主政治运动,使边区妇女的整体素质得到了有效提升,参政议政的主动性得到加强,她们以饱满的热情投入工作,为边区各项事业的发展贡献自己的一分力量。

(二)经济实践:引导妇女参加生产、支援抗战

中国共产党通过积极措施提高了妇女的地位,不仅表现在民主政治方面,在经济实践的过程中也同样体现了出来,主要表现为引导妇女参加

---

① 陕西省地方志编辑委员会:《陕西省志·妇女志》(第 62 卷),陕西省妇女联合会出版社 1982 年版,第 247 页。

边区的生产改造活动,支援抗日战争,以广大妇女经济之独立来完成其民主政治权利的提升,破除旧式社会对妇女的歧视。

首先,政策上引导妇女加入边区生产劳动。据统计,边区女性约有100万之众,其中绝大多数为边区乡村妇女。但一直以来,边区妇女的作用都未能彰显,抗战之前,边区妇女仍然缠足,社会劳动能力尽失。但也就是因为广大妇女在经济上无法独立,必然制约其在家庭和社会生活中的价值呈现,遭受性别歧视的命运。为此,以毛泽东为代表的中国共产党人,充分考虑了妇女的特殊利益,时刻关注妇女运动的健康发展,并积极思考,谋求妇女解放的有利途径。1940年2月,毛泽东发出了给中央妇委的指示信,在信中强调:"妇女同志的第一大作用表现在经济方面,离开了妇女,生产运动就无法顺利开展,但是,就目前的情况来看,妇女工作在经济方面的成绩还不够突出。为此,必须提升妇女在发展经济中的地位,唯有这样,才能获取男子的同情,才能参与到政治、文化活动中来,才能改变被压迫的地位。"由此可见,毛泽东是把妇女对于社会经济发展的作用放置在"第一"的位置上的,并视其为妇女同志参与政治、文化活动的先导,为解决妇女解放问题提供了指导。

根据毛泽东的指示,边区政府制定了引导妇女参加生产劳动的各项政策。1943年2月,中共中央作出《关于各抗日根据地目前妇女工作的方针决定》(即著名的"四三决定"),在《决定》中明确指出:"边区广大妇女参与生产劳动,与战士前线打仗的意义一致。妇女同志要提升社会地位,提高生活质量,并最终实现自我解放,必须从经济独立之角度着手。"①"四三决定"的颁布,标志着妇女解放运动由最初的民主政治权利的保障转移到经济实践的过程中来,成为边区妇女解放运动的重要转折点。边区各级政府及妇女组织认真贯彻落实了中共中央的这一决

---

① 中央档案馆:《中共中央文件选集》第12册,中共中央党校出版社1986年版,第185—186页。

定,一大批妇女干部开始从政府机关走进边区乡村,努力开展调研,号召广大妇女同志加入到生产实践中来,各地还成立了妇女耕作小组、妇女变工会、纺纱小组等生产组织,极大地推动了边区经济的发展。1943年4月,陕甘宁边区妇联召开妇纺会议,确定由妇联配合政府和合作社,协同领导妇纺生产,发展民间手工业,各敌后抗日根据地也相继调整了对纺织运动的领导力量,有些地区的妇联干部还在政府经济生产部门兼职,负责组织纺织生产,各地政府有计划地向人民发放贷款、供给原料,通过生产合作社向纺妇征收土纱和布匹,再给予粮食等实物和货币工资,政府还实行合理的收购价格,一般讲,当时纺一斤线就可以赚一斤或半斤棉花。

各地妇救会和妇委的同志响应党中央的号召,背着纺车和棉花深入山区,努力推动纺织运动的普及,许多妇女干部一年有90%的时间是在基层,她们开办纺织训练班,一人学带动全村,使纺织技术迅速推广,如边区的延安县仅1944年就办了大小纺织训练班250个,全县有757个自然村,占全县自然村落总数的95%响起了机杼声,在政府的扶助下,经过妇女工作者的艰苦奋斗,根据地的妇纺队伍初步建立起来了。此外,边区妇女还积极参加变工队,1938—1939年有12万多名妇女同男劳动力一起上山开荒种地,占当时边区有劳动能力妇女的50%,开荒种地5.2万余亩、植树7.2万余棵。

其次,具体操作上确定了以纺纱为主要内容的妇女大生产支援抗战运动。在"四三决定"的推动之下,边区各地妇女参加大生产运动的热情日益高涨,特别是纺纱生产,成为边区广大妇女最值得骄傲、最富有劳动成果的生产运动,为抗战前线战士的装备问题的解决提供了极大的帮助。1943年4月,边区妇委在延安召开了妇女纺纱会议,确立了由妇委联合边区政府,发展边区民间手工业,协作边区政府领导妇女纺织生产运动的方针。至此,边区妇女纺织运动开始如火如荼地开展起来,边区各级政府为推动纺织运动的开展,有计划地为纺织经济组织发放贷款,供给纺织原材料,并以粮食实物或货币工资的形式向纺织组织有偿征收纺织品。据统计,1943年,陕甘宁边区共发放纺织贷款270万元(边币,每10元折合法币1元),到1945年,则增长到6310万元,短短两年间,提高了25倍。边区政府对运动的资金投入,提高了妇女的经济地位,使曾经无足轻重的妇女瞬间变成了家庭的"顶梁柱"。

在陕甘宁边区,除了妇女踊跃开展纺织运动之外,边区的中央负责人也成了纺织运动的组织者和战斗员。如周恩来、邓颖超、朱德、任弼时、邓子恢、蔡畅等在办公室相继装上了纺车,并坚持每天抽出一定的时间来进行纺纱生产。1943年,边区妇委成立了第一个妇女生产合作社,王友兰被任命为合作社主任,其主要工作是组织延安各界妇女来进行纺织生产。在短短的一个月之后,就发展了2300多名妇女社员,至1944年,合作社下设纺纱原材料生产部、缝纫部、过载行、边区妇女卫生部等,此时的妇女社员达到了5000人,半年的盈利额度为400余万元。不仅有效地把妇女组织起来参加生产,还为妇女干部与边区妇女群众之间的交流提供了平台,促进妇女解放运动的深入。在政府不遗余力地帮助与推动之下,1943年,边区的纺织妇女达到了18万人,至抗日战争胜利前夕,边区民间纺织业已有相当发展,参加纺织的妇女达到了前所未有的水平,并涌现了一大批纺织劳动模范,受到了中共中央的表彰。

在边区规模宏大的妇女纺织队伍的努力之下,至1944年底,陕甘宁边区的军需布匹物资已基本上实现自给。抗战胜利时,八路军将士所穿的草绿色军装均为陕甘宁边区自行生产。在整个八年抗战中,经济斗争与军事斗争乃至政治斗争一样,都关乎陕甘宁边区的生死存亡,但是在经济斗争中,边区妇女开展的纺织运动,极大地支援了前线的斗争,粉碎了敌人对边区的经济封锁,成为了边区生产建设的主要力量,为革命的胜利作出了极大的贡献。

(三)文化教育实践:推广妇女教育

陕甘宁边区超过90%以上的人口不识字,女性文盲的基数更大。从某种程度上来说,教育几乎与女性无关。由于女性无法受到应有的教育,其对于民族兴亡、国家发展、民主政治权利的实现等方面的意识也就无从谈起。为此，当中共中央进驻陕甘宁之后，推动妇女教育的发展、提高广大女性同志的文化素质就成为了妇女解放运动中的重要一环。

首先，推行了妇女干部教育。能否保持一支保障有力、行动高效的妇女干部队伍，对于边区各项事业的发展发挥着异常重要的作用，而妇女干部队伍素质的提高与干部教育息息相关。因为缺乏文化的妇女领导干部对边区各项工作的开展所造成的不利影响是可以想象的，甚至影响到妇女干部在群众中地位的巩固，导致工作陷入僵局，更不用说实现对群众的正确动员与领导。据统计，边区安塞县共有七个区，妇委会主任全部是文盲，为妇委会正常工作的开展带来了极大的阻碍。

为此，中共中央从1937年开始，就开办了各种形式的妇女干部班，对边区的乡、区妇女干部进行了培训，培训时间为一个月，主要培训课程包括妇女常识课、妇女干部工作开展课、边区妇女思想政治工作问题等。1939年，边区政府颁布了《延安在职干部暂行计划》，在其中鲜明提出了把对在职妇女干部的培训作为新时期工作的重点环节，分批次、分层次地强化对妇女干部的培训，以提高妇女干部的政治觉悟、文化水平以及对群众的领导组织能力。为了保证妇女干部教育取得成效，边区政府还制订了相对完善的教育计划，对妇女干部的教育进行动员，对培训过程中的相关工作程序也进行了梳理和落实，开办了包括党校、群众工作培训班、行政工作培训班等针对性极强的妇女干部培训模式，课程涵盖了党的建设理论、马克思主义理论、党史等政治课程与文化课程。通过培训，广大妇女干部的理论与实践能力都得到了极大的提高，1940年6月延安在职干部教育周年总结大会上的报告中讲道，中央妇女部一个姓付的女同志，她是三十多岁的农妇，初到中央妇女部时，只认得几个字，但凭两年的努力，就能写上二十页的书面报告。在职妇女干部教育取得的这些成绩，为中央开展妇女工作，动员妇女参加生产、积极抗战奠定了领导基础，也使妇女党员干部的理论及文化水平进一步提升。

其次,创办了各个层次的妇女学校教育。中共中央进驻陕甘宁边区之后,对妇女所处的被压迫的地位表示出极为关切的态度,极力推崇男女平等之理念,并在民主政治实践中推动妇女解放运动的发展,而妇女解放运动的发展,除了边区政府的推动之外,广大妇女具备一定的文化知识、民主思想、人权意识等也是极为重要的一方面,因此,引导广大妇女接受教育,实现男女受教育权利之平等就成为了理所当然之事。在边区政府创办的各类高等院校中出现了越来越多妇女学员纷纷表达出了对知识的渴望,对未来人生理想的追求,体现了浓厚的学习的热情。这些高等院校包括中共中央党校、中国女子大学、鲁迅艺术学院等。这些高校都极其注重对女学生的教育,为女学生的文化素质的提高和个人的发展提供了比较宽松的学习环境,设有专门的妇女班,极大地推动了妇女学习的兴趣。在教学的课程上,开设了妇女运动、马克思主义、社会发展史、中国共产党史等,还开设了新闻采访、会计、俄语、医疗保健等选修课程,采取理论与实践相结合的教学方法,坚持集体授课与个人教学并重的原则,除了一般的理论学习之外,还要求女学员到边区乡村、行政机关、社会团体中实习,以提高女学生的独立工作能力。在经费极为紧张的情况下,这些高校为中国革命造就了一大批能力突出的妇女干部,毕业之后,妇女学生奔赴边区各地,在动员妇女抗战、组织妇女支前等工作中发挥了至关重要的作用。

除了在边区的各大高校中广泛开展了妇女教育之外,边区的各类中学以及师范类学校也积极推动并接收妇女参加教育。包括陇东中学、米脂中学、延安师范、定边师范、关中师范、绥德师范、鄜县师范等学校都接收女学生。与高等院校不一样的是,中等院校对于女学生的要求较为严格,对开设的课程、校方纪律、教学要求等都有一整套较为系统的严格规定,推动了妇女教育的成熟与完善。比如:关中师范是边区较为出名的一所中等院校,为了推动妇女解放运动的开展,也考虑到边区妇女长期以来未接受过教育的特殊状况,把大部分愿意接受教育的妇女都招收了进来,但由于这些妇女的文化起点过低，根本不适合师范教育的要求，以后也很难做到"传道、授业、解惑"。为此，关中师范对招收的妇女学员采取了升级考试的办法，考试之后，仅有 5 位学员成绩达到了校方的要求，被保留了继续学习的资格，其余未通过者，均被校方劝退，分配到边区乡级妇联从事妇联工作。由此可见，在边区中等院校，对学员实行宁缺毋滥的原则。中等院校对于女学生的严格要求，对女学生各方面能力的发展与提升发挥了关键的作用。

最后，完善了对边区妇女社会教育的机制。由于受到边区传统观念的约束，边区妇女几乎不参加社区活动，即使参加了也遭到来自男人们甚至妇女的非议、讥讽，而广大村民对于女子读书普遍存在着否定的观念，认为"女子无才便是德"，为此，把边区妇女动员起来走出家门参加边区政府创办的各类高等、中等教育的困难是可想而知的。针对此种不良状况，要推行对妇女的教育，亟须完善社会教育的机制，而边区政府在充分社会调查的情况下，采取了社会教育的形式，并使之成为边区教学成果最为突出的一种模式。社会教育的形式多样，主要包括冬学、夜校、半日校、午校、识字组等几种，这些学校的开办主要利用群众闲暇的时间与农闲时段来进行，是一种群众性的教育模式，并成为边区妇女接受教育最为普遍的一种方式。

冬学是边区开展社会教育中最主要的一种形式，主要基于边区冬季较为严寒，所以，冬学的开办时间为 11 月至次年 1 月，共 3 个月，属于农闲时节，一般设在人口较为密集的地区，没有固定的教学场所，由于这种模式适合了广大农民的生活规律，因此，受到了边区农民的普遍认同。仅1938 年，参加冬学的女学员就达到 1500 名，令人更为诧异的是，不仅青壮年的妇女学员来参加冬学，老婆婆也加入冬学的行列，呈现了婆媳、母女、姐妹、姑嫂一起上冬学的新景象。到 1939 年之后，参加冬学的妇女学员出现了"井喷"的状态，到达了数万人之众，边区各地开办冬学的数量激增，其中延安共 157 处，而女冬学达到了 20 处，关中分区五县冬学 30

处,女冬学 10 处。冬学的教学内容与高等、中等学校有较大的区别,主要以满足群众需要为主,包括基本的生活常识、阶级斗争、生产技术以及基本的认字等,有点地方甚至开办了"纺织冬学"的形式,纺织与学习两不误,受到了群众的欢迎。

除冬学之外,边区到各地还开展了夜校、半日校、午校、识字组等灵活的教学模式,其中夜校是学员利用晚上的时间进行学习的一种方式,由于白天需要参加生产劳动,但又不能忽略文化知识的学习,所以,在条件允许的情况下,许多群众都选择了夜校进行学习。据 1939 年 7 月统计,边区夜学组数为 581 组,男 7517 人,女 418 人。半日校延川、延安、固临、安定、志丹、靖边、赤水、淳耀八县统计学校数为 186 所,女生为 2340 人。识字组全边区 5513 个,女生为 10053 人。据边区妇联 1939 年春统计,识200 字左右的妇女已占全边区妇女的 10%。[①] 通过在边区妇女群众中开展的多种形式的社会教育,为广大妇女文化素质的提高,思想认识的提升搭建了较为广阔的平台,极大地丰富了妇女同志的生活,促进了妇女解放运动的进一步发展。

(四)社会风俗实践:妇女放足与婚姻自由

对边区妇女而言,套在其身上的枷锁除政治、经济、教育等方面之外,更为严重的则表现为社会风俗方面的压制,从传统的"三从四德"中可见一斑,具体可表现为"缠足"、"婚姻不自由"等内容,党对边区乡村的陋习进行改造,推动了妇女的解放。

首先,改造落后的婚姻习俗,宣扬新的婚姻观念。在中共中央进驻边区之前,指腹为婚、包办婚姻、童养媳、买卖婚姻、转房婚、入赘婚等落后的、封建式的婚姻在边区是甚为流行的,而这些落后的婚姻习俗对于广大妇女乃至其家庭带来的身心摧残是无法想象的。为此,边区政府成立之

---

① 　陕西省地方志编辑委员会:《陕西省志·妇女志》(第 62 卷),陕西省妇女联合会出版社 1982 年版,第 274 页。

后,为最大限度地保证广大妇女的婚姻自由,开始着手制定一系列的法律法规,从制度上落实并保障妇女的婚姻自由。从 1939 年开始,先后制定了《陕甘宁边区婚姻条例》(1939 年)、《陕甘宁边区抗属离婚处理办法》(1942 年)、《陕甘宁边区婚姻暂行条例》(1943 年)、《陕甘宁边区婚姻条例》(1946 年)等婚姻法规。这些法规的制定,成为了边区广大妇女摆脱婚姻枷锁,谋求婚姻自由的法律依据。这些法律的基本内容包括:男女婚姻须以本人自由为原则;坚决实行一夫一妻制;婚姻年龄,男方须满 20 周岁、女方须满 18 周岁;离婚须双方同意,并向边区政府提出申请,发给离婚证;离婚的财产关系的确定要保障女方及子女的基本生活需要。这些法律的制定,捍卫了妇女的婚姻自由,从根本上改变了妇女在婚姻中被压迫、被奴役的地位。

边区政府除从法律上保障广大妇女的婚姻自由与权利之外,还通过妇委组织大力宣传新的婚姻观念,使广大妇女得到了教育。1940 年 3 月 8 日,是"三八"妇女节,边区妇委经过一段时间的筹备,举办了反映妇女被剥削、受压迫,积极谋求解放的大型展览会。展览会以图片为主,主要考虑到边区妇女的识字率还比较低的特殊情况,图片鲜活地展现了历来广大妇女被奴役的社会状况,充分揭露了套在妇女身上的封建的、落后的精神枷锁。在展览会上,关于虐媳、童养媳、"贞节烈女"的图片引起了参观妇女的强烈反响,使与会妇女深刻意识到其所处地位的低下与生活的悲苦,进一步激发其争取婚姻自由的斗志。除此之外,边区妇委还创办《中国妇女》杂志,主要探讨妇女婚姻自由、家庭地位等方面的话题,用鲜活的实例、生动的语言、深入浅出的道理使广大妇女对婚姻自由的理解变得更为深刻。边区妇委的工作人员还积极宣传边区政府颁布的婚姻条例,加深妇女群众对于婚姻之基本权利的认识。边区政府在妇女婚姻方面所作出的努力,使边区人民对于婚姻的思想观念出现了深刻地变化,自由恋爱、婚姻自由、反对婚姻包办等新风尚成为边区潮流,推动了边区广大妇女社会地位的彻底改观。

　　其次,实施放足运动,推动妇女解放。妇女缠足是封建社会歧视妇女的一种表现,其对广大妇女的危害不言而喻,特别是在我国北方地区,这种危害尤甚。女孩子从七八岁开始就必须用绳子、粗烂麻布、旧毛线等将自己本来正在发育的脚紧紧地缠起来,裹成一个类似于三角形的形状,被称为"三寸金莲",使脚变得又小又尖,无法进行正常的生产或者社会活动,唯有在家里从事繁杂的家务事。由于在经济上无法独立,家庭地位极端低下,妇女遭公婆虐待、丈夫打骂之事屡见不鲜。中共中央进驻边区之后,将反对妇女缠足、实行放足运动确定为边区妇委的重要工作之一。1939 年,边区政府制定了《陕甘宁边区禁止妇女缠足条例》,对边区妇女缠足的恶习给予了严格的规定,对未达到十八周岁的边区妇女,严禁缠足,凡有违反者,将其父母移交司法机关处理,将受到严厉的处罚,甚至处以徒刑。条例中对于在放足运动中有功劳之人,能做到自动放足,并能鼓动他人放足的积极分子,边区政府将实施褒奖,并限定在 6 个月之内完成放足任务。边区政府的这一举措,一方面为了满足生产劳动、支前抗战的需要之外,另一方面还在于边区政府深刻认识到妇女只有融入社会生产和劳动才能根本改变其落后的社会地位,才能真正获得解放。

　　1941 年 3 月,边区政府再一次重申了必须坚决铲除束缚妇女终身行动自由及参加生产劳动的"裹脚布",在边区实行一次彻彻底底的放足运动。并通过妇委成立了放足突击委员会,还开展了有声有色的放足工作竞赛,利用漫画、戏剧、板报等形式来宣传鼓动边区妇女解放自己的双脚,在边区妇委工作人员对放足工作常抓不懈的努力下,边区大多数妇女得到了思想上的教育与改造,深刻领悟到放足对于自身发展的重要意义,并自觉躬行,自觉放足。有的妇女甚至结合自身放足的体会,加入反缠足运动宣传的队伍。通过在边区开展的具有进步意义的放足运动,解除了套在妇女脚上的"枷锁",使以往妇女"行路风摇摆"的形象得到彻底改变,同时,放足之后的妇女积极参与边区的生产劳动,使她们在生产劳动中大显身手,不仅提高了社会地位,也进一步促进了妇女解放运动。

　　最后,宣传了妇幼保健知识,提高了妇女的生活质量。由于经济文化落后,导致边区的医疗卫生状况极其糟糕。在边区政府成立之前,当地妇女生小孩均由接生婆或家中老人来负责,但这些人缺乏基本的分娩生理常识,没有文化,接生仅凭经验,有的甚至是当代的女巫,难产时就装神弄鬼,不讲卫生,不懂得消毒,还规定产妇不能躺着生,必须得跪着生,甚至不能在家里生,要到牛圈、驴圈里生,使产妇受尽折磨,而由于不讲究卫生,使产妇患上了各种疾病,有的甚至在生产过程中死亡。

　　面对边区存在的妇幼保健的落后局面,毛泽东同志提出了"提高群众卫生意识,完善群众卫生设施,实现边区人丁兴旺"的号召。1944年,中共中央西北局召开了边区各地负责人座谈会,着重讨论了边区妇女的妇幼保健问题,并决定成立助产培训班,实行"一区一接生医生"的制度。为了加大对妇女妇幼保健的宣传,边区政府还举办了卫生博览会,观众人数超过了3万人次,仅第一天就有超过6000人观看了展览,展览会上向群众展示了生理挂图和解剖图,对妇女的生理、受精、育婴等内容进行了较为详细的说明,并传达了科学的接生方法,使边区广大妇女懂得了基本的卫生及育儿常识。此外,边区政府还通过《解放日报》等媒体来宣传妇幼保健知识,创办了《边区卫生报》,这些都对妇女增强卫生保健意识、转变育儿观念起到了重要作用。

　　为了保证产妇与新生婴儿的健康,边区政府在条件极其困难的条件下,最大限度地保障了产妇的营养。1942年,边区政府制定了《儿童妇女待遇办法》(简称《办法》)规定:只要是在延安工作的妇女,不论工作的内容,不论职务高低,但凡在怀孕分娩过程中都可以获取边区政府免费提供的检查和接生服务。在产假期间,边区政府还发给补贴、米面、鸡蛋等营养品,以保证孕妇和婴儿的健康。为了保证婴儿的喂奶时间,产假后上班的母亲,每天工作不能超过六个小时。在边区工厂上班的妇女,每月还可以休生理假期,并配发相应的生理用品。边区政府对于妇女的关怀可以说是无微不至的。一直以来,边区妇女都被当成是生育的工具,为家庭做牛做马,不敢想象还有"产假"一说,然而,中共中央进驻边区之后,实实在在地实行了对妇女的保护政策,使广大妇女真正感受到作为一名女性的伟大。通过边区政府开展的各类宣传以及在实际工作中对妇女同志给予的资助,充分体现了边区政府对待女性的重视程度以及人文关怀。

三、边区妇女解放运动的基本特点

回顾陕甘宁边区时期妇女解放运动的历史进程,清晰地呈现出一幅幅波澜壮阔的历史画卷,透过这些历史画卷,我们依稀可以看得见陕甘宁边区的历史轮廓:中共中央进驻陕北,边区开展风生水起的民主政治建设;反对封建旧制度和习俗的热潮;轰轰烈烈的边区生产建设运动;抗日救亡的群众运动;妇女解放运动……在这些历史进程中,毋庸置疑的是,妇女作为一支极其重要的力量推动着革命与建设运动从胜利走向胜利。在抗战时期,边区妇女解放运动的特点可以体现为:妇女解放与民族反侵略抗争紧密联系,涌现出不分阶级、党派、民族的抗日救国运动,在捍卫民族尊严与争取民族独立的同时,力争实现妇女的自身解放。

第一,边区乡村妇女是抗日救国运动的主体力量,特别是其中的进步知识女性成为了中共中央动员、组织、领导、团结边区妇女的桥梁。在全面抗战爆发之前,进步女青年主要以城市为根据地,开展抗日救亡与妇女解放运动。而全面抗战爆发之后,进步女青年的阵地由城市转移到边区乡村,通过成立妇委组织,把中共中央对于抗日的基本政策、方针以及对于妇女解放运动的法律法规、原则、方法等传播到广大边区乡村,并使其成为边区妇女解放运动的先锋。

20世纪30年代,随着民族矛盾的进一步加深和世界文明的发展,不仅知识妇女,女工和农妇也不同程度地加入妇女解放运动。在上海、北平等地出现了许多民间妇女组织,如上海女权运动同盟会、北京妇女同志会等,甚至还建立了全国性的民间妇女组织"中国妇女协会"、"中华女界联合会"。中国共产党和工农红军到达陕北后,十分重视妇女的解放,毛泽东在延安中国女子大学开学典礼上的讲话中指出:"假如中国没有占半数的妇女的觉醒,中国抗战是不会胜利的。"为了促进妇女的觉醒和提高妇女参政意识,陕甘宁边区成立了许多妇女群众组织。1937 年 9 月陕甘宁边区党委作出了《关于边区妇女群众组织的新决定》,指出:"必须以基本群众为核心,实行广泛的统一战线,团结各阶级的妇女。"并决定扩大现有的妇女代表会,成立陕甘宁边区各界妇女联合会。1938 年 3 月 8 日,陕甘宁边区各界妇女联合会正式成立,登记会员有 17 万。妇女运动的发展促使男女平等的主张部分地由理论变为实践,传统的性别观念,包括"妇女主内不与外事"、"妇女干政天下大乱"的观念受到了强烈冲击。这些都为抗战时期陕甘宁边区的妇女参政提供了必要的思想基础。在妇委、妇委干部及进步知识女性的积极带动和有效启发下,传统社会遭受压迫、束缚的边区乡村妇女开始行动起来,努力投身于支前抗日和自身解放的运动斗争中来,陕甘宁边区广大农村妇女从来没有像抗战时期那样,深入、积极、广泛、普遍地被发动和组织起来,为抗日战争的胜利作出了不可磨灭的贡献。

"妇女委员会"和"妇女抗日救国会"是边区妇女解放运动开展的主要组织形式。为了把边区妇女组织起来,在边区妇女群众中纷纷建立了"妇委会"、"妇救会"组织。这两大组织成为了陕甘宁边区时期广大妇女宣传抗日救国道路、寻求实现自身解放的基本组织形态,并成为了边区影响最为普遍的妇女组织。通过这两大组织,边区政府开展了轰轰烈烈的纺织运动、妇女识字运动、大生产运动等。"妇委会"及"妇救会"的建立,为边区妇女运动局面的打开夯实了根基,通过深刻学习与领会中共中央在各个阶段的中心任务,两大妇女组织承担了大量的任务,一方面是对边区妇女封建式思想的改造,以马克思主义思想来武装被改造的妇女;另一方面则鼓励被改造的妇女积极加入到以往被认为是男人们干的事情当中来,积极投身于抗日救亡和生产运动,为民族独立和边区建设出力。

第二,破除套在边区妇女身上的封建枷锁,是发动和组织妇女的重要前提。边区妇女长期遭受着来自传统社会的束缚与压制,对外不能参加社会活动,对内受"三从四德"的压迫,还经常受到公婆、丈夫的不公正对待。封建伦理道德如同"紧箍咒"一样,不仅不利于边区抗战局面的开展以及边区各项事业的建设,对于边区妇女的解放运动同样是一种强大的阻碍。为此,要发动边区广大妇女参与到抗战支前运动中来,其先决条件必然是破除长期套在边区妇女身上的封建枷锁,开展反封建斗争,诸如妇女放足运动,禁止虐待妇女,提倡婚姻自由,严禁婚姻买卖、包办婚姻,保证妇女享有平等的受教育权,甚至通过法律保证妇女享有财产继承权等。1939 年 2 月颁布的《陕甘宁边区抗战时期施政纲领》明确规定:"实行男女平等,提高妇女在政治上、经济上、社会上的地位,实行自愿的婚姻制度,禁止买卖婚姻与童养媳。"[1]1939 年 3 月,边区政府又发出通令,要各级政府、部队、学校团体在今后的各级参议会的选举中,"应尽可能达到妇女参议员占 25% 之提议。同时各机关职员亦应尽可能吸收妇女参加。以资保证妇女参政的权利。"[2]通过这些条例的颁布和实施,使长期以来捆绑在边区妇女身上的封建枷锁得以实际上的破除,有效消灭封建政权、神权、族权、夫权对于妇女的压制,对组织与发动妇女参加抗日救亡运动起到了至关重要的作用,也使妇女自身的解放向前迈进了一大步。

　　1939 年,在第一届参议会开会时,就有 19 位女参议员出席,她们在大会上不仅大胆地发表意见,并且为妇女切身利益的实现而提出了提案,还获得了全体参议员的一致通过。此外,许多妇女还担任了各级政府机关各部门的工作职务。在 1941 年第二届参议会中,"妇女取得和男子完全平等的参政权","当选的二十余位女参议员,和男参议员并肩起坐,共商国是。"其中,年仅 24 岁的绥德分区妇联主任邵清华当选为安塞县县

---

　　① 陕西省档案馆、陕西省社会科学院合编:《陕甘宁边区政府文件选编》第 1 辑,档案出版社 1986 年版,第 210 页。

　　② 陕西省档案馆、陕西省社会科学院合编:《陕甘宁边区政府文件选编》第 1 辑,档案出版社 1986 年版,第 180 页。

长,成为陕甘宁边区第一个女县长。她当选后,"该县县政府在她的主持下,一切均井井有条,成绩斐然,深受该县民众之欢迎。"妇女们在行政工作中取得的成绩并不逊于男子,这不仅说明了妇女能够参加管理国家大事,而且说明了只有妇女才能更深入地解决妇女切身的问题。随着革命不断深入,广大妇女在各级政权中发挥着越来越重要的作用。

第三,抗战支前和参加生产运动是边区妇女解放运动的重要内容。慰问军队是边区妇女解放运动中经常性工作,以往边区妇女是难有参加社会活动的机会,这样也就无法体现其自身的价值,自妇女解放运动开展之后,边区妇女开始抛弃以往仅操持家务的角色,并走向社会,踊跃为八路军将士缝补衣服、送菜做饭、捐助生活必需品,并积极投身纺织运动中,制作军用物资,满足了前线战士对物资的基本需要。除此之外,还有大量的边区妇女担任了救护伤员的神圣职责,在战争前线,在枪林弹雨下,不顾个人的安危,以国家大局为重,对受伤战士进行救治,有时甚至拿起枪掩护伤员撤退。除此之外,还充当了战争说服员的角色,从民族大义出发,经常动员、鼓动、组织边区男性参军杀敌,保证了前线作战战士的补充。边区妇女还成立了自卫队,承担了抗日战争勤务、配合八路军作战等任务。

在抗战进入全面抗战阶段之后,陕甘宁边区的妇女运动较之前一阶段规模更大,参与范围更广,内容更丰富,而且在总体上表现出持续高涨的特点。在抗日民族统一战线的基础上,陕甘宁边区农村妇女、城镇妇女,上至官太太小姐,下至家庭妇女,不分阶层,无论贫富、老幼,有钱出钱,有力出力,投身于浩浩荡荡的抗日洪流中来。从七七事变到1939年,是妇女运动普遍高涨的时期。边区的妇女救国会、妇女联合会,各省的妇女慰劳会、妇女协会等妇女抗日组织相继成立或改组,开展了抗日宣传、慰劳、募捐、救护、救济、献金、献机、生产劳动、支前等活动,广大边区妇女全力以赴为抗击日本侵略贡献力量。在此过程中妇女也逐渐地获得了自身的解放,如识字、放足、参政议政、生产和工作、婚姻自由有了保障,卫生健康受到重视。当全面抗战进入相持阶段后,陕甘宁边区由于国共军事摩擦,经济封锁,加之妇女运动脱离实际、形式主义严重,一度也处于相对停滞状态。中共中央及时调整了妇运政策,将参加生产劳动作为激发妇女抗日支前热情的突破口,由此而掀起新的妇运高潮。抗战进入全面反攻阶段后,陕甘宁边区妇女运动伴随着抗日民族解放战争的胜利而进入一个新的发展阶段。在抗日战争中,毛泽东提出了"持久战"的理论,这一理论的根基来自于人民,即"兵民乃胜利之本"。兵民"本"的作用就体现在兵是打仗,而民则为打仗提供物资,在整个抗战过程中,边区妇女做出的奉献是至关重要的,特别是在农业生产、纺织生产的过程中,发挥了主力军的作用。

第四,参政议政是边区妇女解放运动体现民主政治的基本原则。妇女参政是妇女解放的主要内容,是妇女解放运动必须经过的程序。从妇女解放的历史来看,妇女解放运动源于政治革命运动,随着政治革命的起伏而兴衰。只有经过政治斗争或参政,才能实现民权和女权,才能实现妇女解放。"所以真正觉悟的中国妇女,必然是一面参加政治改革运动,一面参加妇女解放运动。"①可以说妇女参政是妇女解放的最高内涵。

由于受到传统社会"女子无才便是德"观念的影响,边区妇女以前是不允许参与到社会事业中来的。边区政府成立后,给予广大妇女在民主政治方面所享有的基本权利,把边区妇女解放与边区妇女参政议政有机结合,并使之成为边区妇女抗日救亡的新途径。在边区政府与妇委的积极号召和组织领导下,边区掀起一场声势浩大的妇女参选、参政、议政的运动高潮,由于边区妇女感受到自身解放运动带来的好处,便积极参与到边区的民主政治建设中来。1937 年 5 月公布的《陕甘宁边区选举条例》第 2 章《选举资格》第 4 条规定:"凡居住在陕甘宁边区区域的人民,在选

---

① 中华妇女全国联合会、妇女运动历史研究室:《中国妇女运动历史资料》(1921—1927),人民出版社 1986 年版,第 22 页。

举之日,年满 16 岁的,无论男女、宗教、民族、财产、文化的区别,都有选举权和被选举权。"①千百年来一直生活在社会最底层的妇女,有了选举权和被选举权,取得了和男人同等的"话事权"。1937 年 7 月,在举行第一次民主选举时,妇女们就像过节一样,高高兴兴、穿红戴绿来到会场投票。广大妇女积极拥护和参加民主选举,有许多小脚妇女、老太婆,都觉得非到会不可,她们首次行使了自己的民主权利。

据统计,1940 年,边区妇女参选比率达到 30%以上,涌现了一大批乐于奉献、独当一面的女村长、女区长、女县长等。清涧县达 90%。选出乡级女参议员 2005 人,县级 167 人,边区一级 17 人,许多妇女荣任乡长、区长。② 妇女通过参政,把妇女群众所关心的社会现实问题,诸如女子教育、经济地位、婚姻自由等一系列社会生活中的问题带到政治领域。这些问题的介入,使民主的内容由政治民主向经济、文化以及社会生活各方面的民主扩展。妇女从不同的角度、形式,通过不同的渠道,广泛地参政议政,使党和边区政府各级领导联系了群众,了解了民情、民意。正是由于妇女的广泛参政,也不同程度地影响了党和边区政府的决策,使党和边区政府在想问题、办事情的时候,既充分考虑群众的整体利益,又充分考虑妇女的特殊利益。从而制定出符合边区广大群众利益,并深受群众拥护的方针政策。

四、边区妇女解放运动对当代妇女工作的重要启示

在陕甘宁边区广泛开展的妇女解放运动,是边区各项工作得以有效开展的前提基础,通过边区政府及妇委组织积极号召与推动,使越来越多的边区妇女走出家门,踊跃参与到抗日救亡运动、边区各项事业的改革和建设的"洪流"中来,为抗战的最终胜利以及边区的发展壮大写下了浓墨

---

① 《新中华报》1937 年 5 月 23 日。
② 《陕甘宁边区妇女运动专题选编》(内部资料),陕西省妇联 1984 年印刷,第28 页。

重彩的一笔。此外,边区妇女在寻求自身解放的实践中所迈出的历史性一步,为当代妇女工作的科学开展留下了重要的启示。

第一,坚持党的领导,围绕党的中心任务开展工作,是妇委工作的基本点。陕甘宁边区的妇女解放运动之所以能取得如此大的成绩,其中最为重要的一环是因为有中共中央这一坚强的领导核心,是因为中共中央以马克思主义为指导开展的一场自上而下的群众性运动。中共中央从维护妇女的基本权利出发,坚持平等的原则,为边区妇女解放运动规划了行之有效的发展道路,指出了光明的前进方向,颁布了一系列科学的、民主的、人性化的法律法规,从而使其成为整个妇女解放运动的核心,使从传统封建伦理枷锁中解放出来的边区妇女为抗战支前、民族独立事业的发展发挥了重要作用。如在大生产运动中,妇女们在纺织方面做出的成绩尤为突出。全边区妇女从城镇到农村,从领导到群众,从干部到家属,从七八十岁的老婆婆到七八岁的女娃子,都卷入了纺织运动热潮。"一九四一年,全边区纺纱八十万斤,织布七万大匹,穿衣自给率达到三分之一。从一九三八年到一九四五年,有二十多万妇女参加纺织,共纺纱六百多万斤,织布约四十六万大匹。"①为此,当今妇委的工作重心必须紧紧围绕党的中心任务来展开,坚持党的领导,服从党的领导,在党的带领下推动妇女工作新局面的打开。

第二,妇女工作要与形势发展的需求相结合。从历史脉络中我们可以发现,在陕甘宁边区开展的声势浩大的妇女解放运动是始终与整个中国抗日战争、革命的命运联系在一起的。在那一场前所未有的抗日洪流中,边区妇女解放运动有效配合了抗战形势的需求,在抗日民族大义面前,广大妇女以抗日总任务为指针,甘于付出、甘于奉献、尽心尽力为抗日局面的打开发挥自己的力量,如在农业生产方面,由于大批壮丁上前线,

---

① 中央档案馆编:《陕甘宁边区抗日民主根据地》(回忆录卷),陕西人民出版社1990年版,第457页。

广大妇女也成为生产劳动的重要力量。1947 年,边区自卫战争期间,战勤动员频繁,农村劳力和畜力大大减少,妇女参加农业劳动比往年更为普遍,许多地区 90%有劳动能力的妇女参加农业生产。1948 年,绥德及延属东的妇女改变以往不参加农业生产的习惯,动员 50%的妇女参加运粪、点籽、锄草、务瓜以至担水浇地的劳动。延川贾家坪全村 62 个妇女劳动力全力投入农业生产热潮,保证春耕生产任务的完成。三边、吴旗的许多妇女还参加了放青运盐。由此可见,边区妇女在与形势结合过程中的重要"能量"。在奉献的同时,妇女对于自身解放的意识也在不断地觉醒和提高,并使其在抗战中的价值得到社会的认可,但我们也应该认识到,离开了中国革命的胜利,边区妇女的解放便无从谈起。为此,在今天全面建成小康社会,积极推进和谐社会的过程中,妇女工作的出发点和落脚点就是把妇女对于现代化建设的积极性调动起来,为推进科学发展观的深入落实献计献策,如果离开了这一任务,妇女工作将一事无成。

第三,参与社会生产活动是妇女解放的内在要求。陕甘宁边区的妇女解放运动之所以能获得边区妇女的认同,并如火如荼地开展着,与边区广大妇女想要走出家门,参与社会活动,谋求自身经济地位的提高存在着较为密切的关系。边区妇女长期以来受蔑视的遭遇与其经济上的地位是息息相关的。为此,推动妇女解放运动的深入发展,必须要通过相应的生产、纺织运动来提升边区妇女的经济地位,以经济地位的提升来促进其在家庭、社会活动中角色的肯定。近年来,我国就业形势极为严峻,很多人提出了所谓的"妇女回家论",认为相夫教子才是广大妇女该有的职责,并指出妇女就业不利于家庭和谐与子女的健康成长,对妇女的发展也极为不利。这些论调是极其荒谬的,在今天这样一个男女平等、和谐发展的年代,回顾陕甘宁边区的妇女解放运动,其对女性在生产运动中的地位和作用是对这一问题的最好回答。

第四,关注妇女的身心健康、社会地位平等是和谐社会的重要内容。党对边区普遍存在的歧视、压迫、束缚妇女的状况进行了深入的了解,极为注重妇女问题的解决,并从实际出发,研究得出了一整套科学可行的妇女解放工作方针,使边区妇女运动得到了蓬勃的开展,广大边区妇女在民主政治、社会地位等方面的意识得到了发育与觉醒。如 1936 年 2 月中央妇女部邓六金在《红色中华》报上发表了一篇题为《妇女同志到生产战线上来》的文章,强调了妇女参加生产的重要性。她指出:"我们要响亮地提出妇女参加生产,是最光荣的事业。坚决地反对过去认为妇女种地是羞耻的、侮辱的不正确观点"。① 边区妇女在政治社会方面的觉醒是其主动走出家门的首要条件,并积极参加到边区抗战与各项事业的改革中来,使边区建设出现了前所未有的新局面。当今中国,虽说在宪法高度上规定了男女平等这一原则,但毋庸讳言的是,妇女问题仍然是和谐社会构建中的突出问题,社会仍然存在着歧视妇女的种种现象,为此,真正落实构建和谐社会的理念,全面推进科学发展观,必须把如何赋予妇女人文关怀、社会地位平等作为社会发展的关键问题来抓,需要全社会对妇女问题的共同关注。

---

① 中华全国妇女联合会:《中国妇女运动史》,春秋出版社 1989 年版,第 381 页。

第五章　陕甘宁边区乡村民主法制建设

　　陕甘宁边区政府成立之后,中国共产党在辖区内建立了民主政权,开展了有效的治理,为边区民主法制的建设创造了良好的条件。在边区政府民主政治建设的过程中,广大的农村地区被纳入中国共产党的治理范围,民主事业迅速发展,廉政法制建设取得重大成果,乡村面貌焕然一新。探究中国共产党在边区的民主法制建设,特别是其中的基层政权建设、司法制度建设等,对今天的农村民主政治建构具有重要的现实意义。

第一节　陕甘宁边区乡村民主政权建设

　　乡村民主政权建设是延安时期民主建设的重要方面。在此期间,中国共产党在成立县级政权的基础上,将其政权架构向下延伸,建立起了乡村级政权,从根基上增强了抗日民主政权的稳定性,奠定了党的群众基础和社会基础。

一、边区乡村民主政权建设

（一）乡村民主政权的机构设置和运行情况

　　抗日战争全面爆发之后,中国共产党适应新的形势和斗争任务,对地方政权进行了改造。因为在抗日战争全面爆发之前,中国共产党在乡村建立的苏维埃政权,其历史作用即是领导农民开展土地革命,打击农村中的地主和其他封建势力,推翻大地主大资产阶级的反动统治。抗日战争全面爆发后,阶级矛盾即为民族矛盾所代替,中国共产党领导的地方基层政权之历史使命从领导农村开展土地革命转变为发动一切可以发动的群众,团结一切可以团结的力量,组成抗日民族统一战线,抵抗日本帝国主义的侵略。因此中国共产党的地方基层政权承担着新的历史使命,需要进行革新。

1937 年 10 月,中国共产党在全面分析国内外形势的前提下,提出了新的政权建设指导思想:"我们过去的政权,是苏维埃制度,现在变成新的民主制度,但是我们必须要善于利用这种民主政治的形式,充以旧的苏维埃的内容,这才能发挥民主政治的作用,使它有利于我们,这才能保证共产党的绝对领导,才能给全国做民主政治的模范。因此,过去苏维埃制度的那些好处,和群众接近的代表制度,乡一级吸收积极群众参加各种工作,组织各种委员会的办法,苏维埃的三权统一制度,都应该保存起来。我们不一定要事事仿照南京的制度,一般的我们采取民主制度,同时要保存苏维埃制度的好处"[1]。

在具体的政权组织形式上,保留了苏维埃政权时期的行政村设置。针对此问题,毛泽东有专门的论述,他认为,在乡苏维埃政权之下应当设置村一级组织。这是因为,乡级苏维埃工作的执行需要以村为单位,通过村级机构的运作而将乡苏维埃的政策方针予以贯彻落实。因此,乡级苏维埃应当领导建立村级民众组织,通过村级民众组织的有力领导,乡苏维埃的工作才得以有效开展。[2] 因此,在抗日战争时期,陕甘宁边区政府领导的最低基层政权体系为乡—行政村—自然村的政权机构设置。在乡的设置上,边区政府严格对乡的人员和面积进行了限定:甲等乡"纵横不逾十里",人员不得超过一千五百人;乙等乡"纵横不逾二十里",人员不超

---

① 中央档案馆、陕西省档案馆:《中共陕甘宁边区党委文件汇集》甲 1,1994 年西安印刷,第 58 页。

② 中共中央:《共产党人》1940 年第 6 期,人民出版社影印 1966 年版,第 20 页。

一千人;丙等乡"纵横不逾三十里",人口不得超过一千人。边区政府之所以要严格限制乡级政府的管辖范围,其原因在于,在交通及其不便利的条件下,乡级政府的管辖范围过大,其决策在边远地区就有可能得不到执行,乡级政府之执行力即有可能下降。

苏维埃时期,乡级政权实行议行合一的原则,即乡级政权的最高政权机关为"苏维埃代表大会",代表大会兼行立法权为执法权,苏维埃代表大会的执行机关则为苏维埃代表会议。到了抗日战争时期,为使陕甘宁边区政府领导的地方基层政权与国民政府所领导的政权在形式上保持一致,边区政府即按国民政府制定的《省参议会组织法》对乡级苏维埃进行了调整。主要的调整方法即是实现了立法与行政的分离。具体而言,边区政府将乡苏维埃一分为二,一部分成立参议会,参议会行使立法权,对全乡的重大事项进行决策;另一部分则改造为乡政府,乡政府行使行政权①。

乡参议会。乡参议会是乡一级的最高权力机关,其代表由选民选举产生,就其性质而言,乡参议会即是乡级的民意代表机关。根据相关文件的规定,乡级参议会由选民选举产生,每30名具有选举权的选民即可选举产生议员一名,各乡议会的议员一般为30人至50人。议员每年改选一次,可以连选连任。乡的重要事务由乡参议会通过会议讨论决定,议会会议每月举行一次。乡议会还有常设执行机构,即常务议员,常务议员有三名,在乡参议会休会期间,由常务议员处理乡参议会的日常管理事项。

1941年,边区政府第二届议会召开,议会修正了《陕甘宁边区各级参议会组织条例》,组织条例取消了乡级政权中实行的议行分立制度,重新实施议行合一制。根据新的组织条例,乡参议会不设置议长和副议长,而改设主席团,主席团由三人组成,乡长为当然的主席团成员。在这种情况

---

① 曾朝夕:《共产国际与中华苏维埃共和国政权建设》,《西南交通大学学报》2003年第1期,第67—69页。

下,主席团的地位和作用即代替了常设议员,因此乡参议会不再设置常设议员。乡参议会享有广泛的职权,主要包括以下七个方面的管理权:通过会议形式决定本乡的重大事项;执行上级政府的决策;代表民众制定本乡的人民公约;负责审查、核实和批准本级政权的经费使用事项;对本乡人民团体提出的议案进行审查和表决;选举、监督乡长及乡政府组成人员;监察村坊行政人员。

　　乡参议会的实际运行。由上面论述可以看出,乡参议会经历了由最初的"议""行"并列到"议行合一"的发展演变,而这一演变也反映了参议会在政权中地位和作用逐渐地在削弱,就是"从二权并立论回到民主集中制,承认参议会和政府都是政权机关,都是人民的权力机关,对政府而言,参议会是最高权力机关,而在参议会闭幕期间,由参议会选出并对参议会负责的政府,就成为该级政权的最高权力机关"①。因此在新民主主义政权实行民主集中制组织原则下,批评了将参议会常设委员会驻会委员会对政府只有监督政府执行决议之权,强调为制约作用,将参议会闭会后政府是"执行权力机关"上升为最高权力机关,进一步降低了参议会的地位和作用。乡一级实行"议行合一"后,参议会的地位和作用可想而知。因此当选或被聘任的乡参议员,在乡参议会上提交提案,发挥参政议政作用的程度,不是一个制度化的常量,而是一个变量,往往取决于乡领导个人因素和乡参议员的个人能力。若乡长的领导能力强、具有一定的民主素养的,参议员就能发挥一定的作用,反之亦然。若乡参议员的能力强、威信高,也可发挥作用,反之亦然。如新宁二区三乡,在乡参议员的帮助下,创建了轮流村事务员制度,村事务员由各户轮流担任,直接接受村长的指示,帮助村长处理日常事务(如组织人开会,督促运粮运草、收钱收款等),每户任期一月,并由乡政府统一发给各村村事务员值日牌子。②

────────────

　　① 陕西省档案馆、陕西省社会科学院合编:《陕甘宁边区政府文件选编》第8辑,档案出版社1988年版,第109页。

　　② 《解放日报》1942年12月16日第2版。

但由于乡村干部文化水平低下,习惯于过去包办的工作方式,大多数的乡参议员除了选举开会外,没有什么工作,有的乡参议员只在本村能起作用。另据米脂县民丰区第三乡民主建设调查报告,该乡参议会没有一定的会议制度,工作需要时就召开,参议员不做什么大事情,日常工作主要有三大部分:第一是"要东西",比如摊派收集各种粮款,以及其他负担动员;第二是"跑腿",比如通知催促乡民开会;三是"打官司",给老百姓调解家庭纠纷和地界纠纷,至于经常搜集反映人民的意见却做得很少。①

由以上可以看出,造成乡参议会实际地位低微的原因是多方面的。一是乡参议会在整个权力机构中处于弱权,加之在战争的环境中,更强调集中的政权组织原则的时代要求下,其地位必然会逐步地削弱。二是乡参议会是民主的新事物,群众不熟悉,亦不相信参议会能发生作用,群众对参议员没有认同和兴趣;乡干部亦习惯过去"包办"的方式,造成了参议员"当客"的心理与不相信参议会的结果。三是参议员是不脱离生产的,怕误工,利己的固然很多,但政府如何教育他们、提高他们,使其为群众工作,并没有去做工作,因此大部分参议员没有负起责任,很少提出对政府的建议和反映群众的呼声。四是参议员没有一定的工作任务,只是开会讨论负担,会议结束后,参议员就基本没有作用,参议员与政府和人民没有什么工作联系,三者的关系必然脱节,其既得不到人民的信任,也得不到政府的重视,其地位必然被架空。②

乡政府的机构设置。苏维埃时期,陕甘革命根据地的乡政府的性质为工农苏维埃政府,政府的首脑则被称为主席,乡政府下设各个部。例如,在延安地区原来已有的三个乡中,在乡政府之下设立有 11 个部,分别是:土地部,工农检查部,互济部,粮食部,代耕部,优红部,禁烟部,教育

---

① 陕西省档案馆藏:《米脂县民丰区第三乡民主建设调查报告》(1944 年 9 月 28日),卷宗号:2-1-866。

② 陕西省档案馆藏:《吴旗县第二区四乡调查(民主团结部分)》(具体日期不详),卷宗号:4-4-308。

部,卫生部,建设部。每部设有部长一名,委员两名,部长为脱产干部,委员则为兼职干部。1937年,在抗日民主政权的初创时期,边区政府成立之后即颁行了《陕甘宁边区议会及行政组织纲要》。纲要规定,各乡设立乡政府,乡政府和乡长由各乡的代表大会选举产生。纲要没有对乡政府内部机构的设置进行明确具体的规定,仅规定了乡政府应当本着广泛发动和吸收群众的原则,根据工作要求设立各种委员会,乡政府可以在较大的村及边远乡村派设代表主体。边区第二次党代表大会召开之后,会议对乡政府的设置又作为了调整。根据这次调整的结果,乡政府由选民依选举条例选举产生,乡政府设乡行政委员会,为乡政府的执行机关,委员会由五至七人组成;委员会下设抗后会、自卫军、除奸委员会、生产委员会、优抗互济会、文化教育委员会。这些下设机关的主任由乡长之外的其他委员兼任,接受乡行政委员会的领导。各委员会仅具有辅助性,只能进行研究工作和向乡行政委员会提出建议,并负责吸收群众参与乡政府工作。委员会的内部机构及其人员构成没有固定的规定,由行政委员会依工作的需要而设置,人员也由委员向乡行政委员会提出后由乡行政委员会讨论决定。一般的乡政府委员会主要由以下部门组成:一是文化教育促进委员会,一般由三到七人组成,主要负责学校教育和社会教育问题,即通过组织识字组、夜校、俱乐部等形式开展社会教育,同时,该委员会一般还负有向群众宣传卫生清洁知识和破除迷信等方面的知识。二是生产建设委员会,一般也是由三到七人组成,主要负责宣传农林畜牧及合作社等方面的政策。三是锄奸委员会,一般由三到五人组成,该委员会还延伸到了村一级,在各村设立锄奸小组,锄奸小组设有组长一人。锄奸委员会及锄奸小组的任务即是发动群众甄别汉奸特务,并向政府举报。在乡锄奸委员会,书记和乡长是委员会的当然组成人员。四是优抗互济委员会,一般由三人组成,其主要任务即是在乡政府的领导下开展优待军属工作。1942年,边区政府在总结经验和吸取教训的前提下,制定颁行了《乡政府组织条例》,该条例对乡村民主政权的组织进行了较为明确的规定。根据该条例,各乡设参议会,参议会为乡级政府的最高机关;设乡政府委员会,乡政府委员会为常设机关,在参议会休会时,由乡政府委员会代行乡参议会职责,为最高机关;乡长和乡政府由乡参议会选举产生。条例还规定了乡政府的内部机构设置,主要包括优待救济委员会、文化促进委员会、经济建设委员会、锄奸委员会、卫生保健委员会、人民仲裁委员会等。这些委员会一般由三到五人组成,人员由乡政府聘任。

乡政府的实际运行情况。乡长的日常工作:乡长作为乡政府的最高长官,是脱离生产的"公家人",住在乡政府内,乡里的一切事情都由乡长负责。如经济建设、文化教育,均由乡长一手包办。乡长一般是党员,所以他还要经常做支部工作,同时上面各群众团体到乡里的指示(如妇联的、工会的、青年的),均需乡长去执行,所以他又要做些群众团体的工作。乡长对于要决定的事情准备好意见,然后在乡政府委员会上通过执行。乡长的意见一般没有不通过的,乡长在乡里有很大的威信。乡长经常下乡,经过他同各村长、村主任、乡委员发生关系,直接解决村里发生的较大的问题。他忙的事情最大部分为动员与优待抗工属的代耕工作及村民间某些纠纷的解决。随着大生产运动的开展,乡政府的工作要求转移到领导农民发展生产上。

乡政府委员的日常工作:按照《乡政府组织条例》的规定,在乡参议会休会时,由乡政府委员会代行乡参议会职责,为最高机关,但由于乡政府工作没有形成制度化,在以动员为主的任务下,乡政府委员会一直是个摊派动员机关,有时它起着乡参议会的准备会的作用,会后就没有作用了。委员们很少有负起自己责任的,他们的任务主要是开会商议,乡长、行政村主任领导执行议决案,所以许多议题名义上是经过了政府委员会的讨论,实际上是把负责人的意见经委员认可一下,尽管这种会议是一种形式,但在乡长和村主任看来是必要的,因为当许多工作在执行中引起某些人的不满时,乡长和村主任就以乡政府委员会通过为由,推开责任,免得自己"得罪人"。乡政府委员会本身分工也是不合乎实际需要的,委员们既不脱离生产，又不负任何实际领导责任，加以这些委员的能力有限，因此各委员名目的分工很难行得通，以至于有的委员从各个行政村聘请一个或数个干事，组成委员会，也是空有其名。① 乡政府委员会的软弱局面，据西北局调查研究室延安农村调查团对神府县直属乡八个自然村的调查也证明了："乡政府委员会的工作就是把乡政府委员会的一切决议传达给各行政村主任或村长去执行。有的乡委员在村里面帮助或领导村长、村主任工作，至于他本身分担的专门工作，如锄奸保卫、武装动员等却不去管。乡政府委员的分工、实际上完全是一种形式，他们是不脱离生产的人，本村的事情，可以照顾，外村的事情，即不知道去管，也不能去管。乡政府委员会每次开会均请示县政府，县政府派人出席指导，一般是上级决定要讨论什么，就开会一次。每次会议均请各行政村的主任列席，但每个行政村如到了乡委员，行政村主任就不来；到了行政村主任，乡委员就不来，只是预先通知是"大动员"，到的人就多，因为大家怕不出席时负担分配得太多，"不好执行"。②

面对乡政府委员会工作陷于瘫痪的状况，党内形成了两种主张，一种主张：乡政府委员以直接兼行政村主任为最便利，一切不起作用的分工名义可取消，全盘工作均由乡长负责。这样，既可减少乡政府委员的人数，便利于乡政府委员的工作，又可加强对各行政村的领导。③ 另一种主张：乡委员会不设委员，但应在各行政村主任领导下设优抗、经建、文化、治安等干事，有事由村主任召集大家商议，分工办、便利。

最后通过的意见：照顾到经验、历史和"三三制"各方面，乡政府委员若兼行政村主任，上面就成了光杆了，乡政府委员都是不脱离生产的，兼

---

① 陕西省档案馆藏：《米脂县民丰区第三乡民主建设调查报告》（1944 年 9 月 28 日），卷宗号：2-1-866。

② 中央档案馆、陕西省档案馆：《中共中央西北局文件汇集》甲 3，1994 年西安印刷，第 440 页。

③ 中央档案馆、陕西省档案馆：《中共中央西北局文件汇集》甲 3，1994 年西安印刷，第 411 页。

职太繁,做不过来。若行政村主任下设干事,中间又成了大肚子,也不好。因此,最后决定,若该委员会有设委员之必要时,可在各行政村物色人选,一面受委员主任领导,一面同行政村主任取得联系。①

在实践中,面对乡政府委员不能适应新的工作情况的要求,一些地方基层政权采取灵活的对策,使乡政府工作呈现新的局面。如米脂县民丰区第三乡直接成立新的领导核心(由乡长、指导员、自卫军连长、农会主任、乡文书所组成)代替了乡政府委员会,领导推动各种建设工作,乡政府委员会的工作权限只限于摊派动员。在新的领导核心的领导下,乡政府工作取得了明显的成效,改变了乡政府以前乱抓、事必躬亲的工作方式,现在工作有条不紊,各不牵涉,属于各种建设的事情,大家集体做,属于各人分内的事情,各司其职。②

由此可见,边区乡村政府机构从注重形式到从实际工作出发,面对问题不回避,创造性地建立政权的运行机制,分工科学,民主决策,尤其是新的领导核心的形成,使得政权灵活、有效、统一,更有利于政权的运行。

村政权的机构和实际运行。乡政权的基础是村政权,以神府县直属乡八个自热村的村政权为例,基本概括了乡政权的基本情况。乡政府下设行政村,行政村设主任一人;行政村下设自然村,自然村设村长一人,村主任和村长都由选民大会选举产生。每个行政村有一个行政村主任与副主任,在行政村下各自然村有村长与副村长,有的行政村主任与副主任即兼任本村村长与副村长,或实际只做本村的事情。

行政村主任与副主任的产生,由所属各自然村的村民大会共同选举。通常在村民大会上需要乡长、指导员或党委或县政府下来的出席人指导帮助村民选举。村长与副村长用同样的方法在本村选举。村长与村主任

---

① 陕西省档案馆藏:《关于乡村政权组织机构及乡政府怎样工作在简政座谈会上的各种不同意见笔录》(整政参考材料)(1942年10月4日),卷宗号:2-1-83。

② 陕西省档案馆藏:《米脂县民丰区第三乡民主建设调查报告》(1944年9月28日),卷宗号:2-1-866。

的分工是：上面派下来需要整个行政村做的工作，就交给村主任，由村主任分配给各自然村村长做；乡上开什么会议，也常常要村主任到会，村长不到会。此外村主任还应经常领导村长工作。而事实上村主任都兼本自然村的村长工作，或实际上兼管本村工作（即自然村有村长，一切事也要和村主任商量），所以村主任日常工作是很多的。大村子设副村长或副村主任，是为了减轻村长与村主任的负担。因此村长、村主任的工作负担是很重的，不但要完成上级的任务，而且要解决村民中发生的问题，另外，还要承担过路的或住在村上的部队、机关人员的一些义务动员任务。在如此繁重的任务负担下，又由于他们不脱离生产，常常"误工"，因此村长、村主任的工作，大家都怕担当，互相推诿，而当选为村长、村主任的多数为中农或富裕中农。除了村主任、村长以外，每个村均有几个乡参议员，村子大的乡参议员就多，村子小的就少。村上一切比较大的事情，同全村居民有关的，村主任、村长照例要先找乡参议员商量，乡参议员实际上是村长、村主任的顾问，一切决定，村长、村主任均需同乡参议员商量好，由乡参议员先对其所管理的各居民解释（每个乡参议员管理一定数量的居民），然后由村长、村主任召集村民大会通过执行。凡不愿执行决议的人，就要在村民大会上受到"斗争"。

有的村还有乡参议会选出的乡政府委员（均为参议员），凡乡上有重大事情，乡政府委员均需到会，他们就负责把乡政府的决定通知村主任、村长办理。村主任、村长均听命于乡委员，乡委员等于为乡政府传达决定，指导村长、村主任的代表。

由此可见，一个村里的村长、村主任，加上本村的参议员，或者本村的乡政府委员的会议，是本村的议会、本村人民的领导机关，他们讨论和解决一切本村的问题；村长、村主任是决定的执行者。但一切决定最后仍须通过村民大会，村民大会是村的最高权力机关，妇女、青年、儿童都可参加，讨论决定本村的一切问题。这种民主、自由、生动的村民大会充分显示出人民是新政权的主人翁，而新政权就是人民的。

　　为了发扬人民民主,提高村政权的效率,西北局调查研究室提出建议将村长、村主任,村里的乡参议员、乡政府委员的会议及村民大会制度化,行政村主任可由乡政府委员兼,这样村主任不再兼任本自然村的村长。同全行政村有关的事情,召集全行政村的村政会议,以村主任为主席;同本自然村有关的事情,召集本自然村的村政会议,以村长为主席;各自然村村民大会均由村长召集,以村长为主席,这样将使村干部更快更好地办好事情。①

　　村政权的"混合议行合一制"。1941年,边区政府第二届议会修正了《陕甘宁边区各级参议会组织条例》,取消了乡级政权中议行并立制度,重新实施"议行合一制"后,对于村政权也是否贯彻"议行合一",边区政府在调查会上与延川、鄜县等九县县长进行座谈讨论,结果引起了极大的争论。积极主张"议行合一"者认为:村政权议行分立弊端很大,议会开会时,议员若未参加,村长就不知道议会的内容,也就谈不上去执行。另一方面,即使议员按时参加了,议员们闭会之后能否将议会内容准确地向村长传达是值得怀疑的,况且还存在根本不传达的情况,但议会内议决的事,应靠村长执行,而村长却不知道或知道得不够详细,这样就形成议会与行政脱节。因此应该是:一、居民小组以上之自然村村长应由议员兼,开议会时是"议",议会闭幕时是"行";二是一家或两家之小自然村村长,应受议员直接领导,但"行"而不出席议会;三是行政村主任,议员主任,若开议会时,负责召集本行政村议员赴会,开议会期间或议会闭幕以后,凡负责行政村具体事项,行政村主任有临时召集各议员之权。这种主张显然是坚持苏维埃时期政权机构的运行机制,简单而且系统。

　　不同意见:一是一人兼"议"带"行",任务太重,顾不过来。二是议员兼"行"就无人监督了,很易生专横之弊,过去老百姓赠我们乡村干部"土

_____

　　① 参见中央档案馆、陕西省档案馆:《中共中央西北局文件汇集》甲3,1994年西安印刷,第433—435页。

霸王"、"土皇上"等雅号,即由此而来。三是主要问题不在别的,而在"三三制"政权,因议员多是经过党的保证而当选的,这样的人,不全都能切实代表多数人民的利益。"议"不兼"行",人民还有余地另选出自己的村长,若兼行,一遇不公平处事的人,那就没办法了。这是"三三制"政权中的政治问题,如果说,组织应服从政治,那"议"与"行"就必须分开来。

最后采取折中意见:一是村长须另经该村选民大会选;二是行政村主任由议会选出;三是为使"议""行"不脱节,开议会时,村长有同议员一道出席议会之权,但自然村村长应只列席议会,有发言权而无表决权,自然村村长应是半年一改选。①

毋庸置疑,在村政权中实行"混合议行合一制"制度,是一种极富民主意蕴和提高行政效率的机制。这一制度的具体实践,调动了村长、村主任、村议员等在内参与村各项事业的积极性。但同时也存在着权力过于集中、无法代表多数人利益的不足,导致官僚主义、腐败的现象。这一认识在当时是难能可贵的,对当今的民主政治建设有着深刻的启示。

村政权下的各种组织。如上所述,村政权所承担的任务是沉重的,村主任、村长由于种种原因无法完成任务,于是在村政权下产生担负各种工作的各种组织。由于各村的情况的不同,组织形式也不同,以组织最完备的神府县直属乡第二行政村主村贺家川为例,其组织形式主要有:

一是代耕队。这个组织各村都有,它的职能是帮助抗工属代耕,全乡有一个总队长,名义上为管理全乡的代耕工作,但实际上他也只管本村工作。贺家川行政村为一个分队,孟家沟有一个小队。分队里设正副队长,小队里有小队长,凡本村十八岁至五十五岁的男性全劳动力均编入代耕队。各自然村劳动力有多余或不足则先以行政村来调剂。调剂工作的负责为乡长。

二是担架队,其职务为抬伤病员。担架运输工作在其他各村均由村

---

① 陕西省档案馆藏:《关于乡村政权组织机构及乡政府怎样工作在简政座谈会上的各种不同意见笔录》(整政参考材料)(1942 年 10 月 4 日),卷宗号:2-1-83。

长直接负责,按全劳动力轮流分派,但在贺家川有担架队单独组织。全劳动力、强健者均编入担架队。担架队设有正副队长,下分班,设正副班长。

三是运输队。在贺家川除担架外,凡一切运输事宜,均归运输队。凡不编入代耕队、担架队的,从十五到十七岁的以及从五十六至六十岁的青年与老年,均编入运输队,队设正副队长,下分班,设正副班长。因为运输均用牲畜,故年老年少的男子半劳动力均可担任。

四是自卫军。这个组织各村都有,名义上全乡有个自卫军连长,把全乡自卫军编成一连,但实际上不起什么作用。各行政村有自卫军排,各自然村有班。按规定凡年在二十三至四十岁的精壮男子均须参加,但在和平环境中,大家感觉到自卫军没有什么需要,除每年"上面"有命令时去会操一次外,平常没有什么工作。因此自卫军组织实质上无意义。

五是妇女队。洗衣、缝衣服的妇女组织,其他各村早已没有,但贺家川还有,队有正副队长,队长下有妇女小组。关于洗衣、做鞋等工作,由她们负责。但队长的作用较小,妇女小组常由村长直接指挥。

六是校董会。其职务为管理贺家川的小学校,负责动员学生,解决学校经费等问题。小学教员亦参加。

七是招待员或招待处。各村均有一个招待员,各家轮流担任,专门负责招待来往党、政、军、民工作人员。贺家川因为来往的人多,所以它自己设立一个招待处,设一个处长,处长下有四个招待员。每个招待员管二十余家居民,轮流指派其招待事宜。带路、送信等等,也由招待处负责。

八是"放哨总站",设正副总站长,负责站岗、放哨事宜。但这个组织实际同招待处是二位一体,正副总站长就是招待处正副处长。在其他各村,招待员不管放哨、站岗、带路、送信等工作,但各村另设有"值日"二人,由有全劳动力的各户转流担任这方面的工作。

锄奸小组。各村名义都有,实际上无工作。因这一组织不归村主任、村长管,由县保安科直接领导。

由此可见,为了完成动员的各项任务,边区乡村创造出了村政权的一套组织形式,各组织围绕自身职能开展工作,实现了边区群众的基本权利,支持了抗战。因此,边区乡村所成立的各种组织,是真正有广大群众参加的办事的组织形式,是真正为群众着想谋利益的组织,而不是官僚机关。

二、乡村民主政权管理的优化

抗战初期,边区基层政权处于初创时期,乡政权各部门没有明确的职能规定,也没有建立日常工作制度,因此乡政府、乡参议会的工作都以负担动员为中心。乡村行政人员的大部分工作时间都被动员工作占据了,而且这些动员工作是不正规的:一名普通的乡长在五十二天工作时间里,就用了三十天来做动员工作;而另外一名乡长在四十八天内,动员工作占了二十九天;由于动员工作时间紧、任务重,乡村干部往往为了完成任务,采取突击的方式,不但会损害群众利益,降低党在群众的威信,而且使各职能部门做事没有重点,乱抓一把,抛开自己本身的工作职责,本末颠倒。如文化主任本应该督促学校开学的,却因动员驴子而没有督促学校的开学。锄奸主任常常去收集公债,却忘记了自己的本职,当有事发生的时候,却因为找不到自己的组员而失职了。有些干部干脆说有事大家干,没事回家闲,日常工作便放弃了。

一般来说,乡政权任务的实现程度,要看乡政权的效能。从完成上级任务特别是动员任务的角度来看,乡政权的效能是很高的,但是从政权与群众的利益关系这一角度来看,显然,给予群众看得见的物质东西很少,政权的效能是低下的。为此,在大生产运动开展后,边区政府采取了各种措施,将乡政权从以向上服务转变到向下服务,即以群众的生产生活文化教育为中心任务,提高乡村政权在群众中威信,进一步提高政权的效能。一是明确乡政权的职能。1943 年 10 月 5 日,边区政府公布了《修正陕甘宁边区乡(市)政府组织暂行条例草案》。《草案》规定乡(市)政府的职能是:实行边区施政纲领,政府法令及上级政府之指示;发展生产事业;发展文化、教育;爱护帮助军队,优待抗属,进行抗战动员;建立人民自卫武装,维护革命秩序;举办公益事宜,调解民间纠纷;关于本乡土地人口及其他社会情况之调查登记。以上职能规定表明,乡政府不但要完成上级任务,更多的是要为人民群众的利益服务。二是按照边区选举原则,乡村是直接选举,乡参议员由乡民直接选举,乡长由乡参议会选举,行政村主任及自然村村长通过村民大会直选。但是在缺乏民主的乡村和上级不重视选举的情况下,往往这些选举原则并未得到贯彻。有的乡长不经过选举就调换,乡参议员是样子货,乡上成了委派干部,有的行政村主任及自然村村长由乡政府指定,这些违反选举民主原则虽然在少数地方存在,但在群众中造成了不良的影响,以为民主是个形式,做样子,况且委派的干部未必能替群众办事,得不到群众的信服,也就降低了民主的程度。针对这种现象,1943 年修正《乡市政府组织条例》,规定乡参议员由乡民直接选举,乡长由乡参议会选举,行政村主任由乡政府委任,但须乡参议会通过或追认之。自然村村长由村民大会选举,每半年改选,不称职时,得由村民大会或上级政府随时罢免改选之。三是依据政简民便的原则调整乡政权的机构和制度。如乡政府委会在成立之初,委员名目繁多,但是在群众中能起作用的很少,例如,延安县有位乡长诉说道,一个乡政府的委员会旗下的成员就有二百人,而事实上,实际参加工作的只有各主任委员数人。有些乡的乡长甚至还不知道乡政府委员会的委员是谁。为此,边区政府规定取消不起作用的乡政府委员会,建立精简高效的领导机构,加强乡政府的日常工作。同时,也逐步取消了居民小组的制度,因为居民小组制度中的乡参议员也是领导居民小组,这样既把立法职能与行政职能混为一谈,又造成了议会与同级政府的职权重叠,往往容易引起矛盾。通过这些措施的实行,乡村政权的职能逐渐地由对上负责开始转向为群众服务的职能转变,使乡政权精简高效地运行,同时增强了乡政权的合法性。

三、乡村民主政权中的人员配备与干部队伍建设

乡村干部是指一个乡镇内专任和兼任公务的工作人员。陕甘宁边区

乡村干部配备总体划分为三种情况：第一种干部是乡长，为完全脱产的干部，其薪酬为粗衣、背包、薄被，每天一斤四两的小米，每个月一元的津贴。第二种干部是政府委员，属于兼职人员，在一般乡里，行政村主任以上的干部有十人左右，对他们准予豁免日常义务负担（如代耕、放哨、送信等），但只限本人。第三种干部是村主任与自然村村长，完全不脱离生产，也无任何酬薪。乡政府所需的经费，除了乡长的伙食外，其他的都要由乡参议会通过筹收。据1946年统计，边区有两万多的乡村干部队伍，他们多数是当地积极参加革命斗争出身的分子，有很高的工作热忱和吃苦耐劳的精神，保持着廉洁奉公、紧密联系群众的基本品质。但由于乡村干部大部分土生土长，缺乏文化知识，有很重的乡土和家庭观念，导致了缺乏独立工作的能力，在工作方式上，少数人仅仅习惯粗枝大叶的简单命令，私有观念浓重，不愿当干部，怕跑腿、怕惹人、怕误工、不愿工作，甚至不顾法律，任意捆绑或者处罚乡民。这些乡村干部存在的农民的落后性，就容易出现违反人民的利益的行为，降低党的威信。为此，党采取种种措施建设能为人民利益服务的乡级干部队伍。

1.制定相关的法律文件，以制度约束乡村干部。边区政府在1938年8月通过《新中华报》公布了两份《陕甘宁边区惩治贪污暂行条例》，规定了10个贪污罪条。1939年对那些贪污100元至1000元（法币）以上的干部，调整了量刑，根据情况分别处以苦役、有期徒刑、死刑三种主要刑罚。紧接着边区政府在1943年4月25日颁布了《各级政府干部管理暂行通则草案》、《陕甘宁边区政纪总则草案》、《各级政府干部任免暂行条例草案》、《各级干部奖惩暂行条例草案》[①]。又在1943年5月8日颁布了《陕甘宁边区政务人员公约》，明确规定和具体要求政府工作人员的行为。特别是针对乡干部办事不公，贪污自私，随便捆绑拷打群众现象，阻

---

① 陈松友：《抗战时期陕甘宁边区反贪腐的历史经验及启示》，《社会科学》2008年第5期，第132—136页。

止群众向上级控告的行为,《陕甘宁边区政纪总则草案》规定:各下级政府和政务人员,如果收到群众向上级控告的诉状,特别是有关政务人员的诉状,不得任何阻难和置之不理,必须随时转呈上级政府。这一规定有利于疏通群众利益表达机制的障碍,化解干群矛盾,密切干部和群众的关系,也有利于在乡村干部中形成遵纪守法的意识。当然对乡村干部的惩处不是目的,最关键的是教育和鼓励。如《各级干部奖惩暂行条例草案》中规定了 8 项应该受奖励的条件,涉及施政纲领、政策法令贯彻执行与各种相关工作的方面,对政绩优异的干部褒以"乡干模范"称号,并且登报表扬和通令全部乡政人员进行学习。如边区政府在 1944 年 7 月表彰了模范干部共 147 人,其中包括区长 20 人,乡长 7 人。因为这些干部不仅能贯彻政策法令,而且热爱边区,忠于自己的事业,保持自己动手和与群众相结合的领导作风,进而创造新颖有效的工作方式而受到上级政府的嘉奖和人民的爱戴。如延安县金盆区第三乡乡长李丕义生前忠实革命,积极工作,为人正直,办事公平,为了工作,不怕落怨,不怕惹人。他更能与群众站在一起,联系在一起,以致积劳成疾,不幸逝世。陕甘宁边区政府登报表扬,通令全边区乡政人员学习他"勤劳奉公、公而忘私"的精神,并褒以"乡干模范"四字,以作永远纪念。① 这种惩处兼顾奖励的措施不仅是对乡村干部队伍进行的一次大检阅,而且也是一次深入的教育,产生了很好的效应。

2.民主选举重要机制"过滤"乡村干部。抗日战争时期,陕甘宁边区乡村进行了三次大规模的选举运动,其中,1941 年"三三制"普选对乡村干部进行了大幅度的改选与调整。据相关的数据表明:延安县乡政府委员中的连任者仅有 133 个人,而新当选的干部则为 185 个人,并且 61 个乡长中有 41 人都是被新选举的;安定乡市政府人员新任率达到 70%以

---

① 陕西省档案馆、陕西省社会科学院编:《陕甘宁边区政府文件选编》第 6 辑,档案出版社 1988 年版,第 397—398 页。

上;绥德旧乡政府人员落选者有 1000 多人。第三次选举运动被群众称赞
为是"头瓜里选头瓜,好人里挑好人",从这次选举的结果和群众反映来
看,选出来的乡村干部绝大多数是在群众中各条战线上的积极分子,在群
众中有威信的公正的人。因此通过民主选举使好干部和不合格的干部分
别受到人民的奖励和批评,不仅大大教育了干部,而且通过选举有效淘汰
了一些不称职的干部,改造了不合民意的乡村政权,使得乡村政权同民众
的利益的联系更加密切,有益于乡村政权的工作。

　　3.乡村自治运动培养和巩固了乡村干部。边区的乡村自治运动是在
边区政府发现和建设模范村中,并把他们培养成乡村自治的典型加以推
广掀起来的。1946 年 4 月,边区第三届参议会第一次大会的政府工作报
告中通过了《陕甘宁边区关于发现培养和提高自治乡村问题的通知》。
《通知》以绥德县吉镇区王家坪村为乡村自治的典型,介绍了王家坪村自
治搞得好的关键是有好的村领导核心。这一领导核心以乡长王应成(王
家坪人)、劳动英雄王德彪和村长三人为中心,团结其他六人组成之。为
了进一步发展和扩大乡村自治,要求各分区各县干部发现已有高度自治
能力的模范乡村,写成材料,供各地加强乡村自治参考。另一方面注意培
养和提高尚无自治能力或自治能力尚属不足的乡村,帮助其建立村的领
导核心和工作制度,使自治工作真正生根。[1]　由此可以看出,乡村自治建
设在一定意义上其实质是乡村干部建设。主要有三类:第一类是专任或
者兼任公务的干部,如乡长、村长等,由于他们在领导人民自治的实践训
练中,能够替人民做事,克服困难,创造性地工作,得到了人民的信赖,进
一步提高和巩固了乡村干部。如延川文安驿村袁村长领导居民修成水渠
八里。第二类是在劳动英雄的带头作用、骨干作用、桥梁作用下,推动了
乡村自治的发展。如延安吴家枣园的吴满有,定边贺家园的贺保元,花池

---

　　① 陕西省档案馆、陕西省社会科学院合编:《陕甘宁边区政府文件选编》第 10 辑,档
案出版社 1988 年版,第 259 页。

城壕村的张振财,淳耀白源村的石明德,绥德郝家桥的刘玉厚,都带领所在村庄实现了乡村的新面貌,因此政府非常重视对他们的培养和引导,加强宣传,给予一定的物质和精神奖励,同时要求劳模回村后密切联系群众,发挥骨干作用,经过培养锻炼,其中绝大多数成为乡村的骨干和干部。第三类是在自治建设中涌现出来的群众积极分子。如甄家湾妇纺组长刘树仁老婆,变工队长徐制业,难民主任张应才等。发现他们后就注意教育他们,给他们工作,将他们团结在负责干部的周围,成为干部的得力助手,为以后培养乡村干部做了重要的准备。

4.县、区具体帮助和教育乡村干部。在乡村干部工作中,由于种种原因存在不少的具体困难,若县、区领导不能给以具体的教育和帮助,势必使乡村干部不愿工作,情绪苦闷,影响党的政策执行。为此各县、区在怎样帮助乡村干部工作中创造出许多的成功经验加以推广。柳林区委的经验:一是创造出"行政村工作制度"法。针对乡上开会太多,使不脱离生产的乡村干部误工太多,影响家庭生活的现象,柳林区委和乡上的干部商量研究出"行政村工作制度",即遇到工作时,乡上几个脱离生产的干部先研究,然后大家分工到各行政村找干部个别传达,利用晚上以行政村为单位选择中心地点,召集不脱离生产的乡村干部开会,开完会各村干部回本村工作,不用到别的村去。平时工作检查,由乡上不脱离生产的干部分头到各村找干部谈,至于全乡的检查每月开一次乡的政务会议。因这个办法使不脱离生产干部不误工,同时又加强了脱离生产干部的责任心,促使他们经常下农村工作,加强了上下级联系,深受乡村干部的赞同。二是针对干部家庭困难不是简单地教育他们"打倒家庭观念",而是从生活上关心,具体解决实际困难。如区上决定村主任以上不脱离生产的干部,不出义务负担。对于生病的干部,区上请医生看病,派干部看望,使他们得到安慰,提高了工作的信心。三是针对干部运用新的方法工作能力低下、对工作不感兴趣的现象,区上首先加强区干部对工作的研究,每一件工作开始前,先进行讨论和研究,并根据本区情况订出具体办法,然后再到各乡帮助乡村干部进行工作。如柳林区四乡建设主任在区干部的帮助下，学会了动员备荒的办法，使群众备荒工作发动起来，并帮助四乡支部建立了明确的分工制度，使一个新提拔的支书学会了领导支部的办法。① 甘泉县的经验：针对区乡村干部普遍存在的依靠上级，工作缺少自动性，文化程度低，有保守、爱简单、怕麻烦的思想；村干部中普遍存在的怕得罪人，不敢大胆公正解决问题，工作中表现为不研究、不商讨，包办、摊派，重视动员、轻视建设，自私，模范作用不够的倾向，县区干部除了使乡村干部从思想上认识到他们的错误外，主要是在实际生活和工作中细心、耐心具体帮助干部。如怎样帮助基层干部能思虑问题，由依靠转变成自动计划和工作？首先改变了过去自上而下布置、摊派工作的开会方式，而采取自下而上的民主研究讨论的开会方式；其次是上级不包办工作，区乡干部大胆地放手让村干部去做，在领导上，只提供办法，不妥的加以指导，改变了原来村干部只是"跑腿"、"叫人"的角色，克服了他们的惰性，加强了他们工作的积极性和责任心。② 甘泉四区的经验：该区通过整顿学习五十多天，用十六天时间集体学习研究，召开干部会，讨论研究联区干部下乡应如何帮助和培养干部，如何调剂和组织劳动力，确定区长领导干部研究工作，宣传科长帮助大家学党报，其他同志帮助文盲干部教字写字等，通过分工学习改进了工作。③

由此可以看出，乡村政权的发展和完善，与乡村干部队伍建设存在着极为密切的联系，在如何实现干部配备的优化以及如何推动干部队伍建设的问题上，边区政府进行了非常有益的探索，通过制度约束、民主选举"过滤"、干部教育、上级的具体帮助等途径，不仅巩固了民主政权，还培养了一大批有能力、能办事、政治素养较高的基层干部。

---

① 《解放日报》1945 年 8 月 21 日第 2 版。
② 《解放日报》1944 年 10 月 30 日第 4 版。
③ 《解放日报》1945 年 6 月 12 日第 2 版。

第二节　陕甘宁边区乡村人权制度建设

一、抗日根据地的人权立法

　　抗日期间,国民党政府的腐朽无能,引发了严重的通货膨胀,人民的生存权难以得到保障。国民党执政的中后期,实行一党专政,假借"训政"而实行专制,剥夺人民的政治权利。为了限制人民的权力,国民党政府还颁布法律并强制实行。比较典型的当属《危害民国紧急治罪法》。该法案规定凡是反对国民党政权的人,与革命活动有直接或间接关系包括用图片文字等各种形式进行宣传的人,判处死刑,轻者可判无期徒刑或者十年以上的有期徒刑。组织该类活动的个人,单位或者其他团体都要被判五到十五年以上的有期徒刑。在该时期比较有轰动性的案子之一就是"七君子案"。与此同时,日本法西斯帝国主义发动的侵华战争,使中国人民争取人权的斗争进入了一个新的历史时期。最早由宋庆龄领导创立的中国民权保障同盟会,以争取言论等权利的自由并集结力量予以支持为目的组织了数次宪政座谈会,大大推进了民主民权的宣传力度。人们通过报纸刊物等媒介揭发国民党的专制统治,呼唤言论及政治自由。一些中间党派的民主志士还提出了保障人权的法案,希望能够在国民参政会上通过。虽然这些提议未被政府通过,但是却起到了教育作用,促进人民对于权利意识的醒悟。正是在国民党的独裁倾向唤醒人权意识,日本帝国主义对人权的践踏,激起人权运动风起云涌的历史背景下,中国共产党旨在争取和保护人权,揭发国民党当局和日本帝国主义对人权的种种侵犯罪行,制定了人权的相关的条例。

　　陕甘宁边区人权立法的主要依据是以陕甘宁边区先后颁布的三个施政纲领为代表。1937年2月,边区政府颁布了《民主政府施政纲领》。该施政纲领共有 16 个条文,其对基本人权的保障是多方面的。包括人民政治权利的保障,如实行普选制度,成立议会,实现议会制;规定人民有言论、集会、结社、出版自由等。同时保障人们的经济权利,如保障农民已分得的土地,实行耕者有其田等。另一方面还规定了对社会权利的保障,包括就业权、教育权、发展权等。内容为发展人民经济和文化教育;废除苛捐杂税,采用单一累进税;实行八小时工作制;优待抗日战士家属;实行社会救济。这些内容,与社会权之内涵是相对应的。《民主政府施政纲领》之规定对社会权的保障,这在当时是较为先进的立法理念,具有一定的社会主义意义。

随后在 1939 年召开的陕甘宁边区参议会第一届会议上通过了《陕甘宁边区抗战时期施政纲领》。纲领明确提出了人权这一名词,这在中共党的法律文献中是第一次,具有极其重要的历史意义,是中国共产党在局部执政实践中对人权的科学的归纳和总结,标志着以人为本执政理念在法治实践中开始被重视,也是中国历史上最早保障人权法案中最有代表性的法律之一。该纲领涉及人权之保障是全面的,其一是对平等权的保障,包括民族的平等和男女平等,即纲领第 4 条规定实现蒙回民族在政治上、经济上与汉族的平等权利;第 12 条规定实行男女平等,提高妇女在政治上、经济上、社会上的地位,自愿地实行婚姻的制度,禁止买卖婚姻与童养媳。其二是对民众政治权利的保障,纲领的第 7 条规定,民主政治,采用直接、普遍、平等、不记名的选举制,健全民主集中制的政治机构,增强人民之自治能力,保障民众之参政权;第 8 条规定,保障人民言论、出版、集会、结社、信仰、居住、迁徙与通信之自由,扶助人民抗日团体与民众武装之发展,提高人民抗战的积极性;第 13 条规定,建立便利人民的司法制度,保障人民有检举与告发任何工作人员的罪行之自由,这是对民众之监督权的保障。其三是对民众教育权的保障。纲领第 15 条规定,实行普及免费的儿童教育,以民族精神与生活知识教育儿童,造成中华民族的优秀后代;第 16 条规定,发展民众教育,消灭文盲,提高边区成年人之民族意识与政治文化水平。其四是对民众财产权的保障，该纲领第 18 条规定，确定私人财产所有权，保护边区人民由土地改革所得之利益。其五是对民众发展权的保障，即该纲领第 19 条规定，开荒垦地，兴修水利，改良耕种，增加企业生产，组织春耕秋收运动；第 20 条规定，发展手工业及其他可能开办之工业，奖励私人投资，提高工业生产；第 22 条规定，保护商人自由营业，发展边区商业。其六是对社会权的保障，即纲领规定，确定八小时工作制度，改善劳动待遇，保护工人利益，同时提高劳动热忱，增加生产效能；优待抗日军人与工作人员之家属，使抗战军人安心作战，工作人员安心工作。

1941 年 5 月 1 日，边区政府颁布的《陕甘宁边区施政纲领》，又称"五一施政纲领"。相比于《陕甘宁边区抗战时期施政纲领》，"五一施政纲领"对人权之保护更为全面和直接。该纲领扩大了人权保障的主体范围和权利范围。该纲领第 6 条规定，保证一切抗日人民（地主、资本家、农民、工人等）的人权、政权、财权及言论、出版、集会、结社、信仰、居住、迁徙之自由权，除司法系统及公安机关依法执行其职务外，任何机关部队团体不得对任何人加以逮捕审问或处罚，而人民则有用无论何种方式，控告任何公务人员非法行为之权利。根据该条之规定，就其主体范围而言，人权的享有主体包括了地主、资本家、农民、工人等主体；就权利范围而言，包含了对民众之人身自由权和监督控告权的保障。另外，该纲领第 15 条还规定，推广卫生行政，增进医药设备，欢迎医务人才，以达减轻人民疾病之目的，同时实行救济外来的灾民难民。这条实际上涉及对民众医疗保障权之保障，相比《民主政府施政纲领》和《陕甘宁边区抗战时期施政纲领》，该纲领更具进步意义。

从立法角度来看，边区的三个施政纲领对于人民的人权的保障是真实的先进的，然而在实践中由于种种原因，人权的保障是有限的。如"'五一施政纲领'虽然公布了九个多月，但一般军政人员尚有很多不了解，譬如：某乡政府把人民送来的小偷随便放了，群众问他时，他回答说：'现在政府实行宽大政策，边区施政纲领中规定被俘敌军都要释放，何况小偷吗?!'又如：某负责同志骑马踏坏了群众的庄稼，事主出来干涉，他

竟用马鞭打人。"针对基层干部和群众人权意识的淡薄,边区政府根据
"五一施政纲领"的原则,1942 年 1 月 1 日颁布了《边区政府保障人权财
权条例》,对人权的保障作了进一步的规定。1942 年 2 月 3 日延安《解放
日报》发表《保障人权财权》社论,对于如何保障人权财权提出了很有见
地和价值的意见措施,一是深入地宣传教育工作,是第一步。方法上:
(1)编写施政纲领通俗读本,用通俗的字详加解释,并提出实施办法,普
遍发到县、区、乡政府与群众团体作为教育材料。(2)通令各级群众团体
把它用大字写在交通要道的墙上。(3)通令各师范及中小学内必须教授
施政纲领,并督促学生在课余时间,向其家人父兄及邻舍解释施政纲领。
(4)各机关杂务人员(文盲及文化程度太低者),必须指定专人讲授,说明
其意义与理由,并发动讨论。(5)各群众团体须逐级传达讨论,使之真正
为群众所了解。二是法令的强制执行。对于许多有意无意违反纲领的行
为一定要予以制裁,这样可以用事实教育群众,使群众得到更深刻的印
象。办法是:(1)条例之具体贯彻,还应该补充惩治条文,因该条例虽有
二十二条,但未明文规定犯何条例应如何治罪,执行起来,会发生困难。
(2)由党、政、军、法院、议会组织视察团分赴各县检查侵犯人权财权事
件。该团有审判案件之权,因为人民常因路途遥远控告无门,不仅有含冤
莫申的事情,且偶有官吏犯法,下级常马虎从事,故派出视察团去帮助下
级执行法令,是刻不容缓的事。三是议会与人民团体的监督与协助。社
会上所发生的事情可以隐瞒各级政府负责人的耳目,但隐瞒不了人民自
己的耳目。其监督与协助办法是:(1)报告:凡有违法之事,须立即呈报
或函知政府办理,如政府未能适当解决,均可选派代表,或代被告人写呈
文控告。(2)调查:帮助政府调查案件与收集材料供政府参考。(3)宣
传:凡政府的重要法令,须帮助宣传,使人民自觉遵守。①

---

　　①　参见《陕甘宁革命根据地史料选辑》第 2 辑,甘肃人民出版社 1980 年版,第 383—
385 页。

以上即是陕甘宁边区抗战时期人权立法的主要构成。除此之外,陕甘宁边区政府还通过制定土地法、人民的政治权利法、社会保障相关政策和法令,对人民的人权予以全面保护。

（一）生存权利的保障

所谓生存权,即是人在社会生活中得以存活的权利,包含存活的权利以及为存活而占有一定的生产资料的权利。边区政府对农民生存权之保障,即是通过保障人民对土地的占有权及其他财产权而实现的。具体而言,边区保障的土地所有权包括了任何人的土地所有权,地主与农民都一视同仁,其土地均不得受到非法的侵占。同时边区的人民的房屋、债券等一切财产权利不受侵害。由于边区存在已经分配的土地地区和未进行土地改革的情况,所以必须针对不同情况制定政策,否则容易发生土地财产纠纷。因此对于没有进行土改的地区,规定土地仍然按照原来的所有关系确定归属性,这既保障了农民的生存权,也保障了地主等阶层的生存权。而已经分配的土地,在土地改革之前的所有土地关系全部失效,人民的私有财产和住宅不允许任何组织个人非法侵占,一旦有此类行为发生,政府应当视情况进行处罚。任何人如果用欺诈或者威逼利诱的不当手段强行占领其他人的私有土地,法律要给予惩罚措施。如在处理土地纠纷的案件时,地主阶层若是通过正当合法的手段取得的土地应当受到法律保护,但是若土地的来源不正,是通过对农民的剥削而来,其地权不受保护,一经查实,应该物归原主,以保证农民对土地的所有权。这种一视同仁的生存权利保障办法,得到了包括地主在内的群众的一致认可,为边区开展土地改革提供了保障。

（二）保障佃户权利,实行减租减息

为了团结一切抗日力量,缓和阶级矛盾,1937年,洛川会议将土地革命时期没收地主土地分给农民的政策调整为承认地主对土地的所有权,并实行减租减息的政策,按照"二五减租",若有争议,则到地方政府进行调节处理。但由于各地情况不同,"二五减租"法在实践中施行得并不顺利。为了真正落实减租减息的政策,做好对于佃户权利的保障,同时适度保障地主阶级的利益,不少地区都出台了灵活的土地租佃条例,给予了佃户优惠的政策和法律保护,由政府作出承诺,取得其信任。例如,对于由于典当或者重新出租的土地,承租的佃户有优先购买的权利。同时保证地主不因减租减息过重而导致破产。

(三)政治权利的保障

边区政府对群众之政治权利的保障是较为充分的,包括了对选举权、被选举权、监督权等权利的保障。

1.选举权和被选举权的保障

在抗日初期,抗日民主政权就颁布了具有保障性的法规,确定了选举的基本原则。以 1941 年颁布的《陕甘宁边区各级参议会选举条例》为代表,各个地区都进行了关于选举条例的声明和规定①。这些条例基本上都建立在以下几点基本原则的基础上。一是普遍选举原则。凡边区内居民只要年满 18 周岁,不分阶级、职业、性别、宗教信仰、穷富的程度,都具有选举权以及被选举权。二是直接选举的原则。三是公正的选举原则。不分性别、民族、宗教信仰,一律平等。如少数民族选举的问题上,不仅要给少数民族选举权和被选举权,在选区和代表名额的问题上还要有相应的照顾。即少数民族的选举若达到了法定的选举人数,则按照代表分配名额的比例进行选举,如果达不到法定人数,但是已经达到乡市选举 1/5,县市选举 1/5,边区选举 1/8 的居民,也要进行民族选举,一般选出一人为代表,并且不受所在区域的限制,将比较分散的少数民族聚集在一起,在各个级别的参议会所在地内进行选举。四是按照不记名的方式进行投票。陕甘宁地区参议会选举的解释及实施的情况规定:要采取直接的、面向于广大人民群众的、公平公正、不记名、透明化的投票选举制度。

---

① 高晓林:《东方"雅典城邦"陕甘宁边区民主选举的启示》,《学术论坛》2009 年第 2 期,第 89—94 页。

五是选举经费保障原则。这条原则保障人们参选的时候不受财产多少的限制,都有选举权与被选举权。同时规定选举的费用不需要选举人支付,而由政府承担。

2.监督权保障

如前所述,在缺乏民主传统的乡村,让文化程度低下的民众正确运用监督权效果显然不甚理想,但并不能以此来否定或贬低党为赋予人民民主监督权力所作出的努力尝试,况且在实践中,证明人民运用监督权在一定的程度上具有约束政权的效力。首先体现在保障民众监督政府权力。《陕甘宁边区各级参议会组织条例》规定:乡市参议会的职能有"选举并罢免乡市长及乡市政府委员","监督与弹劾乡市及村坊行政人员"。依这些条文的规定,政府的工作人员在出现违法失职情形时,乡参议会有权对该工作人员进行批评罢免。如安塞县七区五乡在改选过程中,师登奎因存在损害群众利益和贪污行为而被罢免。吴堡竞选中,不称职的保长和知法犯法的乡长也被议员所严厉批评。其次是保障民众对参议会代表的监督权。依据《陕甘宁各级参议会选举条例》,乡参议会代表由民众直接选举产生,就意味着乡参议员需要向选民负责,应接受民众的监督。如果代表不能很好行使其职责,则其有可能被选民所罢免。如《陕甘宁各级参议会选举条例》规定,各级参议员在任期内如有不称职的,由各级参议员选举之法定居民人数十分之一以上的选民提议,经该选举单位投票罢免之。

3.特殊主体的人权立法保护

(1)妇女权利的保护。面对妇女无任何权利的状况,边区政府倡导男女平等的思想。赋予妇女与男性同等的权利,政治上具有选举与被选举权;经济上组织妇女参加劳动,可以获取同男人一样的酬劳;丈夫死后,由妻子获得继承权;婚姻上实行一夫一妻制,按照婚姻的自由的原则,废除强买强卖的包办婚姻,童养媳等。同时对于女性的生理特点给予特殊照顾。如准予妇女产假,并禁止伤害妇女儿童身体的劳作。由此可以看出女性的权利得到了应有的尊重和保护。

（2）少数民族人民权利的保护。《陕甘宁边区施政纲领》中对此有明确规定，根据各民族平等的原则和立场，在少数民族地区实行蒙古族、回族与汉族的联合自治；给予不同民族在社会、经济、政治、文化中的平等权利，遵守少数民族特殊的风俗、习俗，尊重其信仰。居住在少数民族自治区、乡的居民，可以通过行使自己的民主权利，按照自己的意愿通过直接投票，选出代表群众利益的参议员和区、乡长组成本民族自治机关，行使自治权，管理本民族内部事务。中国共产党和边区政府领导蒙回民族人民从 1942 年起先后建立了六个回民自治区乡和一个蒙民自治区。

二、人权保障在边区乡村的开展

陕甘宁边区作为民主政治的试验地，边区乡村开展的人权保障实践，不仅坚持和发展了马克思主义的"人民之人权"的人权理论，而且为新中国成立以后的人权保障建设积累了经验。

（一）保障生存权的实践

生存权是人权保障中最为基本的权利。陕甘宁边区政府对于人民的生存权不仅仅只是从法律条文规定来体现，更主要的是在实践中得以真正的保障，使人民安居乐业。

第一，肃清边区内部土匪，为边区人民的生命安全和生活创造有利条件，让人民处于一个安全安心的环境。中共中央到达陕甘宁边区之后，随着土地革命和反地主恶霸斗争的开展，边区乡村地区的匪患问题得到了一定程度的解决，很多土匪被消灭或者赶跑，也有一些隐藏起来不敢公开活动。1939 年，随着第一次反共高潮的到来，边区土匪问题再一次严重化。土匪主要活动在国统区和边区的接壤处，在国民党政府及其地方政权的支持下频频破坏乡村民主政权和危害人民的生命财产安全。据统计，在 1940 年至 1942 年期间，土匪活动最猖獗。仅 1942 年 9 月至次年 1 月，就有数股土匪在各地抢劫 40 多次，打死打伤边区干部和群众 20 多人,被抢财产约 647 万元、长短枪 17 支。1941 年安定县西二区、涧峪岔区之边界,经常发生土匪抢劫拉票情事,报告如雪片飞来,以致边界之乡村人民不能安心耕作,土地荒芜、人心惶惶。① 这种情况引起了党的高度重视,将清剿土匪当作重要工作,通过主力部队、地方部队和群众武装相结合的剿匪举措肃清匪患。

开展武装剿匪。对于大股土匪和恶劣顽固的股匪,边区的主力部队坚决进行军事打击。1940 年,边区政府留守部队集中兵力开展了对盘踞在环县以北的赵老五土匪集团的围剿,在民众的配合下,迅速消灭了赵老五及其土匪势力,收复了环县甜水堡,自此之后再没有发生过严重的匪患。除了军事围剿外,还从政治上瓦解土匪,通过向土匪部队及其家属做宣传,要他们不受土匪的欺骗,使被胁从的土匪觉悟过来;对投诚的土匪予以优待和奖励,解决其生活困难。

加强自卫军力量剿匪。陕甘宁边区的抗日自卫军,是由土地革命战争时期的赤卫军、少先队改编扩大而来的。它是半军事性质的群众武装组织,是保卫边区的重要武装力量。1937 年 10 月 1 日,边区政府、边区保安司令部,根据边区党委《关于改造赤卫军的决定》,以命令形式颁布了《陕甘宁边区抗日自卫军组织条例》。《条例》规定:"凡边区的劳动公民,自愿执行抗日自卫军的任务与遵守抗日自卫军的纪律,年龄在 18 岁以上 45 岁以下,身体强健者,均有加入抗日自卫军的光荣权利。"根据上述文件精神,边区抗日自卫军经过整理和建设,取得了很大成绩。到 1939 年底,边区 80% 的壮丁参加了自卫军,达 22.4 万余人。其中基干自卫军 3 万人。边区广大自卫军积极参加群众性的清匪锄奸工作,实行人人武装,就地设立岗哨,严密警戒盘查,侦察匪情,清查户口,监视可疑分子通过。1937 年至 1938 年,自卫军直接配合八路军留守兵团和保安部

队进行剿匪作战数十次,消灭大小武装土匪 40 多股,毙伤俘千余人,缴获各种枪械 1700 余支、弹药 20 余万发。1939 年至 1940 年,边区自卫军参加或直接破获的汉奸案、投敌案、土匪案等近千起,还检举了一些豪绅地主及捣乱分子的破坏活动,没收烟土 7000 多两。1942 年,由于国民党顽固派不断在边境制造摩擦,挑起事端,派遣土匪特务到边区破坏捣乱、抢劫杀人,曾一度缓和的匪情又严重起来。针对再度发生的匪情,陕甘宁晋绥联防军司令部于 1942 年 12 月和翌年 2 月两次下达剿匪训令,要求各地基干自卫军配合行动,加强对土匪必经道路的侦察警戒。自卫军紧密地配合边区部队,正确执行剿匪的方针政策,经过多次清剿,很快平息了新的匪患,边区社会治安得以好转。

开展群众的除奸运动。只有人人起来防匪,才能使土匪无处可藏。没有群众的参与,剿匪斗争是很难取得胜利的。如在数次环县剿匪中,由于没有发动和教育群众,群众受到赵匪的欺骗,而附和土匪甚至匿藏土匪,使得匪患不但没有消灭反而加大了。鉴于"环县事变"的教训,边区政府一方面通过宣传教育解释土匪的危害,提高群众认识;另一方面建立全民防匪的群众组织,大力发动群众参加除奸运动。在每个乡都设立锄奸委员会,每个村都建立锄奸小组,每个锄奸小组有 10 个以上成员。全边区建立了 1000 个以上的锄奸委员会,9000 多个锄奸小组,有 10 多万锄奸成员。这样,就在边区布下了一张剿匪锄奸的天罗地网。1944 年 10 月 14 日,佳县农民王逢时逢集时,发现土匪张凤山等四人,立即报告行政村主任。在乡干部的领导下手无寸铁的群众用石块追击有武器土匪,前后参加者七十余人,蔚旺春之妻亲送镢锄棍棒两次,小学生姚赖子迎头大骂匪,农民王逢太因劝匪投降而受伤,但群众毫不畏惧,追击数十里,将之全部抓获。[1] 群众踊跃投入剿匪活动中,为清剿土匪奠定了群众基础。经过数次的剿匪

---

① 　陕西省档案馆、陕西省社会科学院编:《陕甘宁边区政府文件选编》第 9 辑,档案出版社 1988 年版,第 9 页。

战斗,基本肃清了边区的匪患,保障了人民的生命、财产安全,为边区创造了良好的社会环境。

第二,为人民谋福利是实践生存权的根本注解。陕甘宁边区土地贫瘠,又承担着抗日军队以及党政军行政人员的供给,因此人民的负担是沉重的。抗战之初,由于经费来源主要依靠外援,人民生活逐渐得到发展。而抗战进入相持阶段后,由于国民党顽固派的经济封锁,边区的财政入不敷出,使人民的负担过重,引起人民的不满。为了减轻人民负担,改善人民生活,边区政府采取一系列发展新民主主义经济措施,奖励人民依靠自己的劳动双手创造财富,充分利用土地资源,开荒扩大耕地面积;鼓励人民发展工业、作坊,并且政府从财力、物力、人力、技术等各方面进行适当的鼓励和支持,同时欢迎外区的人民到边区投资商业开发;实行减租减息政策,特别是通过组织边区人民进行大生产运动,为人民创造了幸福安康的生活。

(二)文化教育权利的保障实践

边区的乡村在贫穷落后封闭的生态环境中,"民间的各种娱乐,大抵都是同迷信的节日联系着,阴历正月十五闹秧歌,就是迷信与娱乐的结合;四月初八的天坛山的社戏,也是热闹的娱乐日子,每逢这种节日,就是群众的娱乐日子。"①由此看出群众文化娱乐生活贫乏,往往以迷信的活动作为娱乐的目的。为了丰富人民的精神和文化生活,边区政府发展新民主主义文化,保障民众之文化权利,提高群众文化素质,使民众受到文化的洗礼。

1.派出专业艺术团体下乡

为丰富群众文化生活,延安的文艺工作者作出了巨大贡献。抗战初期,边区成立的文化战歌社两个月内,举办了 20 多次诗歌朗诵会,开创了

---

① 中央档案馆、陕西省档案馆:《中共中央西北局文件汇集》甲 3,1994 年西安印刷,第 432 页。

延安诗歌运动的新局面。1938 年 8 月 7 日,战歌社与西北战地服务团联合发表《街头诗歌运动宣言》,确定 8 月 7 日为"街头诗运动日",并编印了《街头诗运动特刊》,通过街头诗运动,使诗歌与现实结合起来,诗人与群众结合起来,发挥了教育和鼓舞群众的作用。① 但由于文艺的对象脱离了群众,使得文化活动在群众中影响很小。1942 年 5 月毛泽东在《在延安文艺座谈会上的讲话》中明确提出了文艺为工农兵服务的方针,强调文艺工作者必须到群众中去、到火热的斗争中去,"农村的农民,他们识了字,就要看书、看报,不识字的,也要看戏、看画、唱歌、听音乐,他们就是我们文艺作品的接受者"。在此号召之下,广大文艺工作者纷纷行动起来,走向农村、走向田野,组成艺术团体服务于农村文化,展开了规模宏大的文化下乡运动,创作了大量优秀作品满足民众的文化需求。

　　重视对民间旧文艺的改造和利用。1938 年,陕甘宁边区文化协会对以往的文化工作进行了总结,认为过去所进行的文艺创作和表演对旧文艺吸纳不足,新创造出来的戏剧、歌曲由于没有吸收旧文化中为老百姓喜闻乐见的因素,而没有得到群众的认同,文化活动开展的效果不容乐观。因此,在专业文艺团体创作和文化下乡的过程中,要注意将旧的文化内容以新的民族形式表现出来,使之能够为广大老百姓接受、理解和认同。1941 年 7 月,中共中央宣传部在《各抗日根据地群众鼓动工作的指示》中指出:"各种民间的通俗的文艺形式,特别是地方性的歌谣、戏剧、图画、说书等,对于鼓动工作作用更大,应尽量利用之"。② 这些指示,为文艺工作者之文化下乡活动的开展指明了方向,也改变了文艺工作者的创作内容及其工作方式,他们通过利用和改造旧的文艺形式,丰富了群众的精神文化生活。

---

　　① 喻志桃:《抗战时期陕甘宁边区文化建设研究》,广西师范大学硕士学位论文,2007 年。

　　② 张颖:《陕甘宁边区的农村文艺建设及其历史启示》,《中国延安干部学院学报》2008 年第 2 期。

旧文艺具有多种表现方式,其中,戏剧和秧歌最受群众欢迎,因而边区政府发动文化工作者组建立了剧团、秧歌队、社火队,充分运用传统文艺形式服务民众。据资料记载:边区和部队都建立有剧团,其中,民众剧团、抗战剧团、关中剧团等剧团的影响力相当大。这些文艺团体长期深入农村第一线进行文化演出活动,受到了群众的普遍欢迎。特别重要的是,这些文艺团体在文化下乡活动中,将演出内容与政治动员相结合,把政治宣传、征兵工作、征粮工作、民主选举等事项编入戏剧、秧歌中,通过这种方式使这些工作的开展得到民众的支持。艺术团体下乡工作的开展,不仅大力宣传了党的各项方针政策,还直接服务于农村文化建设的需要,深受群众的欢迎和喜爱。

2.广泛开展群众性文艺活动

边区政府除了大力组织专业文艺团体开展文化下乡活动之外,还广泛发动群众,引导群众开展文艺性活动。群众性文艺活动的开展是受文艺团体下乡的影响而开展的,在文化团体大量下乡开展文化活动的背景下,广大农民出于对文化的喜爱,也迅速行动起来,组成各种文化团体,群众性的文化活动得以在陕甘宁边区广泛开展。

陕甘宁边区的许多乡村都成立了农村俱乐部,俱乐部的主要作用就是组织群众组建业余的剧团、社火队等文艺演出团体,利用各地条件开展文化活动。如边区专门以群众为对象的剧团有民众剧团、抗战剧团、关中剧团、三边的七七剧团、曲子的农村剧校、庆阳的抗战剧团。1935年抗战剧团成立时团员只有十二三人,都是农村的小孩,一字不识,但是他们每次的演出,都受到群众的欢迎。1940年3月到7月三个月之间,他们在十五个地方演了五十八天戏,总计八十次,观众有五万多人;其次给群众教了一百二十多个歌子,组织了三十多个歌咏队,创造了十九首新歌,还在十三处放映了二十四次电影,观众达到二万一千多人;帮助地方成立了一个剧团,开办了一个音乐美术训练班,出版了无数的街头画报。剧团通过组织群众的文化娱乐活动,配合当地当时的政治任务,使他们成为开展地方文化教育工作的流动兵团。①

其次,边区街头文艺和村边文艺是最为引人注目的文艺表演形式,其中,最为群众所喜爱的是秧歌和社火。秧歌产生于我国农村地区,在表演的过程中,具有说唱结合、载歌载舞的特点,受到了广大人民群众的喜爱。陕甘宁边区的文艺工作者非常注重通过这种形式满足人民群众的文化需求。1942年,毛泽东在延安文艺座谈会上指出文艺不仅要面向工人、农民和士兵,而且倡导工人、农民、士兵参与文艺创作,提倡工农兵写自己、演自己。在此要求下,1943年文艺工作者在陕甘宁边区发动了新秧歌运动,运动吸纳了大量的群众参与,从而也使得这种文艺形式得以在边区迅速开展起来,遍及了陕甘宁边区的各个乡镇和农村。到1944年,新秧歌运动进入了高潮,工人、农民和士兵等都积极参与秧歌表演,群众性的文艺活动蔚然成风。据资料记载,秧歌队的足迹几乎遍及每一个乡镇和山村,平均每1500人中就有一个秧歌队。同时,还有自乐班124个,皮影班62班,观众达800万人次以上。同时很多群众都直接参与了秧歌剧目的创作,所创作出来的秧歌剧目总数在数百种以上,从而使秧歌剧作呈现了一派繁荣的现象。新秧歌运动将群众性文艺活动推向了高潮,开创了人民群众参与文艺创作的新局面,发展了新民主主义文化,实践了群众文化发展权利,使人民的文化需求得到了充分的实现。

社火也是传统社会中存在的受到群众普遍欢迎的艺术表演形式。在整个陇东分区,社火活动形成了一种高潮,全分区有群众社火131处,农村中到处可听到锣鼓声,甚至停了几十年的老社火都恢复了活动。除秧歌和社火之外,其他各种文艺形式也因群众性文艺活动的开展而获得了蓬勃发展,诗歌、说书、演唱、窗花剪纸等都活跃起来。曲子县的劳动英雄孙万福创作的诗歌《咱们的领袖毛泽东》,民间艺人韩起祥所组织的陕北

---

① 陕西省档案馆、陕西省社会科学院编:《陕甘宁边区政府文件选编》第3辑,档案出版社1987年版,第217页。

"说书组"所创作的《刘巧儿团圆》、《张玉兰参加选举会》、《四岔捎书》等都备受当地老百姓的喜爱。① 这些现象说明,群众性的艺术活动获得了蓬勃的发展,农民文化需求和文化权利得到了一定程度的保障。

3.开办乡村教育

陕甘宁边区在其管辖范围内大力开展社会教育和学校教育,充分保障边区民众之受教育权。

(1)开展社会教育,保障社会民众的受教育权。为了将广大群众从文盲中解放出来,使人民都有受教育的机会,扫除一切教育上的垄断和畸形发展,边区政府普遍地普及社会教育。其目的不仅在于教育民众识字,更重要的是需要通过教育而提高民众的民族意识和民主意识,发动群众参与抗日斗争,为反抗日本侵略的民族解放战争奠定坚实的民众基础。当然,对于广大的乡村民众,让其脱离社会生产而专门投入学习知识文化是不可能的,也无助于边区经济社会的发展。因此为不影响民众生产,主要利用群众空闲时间,采用识字班、识字组、夜校、半日校、冬学、民众教育馆等形式。在边区财政比较困难的情况下,实施社会教育的费用主要由政府承担或动员社会力量承担,边区农民群众的教育基本是免费的。同时在制度和组织建设上,边区政府先后制定了一系列的政策和法令,包括《陕甘宁边区模范夜校半日校暂行条例》、《陕甘宁边区各县社会教育组织暂行条例》、《陕甘宁边区冬学教员奖励暂行条例》、《陕甘宁边区各县识字检阅暂行办法》、《陕甘宁边区民众教育馆组织规章》等规范性文件。这些政策文件的制定为边区社会教育的开展提供了坚实的制度保障。②

学习的主要内容:知识训练,包括识字教育、民族意识和民主意识、举办时事讨论会和演讲会、发动群众自主设计出版墙报、学习爱国歌曲、组

---

① 张颖:《陕甘宁边区的农村文艺建设及其历史启示》,《中国延安干部学院学报》2008年第2期。

② 刘滢:《抗战时期陕甘宁边区的成人教育》,《中国井冈山干部学院学报》2010年第5期,第91—94页。

织表演爱国曲目。技能训练,包括军事训练,即将适龄男性公民组织起来,让其参加自卫军训练,对其进行军事管理;战时医护训练,即将女性公民组织起来进行简单的医学、护理知识培训;防卫知识教育,在普通民众,包括老人、儿童中开展防卫知识教育,主要讲解防空、防毒、反"扫荡"等方面的知识;战时工作训练,传授构筑战沟、刺探敌情、传送情报等方面的知识。生活训练,包括主要在民众中进行生活常识特别是卫生方面知识的培训,确保民众能够在有限的条件下最大限度地提高生活质量。为了使群众方便、易懂,达到实际学习的效果,避免形式主义,要求根据群众的实际情况进行教学活动:第一,教材设计简明易懂,适合于大众的需要,便于普通群众开展学习;第二,教学坚持灵活多样,教育活动从教室走向田间地头,并通过演讲、比赛等形式开展,同时将教育寓于劳动中,确保民众生产与接受教育两不误。

经过开展一系列的社会教育,农民的文化素质和文化水平得到了显著的提高。1944 年 12 月,在陕甘宁边区召开的第二届参议会第二次会议的一份提案中对边区民众的文化程度进行了估算,边区的文盲人数所占比例从 90% 下降到了 83%。同时提高了边区民众民族意识和民主意识,民众将这种认识贯彻到生活和工作中,明白了为什么要开展军事知识学习,并提高了劳动积极性,以实际行动投身于抗日战争的后援工作中去。

(2)开展学校教育,保障适龄儿童的受教育权。由于边区财政困难,师资力量的缺乏条件限制,学校教育主要是指小学教育。边区政府成立之后,非常重视小学教育的开展。1939 年,边区政府在其颁布的《抗战时期施政纲领》中宣布,边区内实行免费的儿童教育,在儿童中开展民族意识和生活知识的教育,提高儿童知识水平,为中华民族培养优秀的后代。1938 年,边区政府制定了《陕甘宁边区小学法》,该法将发展儿童身心、增强儿童民族意识、提高其知识水平和技能水平作为小学教育的主要目的。1939 年 8 月,边区政府又制定了《陕甘宁边区小学规程》。《规程》规定,小学义务教育的对象为 7—12 岁的儿童,不分男女都有接受义务教育的权利。① 更为重要的是边区政府还制定了保障义务教育条例,即《陕甘宁边区实施强迫教育暂行条例(草案)》,该草案强制适龄儿童入学接受义务教育,对因家庭贫困而无法读高级小学的儿童给予资助,助其完成高级小学学业;对于边区以外的地区因战乱而流入边区的儿童,在就学问题上也给予资助。此外,改革教学方式和内容,注重教育与农村相结合,教育与生产相结合。教给学生记账、写信、打算盘、读报等内容,使学生认识到的字和听到的真理,真正与他们的生活息息相关。根据农村生产四季忙闲不一的特点,利用生产空闲时间开展教育活动,不误农时。实行这些有力措施后,原来出现的有的农民送孩子上学时,认为自家孩子从此成为"公家人"而"痛哭流涕",有的花钱雇用别人的孩子去顶替,或者把孩子送到友区以逃避读书的现象已不存在,而是认识到"娃娃读书"不要钱,关系着子孙后代的前途命运,高兴地送孩子入学。在边区各级政府的领导和努力下,边区小学教育得到快速发展,小学入学人数逐年递增,入学比率也稳步提升。据统计,在 1937 年,边区辖区范围内的小学仅有 320多所,学生 5600 人。到了 1938 年,小学数量增长到了 733 所,学生增加到 15348 人,增长比率达到 129%和 174%。到 1939 年,小学数量更是进一步增长,达到了 883 所,学生人数也增长到了 22089 人。1948 年,学校数量则增长到了 1341 所,学生人数增长到 41458 人②。从小学数量和学生人数的变化中可以看到,边区的学龄儿童是受益的,他们享受到比较普遍的免费义务教育,从根本上改变了此前穷苦人家的孩子无法入学的状况,适龄儿童的文化教育权利得到了很大的尊重和满足。

(三)司法中的人权保护实践

陕甘宁边区司法机关在保障人权方面做了大量行之有效的工作,但

---

① 黄正林:《1937—1945 年陕甘宁边区的乡村社会改造》,《抗日战争研究》2006 年第 2 期,第 45—48 页。

② 朱长跃:《陕甘宁边区学校体育》,《华夏文化》2006 年第 1 期,第 231—237 页。

由于陕甘宁边区基层司法人员奇缺,素质不高,法治意识淡薄,从而存在一些不尊重人权的情形。首先表现为区乡干部侵犯人权的行为。在司法实践中,为便于民众迅速解决纠纷,在纠纷产生之初,即往往先由区乡政府进行处理。但由于区乡干部法治意识淡薄,一些干部在处理民众纠纷时,打骂捆绑处罚的现象比较严重。其次是司法工作人员刑讯逼供现象也时常存在。雷经天曾在司法报告中指出:"清涧有任意打人的现象,米脂因捕逃跑犯人击毙一人。强迫调解而逼成人命的也有,不服调解而吊打的也有,靖边也有吊打的现象。"①这些说明侵犯公民人权的现象是较为严重的。边区政府认识到这些存在的问题之后,着手进行司法改革,通过对司法程序的设置而保障人权。

1.逮捕

除司法公安机关依法定手续统一行使逮捕权外,任何机关、部队、团体不得对任何人加以逮捕;非司法机关虽有拘捕现行犯之权,但须于24小时内连同证据送交检查或公安机关依法办理;对违警以外任何案件,仅可侦查及调解,绝无审问、拘留和处决权。这一系列的规定体现了司法的公平性、合理性,避免了一些紧急情况下误捕的极其不合理、不理智的行为。

2.诉讼

坚持诉讼平等的原则,不得对当事人的诉讼权力有任何附加限制。对于有行为能力的当事人,可自行行使辩护权,也可以准许群众团体为所属成员进行代理或辩护,只要辩解有事实根据,根据平等的原则,其辩护同样有效,作为案件的证据之一。如延安工人陈海生为侵占土地控告地主蔡凤璋案,是边区总工会派代表为原告代理人,法庭承认工会代表的原告地位,结果原告胜诉,取得损失赔偿。② 诉讼的形式书面或者口头具有

① 韩延龙主编:《法律史论集》,法律出版社 2004 年版,第 381 页。
② 陕西省档案馆、陕西省社会科学院编:《陕甘宁边区政府文件选编》第 3 编,档案出版社 1987 年版,第 223 页。

相同的法律效力。诉讼过程中不得向当事人收取诉讼费以及其他任何费用,对于经济困难的人,还应当给予相应的经济支持。1943 年 7 月 5 日,边区高等法院代院长李木庵以快板诗的形式发布了通俗易懂的诉讼布告:"近闻人民诉讼,请人代写诉状。花钱动辄盈千,穷人真受不了。法院便利人民,允许口头控告,有员代写状词,费用分文不要,特此布告周知,望勿自增烦恼。"①自此边区群众不需要下跪,不用花钱也不需要会写呈状,只要有理就能打赢官司的方式深得人心。

3.审判

严禁采用刑供审讯方式,而是以解释说服与审问的方式相结合,通过面对面的交谈,将案情的具体情节理清楚,然后根据事件的具体情况寻找合适的解决方法,口供仅作为参考,主要是以实在的证据作为依据进行判断。若是一些特殊案件,如是对国家、民族和人民具有特殊教育意义的案件,以公开审判的方式,让民众参加审判,并从中获得教育。

4.司法过程中的人权保护,除了表现在逮捕、诉讼、审判等具体程序上,在犯人执行刑期的过程中同样保护犯人基本人权

(1)监狱工作:边区政府将监狱作为一个改造犯人的学校,恢复犯人的人格,采取"犯人自己管理自己"的原则,建立犯人自己组织,有会议制,有汇报制,给犯人一定范围的行动自由;组织犯人进行生产技能守法的学习,使释放后能自谋生活,重新做人;犯人的生活除没有个人行动自由及不发津贴外,饮食起居与机关人员没有任何差距,有救亡室、图书乐器,每周可自由举行晚会、讨论会、出墙报,对外通信,接见亲朋。冬夏两季发衣服,补充被毯、鞋袜、面巾,冬有炭火烧炕,尽一切可能在精神和物质上减轻犯人痛苦的感觉,以至于有的犯人说:"做老百姓什么都解不下,想不到到看守所来,什么都懂了"。边区曾有一个逃跑的犯人,经过一年,仍自动回到看守所,承认逃跑的错误,请求加重处罚,说不如在看守

---

① 艾绍润编:《陕甘宁边区审判史》,陕西人民出版社 2007 年版,第 64—65 页。

所得到许多的帮助和进步。更有已释放的犯人,写信要求回看守所工作,以为在看守所的生活比较有趣。① 正由于边区的狱政工作强调政治教育、文化教育和劳动教育相结合,实行革命的人道主义,成为司法工作的一大亮点,因而受到参观者的赞叹。英国的绅士希费尔参观边区的法院看守所后惊叹:"奇怪! 我来延安天气已冷,初两天因买不到炭,没有火烧,想不到犯人窑洞里已烧炭烤火,在暖烘烘里度日了。"世界学联代表傅路德在法院看守所的参观簿上写道:"我很愿意住这样的监狱,因为夏天没有苍蝇骚扰,好比住在医院的病房一样舒服。"

(2)在法律面前人人平等。坚决打击一切犯罪行为,保护任何人的合法权益,是边区司法的职责。对于共产党员犯法者,一律从严处理,著名的黄克功一案充分体现了边区司法的公正性,让边区人民体会到了法律的公正性和严肃性。

(四)社会保障实践

社会救助工作的实施关系到民众生存生活和社会的稳定。陕甘宁边区政府面对严重的自然灾害,大量的移难民,社会的弱者建立了适应战时和边区需要的社会救助体系,采取多种形式的社会保障措施,力保人民的基本生活得到保障,促进了边区社会经济的发展,稳定了社会秩序。

1.设立专门救助机构,建立社会救灾体系

救济灾民和扶助贫弱一直是陕甘宁边区政府工作中的重点任务。1939 年,边区政府在其施政纲领中将改善民生问题作为边区政府施政的重要方面,而救助灾民和难民,保障其基本生活,则是民生问题中的重点。为此边区政府制定颁行了大量的救灾赈灾政策法规法令。特别重要的是,边区政府还设立了专门的救灾赈灾机构,即民政厅,下属有各级民政部门,各级民政部门即为负责救灾工作的常设性机构。在区乡则设置有

---

① 陕西省档案馆、陕西省社会科学院编:《陕甘宁边区政府文件选编》第 3 辑,档案出版社 1987 年版,第 224 页。

优待救济委员会作为负责救灾赈灾工作的常设性机构,可见边区政府的救灾赈灾机构延伸到了乡村一级,说明边区政府救灾赈灾的决心和工作力度是非常大的。

党中央要求党政机关要高度重视救灾工作的开展,要把救灾工作看作一个政治问题,将其作为是否对人民负责的衡量标准。在具体的执行方面,首先边区民政厅发布救灾赈济指示,各级民政部门则充分调动社会力量落实救济工作。在灾害发生频繁的年份,边区政府还整合多方力量,将党、政、军、民组织起来成立各级救灾委员会,由委员会协调各方关系,共同参与救灾工作。乡村级党支部是开展生产自救的核心力量,由村级党支部书记调动村民进行生产互助活动。另外,边区各级青年组织、妇女组织和工会组织也被充分调动,深入群众,依靠群众和发动群众互相调剂帮助。此外,边区政府还通过各种形式加大对士绅名流的号召,促使其参与救灾工作。由此可见,在党中央的领导下,形成了以边区民政厅为中心,以边区各级政府和民众为辅的社会救助体系,为顺利开展社会救济提供了组织保障。

2.举办义仓,保障灾民基本的生活需要

义仓是边区农村社会自古流传下来的防备灾荒的互助制度形式。边区成立之后,这种防备灾荒的形式得到了进一步的发展。1942年,在边区政务会议上就提出举办义仓的议题,但考虑到当年边区收成不好,农村粮食自足尚有困难,因此会议决定暂缓举办义仓。1943年,新正县一个乡的党支部书记张清益发动群众在雷庄开办了边区第一个义仓。此举得到了边区政府的高度重视和赞许,邻近的县区也纷纷效仿,建立自己的义仓。1944年,边区政府联席会议通过了由杨正甲等人提出的建设义仓的建议,边区政府为此专门发布了命令,将义仓在陕甘宁边区各地推广,要求各地政府从关中义仓建设中总结经验,发动群众,整合各种力量建设义仓以防备灾荒。在边区各级政府的大力支持和推广下,陕甘宁边区义仓建设形成了一股潮流,各地纷纷组织力量积极参与,在关中分区,分区政府原计划开义田 3079 亩,实际上,在人民群众的支持下,开设 3079 亩的义田任务迅速完成,最后开设的义田多达 7152 亩,比计划开设数量多了一倍有余。到 1945 年,陕甘宁边区各县都建立起了义仓,在关中地区,义仓建设延伸到了村一级,有很多地区甚至在村一级也有自己的义仓。在甘泉,一个县的义田面积多达 1195 亩,积粮达 201 石。重为重要的是,在开设义仓过程中还出现了合作社办义仓的现象。如南区合作社鼓励人们存义粮,同时设立了备荒股金,该社存粮本来就有 1000 石,加上义仓粮后,总共有 1400 石。这些粮食足够该社进行调配以应对荒年。除举办义田外,边区农村还创造了其他形式的集体应对灾荒手段。如陕甘宁边区各地纷纷出现了募集粮食的形式,农民不仅积极将自己生产的粮食进行集中管理,甚至将杏仁、麸子、谷糠等也一并进行集中管理。

除此之外,边区还创造了义仓粮食信用社的灾荒防备形式。义仓粮食信用社最早由安塞农民樊彦旺创办,这种形式得到了边区农村的青睐,到 1944 年在边区广泛推广,仅米脂一县开设了这类信用社 40 多个。主家碱社是所有义仓粮食信用社中经营管理得最好的一家,这家义仓粮食信用社采用自愿入股的形式,由群众自愿收其粮食交由信用社管理,实行有利借贷,在麦子价格相对便宜而大米价格较贵时,则由农民用米来换更多的麦子,在大米价格相对较低而麦子价格相对较高时,则由农民用麦子换更多的米。通过这样的交换,农民手中掌握的粮食数量即得以增长,其应对灾荒的能力也得以增强。这些形式实际上将分散的边区农民团结起来共同对抗自然灾害,并实现了粮食在收成好的年份和收成不好的年份的合理调配,因此提高了边区民众抗击灾荒的能力。

3.发放农业贷款

贷款给最贫穷的劳动者是边区社会救济工作的重要措施之一。鉴于贫雇农、移难民生活上最贫穷,存在发展生产的困难,1941 年边区自主创设农业贷款,成立农贷委员会,县长为农贷委员会常委会当然主任,以确保其公正以及便于还贷的操作。农贷会起初贷给以从事生产为目的而缺乏耕牛之贫苦农民及新来之移民,用于购置耕牛。1942 年以后,随着大生产运动大规模的兴起,农业贷款数量和范围逐渐扩大。1942 年 7 月底,边区政府在各主要的农产县区发放了棉纺、耕牛农具、小麦青苗三种农贷,总数共达 300 万元。① 对于边区的农民来说,政府发放给农民的既有救济款又有贷款,贷款又有本金和利息,需要偿还,农民分不清贷款和救济款的区别,造成了有些农民认为,"农贷就是救济,放了就算了,何必还要收回了?"从而存在不良贷款的情形。为了使农贷发挥促进生产的良性作用,在总结 1942 年发放农贷实践的经验教训基础上,1943 年边区政府进行了改革,规定:"农贷由建设厅主管,由区乡政府发放,并由乡政府监督用途及督促归还之责。"②同时简化农贷手续,政府确定对象后,农民无须申请,由贷款人出具收据,写明用途,即行放款。经过改革发放管理办法,使得贷款收到了良好的经济效益和社会效益。1943 年,边区政府总共发放农业贷款 3700 万元,分三次贷出,其中第三次的贷款就是从回收的贷款中划拨的。1944 年,边区发放农贷增加到 1 亿元,农民从贷款中获得好处后,称银行是"青天"的呼声相当普遍,认识到政府是为他们谋利的,解决了群众在青黄不接时的困难,同时抵制了商人和高利贷的剥削。

4.善待移难民

抗日战争时期,频繁的自然灾害和因日本的侵略使大量难民从河北、宁夏、山西等地涌入了陕甘宁边区,这些人四处流落,居无定所,生活艰辛。据统计,在抗日战争的八年间,共有 63850 户,266619 名难民进入了边区。陕甘宁边区地广人稀,生产力低下,发展农业生产的第一要务就是劳动力,大量吸收因战乱和灾荒而逃亡的移难民,保障移难民的基本生活,是边区各级政府的工作任务。

---

① 《解放日报》1942 年 7 月 29 日第 2 版。

② 陕西省档案馆、陕西省社会科学院编:《陕甘宁边区政府文件选编》第 7 辑,档案出版社 1988 年版,第 117 页。

　　为了有序地开展移难民工作,边区政府要求民政厅、行政署将移难民的救济优待作为其主要工作之一,并在专署和县一级专设了民政科和难民工作委员会。难民工作委员会由行政长官直接领导。各级难民委员会主要负责贯彻落实党和政府的移难民优待政策,了解难民基本情况,充分发动群众参与到移难民扶助工作中来。

　　政府积极安置移难民,确保其基本生存问题。由于移难民基本是外来者,因此对于他们的救助主要是解决基本生存问题。首先是解决移难民途中的食宿问题。边区政府在各地区专员公署和县政府设立移民站,负责接待安排移民工作。由移民站发给移民路费、补贴费,由边区政府支出,按月向边区政府报销。① 民政厅建立难民收容所,解决难民途中的食宿问题。其次,难民到达边区后,发放救济粮款,发动群众调剂粮食、住房,使难民获得基本的生存条件。1942 年到 1943 年两年间,边区政府向难民发放救济粮达 4000 余石,共调拨窑洞 6240 孔,分给 8.67 万亩土地、1388 头耕牛、180 多石种子和 9100 件农具供难民生产。到 1946 年,难民人数逐步减少,该年安置难民数为 623 户,共 2104 人,政府为这些难民拨粮 859.6 石,调拨土地 6339 亩,窑洞 122 孔,拨款 25890000 元,满足这些难民的基本生活需求。1947 年和 1948 年边区又遭遇了自然灾害,350 多亩土地被毁,粮食产量大跌。边区政府发动志丹、延长、华池、安塞等没有遭受自然灾害且存粮较多的地区的群众接收这些难民,光延长一县就接收了 5000 多名难民,华池县因积极参与接收工作而受到边区政府嘉奖。

　　组织难民生产自救。政府和群众的紧急救济并不能解决根本问题,因此边区政府积极组织难民进行生产自救。一是帮助难民自谋生路,根据难民自身的条件,由自己选择到农村参加生产,或介绍到工厂去做工,

---

　　① 陕西省档案馆、陕西省社会科学院编:《陕甘宁边区政府文件选编》第 5 辑,档案出版社 1988 年版,第 213 页。

或介绍到机关工作,或到学校念书后再回到自己家乡参加抗战。[①] 二是创办难民工厂接收难民参加工业生产以救济难民。1938 年边区先后创办了难民纺织厂、难民硝皮厂和难民农具厂。到 1940 年底,这三个工厂共安置难民 272 人,除解决难民生活、工资外,还盈余 6400 元。[②]

鼓励难民垦荒。边区政府专门设立了"移垦委员会",专门负责领导移难民垦荒工作,指导移难民进行农业生产,对新开垦地区进行综合管理。1942 年边区政府颁布优待移民政策,强调对新移民实行三年免收救国公粮,减轻义务劳动,帮助解决住宿、种子、农具等日常生计问题。为了真正将移难民政策落实到位,同年,边区政府明确划定延安、靖边、志丹、甘泉、曲子、鄜县、华池等地为移难民开垦区,其中包括了许多肥沃的土地。1943 年,边区政府颁布修订优待移民难民垦荒条例,共计 19 条,对移民的生活、生产、政治、文化、卫生等权利作了详细的规定,让每个移难民感受到了政府服务的体贴和周到,体会到了家的温暖感和归宿感。在边区优待移民难民政策的激励下,大量的移难民经过自己的辛勤劳动,过上了温饱安稳的生活。据资料记载,从 1938 年截至 1943 年初迁入边区的移难民在 10 万以上,当时贫困如洗,枵腹破衣,到现在就是发展最慢的,也能饱食暖衣,变成了自耕农,至于发展快的,则上升为富农。[③]

5.开展社会优抚

对社会上无谋生能力的老弱病残进行救济,边区政府给予了极大的关注,颁布了大量相关的法令法规,建立了儿童保育院、养老院等专门机构开展救助工作。但是由于种种原因,这些优惠的政策仅局限于党政军系统的"公家人",对于广大边区农村群众是覆盖不到的。边区农村群众

---

① 中国社会科学院历史研究所第三所:《陕甘宁边区参议会》(文献汇集),科学出版社 1958 年版,第 12 页。

② 陕西省地方志编纂委员会:《陕西省志·民政志》,陕西人民出版社 2003 年版,第 384 页。

③ 《解放日报》1943 年 2 月 22 日第 2 版。

能够享受到社会优抚的主要是抗属和伤残的战士。为确保兵源充足和军心稳定,边区政府十分重视对抗属的抚恤和革命伤残军人的安置。在抗战期间,边区政府制定的关于优待伤残军人及其家属的条例法令即多达10 余个,包括《抗日军人优待条例》、《关于残废牺牲老病等抚恤的规定》、《抗日战士优待抚恤条例》、《陕甘宁边区抗战时期施政纲领》、《陕甘宁边区义务耕田队条例》、《陕甘宁边区抚恤暂行办法》等等。边区政府不但从制度上保障伤残军人及其家属受到优待,更重要的是从物质和精神各方面给予满足。对于退伍的残疾军人,按不同等级发给不同数目的抚恤金及荣誉将士优待证;对于有劳动能力的伤残军人则介绍其工作或帮助其参加生产,解决其生计;对于无劳动能力的,由政府安置或由群众代耕保障基本的生活;牺牲的将士,给予直系遗属一定的抚恤金。对于抗属,边区根据各地经济发展水平和人民生活水平,规定抗属生活的标准,确保抗属在生活上条件要好于普通群众。边区各级政府动员群众为其补充劳动力,为抗属制订出生产计划,帮助抗属进行耕种、收获;对于特别困难的家庭,还供给其家庭所缺乏农具、种子等生产资料;帮助抗属经营副业,如组织抗属经营纺织、畜牧、养蚕等以提高其家庭收入。另外,公营的商店和合作社还负有供给军人家庭物资和收购其剩余农产品的义务,对于向军人家庭供给的物资,在价格上要便宜于向普通群众供给的物资。这些措施的实施,大大提高了军人及其家属的地位和生活水平,鼓舞了前方将士的斗志,稳定了军心,为抗日战争保证了充足的兵源。

三、人权保障的特点

(一)人权保障的广泛性

陕甘宁边区人民人权是毫无限制的,一切抗日人民,不分民族、阶级、党派、性别、职业与宗教都享有平等之民主权利。保障一切抗日人民的私有财产权、土地所有权和人身权利,甚至对土地革命时期逃亡苏区,后又自愿回到家乡,遵守边区法律,积极抗日的地主、富农的人权也予以保障。

其次,人权的广泛性还体现在人权的范围上,一切抗日的人民享有言论、出版、集会、结社、居住、迁徙及思想、信仰之自由,所以,边区的人权摒弃了一切束缚、剥削、压迫、不公平的现象,使人民在广泛和公平的权利中得到了益处和感受到朴素的幸福感。

(二)人权保障的务实性

法律权利在应然权利和实然权利之间起着重要的牵引作用,在实际生活中,人权状况在很大程度上取决于法律权利转化为实然权利的程度。

人权(人类的愿望和理想,是人类追求的目标)	应然权利	人权主体应有的权利
	法律权利	受到国家宪法和法律承认并保护的人权
	实然权利	人们在一定法律关系和社会生活关系中实际享有和行使的权利

抗战时期,国民政府颁布了一系列人权保障的相关法规,他们承诺给予人民一定的人权保障,但是却并未真正实施。如很早就提出了"二五减租"法,却并没有真正执行。而边区人民的人权得到了真正的保障,体现了人权保障的真实性。

第一,高度重视人民的经济权利、政治权利、文化权利、社会的保障。在经济权利方面:实行减租减息,维护了农民的合法权益,调解了各阶层之间的关系;发动大生产运动,实现自己动手、丰衣足食;实行精兵简政,减轻人民负担;改革赋税条例,以公平为原则扩大纳税范围,保障各阶层人民利益。在政治权利方面:开展选举运动,以普遍、平等、直接、无记名的原则选出自己信任的村长、乡长和民意代表;赋予人民罢免权,淘汰不为人民兴利除弊的干部;赋予人民监督权,人民可控告违反人民利益的干部。文化权利方面:号召文艺团体为人民服务,为人民创作,给人民送去精神食粮,丰富人民的文化娱乐生活;鼓励人民创作,真实反映人民的心声和精神面貌;免费提供社会教育与义务教育,使农民提高文化水平。社会保障方面：发动剿匪、改造二流子、禁烟戒毒三大社会改造运动，使社会风气和人民的精神面貌发生了很大的改变；通过对老弱病残的救济，使弱势群体的基本生活有所保证；通过放赈和发放农贷，保证灾民的基本的吃、住和发展生产；举办义仓、鼓励移难民垦荒，以"自救"为方针，培养农民自救的能力，促进生产的发展。由此可见，边区人民的各项权利得到了真正的保障。

第二，高度重视人民权利的法律保障。据统计，在边区存在期间，共制定和颁发了 64 个类别、数量达千件的法律法规。其中与人权相关的法律法规占了很大的分量，如起宪法性作用的《陕甘宁边区抗战时期施政纲领》、《陕甘宁边区施政纲领》、《陕甘宁边区宪法原则》中对人权有明确规定；在土地、劳动、婚姻法规方面有《陕甘宁边区土地租佃条例》、《陕甘宁边区地权条例》、《陕甘宁边区劳动保护条例》、《陕甘宁边区婚姻条例》等；在经济法规方面有《陕甘宁边区人民生产奖励条例》、《陕甘宁边区商业税暂行条例》、《陕甘宁边区奖励实业投资暂行条例》等；在刑事、民事法规方面有《抗战时期惩治汉奸条例》、《陕甘宁边区刑法总分则草案》、《陕甘宁边区刑事诉讼条例草案》、《陕甘宁边区民事诉讼条例草案》、《陕甘宁边区军民诉讼暂行条例》等。由此可见边区人民的人权不仅具有宪法的最高保障，又有相关的法律维护人民的各项合法权益，使得人民人权的实施有法可依，具有操作性。

第三，高度重视人民权利的组织保障。为了使边区人民的权利得到有效的保障，边区政府很重视从组织建设上推动人民权利的保障。如为了保障人民的选举权，边区的各级人民政府都成立了相应的选举委员会，专门负责办理和监督各级选举工作。在少数民族单独进行选举的地区还特设少数民族选举委员会。为了便于人民权利的实现，边区乡政府委员会常设有经建、文化、优抗、治安委员会在人民的日常生活中起作用；为了使社会救助得到真正的落实，设立救济委员会、移民站、难民收容所等专门机构负责救济事宜。从实践的效果来看，经过组织推动，人民的各项权利得到实现和保障。正如 1941 年 5 月 26 日《解放日报》社论所指出的：
"中国共产党一向是忠实于它对人们的诺言的，一向是言行一致的，因此
它的纲领中的每一条文与每一句话，都是兑现的，是用事实来使得人权得
到充分保障。这是抗日根据地保障人权实践活动的真实写照"①。

正是在边区各级政府组织的推动下，在法律的保障约束中，真正践行
人民所享有的一切权利，从而使陕甘宁边区成为人民的"天堂"、"民主"
的圣地。毛泽东因此自豪地宣称：人民在言论、出版、集会、结社、思想、信
仰和身体等方面的自由是最重要的自由。而在中国境内，只有陕甘宁边
区是彻底实现了。

第三节　陕甘宁边区乡村土地立法及实施

土地是农民最为基本的生产资料，是农业生产活动得以开展的前提。
抗日战争全面爆发后，中国共产党为了促成抗日民族统一战线的实现，采
取了避免阶级矛盾激化的土地政策，实施减租减息，制定了一系列土地方
面的法律法规。

一、乡村土地立法和土地政策概况

陕甘宁边区辖区内土地制度分为两种情况：其一是在原陕甘宁苏区
范围内进行较为彻底的土地革命，地主土地被没收，分配到人民手中，封
建土地制度基本上被消灭，实现了耕者有其田的革命目的。其二是在陕
甘宁边区的"新区"，这些区域多数没有进行土地革命，地主仍占有大量
的土地，封建的剥削关系并没有被消灭，实行减租减息的土地政策。

---

① 杨永华：《陕甘宁边区人权法律的颁布与实施》，《兰州大学学报》2003 年第 3 期，
第 34—38 页。

1937 年 4 月,在边区政府成立之前,陕甘宁苏区政府即发布公告:在新的区域不再没收和分配土地了,直接实施减租减息的土地政策;在陕甘宁苏区因没收土地而离开的地主豪绅愿意回来的可以回来,并可得到与其他农民一样的土地和房屋。这个公告发布之后,一些外逃地主返回边区,并取得了一定的土地和房屋。但也有一些地主不顾政府法令,逼迫获得土地的农民交出土地,甚至采用武力方式殴打村民。针对这种情况,边区政府为保护农民的权益,颁布了《陕甘宁边区土地所有权条例》。该条例确立了土地私有制,对于边区政府分配给农民的土地,农民依条例的规定享有所有权;土地改革之前存在的各种土地关系和地契一律作废,农民分得的土地需要办理土地证;同时规定对于地主现有的土地,则不再予以没收,承认地主土地的所有权。这个条例的制定,使得农民土地所有权有了保障,在一定程度上维护了封建地主的利益,避免阶级矛盾的激化,从而有利于土地政策的实施。

1939 年,边区政府第一届参议会会议通过了《陕甘宁边区抗战时期施政纲领》。该纲领沿袭了《陕甘宁边区土地所有权条例》对土地私有权的保护内容,边区人民在土地改革中所获得的利益受到法律的保护。这次会议还通过了《陕甘宁边区土地条例》,明确规定"确定土地私有制,人民分配所得之土地,即为其私人所有。土地改革以前之旧有土地关系,一律作废";"土地出租时,业、佃双方须订立合同,除保证业户利益外,须保证佃户使用土地之一定年限及租额不至过高"[1]。

边区政府 1941 年 5 月 1 日颁布的《陕甘宁边区施政纲领》,以及1942 年制定的《保障人权财产条例》,都重申农民土地所有权和地主土地所有权予以平等保护,即对于已平分土地的地区,则保护取得土地的农民土地所有权,对于未平分土地的地区,地主的土地所有权也得到保护。

---

① 陕西省档案馆、陕西省社会科学院合编:《陕甘宁边区政府文件选编》第 1 辑,档案出版社 1986 年版,第 224—226 页。

除了这些文件中对减租减息予以原则性规定之外,为确保这些文件的执行,边区政府还制定了相关的具体规定。如在 1942 年,中共中央政治局即制定了《中共中央关于抗日根据地的土地政策的决定》及三个附属文件,该年 12 月,边区政府颁布了《陕甘宁边区土地租佃条例草案》。1944 年,边区政府则制定了《陕甘宁边区地权条例》和《陕甘宁边区土地租佃条例》。这些条例的制定,为减租减息运动的彻底开展提供了法律依据。

二、土地立法和土地政策的主要内容

如上所述,在抗日战争时期,边区政府制定了一系列的关于土地和减租减息的法律法令,主要有《陕甘宁边区土地条例》、《陕甘宁边区保障人权财权条例》、《陕甘宁边区土地房屋登记暂行办法》、《陕甘宁边区土地租佃条例草案》、《陕甘宁边区土地登记试行办法》、《陕甘宁边区地权条例》等。这些法律主要包括以下内容。

第一,明确了土地所有权的性质。《陕甘宁边区土地条例》规定陕甘宁边区的土地分为两种所有权形式:一种是公共所有权,公共所有土地包括道路用地、河流和水流、湖泊所占地、矿产、荒山、森林、名胜古迹、依法没收的土地及其他未得到边区政府承认为私有的土地,这些土地的所有权为边区政府所有,供公众使用,任何人不得私自占有。其二是私有土地,包括地主所有的土地和经土地改革后农民分得的土地。条例还规定了私有土地使用权的各项权能,包括占有、使用、收益和处分的权利。

第二,规定了租佃方面的基本制度。佃权是农民对土地的重要权利,对农民的生存和发展之意义重大。只有土地上的佃权关系相对稳定,农民才能合法地占有和使用一定的土地,从而才能安于生产。如绥德对当地的土地关系、阶级关系和农业发展情况进行充分了解的基础上,分析了定租、包山租、活租、活种、安庄稼等租佃形式的特点,制定出了"二五减租"的执行措施,对于租佃作出了明确的规定。即承租人对其所承租的土地使用权受到法律保护,租赁期未满的,出租人不得随意收回土地;侵害和剥夺承租人佃权的行为为法律所禁止;租赁期满的,承租人有继续承租的权利,土地所有人将其土地出卖或者出典,承租人的佃权不受影响,即"买卖不破租赁"。同时要求土地所有人出卖、出典其土地的,承租人享有优先购买权或优先承典权。租佃制度的确立稳定了乡村中的租佃关系,也有利于减租减息工作的开展。

第三,规定了减租减息的具体制度。抗战之初,边区《施政纲领》规定原则上要按照抗战前的 25% 的减租率减租,但各地实际情况不同,因而各地可以根据其具体情况而设定减租率。另外,为了防止地主通过租金剥削农民,在《关于抗日根据地土地政策的决定》中规定,地主在减租前不得提高其租额,即不得采用先升后降的办法抵消减租的效果;地主对租金的收取,不得在土地出租之后立即收取,而应当在租期进行一段时期后,分阶段收取;地主除了按规定收取地租外,不得收取其他额外费用。同时规定了地主减租减息,农民必须向地主交租交息。此外,还明确了借贷的要求。边区政府对于高利贷明令禁止,而保护一般的借贷。

三、土地立法和土地政策在乡村的实施

陕甘宁边区的土地立法与减租减息运动的开展是相辅相成的,土地立法的开展为减租减息运动提供了法律保障,减租减息运动是对土地立法的实践检验。

1937 年 2 月,中国共产党中央军事委员会对国民党发表的三中全会电文中,明确提到了禁止开展将地主土地全部充公的政策。1937 年 3 月开始,陕西、甘肃、宁夏等地区就不再开展地主土地没收运动。1937 年 9 月,边区政府成立后,颁布了《陕甘宁边区土地所有权证条例》,指出"在抗日时期地主的土地全部被没收了,政府会根据土地政策分配与当地农民阶级一样的土地数量,身份仍然是公民","地主将自己的土地租赁给农民,只要是租赁条件合理,当地政府将不再强行管理"。在这一政策的

感召下,许多在土地革命战争时期离开边区的地主返回了边区。如保安县共有地主 40 多家,除四户地主外,其他地主在新的土地法规执行后都回乡;安塞回乡地主也有 105 名。这些地主回乡后非但没有受到迫害,其一切权利还得到了保障。但是也出现了一些在政府管理疏松的地区,一些地主将已经分配给农民的土地和房屋强行要回来或者强行让佃户归还已经被取消的债务。① 如著名的"庆阳事变",该事件中,庆阳土豪王家彦将已分配给群众的牛、驴、羊、猪等强行索回,还收租 9 斗,甚至侮辱、殴打群众。② 一些地方则出现了分得土地农民由于害怕地主报复而将其土地还给地主的行为,如安塞县二区三乡高桥豪绅郭久才回乡后,群众宋树义、郭殿选、宋海朝都将分得的土地"送回"给他。③ 为了确保农民的利益不受损失,惩戒一些不法地主,1938 年 5 陕甘宁边区政府与八路军后方留守处联合下发公告,要求"只要不是在抗日战争时期发生的土地、房屋分配和债务纠纷的话,当地政府有权正当维护人民群众的现有利益,该办法必须严格执行"。④ 1939 年 1 月边区参议会第一次会议一致通过的《陕甘宁土地管理办法》中,强调"只要是政府分配给群众的土地,都归个人所有。在此以前发生的任何土地关系全部取缔"。⑤ 但是由于种种原因,减租并没有真正开展。

"三三制"实施后,一些干部担心发动群众减租减息会违背"三三制"精神,所以,对地主只是说服而不进行斗争,造成土地减租只是流于形式,

---

① 陕西省档案馆、陕西省社会科学院编:《陕甘宁边区政府文件选编》第 1 辑,档案出版社 1988 年版,第 9 页。

② 陕西省档案馆、陕西省社会科学院编:《陕甘宁边区政府文件选编》第 3 辑,档案出版社 1988 年版,第 246 页。

③ 陕西省档案馆、陕西省社会科学院编:《陕甘宁边区政府文件选编》第 1 辑,档案出版社 1986 年版,第 452 页。

④ 陕西省档案馆、陕西省社会科学院合编:《陕甘宁边区政府文件选编》第 1 辑,档案出版社 1988 年版,第 138 页。

⑤ 陕西省档案馆、陕西省社会科学院合编:《陕甘宁边区政府文件选编》第 4 辑,档案出版社 1988 年版,第 178 页。

没有得到彻底的贯彻。如印斗、双湖、沙滩坪、高迎等完成了土地减租减息改革,其他很多地区仍然没有进行土地改革。有的地方甚至发生了与土地改革相违背的情况,一些农民与地主同流合污,地主将土地全部收回以后继续增加佃户的租金。宣耀县在 1943 年出现的 184 起关于土地的案例中,关于地主回收土地案件就有 73 件,占总发生案件的 40% 左右。减租不能顺利推进,除了群众未被发动起来外,过去减租法令没有保护佃权的具体办法,是减租不能贯彻的主要原因之一。为了保证减租顺利进行,中共首先从制度上限制地主任意收回土地,1942 年西北局颁布了《关于减租实施的补充办法》,该办法主要规定了对出租人的种种限制和对承租人利益的保护。如规定:"出租人口称收回租地自种,但是暗中出租或是以另一块地出租,或是收回租地不种,任凭荒芜,或是假典假卖,应当受到处罚";"租地出卖或出典之后,卖地或典地的人若不是自种,原承租人有照原约继续承租权";"若是因为收回地租或典卖租地而严重影响到承租人生活的时候,政府可以召集双方调停办理";"不经承租人同意,不准租出人把租种改成活租,更不准借此收回租地","出卖出典的时候,原承租人以同样条件有买地典地的优先权,原出租人不允许故意抬高价格,原承(租)人也不允许故意压低价格。各地若有亲族户内有典卖地优先权的习惯,也应首先尽承租人有最先优先权"。另外,还禁止预收地租(现租),禁止转租,禁止正租以外一切额外需索,如杂租、送礼、送工、无酬劳动、大斗收租等。对于"故意破坏政府法令或是屡戒不听的,按情节的轻重由政府处罚,并且使他赔偿对方因此所受的损失;有使用欺诈威胁等不正当手段的,依刑法治罪"。① 从中可以看出,该规定的核心内容是保护佃农的利益尤其是佃权不受侵犯。《关于减租实施的补充办法》颁布后,佃权保护不仅有了政策上的依据,而且在租佃纠纷的司法实践中,

---

① 中央档案馆、陕西省档案馆:《中共中央西北局文件汇集》甲 2,1994 年西安印刷,第 246—248 页。

许多农民利用法律手段诉求政府来保护自己的佃权,并获得了支持。如1941 年葭县店镇地主张助成因不愿减租将租给佃户乔尚忠、王照华的 20 垧地典给高士祖,当时乔尚忠没法只好另谋短工为生。1942 年 11 月他知道了政府保护佃权法令后,就向店镇联保控诉地主撤佃行为,得到政府保护。判词如下:"被告张助成抽典原告乔尚忠租地,因事先并未取得原租户乔尚忠同意,致使原告损失一年耕种权。现判决收回典地五垧,由原租户乔尚忠续租,此后不得任意抽典抽卖"。①

1942 年,抗日战争形势进一步恶化。为了进一步发动群众,调动群众积极性,1942 年底,中共中央西北局召开了高级干部会议。会议重申了减租减息的政策,批评了对地主只注意团结而忽略斗争的倾向,要求党员干部把减租工作当作一切工作的重心来抓。此后,边区的减租政策得到了彻底的贯彻。边区通过宣传和教育,使群众认识到,翻身还需要共产党,而不能靠地主的恩赐,只有坚决执行减租法令,群众的权利才能得到保障。群众觉悟之后,纷纷组织农会。经过农会的斗争,使得减租得到了很好的执行。如淳耀县 1944 年春各乡就普遍组织了农会,会员达一千多人。群众发动起来了,按新的减租率地主退出了多收的租子,免除了不合理欠租,还退回了被收回的土地,减租后重新立了契约。

减租减息政策的贯彻落实,使乡村发生了深刻的变化。首先是乡村的经济结构发生了变化。农民从减租中得到了实际利益,有许多农民说:"幸亏政府减租,若不然这几年收成不好,穷人早没命了。"农民生活改善,许多人买进了土地。例如米脂银市乡的刘家峁,全村过去都是佃户,没有一垧土地,现在差不多家家都买了地主的几垧土地。而地主出卖土地的趋势更为加剧,大部分卖给了原租户。地主出卖土地后转投于工业或合作社。有的地主主动把地交给公家,以减轻"地主成分"的政治负担

---

① 《解放日报》1942 年 11 月 28 日第 2 版。

和压力。中小地主普遍转向自己耕地,或做小生意。① 其次,重建乡村的政治秩序。经过减租减息运动,地主对农民的封建剥削被削弱了,对农民的权威降低以至丧失了,他们再不能或少有可能恐吓农民,甚至相反,要向农民讨好了。如"地主过去气焰已经被打得粉碎,常友文等(米脂)亲自拿着账本到每一租户家退租勾旧欠,安文钦等把账抱到群众大会上算清勾销"。② 同时,农民在一定限度内,已从地主的压迫下解放出来,经济上发展后,他们再不害怕地主,而是更加信仰党和政府,他们的生产热忱与政治积极性大大提高;③地主与农民地位出现的这种位移,实际上是乡村权威的重构。

第四节　陕甘宁边区乡村婚姻家庭法制建设

一、陕甘宁边区婚姻家庭立法及创新

(一)立法背景

早婚、买卖婚姻是旧社会在农村遗传下来的封建传统,在土地革命时期,苏区经过党的宣传和革命打破了买卖婚姻制。边区成立后,又有恢复的趋势,主要表现为:一是早婚,妇女十二三岁,最大十五六岁即出嫁。二是买卖婚姻,如绥德地区,娶一个婆姨需要彩礼十二石至十六石米,而且不包括布匹。在陇龙,达到一百四十万到一百五十万法币,一般的十九、二十万法币,另外还有所谓二成礼,即订婚彩礼外,结婚时仍要出一笔钱。

---

① 参见中央档案馆、陕西省档案馆:《中共中央西北局文件汇集》甲5,1994年西安印刷,第341—342页。

② 中央档案馆、陕西省档案馆:《中共中央西北局文件汇集》甲5,1994年西安印刷,第341页。

③ 参见中央档案馆、陕西省档案馆:《中共中央西北局文件汇集》甲4,1994年西安印刷,第285页。

在关中,最高的是法币五十万,普通的都在二十万法币左右。三边最高的是边币二百万,最差的是二十万。靖边附近小米二十石,在延属,最贵的是银洋八百六十元,一般的就是边币一百万左右①。三是童养媳,贫穷的家庭为了生活把年幼女儿卖到别家当童养媳。四是夺婚,由买卖婚姻引发的一女嫁两汉,或将自己女儿先嫁给一方获取钱财,又毁掉婚约再嫁给别人获取一定的彩礼,从而引起不满的男方夺女方的行为。如庆阳俄里堡的女儿巧兰,在最初是许配给韩丑作为妻子的,但是后来又让女儿与韩某退婚,韩不甘心,聚集族人连夜抢亲。但是,俄早就想到会发生这样的事,所以就把女儿给偷偷地藏了起来,韩家就把俄的儿媳妇给抢了过去作为要挟,俄只好用女儿换回儿媳。② 又如盐池五区,何家的寡妇被自己的婆婆卖给了李家,但是寡妇自己又许配给范宗山,最后寡妇被李家娶去。但不到十天,范家带了很多持有枪械的人来抢寡妇,抢斗中李为了自卫,击死了范宗山的弟弟,遂到县府起诉。③ 五是拐卖女性,由于穷人出不起昂贵的彩礼,通过人贩子买媳妇价格比较便宜,于是出现边区边境一带由友区贩女人到边区出卖。据不完全统计,仅鄜县经过贩卖妇女而结婚的达到了500多人。④ 为了破除封建陋习和封建残余对妇女的残害、歧视、玩弄,边区政府以妇女解放为本旨制定了婚姻自由的法律。

(二)立法基本情况

陕甘宁边区按照婚姻自由、男女平等的原则,制定和发布了一系列婚姻立法的条令和规定。1939年4月公布了《陕甘宁边区婚姻条例》,1942

---

① 张炜达:《陕甘宁边区法制创新研究》,中国民主法制出版社2011年版,第114—115页。

② 陕西省档案馆、陕西省社会科学院合编:《陕甘宁边区政府文件选编》第6辑,档案出版社1988年版,第327页。

③ 陕西省档案馆、陕西省社会科学院合编:《陕甘宁边区政府文件选编》第7辑,档案出版社1988年版,第479页。

④ 陕西省妇联编:《陕甘宁边区妇女运动文献资料》(续集),陕西人民出版社1985年版,第369—372页。

年,陕甘宁边区先后颁布了《陕甘宁边区婚姻暂行条例第二次修正草案》、《陕甘宁边区婚姻暂行条例第二次修正草案解释及实施办法》、《陕甘宁边区高等法院命令——买卖婚姻款是否没收问题令知照由》以及《陕甘宁边区政府关于严禁买卖婚姻的具体办法的命令》和《陕甘宁边区高等法院命令——关于买卖婚姻之处理转令知照由》等法律条文和办法。1943 年到 1946 年期间,陕甘宁边区接连出台了多个法律文件,包括《陕甘宁边区抗属离婚处理办法》、《陕甘宁边区高等法院批答——批示寡妇招夫事件处理方针》、《修正陕甘宁边区婚姻暂行条例》、《陕甘宁边区高等法院指示信——关于夫妻感情不和请求离婚的案件认为实在不能共同生活者应由区公署介绍至县司法处处理切勿片面劝说制止免生意外事端由》以及《陕甘宁边区高等法院指示信——关于三十三年下半年各庭处院月报总批答之一由》和《陕甘宁边区婚姻条例》等。这些婚姻条例和方针政策为妇女追求婚姻自主提供了法律保障。

（三）立法的主要内容

1.婚姻的立法原则

婚姻自由、男女平等的原则。1939 年 4 月边区颁布的第一部婚姻条例明确规定:"男女婚姻照本人之自由意志为原则","实行一夫一妻制,禁止纳妾","禁止包办强迫及买卖婚姻,禁止童养媳及童养婚(俗名站年汉)"。① 1944 年 3 月 20 日公布了《修正陕甘宁边区婚姻暂行条例》,将"男女婚姻照本人之自由意志为原则"改为"男女婚姻以自愿为原则";在"实行一夫一妻制"之后,增加了"禁止一夫多妻或一妻多夫"的规定,删去了原规定的"禁止纳妾"和"禁止包办强迫及买卖婚姻,禁止童养媳及童养婚"。1946 年 5 月 28 日公布的《陕甘宁边区婚姻条例》第二条重新规定了"禁止强迫包办及买卖婚姻"。由此可见,虽然表述的语言有所变

---

① 陕西省档案馆、陕西省社会科学院合编:《陕甘宁边区政府文件选编》第 1 辑,档案出版社 1986 年版,第 221 页。

化,由"自由意志"变为"自愿",似乎有妥协的意味,主要是考虑到社会稳定与婚姻自由在现实中的冲突而有所让步,但提倡婚姻自主的基本精神始终未变,如 1939 年第一部婚姻条例就明确规定"禁止包办强迫及买卖婚姻",1944 年公布的《修正陕甘宁边区婚姻暂行条例》未提及,但 1946 年公布的《陕甘宁边区婚姻条例》重新又予以规定,说明始终是以维护妇女婚姻权利为主要的立法本旨。

2.关于结婚的规定

(1)关于婚约的规定。1944 年《修正陕甘宁边区婚姻暂行条例》第七条明确指出"已订婚之男女,在结婚前如有一方不同意者,可向政府提出解除婚约,并双方退还互送之订婚礼物"[1]。1946 年《陕甘宁边区婚姻条例》第七条强调了同样的内容。由此可见,陕甘宁边区的婚约可以随时解除,不以订婚为必经程序,不承认婚约具有法律约束力,同时又照顾农村婚姻的习俗,允许婚约现象的存在,并对婚约问题的处理作出明确的规定办法,从而使婚约纠纷有法可依。

(2)关于婚龄的规定。1939 年颁布的《陕甘宁边区婚姻条例》中关于婚龄的规定,男子以满 20 岁,女子以满 18 岁为原则。1942 年《陕甘宁边区婚姻暂行条例第二次修正草案》,将男的结婚年龄规定为 19 岁,女的是 17 岁。1944 年《修正陕甘宁边区婚姻暂行条例》再一次降低婚龄,男的降至 18 岁,女的降至 16 岁。直到 1946 年颁布的《陕甘宁边区婚姻条例》才又恢复到男子满 20 岁,女子满 18 岁。从以上可以看出,从 1939 年到 1946 年间,对于婚龄的限制是越来越低。这说明封建制度下残留的早婚陋习还是根深蒂固的,要想改变这种陋习需要一个过程。因此以上规定对婚龄不断的调整,正是从人们的思想觉悟实际出发,因势利导,逐渐地达到消除人们早婚思想的禁锢,否则会适得其反。

---

① 陕西省档案馆、陕西省社会科学院合编:《陕甘宁边区政府文件选编》第 8 辑,档案出版社 1988 年版,第 95 页。

（3）关于禁止结婚的条件。1939 年《陕甘宁边区婚姻条例》中规定，有下列情形之一者，禁止结婚："直接血统关系者；患花柳病、麻风病、神经病、风瘫病等不治之恶疾，经医生证明者；有配偶者，未经离婚，不得重为结婚。"①1942 年《陕甘宁边区婚姻暂行条例第二次修正草案》中规定，直系血亲、八代以内旁系血亲（除旁系血亲中表兄弟姐妹）、五代以内旁系姻亲者；患花柳病及其他不治的恶疾者；以欺诈或强迫使一方无意志之自由者禁止结婚。1944 年《修正陕甘宁边区婚姻暂行条例》第六条规定，患花柳病及其他不治之恶疾者；掳诱行为者禁止结婚。1946 年《陕甘宁边区婚姻条例》第六条规定，有下列情形之一者禁止结婚："患花柳病及其他不治的恶疾者；以诈术或强暴使他方无意志之自由者；掳诱行为者；直系血亲，直系姻亲或八亲等内之旁系血亲或三亲等内之旁系姻亲"。②由此可见，对于身患顽疾恶疾者禁止结婚的限制大致相同，特别是都明确地提及"花柳病"，是因为在陕甘宁边区存在"花柳病多、性交乱"的现象，为了消除这一现象，从法律上以婚姻限制作为武器，无疑有利于他们彻底地改变自己行为。在规定血亲、姻亲之间结婚的限制上越来越严格，这主要是考虑到孩子的健康问题和社会伦理问题。为了体现婚姻自由的立法原则，只有 1939 年的婚姻条例中没有涉及，此后的婚姻条例都将欺诈、强迫、诱骗作为禁止结婚条件。对于有配偶者，未经离婚，不得重为结婚的规定仅在 1939 的婚姻条例中有所体现，此后的婚姻条例都未提及，但是都规定了"实行一夫一妻制"，等于是对"重婚"的限制。

（4）关于结婚登记的规定。《中华苏维埃共和国婚姻法》曾规定凡男女实行同居者不论登记与否均以结婚论，说明此规定主要是遵照乡村的婚姻习俗，承认事实婚姻，不以登记为必经程序，不承认登记具有法律约

---

①　陕西省档案馆、陕西省社会科学院合编：《陕甘宁边区政府文件选编》第 1 辑，档案出版社 1986 年版，第 222 页。

②　陕西省档案馆、陕西省社会科学院合编：《陕甘宁边区政府文件选编》第 10 辑，档案出版社 1990 年版，第 82 页。

束力,有利于人们接受和简单易行,但是往往会出现法律婚效力认定的困难。陕甘宁边区的婚姻条例确立了结婚登记制度,1939年婚姻条例规定"结婚之双方得向当地乡政府或市政府请求结婚登记,发给结婚证",此后这一规定一直未改变。同时为了照顾乡村的结婚旧习,1939年的《陕甘宁边区婚姻条例》第5条规定"男女结婚须双方自愿,及有二人之证婚"。这样既可审查婚姻关系是否合法,有利于清除封建传统的陈规陋习,又避免了由事实婚姻引起纠纷认定的困难。

2.关于离婚的规定

1939年《陕甘宁边区婚姻条例》规定,离婚包括两种情形:一种情形是"男女双方愿意离婚者,得向当地政府或市政府请求离婚登记,发给离婚证"。第二种情形是男女之一方请求离婚者,需要符合以下条件之一,才可向政府请求离婚。"有重婚之行为者;感情意志根本不合,无法继续同居者;与他人通奸者;虐待他方者;以恶意遗弃他方者;图谋陷害他方者;不能人道者;患不治之恶疾者;生死不明过一年者,但在不能通信之地方以二年为期;有其他重大事由者。"对于单方提出离婚请求,边区立法采取比较谨慎的态度。规定凡男女之一方,根据条例规定之理由请求离婚,"经乡或市政府考察属实准予离婚者,应通知他方,他方接到通知后无异议表示,方得发给离婚证,他方有异议表示时,则由法院审查其异议,判定准予离婚与否"。① 1944年《修正陕甘宁边区婚姻暂行条例》中关于一方请求离婚的情形与1939年《陕甘宁边区婚姻条例》中的有关规定相比较,有以下不同,一是将"生死不明过一年者,但在不能通信之地方以二年为期"延长为"生死不明已过三年者";二是取消"不能人道者",增加为"男女一方不务正业,经劝解无效,影响他方生活者";三是从维护妇女身心健康出发,增加了新规定"女方在怀孕的期间,男方不得提出离婚

---

① 陕西省档案馆、陕西省社会科学院合编:《陕甘宁边区政府文件选编》第1辑,档案出版社1986年版,第222页。

的。具有离婚条件者,亦须于女方产后 1 年始能提出(双方同意者不在此限)"。① 1946 年《陕甘宁边区婚姻条例》规定的有关情形与 1944 年《修正陕甘宁边区婚姻暂行条例》的有关规定相比较,内容变动不是很大,最大的变化是将"感情意志根本不合,无法继续同居者"上调至第一条。其次重新增加了"不能人道者"。②

由此可见,边区立法一方面以离婚自由为原则,同时考虑到边区的社会、经济、文化习俗的现实,"法情兼顾",既要维护妇女的权益又要照顾男性边民的情绪,作出一定的让步,目的是将边区妇女动员参加生产劳动,不鼓励轻率离婚,以利于家庭和谐稳定,共同致力于生产发展。

3.婚姻与子女关系的规定

(1)子女抚养人的确定。1939 年边区婚姻条例规定"男女离婚前所生子女未满五岁者,由女方抚养。已满五岁者,随父或随母需尊重父母子女之意见,父母不得强迫"③。紧接着 1942 年和 1944 年的修正婚姻条例中,将子女的年龄提高到七岁。1946 年《陕甘宁边区婚姻条例》中,考虑到子女和父母双方的意愿,规定:"男女离婚前所生之子女,哺乳期间,由女方抚养,哺乳期满,随父或随母,从其约定,无约定者归男方抚养,子女仍得承认父母关系"。④

由以上可以看出,该规定以有利于子女成长为立法的目的,年幼的子女一般由女方抚养,有利于孩子的身心健康发展,达到一定年龄的子女,尊重子女的意见,由其选择抚养人。若出现双方都拒绝抚养子女,由司法

---

① 陕西省档案馆、陕西省社会科学院合编:《陕甘宁边区政府文件选编》第 8 辑,档案出版社 1988 年版,第 95 页。

② 陕西省档案馆、陕西省社会科学院合编:《陕甘宁边区政府文件选编》第 10 辑,档案出版社 1990 年版,第 83 页。

③ 陕西省档案馆、陕西省社会科学院合编:《陕甘宁边区政府文件选编》第 1 辑,档案出版社 1986 年版,第 223 页。

④ 陕西省档案馆、陕西省社会科学院合编:《陕甘宁边区政府文件选编》第 10 辑,档案出版社 1990 年版,第 83 页。

机关判决有利于孩子成长的一方抚养。

（2）子女抚养费的分担。《中华苏维埃共和国婚姻法》曾规定，"所有归女方抚养的小孩，由男子担负小孩必需生活费的三分之二，直到十六岁为止。其支付的办法，或支现金，或为小孩耕种分得土地"。① 陕甘宁边区的婚姻条例对这一硬性规定进行了调整，1939 年的婚姻条例规定："女方未再结婚，无力维持生活时，归女方抚养之子女生活费，由男方继续负担，至满十六岁为止"；"女方再婚时带去之子女，由新夫负责抚养教育"。② 1944 年修正的婚姻条例规定："女方离婚后未再结婚，而无力维持生活时，归女方抚养之子女教养费由男方继续负担；已结婚者，其子女教养费归新夫负担。如其子女愿随生父者，生父得领回。"③1946 年婚姻条例规定："男方提出离婚，而女方未再结婚前，确系无力维持生活者，由男方负担必需之生活费。"④可见，为了保障子女的抚养落到实处，立法采取了灵活变通规定，以有能力、有利于孩子成长为原则，不再是硬性地规定由男方承担子女的生活费，而是女方只要有条件抚养，无论是未嫁还是再婚，都有义务负担子女的生活费。一方面体现了男女平等的思想，另一方面打破了乡村传统观念，改变了农民封闭自私的心态，更加体现人性化。如"其子女愿随生父者，生父得领回"，这一规定打破了父母将孩子当成私有物的观念，而是应尊重孩子的意愿。"女方再婚时带去之子女，由新夫负责抚养教育"，有利于淡化血缘观念，而是以体现亲情为重。

（3）非婚生子女权益的保障。《中华苏维埃共和国婚姻法》规定"一切

---

① 中国妇女管理干部学院编：《中国妇女运动文献资料汇编》第一册（1918—1949年），中国妇女出版社 1988 年版，第 327 页。

② 陕西省档案馆、陕西省社会科学院合编：《陕甘宁边区政府文件选编》第 1 辑，档案出版社 1986 年版，第 223 页。

③ 陕西省档案馆、陕西省社会科学院合编：《陕甘宁边区政府文件选编》第 8 辑，档案出版社 1988 年版，第 96 页。

④ 陕西省档案馆、陕西省社会科学院合编：《陕甘宁边区政府文件选编》第 10 辑，档案出版社 1990 年版，第 83 页。

私生子女得享受本婚姻法上关于合法小孩的一切权利,禁止虐待抛弃私生子"。① 在借鉴苏区婚姻立法精神的基础上,边区的婚姻条例在保障非婚生子女合法权益上作了进一步具体的规定。1939 年婚姻条例规定:"非结婚所生之子女,经生母提出证据,证实其生父者,得强制其生父认领,与结婚所生子女同";"非结婚所生之子女,得享受本条例所规定之一切权利,不得抛弃。"②1942 年《陕甘宁边区婚姻暂行条例第二次修正草案解释及实施办法》中对于非婚生子女,除法律予以保障外,规定如果该生母愿意送人者,可听其自愿。不愿送人,直接可送区乡政府处理,区乡政府得接受之,然后或转送他人,但得替该生母保守秘密,如果遇有杀害亲生子者,得依法处罚之。这一规定显然是对非婚生子女获得社会救助提供了法律依据和支持,有利于非婚生子女在无人抚养的情况下,及时获得救助而免于受到不幸,这一规定实属一大创新。但同时此规定也有其缺陷,即若生母愿意将子女送人者,听其自愿,不经监督和审查,将会出现一些生母以子女送人为幌子而实质是其他动机的目的,从而给孩子可能带来不幸的命运,因此这一规定在此后的婚姻条例中再未提及。但不可否认,尽管这一规定有其不足,但其对非婚子女可获得社会救助的法律保障表明了社会的一大进步,对今天失去或无监护能力的监护人的子女救助问题具有深刻的启示意义。

4.婚姻与财产关系的规定

《中华苏维埃共和国婚姻法》规定:"离婚后男女原来的土地、财产、债务,各自处理。在结婚满一年,男女共同经营所增加的财产,男女平分。如有小孩,则按人口平分。"③此后边区婚姻条例在继承苏区有关婚后财产处理的规定的基础上,根据边区的实际情况作了新的修正。1939 年边区婚

---

① 中国妇女管理干部学院编:《中国妇女运动文献资料汇编》第一册(1918—1949年),中国妇女出版社 1988 年版,第 327 页。陕西省档案馆、陕西省社会科学院合编:《陕甘宁边区政府文件选编》第 1 辑,档案出版社 1986 年版,第 223 页。

② 张炜达:《陕甘宁边区法制创新研究》,中国民主法制出版社 2011 年版,第 126 页。

③ 中国妇女管理干部学院编:《中国妇女运动文献资料汇编》第一册(1918—1949年),中国妇女出版社 1988 年版,第 326 页。

姻条例规定:"结婚前男女双方原有之财产及债务得各自处理,结婚后男女双方共同经营,所得财产及所负债务得共同处理之"。① 1944 年边区的婚姻条例没有涉及婚后财产的规定。1946 年边区婚姻条例第十四条规定:"离婚时,男女双方各自取回其所有之财产,但离婚前双方有共同经营所得之财产,得依据情况处理之。"② 从"所得财产及所负债务得共同处理之"到"得依据情况处理之"的变化可以看出,财产的处理在现实中往往是复杂的,由于各种原因规定离婚后平分所得财产只是一种美好的设想,但总的来看,在夫妻财产关系上,边区从立法上并未赋予男方更多的权力,而是依据事实给予法院酌量处理的权利,打破了传统社会中在婚姻与财产关系的处理中体现夫权意识、男尊女卑思想的禁锢。

二、婚姻法在乡村的实施:困境与妥协

1.婚姻自主与买卖婚姻的冲突与妥协

1939 年陕甘宁边区婚姻条例规定"男女婚姻以本人之自由意志为原则","禁止包办、强迫以及买卖婚姻,禁止童养媳及童养婚"。③ 条例颁布之后,经过边区妇联等组织的大力宣传,"婚姻自主"的理念使深受旧婚姻桎梏的边区妇女备受激励,她们纷纷利用法律武器来争取婚姻的自主权利以摆脱买卖、包办婚姻的束缚,出现抗婚、自主结婚的诉求事例越来越多。如"安塞县二区五乡苗店子李挂香,年 13 岁,他父亲请来媒人说媒卖她,但该女人不遵,反而将媒人拉上到乡政府去告"。④ 其中最为

---

① 陕西省档案馆、陕西省社会科学院合编:《陕甘宁边区政府文件选编》第 1 辑,档案出版社 1986 年版,第 223 页。

② 陕西省档案馆、陕西省社会科学院合编:《陕甘宁边区政府文件选编》第 10 辑,档案出版社 1990 年版,第 83 页。

③ 陕西省档案馆、陕西省社会科学院合编:《陕甘宁边区政府文件选编》第 1 辑,档案出版社 1986 年版,第 221 页。

④ 陕西省档案馆、陕西省社会科学院合编:《陕甘宁边区政府文件选编》第 2 辑,档案出版社 1987 年版,第 468 页。

著名的是 1943 年发生的封棒儿婚姻案,该案成为边区青年男女追求自主
婚恋的美谈。陕北民间艺人韩启祥根据这一案件的原型,编成陕北说书
《刘巧儿团圆》。边区剧团又改编成剧本《刘巧儿告状》进行公演。经过
艺术的渲染和法律示范效应的扩大,使买卖、包办婚姻的恶习受到了很大
的冲击,自由、文明、平等的婚姻观念逐步为边区人民所接受。获得婚姻
自由的边区妇女,摆脱了精神枷锁,过上了幸福美满的生活,用"信天游"
的曲调,编创民谣抒发她们对政府婚姻法的赞美。当时边区传唱这样一
首民谣:"旧婚姻坏制度逼坏了多少人,压迫的呀青年男女翻不转身,娘
老子包办不能自作主,把女儿当牲口随便卖给人。千年的枯树开了花,政
府颁布了新婚姻法,又美满又幸福实行自由婚,下决心把封建全部肃
清。"①然而在现实中只有勇敢有胆识的妇女才会运用法律维护自己婚姻
权利,大多数的妇女仍向传统陋习屈服,顺从父母的包办。这就必然会产
生婚姻自主的实践与边区乡村的传统习惯发生明显的冲突,遇到民众的
抵制。在坚持司法为民理念的陕甘宁边区,如何处理这种冲突就成了一
个非常棘手的问题。1942 年赤水县县长王振喜向边区政府呈文中就暗
中偷卖、偷买婚姻的现象以及婚姻款是否没收请求答复。为此边区高等
法院通过调查后不得不在实践中对条例进行变通,重新加以解释,提出了
切实可行的处理意见:"婚姻制度的改善,是要随着一般的教育文化生活
的提高,方能得到实际的效果,如果文化教育生活,尚未达到某一阶段,而
骤然绳以严峻的法律,就会发生以下的事态:(1)公布的法律与隐蔽的事
实,有完全处于相反的趋势,结果,不合法的事实,并不能减少,而法律徒
成为扰民之具。(2)尤其是在边区的环境,与顽区相接近,政府取缔检查
如果过严,一般无知的人民,容易对政府引起不满,无形中发生一种远心
力,离避边区,去到顽区做婚姻买卖行为,所谓去丛驱爵,是值得注意的。
(3)婚姻上的聘礼,在法律上势难予以一定数目的限制,富家多出,贫家

---

① 　张希坡:《中国婚姻立法史》,人民出版社 2004 年版,第 171—172 页。

少出,目前边币贬值,一万元边币,合之从前现银,不过值得三四百元,表面数目虽大,实际上不过够办衣物首饰数事,我们如果硬指为是买卖婚姻的代价,是不足以折服人的。基于上列的事态,我们在审判上关于这类的事件,是采取以下的适应方法:(1)是以非亲告不理为原则。(2)如果发生纠纷,成为诉讼,法院只审查他们的婚姻本质上有无瑕疵,如男女婚姻资格,是否重婚,年龄是否相当,女方是否同意,手续是否合理,是否威胁、抢夺、诱骗。如婚姻本质上无瑕疵,聘礼数目虽多,亦是有效。如有瑕疵,即应宣告婚姻无效,聘礼返还,不予没收。(但贩卖妇女与人做妾或婢或操娼妓营业的行为,这不是婚姻问题,除外)这是法院现时的适应办法。因此,我们对于赤水县这次提出的婚价款目应否没收问题,是主张以下列二办法为宜:(1)不干涉。(2)不没收。"[1]从以上的处理意见中可以看出,边区高等法院出于司法为民的政治需要,只得在司法实践中被迫采取了妥协,对于事实上的买卖婚姻采取了默认态度。但这一办法却是符合当时当地的实际情况的,是一种理智的、合乎情理的、必要的妥协做法。因为根治落后,需要相当一段时间,在经济和文化达到一定的程度后,经过教育,逐步提高,最终改造人民固有的习惯。在经济文化条件不具备的阶段,适当地照顾落后,但不迁就落后,着眼将来的利益,放宽尺度,使多数人可归于引导范围内,逐步达到克服落后,最终达到大致法律的要求。从实践来看,新的婚姻法虽然受到了农民的抵制,但是事实上给农民带来了一定的益处,就是买卖婚姻的成本降低了,因为实行婚姻自主,妇女可以轻易离婚,增加了男方的婚姻风险,为了降低风险,男方无形中就不愿出太多的价钱,从而逐渐地消除买卖婚姻的陋习,不再像以前那样盛行。[2]

---

① 陕西省档案馆、陕西省社会科学院合编:《陕甘宁边区政府文件选编》第6辑,档案出版社1988年版,第296—297页。

② 参见[美]安娜·路易斯·斯特朗:《中国人征服中国》,北京出版社1984年版,第164页。

2.离婚自由在现实中的困境与妥协

离婚自由是婚姻自由的重要体现,1939 年边区婚姻条例作出了离婚自由的立法规定后,离婚案件逐年呈上升的趋势,如下表所示。

边区各年离婚案件数目统计表

年份	1938	1939	1940	1941	1942	1943	1944
件数	90	70	77	125	242	203	173

资料来源:《边区的婚姻问题》(1945 年 12 月),载陕西省妇联编:《陕甘宁边区妇女运动文献资料》(续集),陕西人民出版社 1985 年版,第 367 页。

在这些离婚案件中,95%以上的案件由妇女提出。1942 年绥德分区判离婚案 23 件,全部由女方提出;1944 年离婚案例共 65 件,女方提出的就有 62 件,占 95.4%。[①] 从以上可以看出,婚姻自由获得了深受封建婚姻制度的压迫和残害的妇女的支持和拥护,反映了边区妇女观念的更新和社会地位的相对提升。而在陕甘宁边区的婚姻判例中凭借离婚案件的示范效应,也使边区的妇女备受激励,使她们看到了利用法律程序来摆脱不幸婚姻的希望。如 1943 年陈忠成与贾改娃婚约纠纷上诉案,案件的事实是:贾改娃 11 岁时,被父亲卖给陈忠成做童养媳,贾因不堪陈的虐待,在延安市打过官司,当时决定,贾由其母带回娘家,等到满 18 岁由贾自己决定。但陈却要贾履行婚约,贾不从,因此陈告到延安市地方法院。该院根据婚姻自主的条例准许贾与陈解除婚约,另由贾父赔偿陈边币五千元,但陈不服,提起上诉,边区高等法院支持贾的自主婚姻,以陈上诉无理,驳回了陈的诉讼请求。[②] 在边区离婚案例中,最为引人关注的是边区的妇女为寻求自己的幸福,敢于因婚姻生活中"性"的缺失而走上法庭,充分

[①] 陕西省妇联编:《陕甘宁边区妇女运动文献资料》(续集),陕西人民出版社 1985 年版,第 375—377 页。

[②] 《陕甘宁边区高等法院民事判决书字第二十八号》,载艾绍润、高海深编:《陕甘宁边区判例案例选》,陕西人民出版社 2007 年版,第 72—73 页。

说明了边区妇女的思想解放和追求幸福婚姻的勇气。如 1942 年侯丁卯与侯张氏离婚上诉案。案例的事实是：侯张氏于 1932 年与侯丁卯结婚，婚后侯张氏始知侯丁卯神经错乱病，且有羊角风，请医治疗，时经九年，医诊无效，侯张氏以不堪同居，要求离异，诉于庆阳地方法院。判决支持侯张氏，侯丁卯不服，由其父代理上诉，边区高等法院以侯丁卯神经错乱不知男女之乐及夫妇之情，造成侯张氏幸福缺陷为由，驳回了侯丁卯的诉讼请求。① 从陕甘宁边区婚姻判例来看，判决的结果合情合理，是公正的，然而这一受到妇女赞同的婚姻自由却遭遇到边区保守男性的抵制。因为普遍流行的买卖婚姻和根深蒂固的男权观念，使边区的男人把老婆视为自己的财产，而离婚政策法令的施行则使他们遭到失去自己老婆的严重威胁。特别是很多贫农因此而失去了老婆，这是因为在要求离婚的妇女中，以贫苦人家居多。以绥德分区为例，在 1944 年该分区的 33 件离婚案中，当事人家庭为贫农的占 25 人，中农 5 人，工人 2 人，富农 1 人。② 而贫农一旦离了婚，因为"彩礼"之重，想要再娶到老婆就非常困难。因此，贫农们对边区的离婚政策法令持强烈的排斥和反对态度。他们抱怨道："八路军什么都好，就是离婚不好"，并且担心"这样下去只有富人干部有老婆，穷人就没有老婆了"。贫农对废除买卖婚姻、婚姻自由持怀疑态度，对于可以离婚表示畏惧。面对这种抵触情绪，一些政府工作人员及司法人员也担心离婚案件太多，影响到政府与群众的关系，甚至不敢在群众中宣布离婚条件。③ 中央和边区政府也及时注意到了这个问题，边区妇女运动的领导人之一浦安修在 1945 年的《五年来华北抗日民主根据地妇女运动的初步总结》中，将妇女提出离婚增多的问题提请中央重视。她

---

① 《陕甘宁边区高等法院民事判决书》，载艾绍润、高海深编：《陕甘宁边区判例案例选》，陕西人民出版社 2007 年版，第 15—16 页。

② 《记绥德分区婚姻问题》（具体日期不详），陕甘宁边区政府民政厅档案，陕西省档案馆藏，卷宗号：4—65。

③ 《陕甘宁边区婚姻问题》（具体日期不详），陕甘宁边区政府民政厅档案，陕西省档案馆藏，卷宗号：4—65。

指出,"在贫农阶层,女方提出离婚的多,这对于贫农情绪是个打击","虽然都由于感情不好离婚,其中也有一部分是女方存在着嫌其贫穷而提出者(感情也有其一定条件)"。① 妇女运动的领袖蔡畅也曾指出:"我们犯了一个错误,把女权强调到不适当的程度,结果引起了农民的反感,男女之间的矛盾削弱了反对日寇和地主的共同斗争。此外,用这种办法也达不到妇女和婚姻自由的目的。"②因为贫农乃是共产党所依靠的最为重要的力量,是抗日战士的主要来源。若伤害了贫农的感情,无疑会削弱到党的威信,损害到党所领导的抗日事业。此外,离婚还直接导致农民家庭的破裂,这对以家庭为基本经济单元的边区来说,还会影响到农业生产的发展。③

考虑到战时政权的稳定和照顾男性居民的情绪,边区政府和司法机构采取种种措施应对因推行"离婚自由"的政策法令而带来的消极后果。

从司法上谨慎作出离婚判决。对于因细故如夫妻间发生口角及嫌贫爱富、喜新厌旧、轻视劳动与农村干部而要求离异者应予批驳。如1942年王玲与雷凤成离婚上诉案,案例的事实是上诉人王玲以被上诉人雷凤成吃洋烟、赌博及对其屡次打骂为由要求离婚,后经陕甘宁边区高等法院审查,不能因细故夫妇打骂之事为合法离婚条件,驳回了王的诉讼请求。

从经济上让女方赔偿男方一定的损失。边区婚姻多为买卖婚姻,男方为了迎娶女方需要支出大量的彩礼,有时甚至耗尽男方的大部分财产。而且,在实际的离婚案件中,还存在不少女方只是为了得到更多的彩礼而提出离婚的现象。因此,在离婚之后,男方往往会因为索还彩礼而缠讼不休。针对这种情况,有的地方法院(如绥德)采取在判决离婚的同时要求

---

① 浦安修:《五年来华北抗日民主根据地妇女运动的初步总结》,见陕西省档案馆、陕西省社会科学院合编:《陕甘宁边区政府资料选编》(第9辑),档案出版社1988年版。

② [美]安娜·路易斯·斯特朗:《中国人征服中国》,北京出版社1984年版,第164页。

③ 胡永恒:《陕甘宁边区离婚法实践》,《史学集刊》2005年第1期。

女方赔偿男方损失的办法。[①] 吴堡县 1945 年上半年判决的 8 个离婚案件中,有 5 个判女方赔米离婚。[②]

动员妇女参加生产,宣传"幸福家庭"。通过对实践中离婚问题的经验总结,边区政府认识到,实现妇女婚姻自由的主要途径是提高妇女经济地位,并非是简单的观念问题,若片面强调婚姻自由容易造成两性之间的对立局面。因此边区政府将妇女运动的重心转向动员妇女积极参加生产劳动,不要过多纠缠于婚姻诉求上。如边区高等法院指出的:"目前边区主要还是个体经营的私营经济,为了大量发展生产,由夫妻所组成的家庭乃经济机构基础之重要成分,所以不应该轻易叫夫妻离异,家庭破裂。"[③]此外,当新的婚姻法在农民中受到很大的阻力时,党的妇女组织只得采取新的措施,不再宣传"婚姻自由"和"妇女平等",而提出了"幸福家庭"和"建设新式家庭"的口号。在此口号的宣传下,一种新型的家庭开始在边区出现。以陈德发的家庭为例,出现的新变化:一是家庭生活的民主化,过去陈德发的母亲是当然的领导,由于对待儿媳不能一视同仁,彼此之间不和睦,生产搞不好,老是受穷。陈德发经过全家选举,当上领导后,家里有会议制度,大大促进了全家人的团结亲密;二是生产上家庭内部实行公平分工,每个儿媳都有同等的时间去做纺纱、织布一类的额外工作,劳动力得到充分发挥,全家收入大增;三是实行分工奖励制度。每个妇女完成超过定额的部分,五分之四归为己有,五分之一归全家所有,从而很快这个家庭富裕起来,争吵也基本没有了,因而陈德发的家庭被誉为边区新型

---

① 绥德县司法处:《绥德县司法处工作总结材料》,陕西省榆林地区中级人民法院档案,卷宗号:45—1。转引自强世功:《法制与治理》,中国政法大学出版社 2003 年版,第 92—93 页。

② 陕甘宁边区政府民政厅档案,陕西省档案馆藏:《陕甘宁边区婚姻问题》(具体日期不详),卷宗号:4—65。

③ 陕甘宁边区高等法院档案,陕西省档案馆藏:《陕甘宁边区判例汇编·例言》(1944 年 7 月),卷宗号:15—26。

的"民主家庭"。① 与此同时,推崇和宣传"贤妻良母"成为这一时期边区妇女工作的另一个重点。边区妇联明确提出口号:"创造新时代的贤妻良母",要求妇女干部克服脱离群众的工作方式,把妇女的解放要求限制在家庭可以容忍的限度之内,以调和妇女与家庭之间日益激化的矛盾和冲突。在处理具体问题上遵循的原则是一方面反对丈夫、婆婆无人道地打骂妻子和儿媳,另一方面教育青年妇女也要懂得体谅忍让,不要提过分的要求。为了修复已经趋于紧张的家庭关系,政府十分注意树立婆媳和睦的典范。如延安东区赵老太太的家庭,两个媳妇一个在延大附中学习,一个任区妇联主任,是边区参议员。老太太非常开明,不但不限制媳妇的工作,还经常慰劳她们,一家人和睦亲热。边区政府主席林伯渠为赵老太太送匾题字"模范婆婆",并说:"人人都像你一样,革命早就成功了。"妇联组织和地方民政部门还通过婆媳联欢会、家庭座谈会、祝寿聚餐等各种方式来促使家庭矛盾趋于缓解。这些努力确实收到了不错的效果。②

　　修正婚姻条例,增加离婚的难度。1944 年 3 月 20 日,边区政府重新颁布了《修正陕甘宁边区婚姻暂行条例》,废止了 1939 年公布的《陕甘宁边区婚姻条例》。从修正后的条例可以看出明显地增加了妇女离婚的难度,是对男性居民的妥协和让步。如在关于离婚的 10 个条件中,把"感情意志根本不合,无法继续同居者"从原来的第二条降到了第七条。这表明立法者不愿意再强调婚姻中的意志自由。其次将原来的婚姻条例中一些有利于妇女的条款做了改动。如原婚姻条例第十九条规定:"离婚后,女方未再结婚,因无职业财产或缺乏劳动力,不能维持生活者,男方须给以帮助,至再结婚时为止,但最多以三年为限。"这一条在新条例中被取消。原婚姻条例第十四条规定:"女方未再结婚,无力维持生活时,归

---

① 参见[美]安娜·路易斯·斯特朗:《中国人征服中国》,北京出版社 1984 年版,第164 页。

② 参见王思林:《陕甘宁边区妇女解放中的矛盾冲突与中国共产党的政策调整》,《世纪桥》2009 年第 2 期。

女方抚养之子女生活费,由男方继续负担,至满十六岁为止。"①这一条在新条例中略做了改动,即删去了"至十六岁为止"的规定。这些新规定明显的倾向是限制离婚,是对妇女权益的牺牲。

边区经过司法、立法、行政等手段有意识地限制离婚后,边区的离婚数量并未减少,而出现了新的情况。即因离婚难引发的缠讼现象越来越多,甚至引发命案等恶性事件,成为严重威胁边区社会安定团结的不稳定因素。据边区高等法院统计,从1944年1月至1945年9月,在边区发生的198件命案中,因婚姻问题而发生的杀人案有81起(其中因奸情者55件,因离婚不遂8件,因感情不和2件,因虐待16件),占命案总数41%弱。在有的案件中,男方是二流子不事生产,对女方打骂交加,但女方提起离婚而离不了,反而更加遭到男方虐待,因而杀害丈夫;有的案件是夫妻感情不和,女方有意离婚但判决不准离,反而遭人耻笑,于是杀害丈夫,企图与奸夫逃跑;有的案件是因女方性情淫乱,但离婚又无条件,故想办法谋杀丈夫。② 由于矫枉不能过正,过于强调照顾劳苦群众而牺牲妇女的权益,既不利于消灭封建残余,也不利于生产抗战。边区司法机构吸取经验教训,主张先经过调解,对一些实在无法调和的离婚案件,判决离婚。这样使真正不可能继续下去的婚姻得到解决,但是在现实中离婚难的现象仍存在。

3.抗属婚姻的冲突与协调

为了保证兵源支持抗战,边区的抗属在现实中是很难享有离婚权益的。1939年《陕甘宁边区婚姻条例》有关离婚的规定,凡男女之一方,根据条例规定之理由请求离婚,"经乡或市政府考察属实准予离婚者,应通知他方,他方接到通知后无异议表示,方得发给离婚证,他方有异议表示时,则由法院审查其异议,判定准予离婚与否";"生死不明过一年者,但

---

① 陕西省档案馆、陕西省社会科学院合编:《陕甘宁边区政府文件选编》第1辑,档案出版社1986年版,第223页。

② 参见胡永恒:《陕甘宁边区离婚法实践》,《史学集刊》2005年第1期。

在不能通信之地方以二年为期"。① 1941 年后,边区形势日趋严峻,为了巩固军队,1942 年边区政府委员会第三次会议讨论通过了《陕甘宁边区抗属离婚处理办法》,1943 年 1 月 15 日由陕甘宁边区政府公布实施。将该《办法》与原婚姻条例相比较,可以看出新办法提高了抗属提出离婚请求的标准:一是抗日军人之配偶,在抗战期间原则上不准离婚。这意味着基本上判决不离,而原婚姻条例未有此规定。二是如果抗日战士之妻五年以上不得其夫音讯,经当地政府查明属实或无下落者,由请求人书具亲属凭证,允许其离婚。而原婚姻条例规定,"生死不明过一年者,但在不能通信之地方以二年为期",新办法则增加到五年。三是新办法强调:"当抗属请求离婚时,必须尽力说服,如决不同意时,依规定年限手续准予离婚"。② 这就要求政府或司法机关在面对抗属离婚案件时,采取极力劝说的办法,轻易不会判决离婚。

面对严格的离婚限制,一些抗属因无法忍受孤单寂寞的生活,出现了不正常的现象。如有的抗属自行做主改嫁,有的由娘家或婆家主持另嫁,有的乱打游击,甚至有的因不能离婚而精神失常。这种现象让边区的各级政府和司法机构感到极为困惑,因为如果不让她们离婚,则会出现各种不合常理的现象。但是,如果允许离婚,抗日战士回来时发现老婆没了,则向县政府吵闹着要老婆,甚至住在县政府不走,抱怨道:"我们在前方流血牺牲抗战,你们在后方搞掉我的老婆。"③

为了解决这一困境,边区采取多种措施缓和抗属与其丈夫的矛盾。一是允许民间采取的一些不合法但是解决实际问题的办法。如实行"临时招夫"的做法,即男方在前线时,女方临时招一个男子同居,待男方返

---

① 陕西省档案馆、陕西省社会科学院合编:《陕甘宁边区政府文件选编》第 1 辑,档案出版社 1986 年版,第 222 页。

② 参见张炜达:《陕甘宁边区法制创新研究》,中国民主法制出版社 2011 年版,第 129 页。

③ 榆林地区审判志编纂办公室:《榆林地区审判志》(第二稿)第 1 册,打印稿,1997 年,第 175 页。转引自强世功:《法制与治理》,中国政法大学出版社 2003 年版,第 93 页。

回时再让同居男子离开。二是实行优抗办法,保证抗属的物质生活,帮助抗属与丈夫通信,当抗属提出离婚时,应尽力说服,如坚决不同意时,依规定准予离婚。三是抗日战士与女方订立之婚约,如该战士三年无音讯,或有音讯而女方已超过结婚年龄五年而仍不能结婚者,经查属实,女方得以解除婚约,但须由当地政府登记。四是军队政治机关,应提高战士对婚姻问题的认识,经政府或司法机关登记判决离婚者,须劝说战士执行之。五是实行战士在一年半内允许一月假期回家的制度。这些措施既有利于抗战军人稳定婚姻,也照顾了女方的情绪和生活,为支持抗战、巩固军队起到了积极作用。然而由于抗战军人的特殊性和司法有利于军人的倾向性使得抗属的婚姻状态仍不理想。据清涧店子沟与新社区两个乡的调查,两个乡共有抗属三十八家,另嫁的二人,招夫的三人,在家行为不正的六人,害精神病一人,自杀一人,共十九家发生问题。这十九家中抗日军人三年内不通信的四人,九年不通信的十五人,其他未发生问题的十九家都是三年以内未通信的。① 另外,与抗日军人有婚约,军人未回,而女方已超过法定结婚年龄五年的各县都有,清涧有五十余人,延长有二十四人。②

第五节　陕甘宁边区乡村司法建设

一、陕甘宁边区的司法体制及机构设置

陕甘宁边区司法体制是在继承苏维埃时期的司法体制基础上,结合

---

① 刘全娥:《陕甘宁边区关于抗属离婚的立法与司法实践》,载中国法律史学会编:《法史学刊》第 2 卷(2007),社会科学文献出版社 2008 年版,第 109 页。

② 《边区婚姻问题》(1945 年 12 月),载陕西省妇联编:《陕甘宁边区妇女运动文献资料》(续集),陕西人民出版社 1985 年版,第 367—369 页。

边区的实际情况逐步建立起来的。其特点是：

司法半独立。陕甘宁边区政权建设的基本原则是议行合一和民主集中制，不实行三权分立的体制，司法权不是一项独立的权力。边区的权力机关是边区参议会，其职责之一是制定和修改法律，选举和监督边区司法机关。因此边区司法机关的产生和运行都需受制于参议会。边区的政府是执行机关，在参议会闭会时，是最高的权力机关。因此边区司法机关与政府的关系是"司法机关为政权工作的一部分，应受政府的统一领导。边区审判委员会及高等法院，受边区政府的领导，各下级司法机关，应受各该级政府领导"①。

由此可见陕甘宁边区的司法体制的特点是"司法半独立"，所谓的司法半独立就是法院受同级政府领导，同级参议会监督，按照法律审判案件，独立行使审判权。其含义包括：一是司法机关与行政机关不是并立的关系，而是上下级关系，司法机关受同级政府领导，包括日常的行政、财政、人事等在内，在司法事务上具有独立的审判权；二是司法机关作为隶属于各级政府的职能部门，接受党的领导，严格执行党的路线、方针、政策，其一切活动不得违背党的领导；三是在司法机关内部法官在审判业务上接受院长的领导。即推事对于案子的意见书，包括案子的处理意见，连同诉状口供案卷要经过院长的审查，最终的判决由院长决定。

审检合一制。边区实行检察、司法审判与司法行政不分，在法院内设立检察员，或由其他人（行政首长、公安人员）兼任检察员，在院长领导下执行检查职务。在边区政府内部没有设置专门管理司法行政的机关，而是司法审判与司法行政是同一机构，职能不分。关于司法审判与司法行政是否分开的问题，在陕甘宁边区第二届参议会召开前后及会议上曾引

_____

① 陕西省档案馆、陕西省社会科学院合编：《陕甘宁边区政府文件选编》第 7 辑，档案出版社 1988 年版，第 188 页。

起过争论,主张分开的观点认为,司法行政事务繁多,法院无力承担,法院受边区政府领导,而边区政府内部没有专门管理司法行政的机关,结果导致司法行政事务无人过问,影响了这方面的工作,因而应该在政府内部成立专门的司法行政机关。① 但边区政府认为由于特殊的战争环境问题,干部短缺,财政困难,尚无成立专门司法行政机关的可能。正是在这种特殊环境下形成的特殊体制,形成了日后我们所习惯的一种分类方式:即把法院、检察院、公安都统一划为司法机关。②

"二审制"。过去苏维埃的司法制是四级二审制。区裁判部、县裁判部、省裁判部、最高法院四级。区为初审机关,则县为终审机关;县为初审机关,则省为终审机关;省为初审机关,则最高法院为终审机关。最高法院在审判程序上,为最后的审判机关。边区成立后,实行三级三审,县裁判员为第一审,边区高等法院为第二审,中央最高法院为第三审。但由于边区不与中央最高法院发生直接联系,因此是形式上三级三审制,实质上是二级二审制。1941 年在陕甘宁边区第二届参议会召开前后及会议上边区司法人员对二审制提出了争论和意见,主张应从遵循国际惯例,保障人民诉权,补救边区司法人员业务水平较差,减少错案等几个角度实行三审制。1942 年边区政府专门成立了边区审判委员会作为第三审级,其职权为受理不服高等法院判决的民刑上诉案件。1943 年在实行"精兵简政"政策的号召下,为了克服财政困难,以及在"调解为主,审判为辅"的司法原则要求下,认为三审制是教条主义做法,不适合边区的实际情况,是劳民伤财,徒增讼累。为此 1944 年边区政府颁布《陕甘宁边区政府命令——关于边区的审判改为二级审判制》的文件,边区审判委员会被撤销,重新回到了两审制。

边区司法机构设置及运行。具体从事边区司法审判、检察以及司法

---

① 《解放日报》1941 年 11 月 15 日第 2 版。
② 侯欣一:《陕甘宁边区司法制度、理念及技术的形成与确立》,法律教育网,2006 年 5 月 8 日。

行政,甚至部分侦查职责的机关是边区高等法院和县司法处。边区高等法院设院长一人,由边区参议会选举产生,边区政府委任,向边区参议会和边区政府负责并报告工作,实行院长负责制。院长的职权有:负责管理边区的司法行政事宜及高等法院内部的行政事务;监督、指挥全院一切诉讼案件的执行;审核地方司法机关对案件的处理;没收稽核赃物、罚金以及对人犯的处理;对违法的司法人员进行惩戒、管理司法教育等相关司法事务。

高等法院设有总务科、检察处、民事法庭、刑事法庭、书记室、研究室、看守所和监狱等机构。高等法院在各分区设有高等法院的分庭,作为高等法院的派出机构,其职权范围与高等法院大致相同。

地方除延安市设地方法院外,其余各县均设裁判部,后改司法处,行使司法行政、检察及审判等职权。县司法处的处长由县长兼任,推事负责审判,但凡案情重大或较为复杂的,县司法处在判决时,须将案情提交县政府委员会或县政务会议讨论,再行判决。对此,《陕甘宁边区县政府组织暂行条例》第十一规定:"司法处受理各县各项民刑事案件,在县长领导下进行审判"。① 《县司法处组织条例草案》中则规定:"审判员在处长监督之下,进行审判事宜。对于司法文件,由处长名义行之,但裁判书,由审判员副署、盖用县印"。② 而边区高等法院则明确指示:"各县裁判员关于司法行政以及审判工作,盖须商同县长办理,不得有固执己见以及闹独立性之现象"。③

行政领导司法。行政领导司法在陕甘宁边区本身有一个发展过程,最初的做法是采取裁判委员会制。裁判委员会由裁判员、县长、县委书

① 《史料公布》,陕西省档案馆内部刊物,1997 年 9 月印刷。
② 陕西省档案馆、陕西省社会科学院合编:《陕甘宁边区政府文件选编》第 7 辑,档案出版社 1988 年版,第 164—165 页。
③ 侯欣一:《陕甘宁边区司法制度、理念及技术的形成与确立》,法律教育网,2006 年 5 月 8 日。

记、保安科长、保安大队长组成,讨论和决定一切重大的民刑事案件。1941 年后,为了配合"三三制"的推行,裁判委员会被取消,其权限移交给县政务会议。1942 年下半年开始对司法制度进行彻底整顿,开始实行县长兼司法处长、专员兼分庭庭长的制度,甚至在一些人手较少的地方干脆由县长兼审判员,以强化行政对司法的领导,1943 年春随着司法机构调整的完成,行政领导司法的体制基本形成,标志着边区司法进入一个新的阶段。这种行政领导司法的体制在当时的条件下可以有效执行法律,避免司法机关与行政机关的不协调,与人民的实际生活相脱离。然而其不足也是显而易见的,一是由于各级政府的领导行政事务繁忙,对司法事务根本无暇顾及,势必导致案件审理上的拖延,导致具体从事司法事务的从业人员无所适从。1942 年高等法院院长李木庵向边区政府呈称:"查各县裁判员因参加行政动员工作,致妨害了审判事宜,几成普遍现象。诉讼人民对于办案子迟滞,多所责难,拟请政府通令各县县长,案件较繁之县,裁判员以不派做行政工作为宜"。① 针对这种情况,边区政府命令:各该县凡担任司法工作之干部,如非万不得已时,不应随便调做其他行政工作,致使诉讼事件无人专门负责,引起当事人不满。二是某些行政领导由于不懂法律,不按法律办事,随意干预,其结果必然是使司法人员的不满情绪一直存在。1945 年 12 月,中共中央西北局开会对这一司法体制重新进行审视,最后只得承认这种体制确实遇到了不少困难和矛盾,它只能是过渡时期的一种权宜之计。

调解制度与人民法庭。为了使司法工作深入群众,边区在继承原苏区做法的基础上成立人民仲裁委员会,加强人民群众对审判的监督,避免司法机构脱离群众而逐渐官僚化,组成了由政府、群众代表、社会团体的负责人一起组成人民仲裁委员会,共同审理纠纷。如在乡政府的领导下,

---

① 陕西省档案馆、陕西省社会科学院合编:《陕甘宁边区政府文件选编》第 6 辑,档案出版社 1988 年版,第 394 页。

由乡长、自卫军连长、除奸主任组织调解委员会,各行政村得由人民自行选举人民仲裁员、人民检察员参加委员会调解。调解的成立,完全基于当事人的自愿,不能勉强,当事人一方不服调解时,即可向县裁判员进行诉讼。当某种事件与人民联系最密切,当地人民有意见时,可组织临时人民法庭,由人民裁判员为庭长,人民检察员为检察员,再临时由群众选举两人为陪审,一人为书记,即可进行审判。这样的审判又叫同志审判会。它必须有当地群众参加,其判决只限于教育性质的处罚,至于根据法律制裁的审判,则应转送县裁判员处理。① 然而,人民法庭执行的效果并不理想,正如有的学者所言,这种试图将司法权力与民间力量结合起来的努力并未取得预想的成效,相反,这种半官方半民间的组织一旦固定化后,其所显现出的弊端与官僚化的国家司法机关的弊端仍然同出一辙,有的仲裁员利用职权,借调解骗取吃喝,不事生产,引起群众的不满,大多数的仲裁员不管事,只是形式。1942 年边区政府下令,取消人民仲裁委员会,干脆将一切纠纷改为人民自己调解解决。人民仲裁委员会最终让位于人民调解制度。

二、人民司法指导思想的确立及实践

全心全意为人民服务是共产党人一切工作的宗旨,是共产党人的根本理念,司法制度和司法理念的确立自然必须遵循这一根本理念。因为司法工作是政权工作的一部分,司法工作必须符合党的方针、路线,为人民排忧解难,让人民满意就成为司法基本理念。同时司法的基本理念的确立还要适合陕甘宁边区的客观环境,即边区地广人稀,经济、文化落后,人们对现代文明和法制的了解极为有限,人们根本不懂得现代司法制度为何物。但另一方面,经过边区政府的民主训练和教育,边区群众又有了

---

① 参见陕西省档案馆、陕西省社会科学院合编:《陕甘宁边区政府文件选编》第3辑,档案出版社 1987 年版,第 221—222 页。

一定的民主意识,能够运用民主不断地向上级反映自己不满意的官员,从而给官员造成极大的压力。如何让群众满意就自然成了党必须正视的问题。因此陕甘宁边区司法制度和司法理念是全新的,既不能完全继承中国传统的,也不能照搬南京国民政府的(西方的),也要有别于苏维埃的,这样一种全新的制度与理念的形成及确立不会是一蹴而就的,需要我们党在司法实践中摸索、认识、检验,其间必然要经过曲折的过程。纵观陕甘宁边区司法制度与理念的确立大致经过了两个阶段,即1941年以前和以后。1941年以前,陕甘宁边区的司法制度主要继承的是原苏区的,方方面面还都较为粗糙,而司法理念主要源于苏联,这一时期主要的侧重点是简化程序。中间经过一段时间的反复,从1943年起边区司法制度进入了第二个发展阶段。这一阶段的主要特点是以依靠群众和调解为主。①

第一阶段:形式教条的简化程序阶段。在继承苏联司法理念的基础上,简化程序,但犯有形式主义和教条的偏向。为了达到诉讼程序便利、手续简单的目的,边区政府和高等法院制定公布了一系列便民利民的法律法令。1939年4月《陕甘宁边区抗战时期施政纲领》第十三条明确规定:"建立便利人民的司法制度"。1940年4月公布的《陕甘宁边区关于新区行政工作之决定》规定:"处理与接收案件,一切应以便利人民,少拘形式。"1940年5月10日,边区政府和高等法院于向各级司法机关发出了指示信,作出了"在人民群众中建立司法基础"的决定,司法工作开始了向依靠群众方向的转变。1941年5月,《陕甘宁边区高等法院对各县司法工作的指示》中强调:"边区司法工作的目的,一方面是防止人民与政府的利益受到侵害,另一方面是争取已经违反法律行为的罪犯,因此在司法机关从受理案件一直到判决,一切必要便利于诉讼当事人"。② 1941

<hr/>

① 参见侯欣一:《陕甘宁边区司法制度、理念及技术的形成与确立》,法律教育网,2006年5月8日。
② 杨永华、方克勤:《陕甘宁边区法制史稿》,法律出版社1987年版,第53—54页。

年《陕甘宁边区保障人权财权条例》第十四条规定："人民诉讼,司法机关不得收受任何费用"。1942年《陕甘宁边区民事诉讼条例草案》第八条则进一步规定："司法机关对于人民诉讼不收诉讼费,不收送达费和抄录费"。1942年《陕甘宁边区刑事诉讼条例草案》中规定人民起诉口头和书面均可,书面诉状不拘格式看得清楚即可,司法机关不得以不符合格式规定而拒绝受理。然而尽管边区发布了要把司法建立在人民基础之上法律条令和指示信,但实践中相当长的一段时间里并无多少成绩可言。不仅如此,边区司法工作几乎是一个无人注意的领域,直到李木庵等人的改革引发了边区党及政府对司法问题的重视。陕甘宁边区建立之初,由于专业司法人员较为短缺,其司法权基本上掌握在一些工农干部手中。1940年前后李木庵、张曙时、鲁佛民、朱婴等早年系统地学习过西方现代法律并曾经长期在国统区从事过法律实务的老共产党人陆续来到延安。他们一到延安后,便以自己所受的法学教育和国统区的经验为参照对陕甘宁边区的司法制度进行批评,认为边区的司法工作仍然保持游击主义的作风,而极力主张正规化。强调审判独立注重程序,加强规范化管理,司法工作和司法人员专业化,换句话说,就是要将边区的司法工作依照国民党一套去做。这一非难和改革主张引起了党的重视,一方面引起了党对边区现行司法的审视和批判,另一方面消除改革派的阻力和障碍,为新型的司法制度和理念的确立奠定了思想基础。1942年前后,边区司法的主要领导人谢觉哉等开始公开对边区现行的司法工作进行批评,指出："边区司法似乎是政权中较为落后的一环","司法成立多年了,经验成绩很难说上","从各方面听取群众对司法的意见,听取当事人对审判的意见,因而检查自己工作哪些需要改进——我们现在没有这样做,过去也没有这样做",不仅如此,谢觉哉还公开表明边区初期司法工作的最大问题是只顾形式,而忘记了根本的一条——与人民群众结合,是从一个极端走向了另一个极端。主要原因是教条与经验的作祟,应该实行和群众结合的司法:应注重群众的实际,能解决问题,而不是条文、经验、形式。他一再强调导致边区司法工作落后的原因是教条和经验主义:"边区司法干部有旧的教条主义——国内外法律专门学校毕业的;也有新的教条主义——内战时的司法经验",并指出"司法上的思想转变比其他工作要困难,因而它有很深的教条传统"。① 党对以前和现行司法工作的批评,并指出司法存在问题的要害,指明了司法工作的发展方向,从而为司法与群众的结合奠定了思想基础。

第二阶段:人民司法理念的确立。党对司法工作进行严厉批评的同时,1942 年 6 月 25 日边区政府发布了关于派公正干部切实调查群众控告案件的命令,公开指出:"今年来,人民到本府告状的特别多,大多数是告区乡干部办事不公,或者贪污自私,再或者随便地捆绑拷打人民等,还有一部分是为了婚姻、土地等案不服高等法院的判决,特到政府提起上诉。这由于两种原因:一、下级干部的工作多少总有些缺点,二、人民的知识一天天发达,他们有什么意见,敢于向政府提出,他们知道要求上级政府来保护自己的利益,这当然是一种很好的现象。"为此,命令规定,今后各专署及各县政府司法工作人员办案必须调查研究,否则"将来一经本府查出,只有依照公务人员惩罚办法给予一定的处分"。② 面对着上级的这些公开批评,1943 年边区高等法院按照政府的指示精神迅速发布或颁布了《关于普及调解的指示》、《实行调解办法,改进司法作风,减少人民讼累》、《陕甘宁边区民刑事调解条例》一系列命令或法规,在边区司法系统内积极探索和大力推行司法与人民结合的新方式——人民调解。即便如此,人民调解制度对于某些习惯了程序规则、习惯了坐堂办案的司法人员来说仍然是难以接受的,以至于到 1944 年下半年绥德分庭的副庭长乔松山在一份写给边区参议会的提案中不得不承认推行的结果"收效不显

① 参见侯欣一:《陕甘宁边区司法制度、理念及技术的形成与确立》,法律教育网,2006 年 5 月 8 日。
② 参见陕西省档案馆、陕西省社会科学院合编:《陕甘宁边区政府文件选编》第 6 辑,档案出版社 1988 年版,第 232 页。

著",并建议在进一步宣传的同时,能否动员人民自己调解。高等法院接受了这一建议,又继续发布指示信,确定了"调解为主,审判为辅"、"调解是诉讼的必经程序"、"调解的数字,作为干部的政绩标准"等几大原则和办法,调解工作终于在边区轰轰烈烈地全面展开,一些更加新鲜的经验或办法也被纷纷地创造了出来,如我们熟知的民间调解、群众组织调解、政府调解、司法调解等,边区司法工作终于进入了一个新阶段。① 如民间调解,边区政府发现培养选拔郭维德式的调解英雄,号召各地学习郭维德,主张百分之九十以上甚至百分之百的争执,最好都能在乡村中由人民群众自己调解解决。又如司法调解,志丹县舆海清区长、王海清审判员亲自下乡调解,对于案件的双方着重进行思想教育,创造了不少审判和调解的办法。如对于赌犯,召开群众大会,由赌犯上台反省(事先个别谈话进行教育),后由群众提出批评,再由赌犯找小学教员、劳动英雄及地方公正人士作保,最后将十三个惯犯编成一个扎工队,由村主任领导参加生产;对于办理巫神案,不采用威逼的办法,而是态度和气,先从过光景及家常问题拉起,引导和启发巫神自己交代问题。对于二流子犯,找临近的保人,以便监督和帮助。经过各种调解办法该乡在半年内解决了大小案件二十余件,除一件刑事案件送区外,其余皆在本乡解决。这种调解活动一是锻炼了区乡干部的司法能力,消除了原来区乡依赖县上审判的依赖思想,肃清了原来任意捆绑和处罚等侵犯人权的现象。二发动群众之力量调解,节省人民往返徒劳和误工,人人称便。三是案件的调解由于公平合理而心悦诚服,群众亦皆敢自动提供材料,发表意见(过去由于随便羁押,致使在调查中,群众因怕得罪人而不敢提供材料),更加密切了群众和政府的关系,提高了政府在群众中的威信。四是利用群众调解容易使争执的双方感情和好。② 还有我们极少听说的通过群众会这种运动的方

---

① 参见侯欣一:《陕甘宁边区司法制度、理念及技术的形成与确立》,法律教育网,2006 年 5 月 8 日。

② 参见《解放日报》1944 年 9 月 16 日第 2 版。

式进行调解。"绥市五区开了两天群众会,解决了一百九十件人民纠纷。米脂银城市群众会,只一个星期的时间,解决了三百一十七件人民纠纷"。① 可见人民调解效率之高,但当调解的功能与作用被无限夸大时,其缺陷必然会暴露出来。

人民调解制度确立后,边区的司法不分时效,审判不分场合、地点和形式,早晨,晚上,山头,河边,老百姓随时要求审理案件,从而创造了群众公审、就地审判、巡回审判等便民方式,彻底改变了坐堂办案的传统。

1.法庭审判

1942 年前,由于司法制度的不完善,坐堂审判依然是主要的审判方式。由于庭审形式过于简单随意,缺乏法律的严肃性。司法人员严重缺乏,导致了审判没有公诉人,原被告无辩护律师,虽有群众旁听,但人数很少,起不到震慑罪犯和教育人民的作用。为使司法便利群众,边区制定了一系列简便易行、实在具体的法律法令,使审判的方式发生了很大的转变。尤其是马锡五的审判方式完全改变了过去的"坐堂断案"、"推事认定"的旧的审判形式。其审判的方式是在庭审前法官根据原告的诉讼进行调查,获得群众意见以及收集必要证据,组织法庭相关人员和邀请机关、团体代表或公正人士进行陪审,进行开庭审理作出司法判决。宣布判决时要召集广大群众,以达到宣传教育的目的。

1946 年,边区高等法院通过的《陕甘宁边区法庭规则》,进一步完善了法庭的审判程序,即法院用专用的传票传唤被告,原告则持传票准备候审,同一个案件里的证人以及当事人不得串供;允许当事人请代理人在法庭代为陈述和辩论;准许群众旁听,但是旁听者无发言表决权;记者可以采访发表有关审判情况的报道;法庭应该当场宣读当事人的口供以及相关笔录陈述,当事人认为记录有误可以提出更正。然后原

---

① 西北五省区编纂领导小组中央档案馆:《陕甘宁边区抗日民主根据地》(文献卷)下,中共党史资料出版社 1990 年版,第 182 页。

告被告以及其代理人,法庭组成人员在发言记录上签名按手印。判决一律实行公开宣判,宣判后,当事人对于裁决结果不服的可以在法定的期限内有权上诉。

2.公审

公审就是公开审判,《陕甘宁边区高等法院法庭、地方法庭法院审讯暂行规则》第十六条规定:"凡重大案件,认为有教育意义者,应在群众中组织临时法庭举行公审"。① 公审的对象一般是特殊的、民愤极大的、对群众有教育意义的汉奸、特务以及人命案等案件,其审判的临时法庭由党、政、司法机关组成主席团,从各该级司法机关指定一人担任主审,然后从涉案的机关选出具有代表性,有声望的二至四人担任陪审员,与书记员一人共同组成合议庭对案件进行审判。对于公审案件的场所选择一般基于群众密集的区域,以有利于教育人民。公审期间,检察员陈述公诉的理由和意见,然后讯问犯罪事实,被告人及其辩护人有权进行辩护。参加公审的机关团体代表及群众均有用口头或书面发表对被告处理意见的权利,但用口头发表时须事先报名经主审人允许,依申请先后次序在规定的时间内发表意见。判决由合议庭作出并当场宣布。参加公审人员在案件宣判后有向他人宣传与解释判决的义务。最后将公审的笔录和其他的案卷材料一并整理归卷,起草布告以示公众。如边区高等法院公审黄克功情杀刘茜案,教育了盲目恋爱的青年;公审过汉奸吉思恭一案,使大家知道这类人民的公敌,是怎样的阴狠。这两次公审不仅获得了当地群众的热烈拥护,而且震动了全国,认为边区的公审制度是最进步的审判方式。②

3.巡回审理和就地办案

巡回审理和就地办案亦是党的群众路线在司法审判方式上的运用和

① 张炜达:《陕甘宁边区法制创新研究》,中国民主法制出版社 2011 年版,第 87 页。
② 陕西省档案馆、陕西省社会科学院合编:《陕甘宁边区政府文件选编》第 3 辑,档案出版社 1987 年版,第 222 页。

创造,是司法为民理念的体现。审判人员不是坐在法庭里机械地办案,而是深入群众,到事件发生的现场,充分调查事实真相,引导当事人通过协商的方式解决问题。这种方式既可以方便群众进行诉讼,减少群众误工损失,又利于纠纷的高效解决。

1939 年,《陕甘宁边区高等法院组织条例》第十条规定:"高等法院得设立巡回法庭"。《陕甘宁边区人民法院组织规程》(初稿)第十一条规定人民法院"组织巡回法庭就地审判,由民事法庭、刑事法庭抽派人员参加"。1942 年制定的《陕甘宁边区民事诉讼条例草案》第四条规定:"司法机关得派审判人员流动赴事件发生之乡市,就地审理。流动审理时,审判人员应注意当地群众对于案情意见之反映,为处理之参考"。1942 年 1 月颁布的《陕甘宁边区行政督察专员公署组织暂行条例》第十三条规定:"专员应亲自轮流巡视各县。"巡回审理能够实地考察案情,倾听人民意见,而对人民影响也更深。如靖边县石兰英因奸谋杀亲夫案,高等法院确定罪行后,移至靖边重申执行,当地人民非常称赞,奸夫逃跑又潜回时,即被当地人民逮捕送到县署处治。①

总体而言,新型的司法制度,便于诉讼、便于沟通、便于了解案情,最终解决得公正的优点受到了人民的称赞,但当调解的作用被无限夸大时必然显现出负面影响。表现为:一是导致司法机关被轻视。人民调解制度推行后,乡间的纠纷基本上由调解来解决,几乎是全民进行调解。然而,这一极端做法对于司法人员和司法机关来说必然是越发被人轻视和地位逐步下降。在 1945 年举行的边区第二届司法会议上,各地司法人员纷纷抱怨、升迁慢、地位差、人员少、不受重视等。二是普通民众对边区的新型司法制的批判。尽管新型的司法给人民带来了诸多便利,受到群众欢迎,但他们也提出了问题:第一,对于那些个别顽皮捣蛋的人过于宽松

---

① 陕西省档案馆、陕西省社会科学院合编:《陕甘宁边区政府文件选编》第 3 辑,档案出版社 1987 年版,第 222 页。

和迁就,导致了缠诉。米脂的农民直言不讳地说:"公家的政策太宽大哩,遇到个别顽皮捣蛋的人,公家就没办法了哩,调解不动,判后不听,搞来搞去调皮人还是有理,尔格政府太宽大了!"第二,纠纷解决周期的太长。农民反映:由于调查研究过多,不能迅速解决,告下就好多时间解决不了,弄得人误时误工;有的批判说:"乡到区,区到县,县到分区,高等法院,边区政府,是六送六审六调呀"。第三,老百姓误会司法人员不解决问题,吃了贿赂,说道:"一棵树能开两样花吗?"第四,缺乏严肃性。由于调解不具有司法机构的威慑性,往往碍于人情世故,很难能对案犯起到强制执行作用,因此有的司法人员为了达到调解的成立,强迫调解、硬调解或者向当事人央告乞怜地说:"看我的面上,算了吧,好你哩!"或者向当牙子(陕北方言,指中介人——引者注)一样,向双方当事人讨价还价。而一些赌徒则从另一角度反映了这一问题,他们说:"浪赌吧,不要紧,犯了法可以调解"。对于司法人员的抱怨和农民所反映问题,边区法院代院长王子宜在边区第二次司法会议上谈到司法机关是否应该以调解为主时指出:"如果指民间纠纷,实际上大量的可以经过调解了结,因此说是调解为主,那是可以的。如果指的是司法机关,尤其是狭义的司法政策说,也是调解为主,就不妥当了。因为法庭不是调解为主,也不应该以调解为主,这是很明白的。过去法庭内先调解再审判,显然是一种偏向。但有人提议改为审判为主,我认为法庭本身的职责在审判,审判为主对法庭来说,没有实际意义,并可能产生误会"。对于政府正在大力宣传的马锡五审判方式,他说:"我们提倡马锡五审判方式,是要学习他的群众观点和联系群众的精神,这是一切司法人员都应该学习的,而不是要求机械地搬用他的就地审判的形式。"根据各方反映,第二届司法会议后,边区政府和高等法院对调解工作中出现的某些偏差做了必要的调整,如取消了"调解为主,审判为辅"、"调解是审判的必经程序"等不正确提法,强调调解须得双方当事人之同意,无论政府人员或民众团体、地邻亲友,均不得强迫压抑,并不得有从中受贿舞弊情事,违者处罚等,自此调解工作重新回到一种理性的正确道路上,审判在司法工作中的重要地位也有所加强。①

三、马锡五审判方式的特点

在司法为民理念的指导下,1943 年,边区高等法院陇东分庭庭长马锡五创造了一整套切合边区实际又符合群众利益新的人民民主审判方式,即马锡五审判方式。其主要特点如下。

第一,注重调查研究,充分了解案件的真实情况。审判工作的核心是判断,而判断的前提是对案情的了解和把握。只有深入乡村对案件进行细致、深入的探索与调查,才能了解案件的真实状况,进而做出合理的处置。若仅靠案卷和口供是很难了解真情的,就有可能出现错误的判决。马锡五审判方式反对"坐堂办案",而是深入基层,亲自了解案情,在调查中依靠群众。针对不同的案件,采取不同的方式进行调查。"如土地案件,一般向当事人双方族长家长、村中老者、公正人士等去查问;对经过土地改革的地方,应着重在区乡干部和长期在该区工作的人员去询问。盗窃案件,则首先向老实守法的农民调查,然后再在素日行为不正的人中间询问。调查的内容应了解盗犯的历史出身、本人平日品行、经济地位、生活状况、习惯嗜好等等;某些疑难案件邀请群众共同调查,勘验实地;把需要弄清的问题,交给群众进行调查;对于当事人狡猾,又缺乏可靠证据的案件,则采取召开群众会的方式,大家提线索,分析研究,弄清事实"。②华池县发生的张柏儿封棒儿的婚姻案件之所以受到人们的称赞,就是因为马锡五受理此案后,首先在当地乡干部中询问事情的始末,随即又访问了附近的群众,听取他们的意见,接着又征求封棒儿的意见,才使案件得到了很好的处理,一时传为美谈。

---

① 参见侯欣一:《陕甘宁边区司法制度、理念及技术的形成与确立》,法律教育网,2006 年 5 月 8 日。

② 参见侯欣一:《陕甘宁边区司法制度、理念及技术的形成与确立》,法律教育网,2006 年 5 月 8 日。

　　第二,依靠群众的力量解决问题与矛盾。在司法中依靠群众,走群众路线,马锡五深有体会:"审判工作依靠与联系人民群众来进行时,也就得到了无穷无尽的力量,不论如何复杂的案件和纠纷,也就易于弄清案情和解决"。1944 年马锡五对曲子县、镇原县、环县的司法工作进行巡回审查的时候,审理了镇原县余家湾的慕荣华与慕荣祥的土地纠纷案。在案件审理过程中,马锡五邀请了 66 岁的长者赵启发,对案件的当事人双方进行询问,让双方将事情的来龙去脉详细、如实地讲出来,并邀请部分知情老百姓协助审理案件。当案件的真实情况以及具体矛盾被赵启发了解以后,赵针对案件双方当事人的不同回答进行规劝或者辩驳,短短的几句话就切中问题要害,使得双方哑口无言,非常佩服。最后,双方争执的土地的界限被刘乡长重新划分,同时签订了新的合约书以及调解书,于是多年的土地纠纷得到了合理解决。① 由此可见依靠群众处理案件的"快"和"好",而之所以能达到这样的效果,是因为选择了公正有能力的调解人员。鉴于调解人员的重要性,马锡五规定了挑选调解人员的原则:(1)协调人员必须要和案件的当事人双方都很熟悉,而且要了解案件中矛盾的一些内容与情况;(2)协调人员应该是当地群众中很有威望、大家都很信服的人;(3)协调人员不能与案件双方当事人中的任何一方有亲属关系,而且和本案无关联。

　　第三,积极实施就地办案的模式,将诉讼程序最简化。由于边区人口稀少,居住分散,交通不便,群众要进行诉讼,费时费力,因此群众普遍地厌讼,除非有了明显的冤仇时才去政府上诉为其做主,也就是说农民不需要什么程序正义,要的是实体正义,因此那些繁琐的程序必须简化。陕甘宁边区政府曾经对人民不满意司法的原因做过调查,其中以程序繁琐、耽误事最为突出。由此可见,要想让人民满意,就必须简化程序。在便利人民司法理念的要求下,马锡五创造了"走入群众中,走到案件发生地,只

_____

　　① 《解放日报》1944 年 4 月 13 日第 2 版。

需分别带一个书记员和推事,带着有关材料与工具,任意一个农村地区,都是我们审案的法庭"的就地办案和巡回办案的方式。"这种做法方便群众,简单易行,使得边区不再存在冤屈的百姓"。① 由于马锡五亲自前往案发地点进行调查取证,建立巡回法庭,听取老百姓的心声与建议,在任何地点和时间都能对上诉案子进行受理,毫不拖延,从不应付,办案认真。1944 年 3 月 18 日《解放日报》发表了《马锡五的审判方式》一文,称赞:"马专员是真正地为老百姓办事,是实实在在地帮助人民群众。"②

边区创造的新型司法保障了人民的生命财产安全,维护了社会秩序的稳定,提高了党在群众中的威信,为新中国成立以后的司法制度建设积累了经验。但由于特定历史的局限性,边区司法还存在诸多不足,如由于司法人才的缺乏、成文法令的缺少,未建立成文的与深入的司法制度,个别地方还有不按司法程序处治人,不尊重人民的自由权利的情况,司法机关未能彻底纠正。在调解为主、审判为辅的原则下,产生了司法人员被轻视,对落后分子的妥协等负面影响,这些经验教训为中国特色社会主义司法制度建设提供了有益的借鉴和深刻的启示。

---

① 《解放日报》1944 年 4 月 13 日第 2 版。
② 《解放日报》1944 年 3 月 18 日第 2 版。

主要参考文献

一、档案史料类

1.陕西省档案馆、陕西省社会科学院合编:《陕甘宁边区政府文件选编》,档案出版社 1986—1991 年版。

2.中央档案馆、陕西省档案馆:《中共陕甘宁边区党委文件汇集》,1994 年西安印刷。

3.中央档案馆、陕西省档案馆:《中共中央西北局文件汇集》,1994 年西安印刷。

4.中央档案馆:《中共中央文件选集》,中共中央党校出版社 1985—1991 年版。

5.甘肃省社会科学院历史研究室编:《陕甘宁革命根据地史料选辑》,甘肃人民出版社 1981—1985 年版。

6.《延安民主模式研究》课题组:《延安民主模式研究资料选编》,西北大学出版社 2004 年版。

7.中共延安地委统战部等编:《抗日战争时期陕甘宁边区统一战线和三三制》,陕西人民出版社 1989 年版。

8.《陕甘宁边区政权建设》编辑组:《陕甘宁边区参议会》(资料选编)(党系统内部发行),中共中央党校科研办公室 1985 年发行。

9.陕西师范大学教育科学研究所编:《陕甘宁边区教育资料》,教育科学出版社 1981 年版。

10.陕西省档案馆编:《陕甘宁边区政府大事记》,档案出版社 1991 年版。

11.陕甘宁边区财政经济史编写组、陕西省档案馆编:《抗日战争时期陕甘宁边区财政经济史料摘编》,陕西人民出版社 1981 年版。

二、史著类

1.宋金寿、李忠全:《陕甘宁边区政权建设史》,陕西人民出版社 1990 年版。

2.梁星亮、杨洪:《中国共产党延安时期政治社会文化史论》,人民出版社 2011 年版。

3.李里峰:《革命政党与乡村社会——抗战时期中国共产党的组织形态研究》,江苏人民出版社2011年版。

4.朱鸿召:《延安曾经是天堂》,陕西人民出版社2012年版。

5.胡民新等:《陕甘宁边区民政工作史》,西北大学出版社1995年版。

6.王颖:《新民主主义革命时期选举制度研究》,中国社会科学出版社2005年版。

7.张炜达:《历史与现实的选择——陕甘宁边区法制创新研究》,中国民主法制出版社2011年版。

8.李智勇:《陕甘宁边区政权形态与社会发展(1937—1945)》,中国社会科学出版社2001年版。

9.黄正林:《陕甘宁边区乡村的经济与社会》,人民出版社2006年版。

10.肖周录:《延安时期边区人权保障史稿》,西北大学出版社1994年版。

11.杨永华、方克勤:《陕甘宁边区法制史稿》(诉讼狱政篇),法律出版社1987年版。

12.[美]安娜·路易斯·斯特朗:《中国人征服中国人》,刘维宁、何政安、郑刚译,北京出版社1984年版。

三、报纸杂志类

《新中华报》、《解放日报》、《边区群众报》、《共产党人》、《解放》、《中国青年》、《中国妇女》、《中国文化》。

后 记

2008 年,我有幸申报成功国家社科基金青年项目"陕甘宁边区乡村民主政治建设研究"。同年,幸运之神再次眷顾于我,开始历经十月怀胎孕育生命的神奇过程,于次年 4 月 25 日生下爱子。为人之母后,既要承担起照顾孩子的责任和义务,同时还要完成种种科研任务,从而使得本课题的研究迁延这么多时日,直到 2014 年完成了作为本课题最终成果的该书,并以"良好"等级结项。

本书出版之际,衷心感谢高尚斌恩师多年来对我的指导和关爱。高老师不仅在学业上给我以教导,还在生活上给我以关怀,在工作上给我以指点。如果说自己近年来在研究上略有小成的话,其渊源在此。

本书的撰写、修改和出版,得到了许多师友的无私帮助。李忠全老师将自己收藏的陕甘宁边区方面的文献资料借赠于我,还对本课题研究提出了许多有价值的修改意见,使我受益匪浅。陕西省社会科学院图书馆的工作人员,为我查阅资料提供了种种便利。同时,非常感谢人民出版社编辑吴继平先生在出版过程中给予我无私热情的帮助。

多年来,感谢我的爱人刘军始终给予理解和支持,使我能安心自己的科研工作。这本拙著,献给所有关心和帮助过我的人们。

杨梦丹

2015 年 9 月 21 日于西安

责任编辑:吴继平
封面设计:石笑梦
版式设计:周方亚

图书在版编目(CIP)数据

陕甘宁边区乡村民主政治建设研究/杨梦丹 著.
　-北京:人民出版社,2015.12
ISBN 978-7-01-015363-6

Ⅰ.①陕…　Ⅱ.①杨…　Ⅲ.①陕甘宁抗日根据地-农村-社会主义民主-
　建设-研究　Ⅳ.①D638

中国版本图书馆 CIP 数据核字(2015)第 240127 号

陕甘宁边区乡村民主政治建设研究

SHANGANNING BIANQU XIANGCUN MINZHU ZHENGZHI JIANSHE YANJIU

杨梦丹　著

人民出版社 出版发行
(100706　北京市东城区隆福寺街 99 号)

环球印刷(北京)有限公司印刷　新华书店经销

2015 年 12 月第 1 版　2015 年 12 月北京第 1 次印刷
开本:710 毫米×1000 毫米 1/16　印张:26.75
字数:358 千字　印数:0,001-3,000 册

ISBN 978-7-01-015363-6　定价:58.00 元

邮购地址 100706　北京市东城区隆福寺街 99 号
人民东方图书销售中心　电话 (010)65250042　65289539